"经典与解释"丛编
Classici et Commentarii

HERMES

刘小枫 ● 主编

金镜：西羌国列王纪

从西羌文译出的真实历史

Der goldne Spiegel: oder die Könige von Scheschian

Eine wahre Geschichte aus dem Scheschianischen übersetzt

〔德〕维兰德 ● 著

蒋佳 ● 译

商务印书馆
The Commercial Press

"经典与解释"丛编
出版说明

古典文明研究工作坊创设的"经典与解释"丛书,是改革开放以来我国学界规模最大、持续时间最长的丛书之一,自2002年开设以来,迄今已出版逾500种。

"经典与解释"丛书自觉继承商务印书馆创设的"汉译世界学术名著丛书"的精神,为我国学界积累学术资源,尤其积极推动译介西方历代经典的绎读,以期源源不断的学子们能更好地认识西方历代经典。

古典文明研究工作坊精选若干西方经典,联合商务印书馆共同推出"'经典与解释'丛编"。本丛编着眼于配合"汉译世界学术名著丛书"的发展,为这一百年学术大业添砖加瓦。

古典文明研究工作坊
商务印书馆
2022年元月

目　录

中译本导言

维兰德的开明君主制乌托邦

自早期中世纪起，欧洲便有一类名为 specula principum［君主镜鉴］的写作文体。作者的写作动机旨在引导国王和君主的个人操守和治国方略，给予他们一部"如何成为良好君主"的教科书。其中"镜子"的隐喻出自基督教神学家圣奥古斯丁。他在《〈诗篇〉诠释》(*Enarrationes in Psalmos*)第三十篇第三个布道第一节中有这样一句话：

Omnia enim quae hic conscripta sunt, speculum nostrum sunt.［所有被书写下来的东西，都是我们的镜子。］[①]

若再往前追溯，则可发现塞涅卡在《论仁慈》(*De Clementia*)开篇第一句中写道：

Scribere de clementia, Nero Caesar, institui, ut quodam modo speculi vice fungerer...［我准备要写有关仁慈的文章，

① Augustinus, *Enarrationes in Psalmos* 1–50, Pars 1A, herausgegeben von Clemens Weidmann, Verlag der Österreichischen Akademie der Wissenschaften, 2003, S. 186.

尼禄皇帝，好让我能在某种程度上扮演镜子的角色……]①

　　不过，"君主镜鉴"的传统虽然可以追溯到古典时期，但中世纪以前并未出现严格的"specula principum"概念，甚至能否在这一名目之下严格地梳理出古典时期的"镜鉴"传统，都还值得商榷。②

　　笔者关注的是"君主镜鉴"文体与某种政治理想之间的关系。这类作品所树立的理想化君王之典范，亦是现实中的君王所需效仿的——如果符合德性的统治确实是他们所追求的话（这是君主镜鉴行之有效的关键前提）。因此"君主镜鉴"的首要写作意涵为"劝诫"和"启迪"。③它具备了双重含义："劝诫"关涉统治者伦理和执政风格的塑形，"启迪"则必须以用义理论述之方式探讨国家和社会制度为前提。如果仅从狭义理解，则这类文本所针对的是具体的执政者；而从广义的角度看，国家甚至宗教所构造的秩

---

① Lucius Annaeus Seneca, *De Clementia: Lateinisch und Deutsch*, herausgegeben und übersetzt von Karl Büchner, Stuttgart: Reclam, 2007, S. 4–5.

② 参见 Pierre Hadot, "Fürstenspiegel", in: *Reallexikon für Antike und Christentum*, Band VIII, Stuttgart: Anton Hiersemann, 1972, S. 556–558。阿多（Pierre Hadot）对"specula principum"的界定突出其作为"手册"或者"指南"的一面。换句话说，严格意义上的"specula principum"文体需要符合特定的"指南"或"导引"的写作格式，而非仅在内容上碰触到相关的话题而已。当然，他虽不大认同古典时期存在严格的"君主镜鉴"传统，但依旧很详细地介绍了这一文体在古希腊、古罗马、古埃及、希伯来和古代东方诸国的相关呼应作品。关于中世纪君主镜鉴的先驱性文本——写作于 630—700 年间的论著《论尘世的十二弊端》（*De duodecim abusivis saeculi*）的背景和内容，以及它与《圣经》和基督教神学的关系，参见 Rob Meens, "Politics, mirror of princes and the Bible: sins, kings and the well-being of the realm", in: *Early Medieval Europe*, Vol. 7, No. 3, 1998, pp. 345–357。

③ 安东（Hans Hubert Anton）使用了 Paränetisch 或 Paränese 来概括"劝诫"和"启迪"这一"君主镜鉴"的首要功用，参见 Hans Hubert Anton, *Fürstenspiegel des frühen und hohen Mittelalters, Ausgewählte Quellen zur deutschen Geschichte des Mittelalters*, Freiherr-vom-Stein-Gedächtnisausgabe, Band 45, Darmstadt, 2006, S. 3。

序整体也是其直面的环节。①

　　若从这一角度观察，则"君主镜鉴"不外是政治哲学或者政治伦理学的另一变体而已，从根源上看还是颇为相似的。然而，这里所谈及的只是"君主镜鉴"作为理论建构的一面。如果从效用角度来看，这类论说性"君主镜鉴"虽然能够更直接地把具有指引性和说服力的信息传递给君主，但行文风格难免显得生硬、晦涩和刻板。如何更加生动和更饶有趣味地"劝诫"君主呢？另一类文风的"君主镜鉴"应运而生，与纯粹论说性镜鉴相对，这一类可被称为文学性镜鉴。

　　文学性镜鉴通常会以一个虚构或半虚构的叙事框架为依托，通过人物的独白、对话、思想发展历程以及自写手记的方式来阐述第一类镜鉴以说理之法所可能涵盖的政治哲学-伦理学思想。②维兰德的小说《金镜》可以说是第二类镜鉴传统在欧洲启蒙时期的重要代表。

　　《金镜》的书名表明，作者有意让读者一眼就了解它与"君主镜鉴"的紧密关联。在全书开篇的献词部分，作者就借"震旦文译者"项福泽之口告诉太祖皇帝，他所要呈现给皇帝陛下的西

---

① 参见 Hans Hubert Anton, *Fürstenspiegel des frühen und hohen Mittelalters, Ausgewählte Quellen zur deutschen Geschichte des Mittelalters*, S. 4。

② 关于"君主镜鉴"的文学性倾向，或对教育性文学的界定和诠释，参见 Bruno Singer, "Fürstenspiegel", in: *Theologische Realenzyklopädie*, Band 11, Berlin, New York: De Gruyter, 1983, S. 707。有关"君主镜鉴"和"国事小说"（Staatsroman）的微妙关联，以及对国家和政治的比喻修辞法和政治哲学理论问题，参见 Dietmar Peil, *Untersuchungen zur Staats- und Herrschaftsmetaphorik in literarischen Zeugnissen von der Antike bis zur Gegenwart*, Münstersche Mittelalter-Schriften 50, München, 1983, S. 19ff.。关于实用性政治-教育散文和狭义文学散文，即通过小说形式展现一个理想化统治者之历史性和神话性人格的文体之间的区别，参见 Herbert Jaumann, "Kommentar und Nachwort", in: Christoph Martin Wieland, *Der goldne Spiegel und andere politische Dichtungen*, herausgegeben. v. Herbert Jaumann, München: Winkler Verlag, 1979, S. 864–865。

羌国史一书，就称得上"明镜"的美名。他甚至用动人的语言盛赞这一"明镜"之忠诚，赞美它绝不会曲意逢迎，只会让虚假和矫饰无所遁形，让智慧和愚昧愈加泾渭分明。[①]《金镜》一书的命名最先出现在《震旦国译者给太祖皇帝的献词》里项福泽几处近乎定义式和描摹式的赞词中，这相当于把欧洲文化中的"君主镜鉴"与中国的治史传统进行了微妙的串联。项福泽对西羌史礼赞式的比喻修辞亦是中国"以史为镜"思想的体现。可以说，在小说里的东方哲人项福泽和达尼什曼德眼中，这部"西羌"民族的"资治通鉴"正是启迪和激励其各自君王规避陋习、追求德性的金色宝鉴。欧洲"君主镜鉴"和中国"以古为镜，可以知兴替"（《旧唐书·魏徵传》）这两大思想脉络似乎在《金镜》一书中产生了微妙的交集和互动。[②]

若《金镜》中的哲人们想要通过叙说某个东方古国的兴衰来委婉地劝谏君主为政的正确之道，那么维兰德撰写这部通常被归入"君主镜鉴"类别之小说的动机又是什么？他想向哪些君主传递何种性质的政治训导呢？如果说"君主镜鉴"只是一个外在的形式、一个承载叙事和思想传达的框架，而内在的核心却另有所指的话，那么《金镜》所蕴含的最本质的文学意涵又是什么？采用这套特定的叙事法又有何深层考量？本文将试图从政治理念言说、乌托邦构造和多层次叙事法三个方面阐明以上预设的问题。

---

① 参见《金镜》中《震旦国译者给太祖皇帝的献词》。

② 维兰德对中国思想文化方方面面的了解，离不开与之同一时代以及年代更早的耶稣会士的工作。这些耶稣会士在华传教时了解到的知识和搜集到的各种详尽资讯，都会通过他们在欧洲的同会弟兄编撰成文并出版。这些文本便是维兰德中国知识的重要出处。参见邓深：《多元视角与异国元素——试析维兰德小说〈金镜〉的中国话语》，载黄燎宇主编：《北大德国研究》（第四卷），北京大学出版社，2014年，第118—123页。

一、古国纪事与政治理念言说

《金镜》可以说是一部国事小说(Staatsroman)①, 它所集中探讨的也是国家政治(Staatspolitik)和国政哲学(Staatsphilosophie)的话题。前者以后者为基础理论依托, 后者发展出一套与前者相映衬的宗教、经济、教育和文化制度性的思想体系。那么《金镜》中的治国之术(Staatskunst)所彰显的政治哲学理念该如何定位呢? 要回答这一问题, 则必须回到《金镜》主体内容——西羌国史中一探究竟。

西羌国的历史并不是由作者模仿史书写作风格做出的所谓的客观性陈述, 而是由印度斯坦的皇后努尔马哈以及宫廷哲学家达尼什曼德做主观性转述, 并由听故事的国君山鲁格巴做插入性点评。这意味着, 西羌国史的叙事铺展既带有讲述者之价值取向, 也为其道德好恶所牵引; 同时, 听故事者之君王威权也会左右叙事的走向和内容的拣选。《金镜》中西羌国史之陈述大体上由三个主要虚构角色之间的主观性言语和思想交汇而成, 如此则巧妙地

① "国事小说"的历史可以追溯到古希腊色诺芬的《居鲁士的教育》(*Cyropaedia*)。这部作品的特色在于, 它看似是真实人物的传记史, 实则却是虚构文学, 其写作目的与其说是在反映历史真相, 不如说是在塑造一个理想化君主的形象或范例。"理想化"的国事小说常常倾向于建构一种乌托邦式的人之生活状态和社政运作系统。乌托邦之源起恰恰与现状和过往之现实的描摹针锋相对, 毋宁说它脱胎于政治-历史哲学和社会伦理学的思想冲击, 从而提供了启发性策略, 修正当下有缺失的状态。如此, 它所依托的经验性现象亦不能全然超乎现实之上, 否则它与当下的关联则完全被切断了。"理想化"和"现实性"一直是乌托邦理念在国事小说中张力的体现。参见 Werner M. Bauer, Art. Staatsroman, in: *Reallexikon der deutschen Literaturgeschichte*, Band 4, herausgegeben von Klaus Kanzog und Achim Masser, Berlin de Gruyter, 2001, S. 169–171。关于《居鲁士的教育》所具备的传奇文学(Romance)特征以及其中想象力和虚构对政治思想阐述的塑形, 参见 James Tatum, *Xenophon's Imperial Fiction: On the Education of Cyrus*, Princeton: Princeton University Press, 1989, p. xiv。

避开了历史著述所应有的客观公正性原则，最终得以把维兰德本人的观点内嵌其中，使得维兰德借"史"言"己"之手法不会与架设虚构历史之合理性产生丝毫偏差和疏离感。

"西羌"这一古国的诞生和早期经历已经湮没在历史的尘埃中，仅有神话式的传说，亦即以大猿崇拜和信仰来解释西羌民族的由来。从有历史记载的时间起，西羌民族就已分崩离析，由无数小诸侯统治。这些小诸侯总在钩心斗角，彼此纷争不断。直到人民意识到需要一个统一的首领带领他们时，这一乱世才宣告暂缓。然而，即便国王应运而生，却也是名大于实。即便他制定了良好的法律，却没有足够的权力和威权来执行它们。原因在于，他的权柄来源于其底下的一众诸侯。这些诸侯自诩拥立新君有功，个个都想索要报偿，都想从国王身上榨取利益。最终国王的职位形同虚设，逐渐沦为诸侯的提线木偶，西羌依旧纷扰不断。直到外族的铁血领袖强势崛起、趁乱篡夺西羌的王权，才一次性结束西羌历时多年的乱局，开启了新的局面。

这位名为欧谷尔的鞑靼族大汗正式开启了西羌国无限王制的历史，打造了属于自己的家族王朝。欧谷尔作风既开明又强硬，使人民获得了相当程度的自由和实惠，而妄求兴风作浪的诸侯们则被牢牢地压制。当然，他残忍、易怒以及贪婪的一面也为其口碑甚佳的统治蒙上了阴影。欧谷尔过世后，西羌一连出现了好几个毫无特色的无名国王，直到一位名为莉莉的王后闪亮登场，才让西羌从铁血王权转向了新的时代。孀居的莉莉代替其夫执掌君权。她热爱艺术和文化，并花费大量资源扶持西羌的文艺发展，这不仅扭转了欧谷尔蛮族统治的粗暴风格，也让西羌迈入雍容华贵、骄奢淫逸的潮流之中。

莉莉的儿子阿佐尔继位后，更是把这一风格发挥到极致，让西羌彻底陷入淫靡病弱的境地之中。阿佐尔道德并不败坏，却无执掌权柄的手腕和能力，导致君权最终完全落入其姬妾和宠臣之手，西羌的政治也深陷腐败关系链的泥潭中。阿佐尔的儿子伊斯凡迪亚表面上看起来颇有谋略和志气，但内里却是个心术不正的邪恶暴徒。他继位后与宠臣厄布利斯狼狈为奸，为了一己私利，竟搅乱原本安若泰山的社会和阶级秩序，导致天下大乱，国家即将破产，民变此起彼伏。再加上他与厄布利斯反目成仇，最终王宫被攻陷，欧谷尔大汗辛苦建立的西羌无限君主制瞬间灰飞烟灭，化为泡影。[①]

瓦尔特（Torsten Walter）认为，维兰德虽然是德国启蒙运动的重要代表，但创作《金镜》时期的他依旧还保有着强烈的古典政治学倾向，亦即遵循亚里士多德政治学式的概念范畴划分。[②]甚至，这套亚里士多德式政治概念区分法实际上也与德国历史发展紧密相连。早期西羌相当于前专制时期（Vorabsolutistische Zeit），各路诸侯之间以及诸侯们与名义上的国王之间的纷争，正好影射了神圣罗马帝国内各政治实体之间，各邦国、邦君之间，以及他们与帝国中枢之间的斗争。由欧谷尔大汗一手建立，并由一系列无名君王直至莉莉和阿佐尔继承的西羌王国所代表的是专制制度（Absolutismus）。暴君伊斯凡迪亚所施行的制度则是僭主制（Tyrannis）。待到革命风起云涌，暴君朝廷被一举推翻，各州郡群龙无首、各自为政，国家濒临四分五裂，被无政府主义（Anarchie）笼罩的这一时期结束后，西羌才终于迎来了真正的开明君主制——以因颁布西羌宪法而成就万世伟业的提凡为代表的君主立宪制（Konstitutionelle Monarchie）。[③]

---

① 关于西羌国早期历史，参见《金镜》上部第 1 章；关于欧谷尔大汗统治的历史，参见上部第 2、10 章；关于莉莉统治的历史，参见上部第 2、6 章；关于阿佐尔统治的历史，参见上部第 7—11 章；关于伊斯凡迪亚统治的历史，参见下部第 1—5 章。

② 参见 Torsten Walter, *Staat und Recht im Werk Christoph Martin Wielands*, Wiesbaden: Deutscher Universitätsverlag, 1999, S. 125。

③ 参见 Torsten Walter, *Staat und Recht im Werk Christoph Martin Wielands*, S. 127–131。

　　"开明专制（Aufgeklärter Absolutismus）的拥护者"是维兰德身上最广为人知的标签，更有学者嘲讽他是"君王的谄媚者"（Fürstenschmeichler）[①]，《金镜》也确实是凸显维兰德这一政治话语的绝佳文本。如果说虚构性文学在言说作者思想方面尚有其曲折、委婉和隐晦的一面的话，那么维兰德在发表于 1777 年岁末《德意志信使》（Der Teutsche Merkur）上的文章《论领袖神权或论定理："一国之最高权力因人民而生"》（Über das göttliche Recht der Obrigkeit oder über den Lehrsatz: „Daß die höchste Gewalt in einem Staat durch das Volk geschaffen sey", 以下简称《论领袖神权》）则是相当极端和直接地反映了这一理念，甚至在当时的知识界激起了恶评。[②] 这篇文章实际上是维兰德针对当时的年轻学者兼政论家多姆（Christian Wilhelm Dohm）发起的隔空论战。多姆在《德意志信使》上发表的一系列文章捍卫民权和各阶级代表的特权，并强烈主张："一国之权力不是自上而下强压在人民身上，而是由人民从下往上逐渐催生。"[③]

　　多姆文章这一核心观点正是维兰德《论领袖神权》一文所要驳斥的。然而，维兰德论辩的方式似乎颇为怪异，他对君主神权的辩护更多以一种文学式而非概念思辨和分析的方式进行。他在其中运用了大量的比喻和类比，例如他把人民比喻成一群大孩子（eine Menge großer Kinder），若是没有了领袖，想要让他们维

---

① W. Daniel Wilson, "Intellekt und Herrschaft. Wielands Goldner Spiegel, Joseph II. und das Ideal eines kritischen Mäzenats im aufgeklärten Absolutismus", in: *Modern Language Notes*, Vol. 99, No. 3, 1984, S. 479.

② 维兰德的好友，哲学家雅各比（Friedrich Heinrich Jacobi）见到维兰德竟然把超越法律之上的权力援引为佐证，甚至把它与神权相提并论，便与之分道扬镳。亦有同时代学者把维兰德视作君权神授或天生奴隶制的鼓吹者。参见 Herbert Jaumann, "Politische Vernunft, anthropologischer Vorbehalt, dichterische Fiktion. Zu Wielands Kritik des Politischen", in: *Modern Language Notes*, Vol. 99, No. 3, 1984, S. 468。

③ Christoph Martin Wieland (hrsg), *Der Teutsche Merkur*, 1777.3, Weimar, S. 266.

持在尚能过得去的状态，不会比"全然交由其自由天性自生自灭的孩子"顺利成长更容易。[①] 而当谈到强势者的权利通过神权成其为一切领袖权力的来源时，当谈到强势者基于自然之秩序在一切造物中皆是统领者之尊，而弱势者得依附于他、享受他的保护时，他又引入了猎人、牧羊人和贼寇的例子作为类比。[②]

这种论辩方式很容易招致其论敌的反感，因为把两个从属不同范畴、可能性条件也不尽相同的事物进行此类修辞式对接，虽然可以做到妙笔生花、雄辩滔滔[③]，但其论说的部分也很难经受严密的学理推敲。维兰德本人也为其生硬的论说做了辩护，认为是读者误解了他的写作意图和思路。他写作本文时并无意参加一场学院式的论辩，其严肃笔法之后实际上暗藏戏谑和调侃的一面，过于正经的读者必然看不出来。[④] 这一解释似乎无助于缓解他人对维兰德激进拥抱君主制之言行所留下的负面观感。

尧曼（Herbert Jaumann）试图为维兰德之立场做进一步解释：维兰德不满多姆独断论式的真理观把人民的自主权视作超凡入圣

---

① 参见 Christoph Martin Wieland, "Über das göttliche Recht der Obrigkeit", in: *Wielands Werke. Historisch-kritische Ausgabe*, herausgegeben von Klaus Manger und Jan Philipp Reemtsma, Band 13.1, Berlin de Gruyter, 2011, S. 558。

② 参见 Christoph Martin Wieland, *Über das göttliche Recht der Obrigkeit*, pp. 559–560。

③ 关于维兰德这套政治学和统治学的比喻修辞法，亦有学者对其合理性和必然性进行了解析。罗巴努斯（Adrian Robanus）分析了《论领袖神权》一文中的比喻，尤其是与动物有关的比喻（人民如马，君王如骑手，统治如缰绳，强力手段如马刺，等等）。雅各比认为维兰德的论说没有就事论事，不过是虚构了一个假想世界而已。然而罗巴努斯认为维兰德的动物比喻法可以追溯到卢梭的写作传统。这种启蒙时期政治哲学修辞进路旨在调和人作为社会性群体的"服从"和"行动力"之间的张力。人如何在一边拥有天生的自由行动力的同时，又能自发地臣服于立法者的塑造和统御，这其实还是维兰德这篇看似鼓吹"君主制"和"君权神授"文章的思想核心。参见 Adrian Robanus, "Der Goldne Spiegel: Zoopolitik und 'gehorsame Handlungsmacht' im Staatsroman", in: *Seminar: A Journal of Germanic Studies*, Vol. 56, No. 2, 2020, S. 94–97。

④ 参见 Herbert Jaumann, "Politische Vernunft, anthropologischer Vorbehalt, dichterische Fiktion. Zu Wielands Kritik des Politischen", S. 471。

的真理。维兰德在文中就明确指出有些问题争议已久，至今尚无定论，而他选择驳斥多姆的观点，正是想向其道明，问题的答案还远远不像其想得那般简单。此外维兰德对强势者特权的论述，也是对事实性问题的阐发而已，是他基于历史观察所得，而非其关于国家和政治"应当"怎样的主张。他并不对权利诉求的合法性做规范式指引，毋宁说他谈的只是经验，亦即自然规律层面上的倾向性而已。对人之倾向性进行哲学-人类学式的分析，实际上已经偏离了国家政治的主题，而趋近了人性基础建构的解释学。这种讨论场域的错位是一系列误解的根源，也让人误以为维兰德对人民自主性问题不怀好意。①

　　然而，无论我们如何解释《论领袖神权》一文的多重论说体系或是字里行间的微言大义，至少维兰德对德性和启蒙君主制的推崇，以及对人民脱离至高者之统御后的绝对自主能力之怀疑，这两点是难以遮掩的。《金镜》与《论领袖神权》在政治思想上一脉相承。维兰德在《金镜》前三分之二的内容里否定了形形色色的国家政治形式，只为了给贤明之君提凡在后三分之一篇幅里出场做准备。然而我们需要注意到，《金镜》不仅仅是维兰德演绎和阐发个人思想的作品，其存在并不只是学院内部的思辨游戏而已，他更有亲眼看到其中的理念付诸实践的愿景。然而这一实践化的过程亦是文学乌托邦精神与现实政治矛盾激化和碰撞的过程，它亦记录在《金镜》的叙事和版次修订引发的内容变化之中。

二、《金镜》中的政治理想

　　《金镜》最能彰显国事小说之乌托邦精神特质的内容，除了

---

① 参见 Herbert Jaumann, "Politische Vernunft, anthropologischer Vorbehalt, dichterische Fiktion. Zu Wielands Kritik des Politischen", S. 472–474。

上部用四章长度所书写和插入的"自然山谷子民"的故事外，就数全书后三分之一的核心内容——对明君提凡的治国方略的介绍了。这部分内容与其他篇章差别甚大，原因在于它剥除了所有的故事和情节，剥除了叙事性发展[①]，仅客观而细致地描摹提凡新政给西羌国带来的变化，如中央及地方的政府架构、权力的分配和各阶层的相互制衡、宪法的拟定及其崇高地位的确立，以及人民民权在面对上级弊政的情况下该如何自我保障等事务。同时它还呈现了提凡式的君主立宪较之以往进步在哪里，如何规避之前的问题，如何确保君王的统治有绝对权威的同时又不会走向伊斯凡迪亚式的暴政，如何确保贵族在一定程度上制衡国王的同时又不会陷入前王制时期诸侯乱政的现象。除此以外，维兰德还全面介绍了提凡新政在经济、商贸、教育、宗教和人口管制等方面的施政实践。正是这部分内容的存在，使得《金镜》一改前期和中期否定性与批判性的讽刺小说姿态，转向了莫尔（Thomas More）式的写作进路。[②]

---

① 实际上《金镜》在讲述提凡童年时代如何在恩师程吉斯的牺牲和帮助下逃离暴君伊斯凡迪亚的屠杀（借鉴甚至仿写《赵氏孤儿》的情节），少年时期如何在他的栽培下苗壮成长，青年时代如何游历四方，如何参与到平定暴民之乱、阻止西羌国分裂的行动，并最终被众人推举为国王等事情上，依然带有强烈的叙事性。而涉及程吉斯教育提凡宗教观、哲学、政治学和经济学的内容，以及提凡成为国王后的一系列施政举措，则不再具备这类线性式的叙事法，而更像传统乌托邦小说对作者心目中完美制度建构的设想和描摹。有关维兰德对《赵氏孤儿》文本的接受和吸收问题，参见邓深：《"君主镜鉴"还是"修养小说"？——从体裁史角度看维兰德小说〈金镜〉对〈赵氏孤儿〉的接受》，《外国文学》2016年第1期，第140—149页。

② 莫尔可谓古典乌托邦文学的奠基者，甚至"乌托邦"（Utopia）这一概念就由其所创。然而在莫尔之前的西方亦存在乌托邦式的作品，这包括古典时期诗人对众神生活的描摹和赞颂，也包括哲学家对理想政治和政体的构想，后者的佼佼者就是柏拉图的《理想国》。然而有学者认为，莫尔的《乌托邦》之所以成为一种独立的文学体裁，在于它完整融合所有这些元素：文学式虚幻，但却是理性化的社会构型，摒弃了神话的超自然性，试图实现这类理想社会的可控性和可操作性，进而也具备了一定程度的可效仿性。参见 Gregory Claeys and Lyman Tower

　　面对伊斯凡迪亚暴政所引发的问题，提凡对君主制产生了怀疑，想要大幅度限缩君主的权力，甚至把立法权永久性让渡给贵族和人民。他的养父和恩师程吉斯极力反对这种做法。他在论证自身观点时碰触到了维兰德在《论领袖神权》一文中的经典比喻：王为父，民为子。[①]唯有国王适合同时具备立法者和执法者之责，唯有单一者的统治才是最接近上帝的统治。因为上帝本身就是单一的立法者。人间的单一统治者的工作就是探索神性单一者的意旨，再从中演绎出一切行为规范，让人民践行上帝的意愿。[②]程吉斯的这番说辞实际上与《论领袖神权》时期维兰德的"开明君主"理想是一致的。[③]

　　然而，提凡是由德高望重的名师程吉斯在一个得天独厚、难以复制的环境下培育长大的，提凡的天性中就有着超凡入圣、悲天悯人、甘愿为大我牺牲小我的禀赋。如果他的继任者不是从全民中拣选最贤能者来充当，而是在其子嗣中指定，那么我们如何

Sargent (ed.), *The Utopia Reader*, New York: New York University Press, 1999, S. 2–3。关于《金镜》对《乌托邦》的借鉴，参见 Götz Müller, *Gegenwelten: Die Utopie in der deutschen Literatur*, Stuttgart: J. B. Metzlersche Verlagsbuchhandlung, 1989, S. 104–106。

①　　　什么？孩子们——正因为他们没能力自我管制，所以才置身于父权之下——居然有权利控制他们的父亲？有权利就父亲的命令是否合理和有利他们的福祉做出决定性的判断？是否得多给他们玩具和点心？是否在这样或那样的情形下用藤条抽打他们是合理的，或者打得太大力，或者打得太多下？是否他拥有足够的智慧和美德来统治这帮如此可爱、听话、能干以及原则上样样事情都知道得更多的孩子？是否他偶尔也亲自做了某些他禁止他们做的事情？（Christoph Martin Wieland, *Über das göttliche Recht der Obrigkeit*, S. 565–566）

②　参见《金镜》下部第 10 章。

③　《金镜》第二版增补的结局详细地叙述了西羌国在提凡身故后如何逐步走向衰落并最终灭亡的历史，同时也交代了宫廷哲学家达尼什曼德被捕入狱，最终为苏丹山鲁格巴所抛弃。第二版结局的悲观色调亦可反映将近 20 年后的维兰德对开明君主制内核中的问题和矛盾有了更冷静、更理性的思索。参见邓深：《"开明专制"的内在矛盾——试析维兰德小说〈金镜〉（第二版）的"宫廷谈话"情节》，《国外文学》2017 年第 4 期，第 82—90 页。

确保这样的神性禀赋能够通过血缘传递给下一个单一统治者呢？
如何确保不会出现第二个阿佐尔和伊斯凡迪亚呢？要克服君主制
这一痼疾，唯一的办法便是对王家子弟进行优质的教育。读者从
后续的内容很容易就能意识到，即便不考虑人的先天禀性因素，
即便优质的教育可以真的做到树立王位继承人正确的治国观念和
教授其良好的治国之术，教育本身也是充满偶然因素的。除了教
师的素质和品性外（厄布利斯就是极端的反例），教育和生活环
境过度优渥，王子与平民过度疏远、对劳动生活过度陌生，都使
得提凡的子嗣即便再遇名师，日后也难以与其先祖相提并论。[①]

　　当然，提凡的新政亦有办法来遏制这种情况的发生，那就是
制定一部对包括国王在内的所有国民都有约束力的宪法。同时为
了确保宪法的稳定性，为其条文的潜在更变设计了一套复杂的审
核机制。提凡颁布的西羌宪法《义务和权利典籍》严密地限定了
国王和社会各个阶层的权利和义务。对国王权能范围的圈定，以
及确保国王本人的意志无法干预这些限定本身的删除和修改，也
是教育政策以外，提凡降低体制内暴君出现概率的有力举措。

　　提凡身故后，其子嗣想要修改宪法给君权松绑，也得费尽九

---

① 法国作家梅西耶（Louis-Sébastien Mercier，1740—1814）1771 年出版的乌托邦小
　说《公元 2440 年：一个如果真的存在的梦》（L'an deux mille quatre cent quarante.
　Rêve s'il en fût jamais）中就提到一种"隐匿王子"的教育策略：王子诞生后，把
　他交给正直和聪慧的平民抚养，不让他知道自己的真实身份。这种做法能在
　一定程度上避免宫廷教育的问题，然而它的现实可操作性相当低，所以依旧
　是一种乌托邦文学的幻想而已。维兰德创作提凡的故事时，明显借鉴了梅西
　耶小说的这一元素，但他并没有把"隐匿王子"的策略用在提凡后代的教育上。
　参 见 Götz Müller, Gegenwelten: Die Utopie in der deutschen Literatur, Stuttgart: J. B.
　Metzlersche Verlagsbuchhandlung, 1989, S. 106–108。有关梅西耶这部小说和维兰
　德《金镜》的关系，参见 Andreas Dittrich, "Traduire la pensée utopique: le transfert
　des paradigmes de L'An 2440 et Der goldne Spiegel", in: Stephanie Stockhorst (ed.),
　Cultural Transfer through Translation. The Circulation of Enlightened Thought in
　Europe by Means of Translation, Amsterdam: Rodopi, 2010, pp. 121–139。

牛二虎之力，比如提凡曾孙阿克巴尔想要完成修宪工作，不仅要极力争取贵族和祭司的支持，还要在国民会议上想方设法哄骗各个国民阶层认同增加国家财政收入的必要性。[①] 在此之后，国王支配财政收入的权力越发膨胀，各种名目的税种也应运而生。然而，导致这一政治恶果的深层原因，并不只是国王一人私欲和权力欲凌驾其政治德性之上，后提凡时代西羌国民普遍道德水准和法治精神的堕落才是最好的答案。

由此可见，《金镜》的乌托邦叙事的合理性，不仅很大程度上建构在统治者本人超凡入圣的理想化人格之上，其对民众以身作则式的成功教化更是必要前提。这部分设定虽然或多或少具备现实上的可能性和可仿效性，但由于其架设在诸多戏剧化的由偶然和小概率事件串联起的网络中，也使得它带有强烈的超现实虚幻色彩。正如苏丹山鲁格巴所调侃的，他所听到的提凡的故事不过是小说而已，跟这个世界毫无关系。而达尼什曼德驳斥提凡的虚构性后，也只能以"如果他此时此刻不存在于众人之中的话，那么他必然存在于将来的某个时刻"[②] 作为搪塞。

乌托邦理念所言说的政治道德的崇高性建构在提凡这一偶然之人的偶然经历之上。虽然作者努力通过提凡之手架设一套严密而繁复的制度性制衡机制和合理化的政治系统，以期提凡的偶然

[①] 参见《金镜》下部第 16 章。

[②] 参见《金镜》下部第 9 章。这句话也是提凡统治下理想化乌托邦式西羌国的佐证，至少是故事讲述者达尼什曼德在提凡的过度超现实性与故事宣称的历史性产生冲突时所做的辩解。有人认为这是维兰德借山鲁格巴之口对理念性和非现实性（Irrealis）之潜在合一性的文学反讽式（Ironie）调侃。这种有别于当下具体政治现实的文学客观性在《金镜》中有其特定的论述结构。政治道德理念及其有效性处在一个合法性循环论证中，崇高理想的缥缈性和无力感恰恰在其中彰显出来。参见 Bernhard Spies, *Politische Kritik, psychologische Hermeneutik, ästhetischer Blick: Die Entwicklung bürgerlicher Subjektivität im Roman des 18. Jahrhunderts (Germanistische Abhandlungen)*, Stuttgart: J. B. Metzlersche Verlagsbuchhandlung, 1992, S. 118–119。

性禀赋可以经由制度性保障先天地"遗传"给他的继任者，再通过最优质的王家教育，确保之后手握提凡权柄的人依旧是提凡再世，而非昏君阿佐尔或暴君伊斯凡迪亚重生。面对君主制固有的顽疾——王位继承者德性、能力和品格的不确定性，维兰德本人并不是十分乐观。

在 1772 年出版的《金镜》第一版中，维兰德就悬置了这一难题。达尼什曼德介绍完提凡新政的方方面面后，苏丹表示自己对提凡所设立的高级阶层子弟教育考核工作非常感兴趣——这样的话，王国内的可用之才都逃不过国王的法眼，而无须跟其他国王一样碰运气式地随机招募人才。苏丹渴望能够学到提凡这套方法，同时也希望达尼什曼德能够再讲一讲，他所理解的构成第一等级的学者阶层到底是什么？哲学家坦言，若不跟苏丹陛下讲述提凡时代之前的教育和品味状态，便无从回答这一问题。苏丹旋即应允，但却期望他择日再谈。至此，整部小说便戛然而止。[①]

显然，《金镜》第一版的结局颇为突兀，它既没有交代提凡之后西羌国的命运，也没有提及山鲁格巴及其宫廷哲人的后续结局。这一缺失令第一版的叙事结构缺乏必要的完整性，维兰德似乎也刻意回避了后提凡时代因为掌权者的变动而产生的必然问题。直到 1794 年的第二版，即法国大革命爆发的五年后，维兰德才补全了这一缺憾。第二版在第一版的基础上又增补了一章，细数了提凡之后历任西羌国王从极力效法其先祖的德政到逐渐受其自身禀性的牵引和干扰最终沉沦于私欲，导致西羌国缓缓步入崩溃之境的历史进程。[②]

维兰德还对原版的结尾进行了改写，让原文与结尾新增的一

---

① Christoph Martin Wieland, *Der Goldne Spiegel, oder die Könige von Scheschian*, in: *Wielands Werke. Historisch-kritische Ausgabe*, herausgegeben von Klaus Manger und Jan Philipp Reemtsma, Band 10.1–2, Berlin de Gruyter, 2009, S. 322–323.

② 参见第 12 页注释③。

章衔接得当。① 可以说，维兰德为西羌国乌托邦所设计的基础条件，并不具备制度上和理性上的绝对稳固性。作者本人也在其新增的一章中回应了"塑造"提凡的偶然性。②《金镜》里提凡国王治国的故事因其理想性而具有强烈的乌托邦旨趣，但维兰德（至少《金镜》第二版时期的维兰德）无意仅给读者搭建一个空中楼阁以讽刺某些社会现实。他更是通过构建一个极具完美价值的君主时代以及设想它的后续发展和最终结局来反思这一制度的可持续性与稳定性，并从理论理性层面上探索造就这一君主制理想状态难以长久持存的本质原因——君主品格的不确定性。

　　维兰德在《金镜》中的乌托邦精神并不全然只是理想化的文学创作或学理性探讨，实际上书中的政治观念也蕴含了贴近现实的元素：反无理性、无根据和无论证的恣意统治方式和绝对君权；倡导理性上可探寻以及呼应道德事物本性的政治伦理规范。③《金镜》虽然明显未到主张公民自由的地步，甚至其公民生

---

① 改写之后，苏丹依旧对提凡的教育政策赞不绝口，表达了想要学习的念头，说完后便结束点评，不再提及学者阶层的事情。达尼什曼德一番客套之后，苏丹突然便提到了整部"历史"的不合理之处。皇后和哲学家明明在一开头就提到西羌国后来覆亡了，消失在历史的尘埃中，就连饱学之士都未曾听闻；可是现在又事无巨细地讲述提凡新政多么科学、多么成功，一举把西羌国带到万国之巅。这两段截然相反的故事要如何调和呢？最后苏丹明言，自己早就预感提凡制度虽好，却必不能久长，可以说这部历史尚能吸引他的地方，正是这段西羌国由盛转衰的过程。参见《金镜》下部第 15 章结尾部分。

② 提凡自知自己无法永生，教育是把圣明的君主品格继承给其后代至关重要的环节。因为当国王享有至高权力时，制度上的任何保障皆无法长久遏制其私欲的僭越。唯有其主观上愿意约束自己，唯有在其身上建构完备的君主德性，才可以长久维系制度正常的运转。然而，维兰德深知"君王德性继承"的乌托邦属性，"他必须像寓言故事中的凤凰一样在每一位继任者身上重生才可以"。好比提凡的孙子图尔坎是一位在能力上和智慧上最能与其祖父媲美的君主，然而即便其内在属性与其祖父相差无几，教育他的师长也不可能碰巧是第二位程吉斯，更何况提凡坎坷的人生经历对养尊处优的王子来说也是不可复制的。由此，聪明的图尔坎成了第一位破坏提凡宪政的人。参见《金镜》下部第 16 章。

③ 参见 Torsten Walter, *Staat und Recht im Werk Christoph Martin Wielands*, S. 149–150。

活依然架设在阶层等级观念之上，依然受制于上层严格的监管，但从理性角度限缩君权，一定程度上通过协商方式在国民、贵族和君王间分摊权力，承认法律和法制的权威，并把立法建构在国民之自然理性出于自愿而非强迫的认同之上，都可以说是《金镜》之18世纪式启蒙精神的进步之处。这些进步不需要天方夜谭的世界观方可实现，维兰德时代的欧洲宫廷和社会环境就已经提供操作这一切的空间和条件了。那么《金镜》在现实和历史的维度上又具备什么样的多重属性呢？

三、多层次叙事法

多层次叙事法是《金镜》中最能体现其作者是一位写作技法娴熟的文学家，而不仅是建构和阐释理念的理论家的首要因素。《金镜》创作和出版周期内的维兰德实际上就在现实层面寻求实现其理想化的政治抱负了。[①]某种意义上，《金镜》这一国事小说可被视作一部呈现给欧洲君主，通过迎合君主的阅读旨趣来推销自己，尤其是辨析自我政治主张以获得践行可能的实用性文本。[②]

---

① 参见 Friedrich Sengle, *Wieland*, Stuttgart: Verlag J. B. Metzler, 1949, S. 262–263。

② 《金镜》所依从的国事小说的写作传统在当时的德语文坛不算罕见，冯·哈勒（Albrecht von Haller，1708—1777）1771年出版的小说《乌宋：一部东方故事》（*Usong: Eine Morgenländische Geschichte*）风格上就有异曲同工之妙。这部政治哲学小说一样以东方（波斯、中国、蒙古等）为背景，主角乌宋也是君王，小说也旨在传递一种开明君主政体的典范。实质上，《金镜》的直接创作原型可以追溯到费奈隆（François Fénelon，1651—1715）1699年出版的小说《尤利西斯之子特勒马科斯历险记》（*Les aventures de Télémaque, fils d'Ulysse*，中译本可见费纳龙：《太雷马克历险记》，倪维中、王晔译，广州出版社，1995年；费奈隆：《特勒马科斯纪》，吴雅凌译，商务印书馆，2022年），这部小说讲述了伊萨卡王子特勒马科斯在寻找其父的过程中，接受了智慧女神密涅瓦化身的导师有关政治、治国、伦理和哲学方面的教育。这部政治哲学、伦理和制度教育小说可

1769 年，维兰德回归母校埃尔福特大学（Universität Erfurt）教授哲学。在学术和教学活动之余，他并没有停止文学创作，《金镜》是其埃尔福特教职生涯书写的最后一部文学作品，也可以说是最重要的一部。埃尔福特大学的学术圈子观念保守，正统天主教和基督新教的教士对待进步改革思潮和自由主义精神极不友好，将之贬斥为滋生道德腐化的温床，对其围追堵截。这使得维兰德被孤立，丧失了交际圈。①

1772 年离开埃尔福特前写就的《金镜》，正是维兰德离开传统学术圈、转向宫廷仕途的敲门砖。既然埃尔福特是个保守的学究之地，那么他必然要另觅能实现其抱负的圣地，这个地方便是维也纳。早在 18 世纪 50 年代末直至整个 60 年代，维兰德便把目光锁定在哈布斯堡王朝中与母亲特雷西亚女皇共治的约瑟夫二世身上。②埃尔福特时代（1769—1772）的维兰德在数封书信中就明确表达：约瑟夫二世是其唯一欣赏的君主。③从大学里的学者转变成君王直接庇护的文人，让自己的才学从书斋走向朝堂和社会，亦是这一时间段维兰德致力的方向。若知识分子自绝于政治，则无须抱怨为政者不听其谏言。

以说是 18 世纪欧洲一系列国事小说的重要启迪。有关《金镜》风格的国事小说写作传统的资料，参见 Torsten Walter, *Staat und Recht im Werk Christoph Martin Wielands*, S. 140–141；Jutta Heinz (Hrsg.), *Wieland-Handbuch Leben–Werk–Wirkung*, Stuttgart: Verlag J. B. Metzler, 2008, S. 117, 120; Herbert Jaumann, "Kommentar und Nachwort", S. 865–867。

① Klaus Schaefer, *Christoph Martin Wieland*, Stuttgart: Verlag J. B. Metzler, 1996, S. 120.

② 参见 W. Daniel Wilson, "Intellekt und Herrschaft. Wielands Goldner Spiegel, Joseph II. und das Ideal eines kritischen Mäzenats im aufgeklärten Absolutismus", in: *Modern Language Notes*, Vol. 99, No. 3, 1984, S. 479–480。

③ 寄托在普鲁士腓特烈大帝开明君主统治的愿望破灭后，维兰德便把哈布斯堡的约瑟夫二世视作开明君主的楷模。当然，维兰德也忧虑特雷西亚女皇的保守立场可能会阻碍约瑟夫二世开明政治理念的实现。参见 W. Daniel Wilson, "Intellekt und Herrschaft. Wielands Goldner Spiegel, Joseph II. und das Ideal eines kritischen Mäzenats im aufgeklärten Absolutismus", S. 481, 483。

　　《金镜》的出版，可以说是维兰德尝试叩响维也纳宫廷大门的第一步。虽然没有直接文本可以指明《金镜》和维兰德入仕维也纳宫廷之愿有密不可分的因果关系（现实中维兰德也确实没有获得皇帝的召命，所以我们也无法从维兰德的口中获悉创作《金镜》的隐含意图），但至少其借此向青年约瑟夫二世提出从政谏言的目的还是明显的。[①] 如此，则说明现实中的"达尼什曼德"所要启发的"苏丹王"就是约瑟夫二世本人，维兰德也把实现自己的政治抱负的希望都寄托在这位维也纳青年皇帝身上。可是，没能获得召唤，无法奉职于左右，意味着维兰德的影响力只能依靠出版物来传达，这必然与其原初的意图——"造福于国家的同时能保持文学的独立性"[②] 背道而驰。虽然维兰德无法如愿以偿地在维也纳成为帝王之师，虽然他也对此耿耿于怀，但很快他便获得另一个宫廷的传召。萨克森-魏玛-艾森纳赫（Sachsen-Weimar-Eisenach）公国的公爵夫人阿玛利亚（Anna Amalia von Braunschweig-Wolfenbüttel）召唤了他，使他成为其子暨爵位继承人卡尔·奥古斯特（Carl August）的哲学教师。即便如此，此时的维兰德仍旧怀揣着去往维也纳任职的夙愿，甚至甘愿一接到传召便动身前往。[③]

① 关于维兰德期望约瑟夫二世能够读到《金镜》并从中获得治国启发和裨益的相关文本信息，参见 W. Daniel Wilson, "Intellekt und Herrschaft. Wielands Goldner Spiegel, Joseph II. und das Ideal eines kritischen Mäzenats im aufgeklärten Absolutismus", S. 485–486。

② W. Daniel Wilson, "Intellekt und Herrschaft. Wielands Goldner Spiegel, Joseph II. und das Ideal eines kritischen Mäzenats im aufgeklärten Absolutismus", S. 479.

③ 维兰德在 1772 年 8 月 11 日写给维也纳友人的信的一开头便交代了自己已办好从埃尔福特大学离职的手续，准备到魏玛担任王子教师，甚至连这份新工作的薪俸也交代清楚了。可接下来维兰德笔锋一转说道："即便如此，只要约瑟夫二世脑海中闪过想要召我在其身边的念头，我总会领受我这位君上的召命。"更有甚者，维兰德还把约瑟夫二世当作其现实中的提凡国王，当作其英雄。参见 Hans Werner Seiffert, *Wielands Briefwechsel*, Vierter Band, Berlin Akademie-Verlag, 1979, S. 600–601。

　　虽然魏玛宫廷哲学教师一职并非维兰德的"第一志愿"，但他还是尽职尽责地履行其使命。某种意义上讲，《金镜》一书也意外地为其铺平了坦途。阿玛利亚公爵夫人对《金镜》颇为欣赏，这部小说也是维兰德与魏玛宫廷结缘的重要媒介。①虽然维兰德没能在政治影响力更大的哈布斯堡宫廷充当君主的参谋，但在文化和艺术氛围更为浓郁的魏玛，他也算初步达成了自己成为少年君主培育者的宏愿。现实中的"达尼什曼德"虽然无法让维也纳的约瑟夫二世成为其"提凡"，却也在少年奥古斯特身上找到了"借教育实现政治理念"的契机。

　　虚拟与现实层面上的"君主教育"在《金镜》中获得了统一，维兰德对事实政治的评述以及对理想政治的诉求也在现实中找到了呼应的空间。虚构的历史国事故事以及启蒙时代的欧洲时局在《金镜》中形成交互关联，这意味着，这部小说并不仅是遵从单向性的叙事手法，还将其写作宏旨匿藏于层层叠叠的文学结构织体之中，文义和作者的思想需要通过不同面向的解释媒介方可被表述。

　　《金镜》的叙事结构遵从的是"虚构编辑"（Fingierte Herausgeberschaft）②的写作手法。正如小说的副标题所言，文本首要

---

① 早在 1770 年初维兰德便获得了访问魏玛的邀请，然而直至 1771 年年底才正式成行。在这次访问中，维兰德对当时 34 岁的公爵夫人的才识产生了深刻的印象，公爵夫人同样非常赏识维兰德，也萌生了邀请他担任自己儿子教师的念头。维兰德自然也在第一时间把《金镜》交到了阿玛利亚手中。在之后二人的通信里，公爵夫人已经毫不掩饰地指明维兰德便是魏玛宫廷的"达尼什曼德"。参见 Friedrich Sengle, *Wieland*, S. 269–270；Klaus Schaefer, *Christoph Martin Wieland*, S. 122。

② "虚构编辑"或"编辑虚构文学"（Herausgeberfiktion）这一小说文体的最严格的形式，可以追溯到塞万提斯的《堂吉诃德》。某种意义上它与"伪翻译文学"（Pseudotranslation）本质上颇为近似，其核心要旨皆是以某部小说中虚构的文献的翻译、编纂和传播过程为结构框架来承载整个叙事。有关 18 及 19 世纪之交德语虚构编辑文学的导论性内容，参见 Uwe Wirth, *Die Geburt des Autors aus dem Geist der Herausgeberfiktion: Editoriale Rahmung im Roman um 1800: Wieland,*

涉及的便是这部"译自西羌文的真实历史"。换句话说，在维兰德虚构的世界体系中，确实存在一部由失落的古代语言写就的史书。但《金镜》并不只是照本宣科式地把这部古代史书复述出来，维兰德采用了一套更为复杂的叙事机制。他把表层叙事置放于一个与西羌国关系甚远、年代也不尽相同的国度——"印度斯坦"。这一国度的君王山鲁格巴因为施政上的烦心事滋扰而饱受失眠之苦，亟待一部可以助其入眠的读物。由于他对虚构故事敌意颇深，所以他的臣属们选择编写一部曾经存在过的邻国的历史书籍，由专人进行睡前朗读，辅助苏丹入眠。由此，在印度斯坦饱学之士的努力下，一部有关古国西羌的编年史书应运而生。[①]接下来，西羌史的呈现以印度斯坦的宫廷夜话为叙事框架，由努尔马哈皇后和宫廷哲人达尼什曼德选择性地挑选史书中他们感兴趣的部分进行讲述，并穿插加入自己的评述和议论。更为重要的是，苏丹也会打断他们的讲述，进行提问或点评。苏丹与两位讲述者间的一问一答，或是哲学家对某些议题发表的鸿篇大论，有时也会构成某些章节的主要部分。

在这一框架内，印度斯坦宫廷的故事形成了另一条叙事线索，并作为表层线索与西羌国史这一里层线索相映成趣，构造了一套国政理念与哲学阐述的意义互补和对位。印度斯坦宫廷的叙事线由苏丹、皇后和哲学家三人的宫廷夜话铺排而成，而西羌国史的部分则既是他们对话的主要内容，也是他们思想交流的话题导引，由此顺势推出了一系列有关国政、君主教育、道德伦理以

Goethe, Brentano, Jean Paul und E.T.A. Hoffmann, München: Wilhelm Fink, 2008, S. 13–18；有关《金镜》与其他同一时期的德语虚构编辑小说，参见 Herbert Jaumann, "Kommentar und Nachwort", S. 865。

① 虽然维兰德没有明言，但我们可以推断"印度斯坦"的学者们编撰"西羌国编年史"时，还是以"西羌文古文献"为基础的，否则就无法解释西羌史的原始出处，也无法回应小说副标题的含义。

及宗教等议题的讨论。

　　以上宫廷夜话的文本流入了中国（震旦国）之后，中国学者项福泽把它从印度斯坦的文字翻译成中文，并题献给了当时中国的君主——太祖皇帝。《金镜》的名称实质上是震旦国官方的赐名[①]，并且，被冠以"金镜"之名的文本并非印度斯坦大臣所直接编撰的西羌史书，它其实是有关该史书的朗读会以及讨论会的记录性文本。如此，项福泽所译出的《金镜》，自然是印度斯坦宫廷夜话视角下所碰触到的片段式西羌史，并且，由于印度斯坦手稿缺漏等问题，项福泽的最终译本也不完整。

　　可以说，《金镜》所指涉的"西羌国列王纪"，是苏丹山鲁格巴及其皇后和宠臣三人思想互动关系下筛选和重构的编年史，也是项福泽根据原文手稿的完整程度所尽力还原的"国家历史"。之后，中文版的《金镜》被来华的耶稣会士翻译成平庸的拉丁文，再由维兰德所托名的某位"德国编译者"将其从拉丁文翻译成非常优秀的德文，成为最终在现实世界出版并为读者所阅读到的版本。[②]"德文编译者"在此基础上又对文本加入了第三重的筛选：基于文本对其所在时代的精神和文化所产生的负面影响而对之进行删减。[③]

　　《金镜》所套用的文本翻译-传播手法（西羌文—印度斯坦文—中文—拉丁文—德文）在18世纪的欧洲文学中并不算罕见。书中印度斯坦宫廷叙事框架实质上取材自法国18世纪作家小克雷比翁（Claude-Prosper Jolyot de Crébillon，1707—1777）的若干部东方题材的作品。[④]为维兰德提供了不少重要素材原型的作品

---

① 参见《金镜》中《震旦国译者给太祖皇帝的献词》。
② 参见《金镜》中《导言》的结尾部分。
③ 最典型的例子可参见《金镜》上部第10章中的《出版者给读者的话》。
④ 参见译者对《金镜》中《导言》和上部第1章相关内容的注释。

《笊篱：日本故事》便采用了这种"伪翻译"的叙事手法。[①] 通过虚构多重翻译的文本流转过程，他使不同译本的"译者"间接成为小说中的角色。他们通过添加注释的形式，不仅承载了部分叙事上的功能，同时也把个人的思想和见解带入作品之中，形成了一套繁复的意义整体，让不同思想单元在网状织体中交相辉映。

除了叙事结构上的层次性外，在叙事内容和文思推进上，《金镜》以及维兰德的诸多叙事文学作品都具备一个显著的特色，那就是置入了大量的引用和典故。这些引用或是出自经典文学和思想著作，或是出自史书和神话，或是出自同时代的学术著作和文艺创作。有学者将这一点定位为：维兰德之小说并非从生活获得滋养，而是从文学之中。[②] 这种从文学到文学的写作手法自然增加了阅读和理解的难度，也使得作者的思想被投射到另一层隐晦的维度之中，从而又增添了一层解读的层次。《金镜》的行文充斥着大量古典和同时代文献的引用和典故，有些典故的指涉和运用相当晦涩，如无专人进行文献研究、注解和索引，亦难以准确把握维兰德在特定上下文中的意旨。在 1771 年出版的《新阿玛迪斯》（*Der Neue Amadis*）中，维兰德在一处注释里明言：

> 诗人有权预设其读者已具备一定程度的神话和历史知识，并且对小说、喜剧和其他想象力与智力之作有一定程度的通读。对于每个达到最低博览群书程度之人便已知晓的名号，实在很没必要再做注解。[③]

---

① 《笊篱》中虚构的文本翻译流传顺序为西羌文、古日文、中文、荷兰文、拉丁文、威尼斯方言和法文。《金镜》中的"西羌"（Scheschian）实际上就出自《笊篱》中的"Chéchian"。参见 Crébillon le fils, *Tanzai et Neadarné, Histoire Japonoise*, Nouvelle Édition, Tome Premier, Pékin, 1781, pp. i–xiv。

② Herman Meyer, *Das Zitat in der Erzählkunst: Zur Geschichte und Poetik des europäischen Romans*, Stuttgart: Verlag J. B. Metzler, 1961, S. 90.

③ Christoph Martin Wieland, *Der Neue Amadis*, in: *Wielands Werke. Historisch-kritische*

维兰德作为古典学者进行文学创作时亦暗藏了古典及美学教育的意图。读者在破解其行文中蜿蜒曲折的典故迷宫时，也侧面学习和重温了这些欧洲古代、近代和当代的优秀人文知识。[①]《金镜》一书可谓把维兰德这种写作风格展现得淋漓尽致。鉴于《金镜》采纳的伪编辑-翻译路线，其中纷繁芜杂的典故和引用经过注释的形式也彰显了不同"编者"的思想取向和文化立场，甚至通过"注中注"的形式实现后一个"译者"对前一个"译者"的观点的评判，以此类推，构造了除印度斯坦宫廷夜话之外另一个思想交锋的场域，让多重叙事的主体在交互关系中辨明真理之道。引用和典故成了不同译者和编者思想互动的重要媒介，这一点也正是《金镜》运用多层次叙事最为匠心独运之处。[②]

《金镜》是一部欧洲启蒙时代借叙事性文学手法诠释与建构政治哲学和政治伦理学的佳作，其第二版书写的西羌国在经历了提凡所开创的君主-宪法理想平衡制度后，依旧不可避免地走向衰落和灭亡。在叙事框架内，维兰德并没有给出导致这一切的直接和明晰的因由，毋宁说，这些因由皆隐蔽在故事情节和叙事的多层次结构中，只能由读者透过层层表象，探究《金镜》乌托邦理念的缘起和幻灭，究竟折射出维兰德在试图建设或者传达何种政治哲学观念。笔者颇为认同这一观点，即维兰德始终对开明君主制中的君主限定原则存在疑惑。在他看来，保留君王为善的自由的同时又想要剥夺其作恶的权能，这显然是很不现实的，毋宁说，为善的自由就已经暗含作恶的自由了。[③]

Ausgabe, herausgegeben von Klaus Manger und Jan Philipp Reemtsma, Band 9.1, Berlin de Gruyter, 2008, S. 422.

① 参见 Herman Meyer, *Das Zitat in der Erzählkunst: Zur Geschichte und Poetik des europäischen Romans*, S. 91–92。

② 有学者主张，《金镜》中多层次写作技法的娴熟和高超，在托马斯·曼后期作品中才可以发现有与之媲美的。参见 Friedrich Sengle, *Wieland*, S. 266。

③ 参见 Dietrich Naumann, *Politik und Moral. Studien zur Utopie der deutschen Aufk-*

提凡宪法虽然是开明君主制理念的乌托邦式再现，其顽疾以及最终的溃败也被维兰德详尽地叙述出来。维兰德批判的矛头也指向了这套制度难以根治的病根：资源必然向特权阶级倾斜而造成最终的失衡。[①] 这种民主化导向的开明君主制批判路线深刻地印证了维兰德写作的多元宏旨：一面追寻这套制度合理化的乌托邦实践，另一面却在不断思考和探究其内在瑕疵。《金镜》也是完美彰显这一点的文本。

lärung, Heidelberg: Winter Verlag, 1977, S. 179。

① 参见 Dietrich Naumann, *Politik und Moral. Studien zur Utopie der deutschen Aufklärung*, S. 179。

《金镜》角色列表

印度斯坦宫廷
(Der indostanische Hof)

山鲁亚尔（Schach-Riar）：著名的印度斯坦苏丹，因在《一千零一夜》里嗜杀和爱听故事而闻名天下。

山佐鲁德（Scheherezade）：山鲁亚尔的妻子，擅长讲故事。

山鲁罗罗（Schach-Lolo）：印度斯坦苏丹，山鲁亚尔之子。

山鲁巴罕（Schach-Baham）：印度斯坦苏丹，山鲁罗罗之子。

维齐尔莫斯列姆（Visir Moslem）：山鲁巴罕的廷臣，擅长讲故事。

山鲁多卡（Schach-Dolka）：印度斯坦苏丹，山鲁巴罕之子，山鲁格巴的堂兄。

山鲁格巴（Schach-Gebal）：印度斯坦苏丹，本书的主要角色。他是山鲁巴罕兄弟的儿子，由于山鲁多卡没有子嗣，继承其堂兄的皇位。

努尔马哈（Nurmahal）：苏丹山鲁格巴的妻子，在本书中为故事的讲述者之一，有时也被称为"黑眼珠切尔克西亚女郎"。

达尼什曼德（Danischmend）：苏丹山鲁格巴时期的印度斯坦

宫廷哲人，故事讲述者之一。

皇子（Der Mirza）：姓名不详，此人有权参与苏丹山鲁格巴睡前的故事会，结合其身份和年龄，推断其为山鲁格巴之子。

宰相（Der Kanzler）：姓名不详，山鲁格巴的重臣，曾出现在第一次睡前读书会。

伊玛目（Der Iman）：姓名不详，山鲁格巴的首席伊玛目（穆斯林领袖），与哲学家达尼什曼德的观点常有抵牾。

范法拉辛（Fanfaraschin）：生活于山鲁多卡时代的哲学家和教育家。

西羌宫廷
（Der scheschianische Hof）

欧谷尔大汗（Ogul-Kan）：原为鞑靼部落首领，后趁西羌民族内乱一举掌控其统治权，建立了一个绝对君主制王国，成为真正意义上西羌的第一任国王。

莉莉（Lili）：西羌国王后。欧谷尔大汗去世后，西羌国经历了几任"无名国王"，最后一任"无名国王"之妻便是莉莉。在夫君去世后，由于继任人年龄尚小，莉莉便代替他执政。

阿佐尔（Azor）：西羌国王，莉莉王后和最后一任"无名国王"之子。

谢瑞卡（Xerika）：阿佐尔国王早年宠爱的女子。

阿拉班妲（Alabanda）：阿佐尔国王宠妃，为人骄奢淫逸、挥霍无度。

古尔娜泽（Gulnaze）：波斯舞女，阿佐尔国王晚年最宠爱的妃子。

伊斯凡迪亚（Isfandiar）：西羌国王，阿佐尔和阿拉班妲唯一的儿子。

厄布利斯（Eblis）：一位坎法鲁，也是伊斯凡迪亚的宫廷教师和宠臣。

提木儿（Temor）：阿佐尔国王唯一的弟弟，伊斯凡迪亚的叔叔。

提凡（Tifan）：西羌国王，提木儿最小的儿子，伊斯凡迪亚的堂弟，伊斯凡迪亚死后即位。

程吉斯（Dschengis）：一位维齐尔，救过提凡的性命，是提凡的养父和政治生涯的重要导师。

媞丽（Tili）：提凡隐居时邻居家的牧羊少女，最后成为提凡的妻子。

小提木儿（Temor）：西羌国王，提凡之子，图尔坎之父。

图尔坎（Turkan）：西羌国王，小提木儿之子，阿克巴尔之父。

阿克巴尔（Akbar）：西羌国王，图尔坎最小的儿子。

"提凡二世"（Tifan der Zweite）：姓名不详，西羌国王，阿克巴尔之后一连串不知名国王中最孱弱者。

杜丽卡（Dulika）："提凡二世"的妻子，由于其夫不理朝政而取代他主管政务。

柯拉夫（Kolaf）："提凡二世"的僧侣会长，国王夫妇的宠臣。

姬丽（Zili）：一位少女，杜丽卡去世后成为"提凡二世"的妻子，西羌的新王后。

西羌宗教
（Die scheschianische Religion）

大猿（Der Große Affe）：西羌人民传统信奉的神明。因其名字存在巨大争议，由此产生了两个对立的教派——蓝猿派和火猿派。这两个教派纷争不断，甚至影响到国家政治的稳定。

雅甫（Ya-faou）：词义为"猿猴的模仿者"，是西羌国一派侍奉大猿神的僧侣，表面过着苦行生活，实则欲壑难填。

坎法鲁（Kamfalu）：词义为"舆论的王者"，是西羌国另一派侍奉大猿神的僧侣，虽然也是游手好闲之辈，但较雅甫一派更有学识，对社会更有贡献。

戈尔戈利克斯（Gorgorix）：一位雅甫。通过研究工作，他发现西羌人一贯以来所相信的大猿之名是错的，他指出其含义不应是"火红色"而是"蓝色"，由此其支持者形成了蓝猿派。

卡拉夫（Kalaf）：一位年轻僧侣和野心家，利用新崛起的蓝猿派谋求政治上的巨大利益。

胡克图斯（Huktus）：一位德高望重的僧侣，地位受到卡拉夫的挑战，原本没有过多介入蓝猿派和火猿派之争，后来高调宣布支持火猿派，成为火猿派的领袖。

卡多尔（Kador）：一位西羌的知识分子和作家。

自然山谷
（Das Tal der Natur）

埃米尔（Der Emir）：本名不详，一位出身自也门的富裕贵族，由于在返乡途中遭到强盗抢劫而身陷险境，最后流落到一处世外桃源——自然山谷中。

老者（Der Alte）：姓名不详，自然山谷中某户人家里德高望重的长者，盛情款待落难的埃米尔，并为其讲述世外桃源的现状和历史。

普萨弥斯（Psammis）：自然山谷历史上曾经到访的外乡人，定居后为其子民带来文化知识和订立生活的律法。

震旦宫廷

（Der sinesische Hof）

项福泽（Hiang-Fu-Tsee）：震旦国文人和学者,《金镜》的 "震旦文译者"。

太祖皇帝（Kaiser Tai-Tsu）：项福泽生活时期统治震旦国的皇帝。

J. G. A. D. G. J. 神父（Vater J. G. A. D. G. J.）：推测其为到震旦国的欧洲传教士，把《金镜》从中文翻译成拉丁文。

震旦国译者给太祖皇帝的献词

至尊无上的天子！

陛下最热诚的心愿，是看到天下万民皆得福祉。圣上废寝忘食、躬勤政事，所思所想的也正是这个。这一愿景时时萦绕在陛下心头，每一次的朝堂论政，每一次下诏钦定律法和律令，每一次施仁德于天下，陛下都不会将之忘怀。它让您亲贤远佞，仿效天下明君圣主，多行善举，谨防恶行。

陛下，您傲视列国诸王。让天下苍生皆得福祉这事情，若亲身躬行跟心头念想一般容易的话，那您是何等幸运！若真如此，您就真的宛若天上的玉帝，只需心想便能事成，只需寥寥数言，便能让圣意奉行于凡间如同在天上！

然而，如您亲眼所见，即便您呕心沥血劳神苦思，现实和心愿总有无限距离，或许这也是您人生的大不幸。朝廷里有那数之不尽的文武百官，他们官衔、品阶和出身各不相同，您得将权力下放，与他们共治天下，只因无上的君王也会被人性所限。您几乎事事不得不依赖那些辅佐您施行仁政的国器，这一点让您——愿微臣的逆耳忠言不会惊扰到陛下！——成为这泱泱大国中最不自由的一员。往往一个野心勃勃的奸诈小人、一个欲壑难填的穷凶极恶之徒便有足够的权能——唉，我又何必罗列各种人欲和恶习的名号呢，我本可用一个词就概括所有？他一个人就足以借着圣上的威名干着忤逆圣意的勾当！在您执掌权柄的每日每夜、每时每刻，甚至可以说在每个瞬间，国家的各州各郡都可能发生不义之举，令国法面目全非，令圣旨遭逢曲解，令圣意沦为一纸空文；善人被欺，孤寡遭劫，无功者受禄，施暴者受保，美德令人不齿，恶习人人颂扬。

听到我此番大胆的谏言，您的朝臣们是何等惶恐不安地望着我。国家有此等贤明之君，罪恶却如此肆无忌惮，暴行屡屡逃脱严惩，此等荒谬之事何以可能？那唯一的解释怕是会辱没圣上的美名，令您的英明治理背负指责。圣上皇恩浩荡，请恕臣斗胆直言，恶行横行无忌，即便未到在光天化日之下耀武扬威的境地，却也丝毫未受惩罚！原因不外乎，它们没有亮出自己的庐山真面目，而是戴上了"正义""慈悲""为宗法和礼教鞠躬尽瘁""为君主和国家出谋划策"的面具。总而言之，它们戴上了道德的假面，而实际上却是道德的宿敌和世仇。它们施行妖法邪术的能力可谓无穷无尽，再仁德的君主，再无瑕的智慧，要抵御它们的花言巧语怕也力不从心。陛下以为已经批准裁决了一个暴徒，而实际上制裁的却是仁义之人，其丰功伟绩反倒成了他唯一的罪状了。陛下以为擢升一正人君子，而最后上台的却是一卑鄙小人。这些都是千真万确的事情，对此您心知肚明。

您抱怨身居庙堂之不易，到底何人可信呢？美德与恶行、真相与谎言皆长着同一副面孔，说着同样的语言，穿着同样颜色的衣服。技艺精湛的骗子（世间万物中没有比他们更有害的了）比正直之人更懂得如何顶着一张写满仁义道德的嘴脸到处显摆。前者可谓把欲望掩藏在漆黑心灵深处的行家里手，他善于溜须拍马，极会利用猎物的弱点为其渔利。他的殷勤厚谊、他的隐忍谦让、他的崇高美德、他的虔诚孝道对他来说其实一文不值，因为这一切不外乎是嘴上功夫和肢体表演，目的就是为了掩盖内里的真实目的。他当然不会无偿地进行这类表演：披着这层画皮，他极尽放纵自己粗鄙的欲望，干着低贱的勾当，甚至恬不知耻地为自己的罪行索要奖赏。天子，这一切是不是奇哉怪哉，这世间竟有那么多人不用心去培养自己其他方面的天赋，竟对建功立名的康庄大道视而不见、绕路而行，反而一门心思都花在如何把欺世盗名之术练到炉火纯青之境上。

可是又该如何呢？难道内心热爱真理，四周却又被虚情假意、心怀叵测之徒占满的君主们都该因此绝望，仿佛再也无法把他们的真实嘴脸从戏子般的浓妆艳抹中辨认出来？苍天可不许这种事情发生！真心热爱真理（没有它，世上还有什么值得热爱？），哪怕真理不懂得用甜言蜜语讨好人心，却依然爱它如故的人亟需一双火眼金睛，方能辨析那无比微妙的表情。这些表情少有人有能耐可以不动声色地模仿而不露出破绽。去哪儿找寻这双火眼金睛呢？没有它，越是善良的心肠就越加容易成为阴谋和诱惑的俘虏。为了得到它，我们除了在人类的编年史书中阅读那些关于智慧与愚蠢、鉴言与欲望、真理与欺骗的历史外，别无其他可行之策。在这些永不说谎的镜子中，我们可以看到天下万民、制度礼法和历时历代，它们皆素面朝天，不为任何萧墙之祸所粉饰，即便我们深陷时下迷乱的幻局之中。又或者，只要愚笨抑或诡计、欲望抑或偏见都在不遗余力地想要算计我们，那没有什么比挥挥手把虚饰的香气一把扫尽更容易的了，正是它们让万事万物的真实色彩模糊不清。

人类愚蠢之历史最真实的源头正出自那些挖空心思想要推动此类蠢行之人的手稿中。他们如何扭曲词语的含义，这一点并不会左右我们的判断。他们可以一如既往地板起面孔、波澜不惊地宣讲荒诞不经的事儿，可以对此深信不疑或者装作深信不疑。这样做并不会消减其把健全人之心智变成傻子这一行为的荒谬程

度，不让我们对之哄堂大笑。某些爱自欺欺人的半吊子可以继续
歪曲礼法的本质，继续把千夫所指、禽兽不如的不义之行当作英
雄和神明的事迹大加赞颂，而对公义和端正的仁义之举则恶语相
向。君不见物换星移，几个世代转眼而逝，这曾经让那半吊子目
眩神迷、眼花缭乱的迷雾，此时想要看透它，早已不是太难了。
可能对他来说，孔夫子是个骗子，而老君①则是智者：他的判断
改变不了事物的本质，也改变不了无拘无束的灵魂对他的印象；
这些人的品行和所作所为仅是坚定我们对他们一向的看法而已。

　　由此，我们民族的至圣先师们教导我们把古代的历史当作修
德和治国的最好教材，当作这些高尚哲学最纯粹的源头。它让习
得者大智大慧、遗世独立；它还教导人们如何把人性的表象事物
从其本质真相，虚妄的价值从真实的价值，博爱的情操从自私自
利的关系中区分出来，同时还教会人们如何防止自我欺骗以及如
何不被外在的愚行感染的方法；这样的哲学不会排斥和危害任何
人，而对于有着优越理性的人来说，它更是王者之学。

　　若是这番道理令您信服，至高无上的天子，就请您在日理万
机、为国操劳之后，从所剩无几的闲暇中抽出时间，好好熟识过
往时代的奇闻轶事吧。并且也研究一下人世间诸国的变迁，还有
那行动中的人，以及遵照鉴言和欲望而生的行动，并且在所有这
些因素的相互关联中去考究人类幸福和不幸的因由。这是一项既
有益心灵又令人放松的活动。

　　微臣愿将《西羌国列王纪》一书，献于圣上足下。恕臣斗胆
妄加揣测，陛下才思机敏，日夜为江山社稷大事操劳，所剩的休
憩时光甚是宝贵。此书虽小，也非全然无值，若将阅读此书也纳

---

① ［译按］本书提到的"老君"是道家学派创始人老子，参见 Kurrelmeyer, S. 46。维
兰德虚构的这位《西羌国列王纪》"震旦文译者"项福泽似乎很不喜欢老子，推测
维兰德应该想把他塑造为一个其心目中典型的儒生形象，他敬仰和崇拜孔子的
同时又对老子颇有微词。

入闲暇时分的活动中，必可让您的精神在继续活跃的同时又得以放松。那些宏大而又关系到人类群体的真理，那些不同寻常的历史节点，那些启迪人心的榜样和典范，以及对人的理智和心灵所犯之错误和腐化的如实记载和描摹，在我看来，都让这部史书出类拔萃，也赢得了明镜之美名（震旦国的大理寺 ① 曾对之赐予此等美誉）。因为在明镜之中，智慧和愚蠢的必然结果都将在强烈的光芒中，带着如此清晰的特征和如此温暖的色调一览无遗，以至于人们以罕见的程度变得智慧而美好，或是变得愚蠢而堕落，即便使用同一面镜子他们可能也不会变得比这更美好更智慧。

微臣私心甚巨，妄求在苍天赐我等芸芸众生在凡尘世间的有限时日里，至少得以存留为同辈尽善心表善意之美名。故此臣略尽绵力，将这部记录古代历史的惊奇之作从印度文翻译成我们的文字。臣此番工作可谓情真意切，愿将此书和臣交由皇天定夺。它的旨意不可阻挡，但对于智者，与其说它在震慑魂魄，倒不如说在慰藉人心。臣此时心神宁静，只因有此等爱慕真理、敬重德行的君主庇护；臣此时无比荣幸，只因我辈人中龙凤皆视臣等为挚友；臣此时气定神闲，若凡夫俗子所能达致的，来面对……②

---

① ［译按］原文为 das hohe Ober-Polizei-Gericht von Sina，直译为"震旦国高级警察法庭"或者"震旦国高级治安法庭"。

② 拉丁文译者注：我不得不在此留白。我的震旦文译本书册恰好在此处出现缺文（这应该只是偶然情况），但因我手头没有另一册，无法进行填补。不过基于所看到的，项福泽接下来要说的内容很有可能是些效法大名鼎鼎的佐伊洛斯而作的"大放厥词"，震旦国的作家跟我们的作家一样，写作前言时通常都不会缺少这些东西；当然，即便此处留白，读者也不会缺失什么信息。

　　［译按］佐伊洛斯（Ζωῖλος /Zoilus）是生活于公元前 4 世纪的古希腊色雷斯地区安菲波利斯城的演说家、修辞学家和犬儒学派哲学家。此人以言辞激烈著称，曾批评不少名家，如柏拉图和伊索克拉底等。他对荷马的猛烈攻击最广为人知，甚至获得了"荷马鞭笞者"（Ὁμηρομάστιγος）这一外号。其乖张的言辞更让他的名字在后世逐渐成为"诽谤者"的代称。

导　言

　　世人皆知山鲁亚尔，他是印度著名的苏丹。他对宫廷下人[1]有一种奇特的嫉妒心理，故而每晚都要娶一位新妻，却在明日一早将其勒毙。他亦喜欢听人讲童话故事，听了"一千零一夜"，都未尝想起去打断那位说不完故事的山鲁佐德。尽管她有意给他制造很多机会，但他一次也没有打断她，既没有呼喝，也没有询问或者与她亲热。[2]

　　如此无可救药的榆木脑袋，却并未遗传给他的孙子山鲁巴罕[3]，成为后者的品性或缺点。众所周知，后者更喜欢穿插一些

---

① ［译按］原文为 Neger，指肤色较深的人种或族群。该词在当代公共语境带有歧视性，已甚少使用。本书根据上下文意思进行翻译。

② ［译按］山鲁亚尔和山鲁佐德皆是阿拉伯民间故事集《一千零一夜》中的主要角色。此处维兰德的叙事内容与《一千零一夜》大致相同。

③ ［译按］山鲁巴罕这一名字出自小克雷比翁 1754 年作品《异谈录：政治和天文学故事》(*Ah quel conte! Conte politique et astronomique*) 和 1742 年作品《沙发：道德故事一则》(*Le Sopha, conte moral*)。山鲁巴罕在这些作品中被设定为山鲁亚尔的孙子。《沙发：道德故事一则》"导言"开头称："几个世纪前，有位名曰山鲁巴罕的王子统治印度，他是那位宽宏大量的山鲁亚尔的孙子。有关山鲁亚尔，人们已经在《一千零一夜》中读过他的'丰功伟绩'，在所有事情中，他最热衷于勒死女人和听故事。此人独独赦免无与伦比的山鲁佐德，只因她讲的那些故事甚为美好。" M. De Crébillon le fils, *Le Sopha, Conte moral*, Londres, 1779, p. 3.

睿智而敏锐的点评，往他臣仆^①的故事里添油加醋。这让他在历史上比他显赫的祖父更加闻名，他那祖父听故事时只懂得默默聆听，一言不发。如果山鲁亚尔真的打破沉默，他只会让廷臣们捕捉到他想说的话的大概意思而已；但是，他的孙子却因之留下了美名：永远都不可能有人像山鲁巴罕那样做出同等的点评和反思了（如同他所谦逊自谓的一样）。

我们费尽一切心力，寻找理由来解释为何作家们对这俩爷孙苏丹的生平极尽笔墨之能事，却对山鲁亚尔的儿子，也就是山鲁巴罕的父亲只字未提。但我们并不走运，我们所发现的理由无非是：事实上，对于他确实没啥可说的。唯一一个想起过他来的编年史作家如此写道："苏丹*罗罗*^②，活了61个年头。每天吃四顿，胃口惊人，温柔蓄养其爱猫。而除此之外，人们再难看到他对别的什么东西有什么特殊的爱好了。苦行僧^③和猫是世界上唯一有理由去缅怀他的造物。因为他——缘由未表——在自己的国家新建了1236所苦行院，每所容纳60人。他还在印度斯坦各大城市兴建收容站，让它们照顾一定数量的猫。他把这两者都照顾得妥妥当当，全亚洲都找不到比他所资助与圈养的苦行僧和猫更加肥

---

① ［译按］原文为Visir，当代德语常为Wesir或Vezier，英语为Vizier，中译为"维齐尔"（清代时称"倭色尔"），为穆斯林君主如苏丹和哈里发的宫廷大臣与高级行政顾问。这一词语在当代也用于伊斯兰国家的内阁官员。如无特殊语境需要，本书将其译为"维齐尔"。

② ［译按］山鲁罗罗一名出自维兰德发表在他编辑的文学季刊《德意志信使》(*Der Teutsche Merkur*)1778年第1号的中篇小说《山鲁罗罗或曰掌权者的神圣权利：一个东方故事》(*Schach Lolo oder das göttliche Recht der Gewalthaber. Eine morgenländische Erzählung*)。

③ ［译按］原文为Derwisch，波斯语原义为乞丐，与下文出现的阿拉伯语的"法基尔"(Fakir)意思相近，皆是指各类过贫穷苦行生活的穆斯林僧侣。他们外在衣衫褴褛、头发蓬乱，而内在的精神则活跃而专注，压抑肉体的欲望。本书一律把Derwisch译作"苦行僧"，把Fakir译作"托钵僧"，即便两者除了词源意思颇为接近。

硕的东西了。[①]此外，他在半梦半醒间生了一个儿子，名唤山鲁巴罕，后来继承大统。他最后死于消化不良。"以上乃是这位编年史作家的记载，也是世上有关苏丹罗罗的唯一记载。我们着实担心的是，他这样说，还不如啥也不说。

其子山鲁巴罕有幸受一位保姆的教养，直至 14 岁。这位保姆的母亲恰好也曾为那位无与伦比的山鲁佐德料理同样的事务。诸因相联，这位王子成为世人所见识过的最痴迷和倾慕童话的人。幼年所品尝到的已经难对其对童话的口味，其祖母讲述闻名天下的童话也不足以为其教育奠定根基。命运赐给他一位有决心和有本事让埃及人、迦勒底人和希腊人所有智慧包裹于童话之中而被讲述出来的宫廷太傅。

在印度，时人有一个广为称道的习惯：人们满心以为，像苏丹、拉者[②]、欧姆拉[③]或者任何出身名门世家的子弟最好由一个托钵僧来教育。一看见哪家有男童诞生，人们便能料想到其身旁定有一个托钵僧跟着。他无时无刻不注意男孩的步伐、言谈、表情和举止，小心防范这个年轻的小主变得过于理智，因为当时流行的见解是，想要有强健体魄、良好胃口以及谋求福祉的一技之

---

① 某个波斯作家在提到山鲁罗罗建的这些资助机构的时候，陷入一种奇特的激动之中。他高喊：

有谁会冲昏了头脑去建这样的收容站？难道收容站在本质上对这个国家是有用的吗？苏丹罗罗的收容站起的恰恰是反作用。如果他让他的苦行僧和猫儿自生自灭，那么百分百可以肯定的是，前者得去找工作，后者得去抓老鼠，而这正是两者对于国家的用处。把他们养肥，让他们清闲，这是何等异想天开！当然有关猫的部分也就算了：猫长得肥，还有长得肥的好处；而苦行僧长得肥呢？人们要苦行僧长得肥做什么？（谢赫·赛依夫·阿尔·霍拉姆：《愚行的历史》，第 364 部，第 538 页）

② ［译按］原文为 Rajas，是印度和东南亚地区的国王、土邦君主和酋长的称呼。

③ ［译按］原文为 Omra，指的是莫卧儿王朝宫廷的达官显贵。参见 Georg Joachim Göschen (hrsg.), *C. M. Wielands sämtliche Werke, Band 7, Der goldne Spiegel Band 1*, Leipzig: G. J. Göschen'sche Verlagshandlung, 1853, S. 219。

长，想得太多和知道太多都没有好处。人们必须称颂那时候的苦
行僧、托钵僧、隐士①、婆罗门、僧侣和和尚②，因为他们试遍一
切方法以防止印度河和恒河流域的人民深陷这类有害的"越界"
之中。他们的基本原则之一（引起人们对这些原则的怀疑是很危
险的）就是"没有人准许比其祖母更有智慧"。

　　人们此时理解山鲁巴罕在这样的环境下是如何成为这样的
人的。大家到现在都觉得，他的那些一针见血的评论，断断续
续、伴随着意味深长的表情而说出的"我想的也一样""我啥都不
说，但我真的知道我所知道的""但这与我有什么关系"等机智言
辞（对于这些，他跟堂吉诃德的随从桑丘·潘沙对格言的使用一
样毫无节制），再加上他对编造道德和编造感受的反感，所有这
一切不过是其天才作用的结果而已。只不过，每个人该怎样就怎
样吧！我们能够确信的是，那位托钵僧，也就是他的太傅对此可
没少做出"贡献"。

　　山鲁多卡是这位可敬苏丹的儿子和继承人。他在各方各面的
能力和喜好上几乎与其父同出一辙，只有一点例外。他公然敌视
一切与童话所差无几的东西，又因为他在其父亲生前不得不小心
翼翼地掩藏这一恨意，所以对这样的恨意愈是不加收敛。如果我
们没有注意到这一切是自然形成的，那么仅依照许多著名作家
提供的样例，我们定会对这一突变感到惊讶不已。从其少年时代
起，苏丹多卡就在其母亲的房间里（这是山鲁巴罕在夜晚剪纸，
倾听有关附灵的沙发、政治舞会，以及多愁善感、身着粉色化装

---

①　［译按］原文为 Santon，指的是伊斯兰教隐士或隐修士，他们居无定所，甚少
　　出现在城市。他们广受敬重，且被当作圣徒，很大一部分原因在于其拥有治愈
　　不孕不育的秘方。参见 Georg Joachim Göschen (hrsg.), *C. M. Wielands sämtliche
　　Werke, Band 7, Der goldne Spiegel Band 1*, S. 219。
②　［译按］原文为 Talapoinen，指的是佛教的僧人。

舞衣的小鹅①等教育故事的地方）听了如此之多的童话，以至于他后来一听到童话就犯恶心。这就是全部秘密所在。因而，我们认为，这其中没有什么值得我们大惊小怪的。

或许就是因为他对维齐尔莫斯列姆②所讲故事的高度反感，才可以解释为何哲学以及一切书本（不管是写在羊皮纸上还是棕榈叶上）都在他那里格外受嫌弃。这种嫌弃已经到了无以复加的地步，以至于得花上九牛二虎之力才能劝阻他做出这样的事情：他可不仅仅要赶走诗人（像柏拉图那样）③，还要驱逐其王国境内

---

① ［译按］此处维兰德再次呼应山鲁巴罕这一角色在小克雷比翁作品中的典故。"附灵的沙发"出自其《沙发：道德故事一则》，小说以《一千零一夜》的主线情节为蓝本，讲述了在山鲁亚尔的孙子苏丹巴罕统治的时代，一位名叫阿蒙泽的廷臣被天神惩罚，灵魂被迫依附在一系列沙发之上。如果他在某个时刻转移到的沙发上恰好有一对童男童女因真爱而结合，则他的灵魂可以被释放，重归其肉体。阿蒙泽把其灵魂在各个沙发上附身时所见证到的七段故事讲述给苏丹巴罕听以愉悦他。通过阿蒙泽所见证的各种光怪陆离的宫闱之事，作者也讽刺了路易十五时代法国社会的诸多乱象。这部小说是小克雷比翁最具影响力的作品，因为它，小克雷比翁也被迫流亡。

　　"政治舞会"和"小鹅"则出自另一部有山鲁巴罕这一角色的小说《异谈录：政治和天文学故事》的第三部分。在这部小说中山鲁巴罕也在倾听童话故事，只不过故事的讲述者换成了他的廷臣维齐尔莫斯列姆（Visir Moslem）。在这部篇幅宏大的仿《一千零一夜》体小说中，维齐尔莫斯列姆给山鲁巴罕讲述了谢扎丁国王的爱情故事，他在梦中为仙女魅惑，从此深陷爱河。此外维齐尔的讲述中还穿插另一条有关鸟类王国的故事线，即有关鸵鸟国王的爱情故事。《金镜》的叙事受这部小说影响颇大，《金镜》中的山鲁格巴和《异谈录》中的山鲁巴罕都很爱打断故事讲述者，并做出各种点评或者提问，故事情节的叙事发展也会被苏丹的提问和点评所左右。

② ［译按］维齐尔莫斯列姆就是《异谈录：政治和天文学故事》中给山鲁巴罕讲故事的人，他是山鲁巴罕的廷臣。这个人的名字为"Moslem"，在德语和英语中都有穆斯林的意思。然而其原始出处即小克雷比翁的作品用法语写成，在法语中该词并无这一含义，且"穆斯林"这一译法也不符合人物的命名，故采用音译的方式翻译此名。

③ ［译按］柏拉图驱赶诗人的典故出自《理想国》第三卷398a："我们须将他当作神圣、惊异和讨人喜欢的家伙来敬拜，然后再把香油抹在其头上，并为之套上羊毛冠饰，打发他到别的城邦去……"在《理想国》第十卷607b中，柏拉图笔下的苏格拉底提到了"哲学和诗歌的古老争论"（παλαιά μέν τις διαφορά

一切会读会写的人。即便是数学家和观星家也未能幸免，由于鸵鸟国王^①那些用以空气测量和天文计算的发明，他对这些人打从心底里反感。人们传说，当那位可敬的维齐尔当着他的面讲述了名字叫"比草更绿"^②的精灵和绿色王国国王^③之间的战争故事时，这位当时年纪还不到十七岁的年轻王子，在听到"假发头"^④在某一场战役中压倒性战胜鸵鸟国王的那一刻，突然难以自抑地喊道："没有人骗得了我，假发头怎么会有指挥一支军队的智力呢！"这个评论让所有在场的人心领神会、殷勤拜服，再加上如此少有的见识早早地就在这位还十分娇柔的王子身上涌现，整个王宫的赞美之辞此起彼伏、不绝于耳。

这些表现让人们对他未来的特质充满期待，而对于这些期待，山鲁多卡也用不同寻常的方式印证了。即便嫉妒他，我们

φιλοσοφίᾳ τε καὶ ποιητικῇ），并给以详细的分析，其主要论点在于：诗歌是"模仿"（μίμησις），是对幻想（φάντασμα）的模仿，而更远离于真实之物（πόρρω ἄρα που τοῦ ἀληθοῦς，参 598b 及以下）。它"刺激"（ἐγείρει）和"培育"（τρέφει）人的心灵中的非理性部分，"摧毁理性部分"（ἀπόλλυσι τὸ λογιστικόν），进而腐蚀最优秀的灵魂。但我们也要注意到，柏拉图并无迫害诗人之意，而是想"礼遇有加"地请他们远离城邦。有评论者指出，柏拉图并不反对所有诗歌和诗人，而是厌恶那些不加区别且毫无节制的模仿。毋宁说，柏拉图想要驱逐坏的模仿，从而为好的模仿腾出空间。

① ［译按］鸵鸟国王（Roi Autruche /König Strauß）是小克雷比翁《异谈录：政治和天文学故事》中维齐尔莫斯列姆所讲述故事中的角色，出现在第二卷第四部分。

② ［译按］名字叫"比草更绿"的精灵（Plus-vert-que-pré /Grüner als Gras）也是《异谈录》中维齐尔讲到的角色。"人们把这被诅咒的精灵叫作'比草更绿'，因其力量和邪恶，它闻名于世……"（Un maudit Génie, que l'on appelloit Plus-vert-que-pré; fameux par sa puissance, & par sa méchanceté...）Crébillon le fils, *Ah quel conte! Conte politique et astronomique*, Tome Premier, Jean-Edme Dufour & Philippe Roux, Maestricht, Imprimeurs-Libraires, 1779, p. 262.

③ ［译按］绿色王国国王即鸵鸟国王。

④ ［译按］在战场上鸵鸟国王遇到一个"假发头"（Tête à perruque /Perückenkopf），它是木制的机械人，做工粗糙，没有任何思考能力和智力，却可以在战场上充当将军的作用，统率军队。最终鸵鸟国王的大军也被其击溃。参见 Crébillon le fils, *Ah quel conte! Conte politique et astronomique*, pp. 289ff.

也必须承认，他为祖先赢得了荣耀。他是那个时代最了不起的人物——在驯服金翅雀方面。用苹果核来雕刻小老鼠的技艺也迄今无人能及。通过孜孜不倦的努力①，他把精湛技艺修炼到出神入化，他可以把握每一种鼠类的相应特征，用他最完美的技艺把它们雕刻出来：家鼠、田鼠、林鼠、榛睡鼠、鼩鼱鼠、水鼠、蝙蝠，还包括黑鼠、鼹鼠、土拨鼠等等。是的，如果人们可以相信那位著名的谢赫·哈迈德·本·费里东·阿布·哈桑的话，他还极为精确地观察过（不同老鼠）在尖细尺度上的比例，这样的精准程度，道本顿先生②在其巴黎王家自然博物标本馆的描述中也花费了令人称道的功夫才确定这些比例。

　　除此之外，山鲁多卡还是他那个时代最好的糕点师之一，如果廷臣不是为了要谄媚他而这样说的话。他待人极度友善，其中的一个证据是，他曾立下一条始终不渝的规矩，那就是在所有宫廷重大宴会上他都会用自己发明的奶酪酥皮点心来招待众人，这一点广受赞誉。人们从未见过一个苏丹像这位可怜的多卡那样，

---

① 拉丁译者注：我们不得不说明一下，喜好忙碌和孜孜不倦是属于伟大人物所能具有的最稀少、最宝贵的品质。在我们看来，仅此之故，山鲁多卡就配在所有登上过王座的绝世君王中占据一席之地。如果他愿意屈尊把这种不屈不挠的勤奋用在履行国王义务上的话，他会有多大成就呀！（按：他的国王义务？针对谁？山鲁多卡能在哪儿学到国王其实也是有义务的？）

② ［译按］道本顿（Louis-Jean-Marie Daubenton, 1716—1800），法国18世纪博物学家和启蒙运动代表人物，曾参与狄德罗主编的《百科全书，或科学、艺术和工艺详解词典》（*Encyclopédie, ou dictionnaire raisonné des sciences, des arts et des métiers*）词条的编写工作。此外他与法国博物学家布封（Georges-Louis Leclerc, Comte de Buffon, 1707—1788）合作亲密无间，也参与其36卷本巨作《自然史：总论和各论及王室标本室解说》（*Histoire naturelle, générale et particulière, avec la description du Cabinet du Roi*）的编写工作，主要提供各种动物的解剖学描述。布封还任命他为法国王家植物园标本室的主管人。上文维兰德一口气所罗列的若干种鼠类基本上都可以在《自然史》第15卷中道本顿撰写的标本室新到陈列品的解说中读到。参见 Georges-Louis Leclerc de Buffon, *Histoire naturelle, générale et particulière, avec la description du Cabinet du Roi*, Tome Quinzième, Paris, L'Imprimerie Royale, 1767, pp. 165–207。

其执政生涯有这么多冗务缠身。因为，从东方到西方的国王和王公都觉得，能够在自己的艺术馆里陈列由他亲手制作的小老鼠或者在起居室里摆放由他学生制作的燕雀，是多么幸福的事情。再加上山鲁多卡有时出于乐于助人的精神，有时考虑到国家利益这种飘忽不定的事情，不想忤了任何人的心意。于是他真的（他不得不花费在卧榻上的时间也一并算上）从早到晚都忙个没完没了，几乎没法歇一口气。

天可怜见，是否还有别的民族拥有这等幸运，竟被依次赐予像山鲁亚尔、山鲁罗罗、山鲁巴罕和山鲁多卡四位这样的国王。"哦！哦！明主在世！黄金时代！"他们的欧姆拉和苦行僧如此呼喊。

但是，即便这些正直子民也别想着事事总是遂他们的心意。山鲁格巴是"智者"山鲁巴罕（称颂者们都这么叫他）的侄儿。由于他的堂兄山鲁多卡没有子嗣，他继承了王位。山鲁多卡因为事务繁多，没有时间考虑生育这事。而这个山鲁格巴打破了王位向来都由好人继承的优良传统，他的统治时而良善，时而糟糕，因而好人和坏人都对他很不满意。

是否如同敌视其名望之人所宣称的，他这样的性格在统治者中非常罕见，我们难下定论。我们大致可以理直气壮地说：如果贵族、祭司、学者和民众都对他的统治表示不满，那么贵族、祭司、学者和民众并不总是完全错误的。

为了在这些阶层间保持某种平衡，他总是交替着时而羞辱这一方，时而羞辱另一方。就连智者皮尔帕伊①本人也没有说服他相信人们不会因为他偶一为善而忘掉曾经的羞辱。这两方面他都很少掌握分寸，很少考虑条件和后果，很少根据原则和既定计划

①　［译按］原文为 Pilpai，又名比德帕伊（Bidpai），相传是用梵文和巴利文写成的古印度韵文体动物寓言集《五卷书》的作者。这一名字的梵文写法为 Vidjâpati。

行事，以至于他多数时候总是失去想力图企及的好处。我们可以
举出很多例子，他为了施恩于某些心怀鬼胎之人而不惜糟践最好
的朋友，最终大家都明白一个道理：做他的敌人比做他的朋友更
有好处。敌人可以不受惩罚地羞辱他，因为他竟然软弱到害怕他
们；而他却绝不放过朋友们哪怕最微小的失误。敌人的一系列罪
行可以在他心血来潮或一念之仁间得以宽恕；而朋友们哪怕忠心
耿耿、鞍前马后地为他效劳了20年，却在第21年第一天不幸由
于某件无足轻重的小事而招致他的不满，最终啥也救不了他们。

　　他对祭司们并没有特别仁慈，至少人们不会否认，苦行僧、
托钵僧和卡兰达尔[①]都被他称作国家的"马蜂"，是其日常尖酸刻
薄的讽刺对象。他一有机会就嘲弄和折磨他们。但是，因为他认
为这些人是危险人物，所以他害怕他们；因为他害怕他们，所以
他很少有勇气去拒绝他们的要求。他这种行为带来的全部好处就
是，他们很少因他的善意而有所感激，因为他们知道得很清楚，
他的好意多么无足轻重。他对这些人的鄙视其实并没多大害处，
但他们却想要为之报仇雪恨，其所用之方法就是在上百个重要场
合通过他们的秘密权谋和煽动来给他制造麻烦。因而，他对祭司
们总是旧恨新仇不断，但这些机灵鬼们已经发现他害怕他们，而
且他们知道如何去利用这种情绪，好让他的暖心善情带来的好处
无以复加。他们的聪明还表现为在其统治下，别人对他们有任何
鸡零狗碎的放肆之举，他们都一笑置之。他们想的是，只要我们
想做什么就做什么，那么别人爱说我们什么就说什么吧。

　　比起充沛的激情，山鲁格巴更多的是躁动的冲劲。他厌恶一
切需要精神专心致志和持之以恒的东西。如果他在廷臣眼里的精
神活力并非总是机智的话，那我们知道，对待苏丹，我们的观察

[①]　[译按]原文为 Kalender，也译作"海兰达尔"，指的是伊斯兰教苏菲派的流浪圣
　　人、苦行僧，是给穆斯林中不婚修行者的尊贵头衔。

不能太过严苛：但他却懂得欣赏别人的机智。他对宰相的长篇大
论深恶痛绝，但有时候人们也可以找到机会用戏谑的方式给他讲
一些不怎么讨好人的真话。他希望总是被清醒的灵魂所包围。灵
光一闪对他来说总是好的；而思想如果太过理性，哪怕再好他也
觉得平庸无奇。遵从原则去思考，或者根据计划去行事，在他眼
里皆是抱残守缺和缺乏天分。他惯常的方法是，先开始做一件
事，然后由着心情好坏或机缘巧合来决定之后的行动准则。他那
个时代才智过人的作家常常都是这样来著书立说的。

　　他的朝会①上有许多杰出人物。他了解也尊重他们的聪颖、
洞见和正直。但不幸的是，他无法忍受他们的表情。他们对于治
国安邦之术了解得非常透彻，但是他们没有品位，他们不会开玩
笑，他们只能被用在正儿八经的事情上，但山鲁格巴却不喜欢正
儿八经的事情。为何这些诚实的人都没本事让智慧长出一副令人
解颐的面孔呢？还是说他们没能下定决心，偶尔给智慧戴上小丑
的帽子？这对他们和国家来说更是差劲！山鲁格巴做事情虽然很
少无视他们的建议；但是，他执政时期只有两次根据建议来做，
而这两次——都是因为太晚了。

　　他的奇想之一，就是想要完全由自己来统治。那些借助大
臣、宦官、苦行僧或侍妾来统治的国王，是他日常嘲笑的对象。
然而，那个时代的密报却告诉我们，他的首席伊玛目②，以及某
个他寸步不离的黑眼珠切尔克西亚③女人只要想得到什么，就可

---

① ［译按］原文为 Divan，系伊斯兰国家中的高级行政部门、体系或会议。为了符
　合中文读者阅读习惯，译为"朝会"。
② ［译按］伊玛目，德语常作 Imam。通常是指穆斯林集体礼拜时率领众人的首要
　礼拜者。它也指穆斯林世俗和宗教的领袖。这一词在 18 和 19 世纪的德语世界
　偶尔也拼作 Iman，参见 Carl Herloßsohn (hrsg.), *Damen Conversations Lexikon,
　Fünfter Band, Graubündten bis Italien*, Adorf, Verlags-Bureau, 1835, S. 410。
③ ［译按］切尔克西亚位于北高加索地区，濒临黑海东北岸，切尔克西亚人也是今
　天俄罗斯境内的重要民族。本文所提及的切尔克西亚女人正是山鲁格巴的妻子

以从他那儿得到。如果我们没能亲眼看到其政府的所作所为确实出自某个伊玛目松果体①中的盘算还是某个黑眼珠切尔克西亚女人的幻想的话，那么我们都将把这些话视作诽谤。

山鲁格巴并非一个好战的君王：但他喜欢看到他护卫的铁甲锃明发亮，喜欢听他的埃米尔们②谈论沙场征战、攻城略地。当他有机会从某将帅手上买下其占据的堡垒，或者他的军队在那些比他们更为胆小、更为不堪的敌人面前赢得一场似是而非的胜利，他也不介意吟诵诗人为他写的颂歌，在其中他甚至被捧到比居鲁士和亚历山大还高的位置。他的某一伟大法则便是：只要王位的荣誉并不要求他拿起武器，那么一个好君王必须维护和平。但是，这对他的臣属们起不了多大的作用：他开战的次数并没有更少。就是月亮上的人和北辰之星上的人起了争执，山鲁格巴在其伊提马都勒③的辅助下也会寻着法子，大肆幻想这一切与他王位的荣誉有关。

从未有过君王像山鲁格巴那样恩赏失宜的。就因为他不想多

努尔马哈，她也是小说中的重要人物。

① ［译按］松果体是脊椎动物脑部中央附近的内分泌腺体，负责制造褪黑素——一种对睡眠和昼夜节律功能有调节作用的激素。在西方文化史上，这一腺体也被哲学家赋予了某种形而上的认知功能，起到了"制造思想"的作用。笛卡尔在1640年1月29日的信中这样写道："我的看法是，这一腺体是灵魂的首要座位，是一切思想成形的地方。使我确信这一点的原因在于大脑之中我找不到另一处不是双数的部位，除了这一单一体外。"Charles Ada & Paul Tannery (publiées), *Œuvres de Descartes*, Tome III, Paris, 1899, p. 19.

② ［译按］原文为 Emir，是阿拉伯国家的贵族头衔，从含义上可译作"总督""酋长""首长"等，因此它并非某个人的专属名字，而是其身份头衔。本书对此采用音译的方式，为了行文方便，部分段落会省却"一位"埃米尔，"这位"或"那位"埃米尔等指示性表述方式。

③ 这里谈到的是那个时代印度斯坦国王首席大臣的通名。

　　［译按］"伊提马都勒"原文为 Itimadulet，其通常含义为印度斯坦国王的首席大臣。后面的篇章将该词通译作"首席大臣"。参见 Georg Joachim Göschen (hrsg.), *C. M. Wielands sämtliche Werke, Band 7, Der goldne Spiegel Band 1*, S. 218。

费功夫去调查，或者不愿花费哪怕一分钟时间去考虑一下，谁最有资格得他的恩赏，这些赏赐总是落入那些最接近其身边的人，而不幸的是，没有什么比这样的赏赐法更糟糕的了。

　　总的来说他很爱挥霍。他的宫廷毋庸置疑是亚洲最富丽堂皇的。他拥有着作为一位苏丹所曾拥有的最好的歌舞演员、最好的杂耍艺人、最好的狩猎马匹、最好的厨师、最幽默的宫廷小丑、最俊俏的童仆和奴仆、最魁梧的卫兵和最小巧的侏儒。他的科学院满是那些宣读最意味深长的开讲词和最彬彬有礼的致谢词的人。他热爱一切美妙的艺术，这无疑也是他名满天下的情趣之一。但不可否认的是，他对这个喜好的依恋度已经超过了其地大物博的王国所能承载的程度。人们给他算了笔账，他必须得把他最富饶的州郡掏空成穷乡僻壤，才有条件让某片完全不适宜一切艺术加工的荒山野岭转化成魔幻仙境；还有，他至少得动用成百上千的人力，才能让其花园立满雕像。山岳被移除，江河被改流，无数劳力从更加有用的岗位上被调走，只为实施一个不按自然行事的计划。那些前来参观这一世界奇观的异乡人，穿过一片片断壁残垣和人烟绝迹的州郡，穿过围墙倾覆的城池，看到瘦骨嶙峋的马在城市的街巷觅食，住屋宛如一度繁华之城劫后的废墟，而住户则像徘徊在这废弃破墟中的幽灵。山鲁格巴为了满足本人的自尊，为了愉悦切尔克西亚女人的美艳双眸而宛如凭空兴建的艺术杰作，那异乡人一眼瞥见，定是惊愕连连，而心中油然而生的欣喜之情，该是多么无边无际！他们来时途经的区域赤地千里，但在这儿，他们觉得自己还在做着目眩神迷的美梦，仿佛置身于佩里仙子[①]的魔法花园里。看到那一道道需要冒着生命危

---

① ［译按］此处文本使用的是佩里仙子的复数形式 Peris，德语中有时也作 Pari，是波斯拜火教神话中精致美丽、长着双翼的精灵。他们通常是善良的，与邪灵德弗（Daeva）势不两立。

险才能前行的驿道，人们可能会觉得这天底下没什么比之更糟的了，但是想一想这样的舟车劳顿会给他们换来多么丰厚的回报啊！通往其避暑行宫的道路上，镶嵌的可都是彩色的石子。

所有东西中，山鲁格巴最喜欢谈论经济学。所有可能存在的财政架构中最佳的一个，正是他整个执政生涯力图精炼的东西，他为这件事所耗费的精力甚至比寻找哲人石①还要大。一个新的投机方法出现了，那是欲求蒙受其恩宠最便捷的路径。短短几年间，他收到了如此之多的谏言，使得他的勤政厅里层层叠叠、堆积如山，偶尔他打发打发时间，浏览一下它们的标题和概要。每一年都会引入新制度，或者做一个有益的改革（这种改革至少对于少数几个出了力的人是有利的），其成果也总是显而易见的。世上没有哪个君主账面上的收入会比他更多，而实际收入会比他更少。这一切在某些情况下可能会是一个智慧管治的杰作；但是在山鲁格巴的班底里，就真的是一个错误了，因为他的大部分臣属的处境并不因此而变好。可惜他却没有意愿从错误中汲取教训；因为他总是自欺欺人，不弄清真正的原委。第一个开展新项目的人总是游说他相信自己比其前任更具洞察力，然后麻烦事便接踵而至，而山鲁格巴却从来都没能发现它们的根源。

如果我们概括一下苏丹山鲁格巴的性格及其统治的特征，我们就能得出结论：从总体来看，他的臣属的运气只能算不上不下。实际上，这也是人们能说的最温和的判语了。其实他的臣属们也算经常靠这种方式给自己报了一箭之仇：他们的苏丹虽有全部的荣华，却也并不比他们中最不满意的人更幸福些。

这些经验于他而言实在是疑难问题，他经常为之陷入深邃的

---

① ［译按］哲人石（Der Stein der Weisen /Lapis Philosophorum），也称"贤者之石"，与"精炼"（raffinieren）都是炼金术术语。此处的修辞风格巧妙地化用了炼金术的语汇。

沉思，却未能从中找到解决的办法。用他的办法寻找，永远都是
徒劳一场。因为，在自己身上搜寻答案，恰恰是唯一一个他不曾
有过的念头。有时他觉得，错在其欧姆拉身上，有时则认为在其
厨师的出身上，有时则认为在其宠妃身上。于是他撤换欧姆拉，
撤换厨师，撤换宠妃。但是一切都于事无补。他突发奇想，想做
做迄今尚未做过的事情。行，他想，就这么干！他开始着手，事
情完成前他都自得其乐——直到最后才发现自己又被骗了。这绝
对有足够理由让任何一位苏丹感到郁闷！但他还有其他的理由，
其他能够让那些比他还要睿智的人方寸大乱的理由。祭司们跟他
找茬挑事，后宫钩心斗角，大臣争执不休，妃子争风吃醋，武器
擦枪走火，财政疲软无力，以及（比所有这些加起来还要糟糕的
是）人民对他的不满，偶尔还爆发骚动，令人惊魂未定——所有
这些叠加在一起，让他尝尽生活之苦楚，而那些远远观望的人还
以为他生活有多令人艳羡。山鲁格巴的失眠之夜比其王国里所有
日工的加起来还要长。人们用以对付这些烦心事而诉诸的各种娱
乐和消遣都不见成效。他最美丽的女奴，最动听的歌女，最神奇
的杂耍艺人，他的弄臣，他的猴戏，都失去了作用。

　　最终，宫殿里的一个贵人——她仰慕伟大的山鲁佐德——
建议他阅读《一千零一夜》里的童话故事。但是，山鲁格巴没有
那种能从"裁缝阿拉丁的神灯"中获得趣味，或者从"白蓝黄红
鱼"[①]中找到乐趣的天分（这确实是自然的馈赠，且绝非它最坏的
馈赠）。这些鱼一言不发地被放入炒锅中，直至一面变焦。而刚
要把它们翻身之际，一个绝美的贵妇，穿着埃及织制的绣花缎
子，戴着巨大的钻石耳环，脖子上挂着硕大的珍珠项链，手腕上

---

① ［译按］"白蓝黄红鱼"，即四色鱼的故事，出自《一千零一夜》山鲁佐德第四至第
　　九夜讲述《渔翁和精灵的故事》，这也是整部《一千零一夜》第二个顶层故事。以
　　下叙述与原故事大致相同。阿拉丁的故事并没有出现在《一千零一夜》正传的故
　　事中，而由 18 世纪法国人加朗（Antoine Galland）添加进增补版中。

戴着红宝石镀金镯子，突然从墙里跳了出来，用一根桃金娘木棒碰一碰这些鱼，问了这个问题："鱼啊鱼，你们尽了责任了吗？"所有鱼同时从锅里抬起头来，嘴上呢喃地答着世上最天真的话语，然后突然一下子化成了焦炭。山鲁格巴不像他令人景仰的曾祖父那样，带着虔诚的惊异和真挚的喜悦去聆听这样的故事，而是对之横眉怒目，使人们不得不在讲述的中途就停了下来。

人们又尝试了维齐尔莫斯列姆的童话故事，毫无疑问这其中蕴含的机智、理性和智慧更胜一筹，即便它们的外在显得是如此轻佻。但是，山鲁格巴憎恨里面的黑暗部分，不是因为它们黑暗，而是因为它们黑暗得不能再黑暗。这一切源于他的口味太健康了，所以垃圾烹调得再精致，他也不会食指大动。根本上，在他眼里这些童话角色都是些令人不堪忍受的家伙：不管是那算不上温柔，最多只是风骚的仙女（名叫"全有或全无"）以及她那假正经的派头和手头摆弄的实验，还是研究几何学老学究（名叫"不苟言笑"），还是"鸵鸟国王"和他那愚蠢无聊的政治与剃须盆，还有要在殷勤和矫饰之间保持中道的"水晶岛上的女王"，无论她说什么、做什么或不做什么。[1] 他声称，如果这些故事不道德或者不体面——无论其娱乐性如何——他都不想要。同时他也要求这些故事是真实的，而且有可经证实的出处，并且（他将之视为可信度的本质特征）它们不应该包含奇幻色彩。正因如此，他才成了童话的公开敌人。这让我们之前提及的两位慎思明辨的欧姆拉想到这样的点子——把曾经的邻国所发生的奇闻异事编纂成某类历史书籍，让人在他就寝前读给他听，直到他睡着

---

① ［译按］以上仙女"全有或全无"（Tout-ou-rien /Alles oder Nichts），老学究"不苟言笑"（Taciturne /Taciturne），鸵鸟国王以及水晶岛上的女王（La Reine des Isles de Crystal /die Königin der kristallnen Inseln）等角色皆是小克雷比翁小说《异谈录：政治和天文学故事》中的童话角色。这些童话故事的讲述者就是维齐尔莫斯列姆，听故事的人则是山鲁巴罕。

或不想听为止。这点子在这一方面尤为难能可贵：它让人有机会教导苏丹一些良善的道理——这些道理哪怕对方不是苏丹，想必也不愿意听人提起。

于是，人们立刻马不停蹄动手去做。因为动用了整个印度斯坦最为才思敏捷之人（相比于欧洲人的脑袋这当然不值一提），所以在短时间内，当前这部作品就应运而生了。之后一位名气不大的作家项福泽，在太祖皇帝一朝末年以"金镜"之名将之译为震旦文，紧接着受人尊敬的 J. G. A. D. G. J. 神父又把它从震旦文译成相当平庸的拉丁语，而当前的编者觉得它颇有价值，又把它从一份拉丁文的手抄本译为非常优秀的德文（其工作时间人们通常写作 1772 年）。

从震旦译者的前言中我们可以推断，他的这本书实际上只是西羌国国王编年史中的选段，是为了取悦和催眠苏丹山鲁格巴而编纂的。他毫不讳言，其最首要的意图就是通过这本书来服务太祖皇帝的皇子们，让他们表面上像是在消遣时间，实质上却借之把那些践行与否皆与震旦国列州列邦福祉息息相关的理念和准则教导给他们。他写道，这些道理如此古老，人们怎么反复重温都不为过。他将之比喻为一种良药，其性质决定只有经常服用方才有效。其中的关键在于我们总要能够想出不一样的手段，好让病患和健康的人（对于后者它是预防剂，对于前者它是药物）都能满心愉悦地将之吞服。

至于那些故事讲述中穿插其间的段落和插叙，尤其是苏丹山鲁格巴的评论，项福泽向我们保证，他拿到的是可靠的抄本，且完全相信这些评论真的出自这位苏丹之口。仅凭此，并不妨碍仁慈的读者对他的说法提出疑问。至少，这些评论与山鲁格巴的性格相当吻合。因此，我们也不应期待这些评论像智者山鲁巴罕的思索那样意义非凡和富有娱乐性。

上 部

第 1 章

"西羌国？"山鲁格巴高呼，"我好像听说过这名称，应该就是那个休夫-泰勒-坦泽当国王的西羌国吧，对吧？你们前阵子可是打算让我把他那把该死的笊篱吞下去的，要不是身为大祭司索格伦努丘的我拼了老命抵抗的话。"[①]

---

① ［译按］此处的典故出自小克雷比翁 1734 年出版的作品《笊篱：日本故事》，该作品又名《坦泽和内亚达内：日本故事》(*Tanzai et Neadarné, Histoire Japonoise*)，这部小说与《沙发》和《异谈录》一起构成了小克雷比翁最重要的东方三部曲，也是对维兰德《金镜》写作构思影响巨大的作品之一。《笊篱》讲述了神秘的西羌国（Chéchian）王子坦泽违背了契约，在 21 岁生日前迎娶了少女内亚达内，结果被仙女施了魔法，其私处变成了笊篱，这让他的婚姻和爱情生活大受影响。为了解除魔法并让自己的身体恢复原样，他唯一的办法只能是让大祭司心甘情愿地用口舔这把笊篱。这部小说把强烈的社会政治和宗教批判，以及挑战威权的启蒙精神融入东方神秘、异教和情色元素之中，出版后引发轩然大波，并导致小克雷比翁锒铛入狱。《金镜》中有关西羌国历史的文本经过层层翻译而最终以德文的形式"出版"，这一叙事技巧正是模仿小克雷比翁《笊篱》中的叙事方法而来。《笊篱》的原始文本也是用所谓的"西羌文"写成，之后历经了古日文、中文、荷兰文、拉丁文、威尼斯方言，最终才译成法语出版。

此外更为重要的是，《金镜》中最重要的"主角"西羌国（Scheschian）正是来自《笊篱》一书，所以山鲁格巴一听到这个名字就想起了坦泽国王以及大祭司索格伦努丘反抗吞笊篱的事情。当然正如努尔马哈所保证的，《金镜》的"西羌"与《笊篱》的"西羌"除了名字相同外，并没有太大联系。尽管 Chéchian 一名为小克雷比翁虚构，再被维兰德借用，但其构造并非全然由字母随机组合得来，亦

"有可能就是，陛下。"黑眼珠的切尔克西亚女郎说道。她已然不再年轻，虽然日渐色衰，但嗓音却变得娇媚动人。在双方皆有意愿的情况下，她还想把尽量愉悦苏丹王继续当作己任。"毫无疑问，陛下，"她说，"就是这个西羌国；当然我们没必要对付两个，有一个咱们就足够应付了。有些古代的地理学家说，这个国家在它最强盛和富庶的时候，几乎跟陛下您的帝国一样辽阔①，而且往东……"

"可不关地理的事儿，"山鲁格巴突然插话，"请你为我好生留心着，努尔马哈，确保你那故事开端时，这世界被仙女们支配的时代已经不复存在了。我一次性把意思讲清吧，我不想听到什么惨遭不幸的新婚之夜，什么老黄瓜，什么会用世上最优雅的语言胡说八道的鼹鼠，总而言之，不想听什么风流韵事；还有那风趣的八字胡和他那无趣的鸱鸺，那很会写格言诗和做侧手翻的鸱鹕……一句话，努尔马哈，我跟你说认真的，别跟我提到什么内亚达内还有笨篱！"②

"请陛下放心吧，"努尔马哈回答道，"我这故事跟仙女可没啥关系。说到天才③嘛，陛下您也知道，通常得一连数六到七个国

有些许模仿东方国名的韵味。再加上这一神秘国家位于中国和印度之间，由此，我们采用了发音极为相似，且在中国汉朝时存在过的古国"西羌国"作为翻译上的对位，力图保持作者所追求的东方色彩。

① 震旦文译者注：实际上，这个西羌国可要辽阔得多；但是这切尔克西亚的美人儿很懂规矩，当然不会跟苏丹王说些不中听的话。通常这种情形下，说"几乎一样大"虽然大胆，但也只能如此。

② ［译按］苏丹王在此处提到的内容皆出自小克雷比翁《笨篱：日本故事》一书的情节。由于山鲁格巴不像其前任山鲁亚尔和山鲁卓那样喜欢听那类带有奇幻和超自然色彩的故事，他追求故事的真实性和现实性。再加上他很清楚"西羌国"出现在《笨篱》故事中，而"仙女们"在故事中对主要角色的命运产生了很大的影响，所以他很怕努尔马哈旧调重弹，怕她所讲的"西羌国"故事其实还是在重复《笨篱》的内容，才啰啰唆唆地告诫她。

③ ［译按］此处一语双关。Genien 既是 Genie［天才］也是 Genius［精灵］的复数形式。原本提到仙女后，努尔马哈顺势提到了精灵，结果她话锋一转，把"精灵"

王，才可能在之后碰到一个有资格对此名号有所念想的国王。"

"皇后，让我再多做个请求，这里头不许有讽刺！好了，开始讲故事吧，别扯东扯西。还有你（苏丹对着一个年轻的王子 [1] 说道，他被恩准坐在床脚边），留心我打哈欠的次数，一旦我打了三次哈欠，立马合上书，然后晚安。"

"要询问一个民族，"美丽的努尔马哈开始讲述，"最古老的历史是什么，无异于要求一个人回想自己在娘胎中或是一周岁时经历了什么。

"这道理对西羌国的人民也一样适用。跟世上其他民族一样，他们也用寓言故事来填充这段从他们诞生到有史书记载时期间的空白。这些寓言故事在各个民族那儿都大同小异，仿佛人们可以推断，它们皆出自存在于人类初始阶段的同一帮人。他们中最先发现菠萝比黄瓜美味者，通常就被后人奉若神明了。

"老一辈的西羌国人相信，有一只大猿 [2] 曾费尽心力教会他们的先祖习得安居、工艺和人伦之术。"

"一只大猿？"苏丹惊呼，"你们那西羌人还真是谦虚呀，竟把凌驾他们之上的特权拱手让给猴子。"

"那些对此深信不疑的人，可能没想得那么远吧。"努尔马哈回答道。

"那还用说，"苏丹王说道，"我不过只想知道，他们都是帮什

转化成"天才"，并将之与国王的天分相关联。山鲁格巴觉察出其话里行间的暗讽意味，所以告诫她所述故事中不要有讽刺。

[1] ［译按］原文为 Mirza，为波斯语，字面意思为"埃米尔之子"或"贵族之子"，其通常用作王子或世子的头衔。从本书相关情节可知这个人与苏丹山鲁格巴应该关系匪浅，故推断其为山鲁格巴之子。

[2] ［译按］小克雷比翁《笊篱》之中的西羌国人也把一只猿猴供奉为国家威严的保护神："那猿猴是国家神圣而庄严的守护者……"（"Le Singe, consacré auguste Protecteur du pays..."），参见 Crébillon le fils, *Tanzai et Neadarné, Histoire Japonoise, Nouvelle Édition*, Tome Premier, Pékin, 1781, p.56。

么样的人，居然能相信这种东西。"

"陛下，纪年史对此没有记载。若陛下允许我等女流之辈对这一高深话题发表见解的话，我敢说，没什么比这更好理解的了。没有哪种信仰会粗鄙到连一丁点儿事实做基础都没有。难道一只猴子一丁点儿东西都没办法教给远古年代的西羌人吗，比如仅仅只是爬树或是砸坚果之类的事儿？因为这些本领即便在今天我们看来易如反掌，但我们还是可以推断，比起猴子从人类那儿学来，它们更像是人类从猴子那儿学来。"

"美丽的皇后[①]，您的推理甚是精确。"达尼什曼德[②]博士说道。

---

① ［译按］原文为 Sultanin，指的是苏丹的配偶。伊斯兰的一夫多妻制中妻子地位较为平等，无明显尊卑之分，苏丹的配偶皆可被称为 Sultanin（德文）或 Sultana（英文），并非单一配偶可享有。本书将努尔马哈的称号翻译为皇后只为符合读者阅读习惯，而非宣称其与中国古代"皇后"的意思相同。

② ［译按］达尼什曼德是苏丹山鲁格巴的宫廷哲学家，为本书主要角色，在故事中后期主要由他来讲述西羌国的历史。这一角色基本可以确定是维兰德在小说中的化身。1772 年《金镜》出版后大受好评，读者众多，其中有一位重要的读者正是萨克森-魏玛-艾森纳赫公国的公爵夫人阿玛利亚。由于其丈夫奥古斯特二世（Ernst August II.）公爵英年早逝，所以阿玛利亚夫人是萨克森-魏玛-艾森纳赫公国的实际统治者，在其治理下魏玛宫廷也成为当时德意志诸邦的文化艺术中心。1772 年的她正想为自己 15 岁的儿子暨爵位继承人卡尔·奥古斯特物色一位优秀的哲学教师，而《金镜》一书也为其推介了最为合适的人选——现实中的"达尼什曼德"维兰德。最终维兰德欣然应允，在同年的冬季开始了其在魏玛宫廷执教的生涯。
　　维兰德在 1772 年 3 月 22 日写给公爵夫人的信中，首次把自己与达尼什曼德相关联。而 3 月 29 日公爵夫人的回信中更是两次直接称呼维兰德为达尼什曼德："您的友谊，先生，对我将是鞭笞，让我更加努力专注履行自己的义务，以期真正配得上那位我致以最高敬意的达尼什曼德的敬意……就我而言，如果我与达尼什曼德会面时还想拿出一副哲人腔调，那可真是妄自尊大……"（Votre amitié, Monsieur, me sera un éguillon pour m'attacher plus fortement à mes devoirs, afin de mériter réellement l'estime d'un Damischmende pour lequel j'ai la plus haute estime...il seroit de ma part une grande présomtion si vis-à-vis d'un Danischmende je voulois me mettre sur le ton Philosophe... ）。维兰德 4 月 13 日的回信也更为直接地回应这一称谓："……在我拥有此等荣幸，可以以哲学家达尼什曼德之名解释殿下乐于提出的问题之后。"（...après que j'aurai eu l'honneur de m'expliquer au nom du Philosophe Danischmende sur les questions que votre Altesse a eu pour agréable de lui adresser. ）

他是宫廷哲学家的一员，深受苏丹的器重，常伴其左右，因为实际上他是这世上心肠最好的人之一，由此他也被恩准跟前面提到的那位王子一起听故事。"我们未必能推断出远古的西羌人一定就比这位日本神王——伊邪那岐聪慧，要知道在他们的故事中，伊邪那岐可是跟鹡鸰鸟①学会了如何以凡间生物之法对待其妻子伊邪那美的技艺呀。"②

更有甚者，少年卡尔·奥古斯特于同年 7 月 23 日写给其未来老师维兰德的信中也表达了其盼望后者以哲学家和达尼什曼德化身的身份大驾光临并教育他的心愿："我的母亲希望您能以哲学家和达尼什曼德本人的身份到来，如果这一建议讨您欢心的话，那么我也很高兴。"（Es erfreuet mich sehr wenn der Antrag meiner Frau Mutter bey uns als Philosoph, u. Leib Danischmende zu kommen, Ihnen gefällig gewesen ist...）由此我们可以知道，维兰德本人和《金镜》中达尼什曼德一角的同等关系在其当时的交际圈里是基本的认知，而且也获得其本人接受和认同。参见 Hans Werner Seiffert, *Wielands Briefwechsel*, Vierter Band, Berlin: Akademie-Verlag, 1979, S. 468, 475, 482, 582; Joachim Berger, Anna Amalia von Sachsen-Weimar-Eisenach (1739–1807), Heidelberg, Universitätsverlag Winter, 2011, S. 127–132。

①　[译按]伊邪那岐是日本神话中开天辟地之神，"伊邪那岐"一名为《古事记》的写法，《日本书纪》中其名为"伊弉诺尊"，他与其妹伊邪那美（《日本书纪》作"伊弉冉尊"）开辟了日本诸岛，也孕育了日本神话众神。诸岛成形后，伊邪那岐和伊邪那美降临其间，相约而歌。据《日本书纪》记载，二神通过观察鹡鸰，学会了凡间男女交媾之事，两者结合后繁育了诸神、众生和万物。《日本书纪》第一卷《神代上》："一书曰：阴神先唱曰：'美哉！善少男。'时以阴神先言故为不祥，更复改巡。则阳神先唱曰：'美哉！善少女。'遂将合交而不知其术。时有鹡鸰飞来，摇其首尾，二神见而学之，即得交道。"

②　参见肯费尔：《日本历史和见闻》，第 1 卷，第 7 章，第 112 页。
　　　[译按]肯费尔（Engelbert Kämpfer，1651—1716），德国 17 世纪医师、博物学家和旅行家，曾远赴亚洲，游历印度、爪哇、暹罗和日本诸国。其有关日本的著作颇具影响力，这部作品在其在世时未曾出版，身故后手稿曾多次易手，1727 年英译本以《日本史》（*The History of Japan*）之名出版，多年以后第二份手稿被发现，1777 年德文版以《日本历史和见闻》（*Geschichte und Beschreibung von Japan*）之名出版，由于部分章节缺失，德文版不少部分译自英译本。此处维兰德所引用的正是出自德文版。该书第 1 卷第 7 章介绍了日本民族的起源神话，肯费尔也较为详细地记录了伊邪那岐和伊邪那美模仿鹡鸰而学会男女结合的故事。参见 Christian Wilhelm Dohm (hrsg.), *Engelbert Kämpfers Geschichte und Beschreibung von Japan*, Erster Band, Lemgo, Meyer Verlag, 1777, S. 113。

听到哲学家的评论，山鲁格巴摇摇头，虽然没人知道原因。哲学家达尼什曼德的插科打诨并没有让努尔马哈面红耳赤，她继续讲故事。

"而从西羌国历史记载中较为令人信服的时间点开始，这个国家已经分裂成一堆小国了，而统治它们的小诸侯数量，真是要多少有多少。时时刻刻总有两个或三个军阀勾结起来准备洗劫第四个。而这起勾当一结束，它们立刻就因分赃不均而一拍两散。此时通常第五个就会过来主持公道，而他所做的不外乎就是把尚存争议的赃物占为己有，直到争端最终解决。

"乱世依然持续，苦的只有西羌大地的黎民百姓，直到一些弱势的诸侯提出建议才让时势有了转机。那就是让所有拉者，以万民安危之故臣服于一个共同的首领。强势的诸侯自然欢迎这一提议，因为他们都盼望选举的天平最终会倾向自己。而一切刚刚尘埃落定，人们旋即发现，他们并没有选中那条通往和平的阳关大道。

"新王倒是完全担得起国人赋予他的特权。此人颇有功绩，大众也敬重他这一点，而这份敬重也让他一段时间内的施政颇为顺利，西羌国也迎来了好光景。此时他也制定了一系列法律，就连伟大的孔夫子也没能设计出比之更优越的。为了让这些法律达致完满，它们几乎啥也不缺，唯一缺憾的，就是这些法律并不是自在自为地起效①（就像谈论到某个古代艺术家所雕刻的柱状塑

---

① ［译按］原文为 von selbst gingen，一语双关，用在法律这一抽象事物上理解为"自在自为地起效"，而不受制于其他的人或事。括号里提到的所谓希腊艺术家是指古希腊传说中的能工巧匠代达罗斯（Δαίδαλος /Daidalos）。公元前 6 世纪和公元前 5 世纪的希腊人相信代达罗斯雕刻的塑像具有运动，甚至说话的能力，所以"von selbst gingen"也可理解为"靠自己就能走动"。关于代达罗斯能赋予塑像运动能力的说法，参见 Georg Wissowa (hrsg.), *Paulys Real-Encyclopädie der classischen Altertumswissenschaft*, Vierter Band, Achter Halbband, Stuttgart, J. B. Metzlerscher Verlag, 1901, S. 2001–2002。

像一样），而是受制于臣属的意愿，他们想守时就守，不想守时就不守。当然，对于那些守或不守法会给国家的安定和繁荣造成重大影响的人，他们若僭越法律，还是会被裁以重罚。可是国王本身却没有能力执法。当他想要使某个拉者服从时，只能通过另一个拉者对他进行胁迫才能办到。如此，最为公正的判决总是无法得到执行。因为没有哪只乌鸦会啄掉另一只乌鸦的眼睛，达戈贝尔特王如此说道。"①

"谁是达戈贝尔特王？"苏丹向哲学家达尼什曼德提问。

这位叫达尼什曼德的哲学家有着各色各样的优点，当中有些是事实，有些则是他的妄想。而这堆优点中有着那么一个缺陷，即便他不是个自负的人，但在某些情况下这缺陷也足够让世上最聪明的脑袋吃大亏。面对始料未及的问题，他哑口无言，不知如何回答。这缺点原本可以忽略不计，但他却因为另一个缺点——一个像他这样聪敏的人着实不可饶恕的缺点——就把第一个缺点不声不响地放大了。比方说，苏丹问了他某个不懂的问题，他就会一下愣住，面容失色，大嘴张开，目瞪口呆，仿佛冥思苦想一

---

① 拉丁文译者注：美丽的努尔马哈或是她的纪年史书籍都弄错了说话者的身份。如果她有花些心思去查阅格雷戈尔·冯·图尔可靠的著作，那么就可以在第6卷（具体在第几章我想不起来了）发现，这话是希尔佩里克王说的，虽然我们不得不承认，在她眼中，还是在山鲁格巴苏丹或是整个印度眼中，达戈贝尔特和希尔佩里克两个人都没多大区别。

　　[译按] 本注提到的格雷戈尔·冯·图尔（Gregor von Tours）也被称作图尔的额我略（Sanctus Gregorius Turonensis，538—594），是图尔的主教、圣徒，同时也是重要的历史学家，代表作为《法兰克人史》（Historia Francorum）。此书第5卷第18章就提到了希尔佩里克王提及这一跟乌鸦相关的格言："这一格言在你身上应验了：乌鸦从不啄掉乌鸦的眼睛。"（et impletur in te proverbium illud, quod corvus oculum corvi non eruet.）Gregorii Turonici Historiae Francorum Libri Decem, Basileae, per Petrum Pernam, 1568, p. 230.

　　希尔佩里克王确切指希尔佩里克一世（Chilperich I，539—584），为法兰克王国墨洛温王朝的国王，与图尔的额我略是同时期的人，其生平事迹多出自《法兰克人史》一书。在其之后墨洛温王朝有三位名叫达戈贝尔特的国王。

般。人们每一刻都翘首盼望他能说出点什么，结果等来的却让人更加无法原谅他——人们怀揣许久的期盼竟被他以一句可怜兮兮的"我不知道"就给彻底扑灭了，本来这句话他一早就可以吐出来的。而这就是他此时此刻身处的境地，对他来说，这世上没有比达戈贝尔特王更加闻所未闻的人物了。

"看来我做了件错事了，我不该跟哲学家提这种问题，"苏丹面有愠色，下令，"让我的宰相过来吧。"

宰相身形又高又胖，机智和幽默是他广受称道的优点，碰到提问时对答如流，妙语连珠。

"宰相大人，谁是达戈贝尔特王？"苏丹问道。

"陛下，"宰相右手摸着肚子，左手捻着山羊胡，一本正经地答道，"是一个国王，很久以前曾统治某个所有印度斯坦地图都找不到国家。有可能这国家太小了，以至于人们不好分辨哪儿是它的南端，哪儿是它的北端。"

"很好，宰相大人！那这达戈贝尔特王说过些什么呢？"

"多数情况下啥也没说，"宰相回答道，"除非是在睡觉时说梦话，这偶尔会在他的朝会上发生。而他的宰相严重近视，总是看不清国王是醒着还是睡着，好几次把他梦中的呓语当作圣旨，并且当场将之书拟以昭告天下。而最为令人啧啧称奇的是，据史官记载，这些睡梦中的圣旨却比他任内下达的其他圣旨还要高明。"

"晚安，宰相大人。"山鲁格巴说。

"咱不得不承认，"宰相边走边想，"有时这些苏丹们给人提的问题真是莫名其妙。"

"身边有个派得上用场的宰相还真是不赖，"在送走宰相后，苏丹继续说道，"努尔马哈，我当然知道你们一直以来都不怎么喜欢他，而我对他评价颇高，也并不是我不识此人。我也明白，尽管此人举止毕恭毕敬、言谈滴水不漏，着实为我国奉公守法、正直廉明、克己复礼而又与时俱进的活样板。然而他本性上却是个心术不正之徒，他虚情假意、心浮气躁、贪婪无度又刻薄寡恩，可谓所有人——他的本能对他直言，他们比他更有价值——隐匿的敌人。此外他还被一个狡黠的小托钵僧牵着鼻子走，这托钵僧总在哄骗他说自己拥有独门秘技，可以带他走过一道薄如剃刀之刃的桥梁。但是，即使他比现在再差上十倍，我依然会因他这份天赋之故善待他，怎么说呢？他面对各种出其不意、刁钻古怪的问题总能轻而易举地做出回答，而且回答得那叫一个正经八百，正经得又寡廉鲜耻，但不管情愿与否，大家都得对之心悦诚服……哎呀，我们因为这达戈贝尔特王和我的宰相的缘故都忘了西羌国那可怜的国王了，这可不行。这老好人真是令人同情呀，他的臣民戏弄他时的样子，就跟青蛙们戏弄木头国王[①]时一样，当然这都是他自己的责任。真不知道他是怎么想的，居然会在这种条件下答应当国王？"

"陛下，"努尔马哈说道，"或许能够理解他这种念头，您想想，是这个国家的国民想要有个国王。且权衡利弊一番，还是觉得自己来当这个国王好过让别人去当。他可能怀有侥幸心理，觉得即便一开始威望便大受限制，但还是有机会来巩固和扩大它的。而他确实有着过人的才识，在他治下，其领地跻身强者之林，而在那个一手把他扶上王位的党派之中，他立于权力之巅，且完全可以自夸自己无所不能。"

"结果他夸自己夸过头了？"

"不然事情又会怎样呢？"皇后回答道，"他的臣子不厌其烦

---

① ［译按］这一典故出自《伊索寓言》里的《青蛙索要国王》（佩里编号［Perry Index］44）。青蛙们无所事事，就向神王朱庇特索要一个国王。朱庇特答应了，朝池塘里投掷一块木块，起初青蛙们被木块落入水中的声响和溅起的水花惊吓到，后来发现木块毫无威胁，它们就争先恐后地跳到上面戏耍和嘲弄它们的"国王"。青蛙们恬不知耻地向朱庇特再要一个国王，此时朱庇特被激怒，给了它们一条水蛇，结果水蛇把青蛙一只只地吃掉。

地想要博取嘉奖，提的要求愈加过分，已然超出其能力。拥立他为王的人，国王觉得自己理应得到他们的付出和服从。而另一边则认为恰恰是因为他们的付出，此人才当得了国王，所以国王欠了他们很多人情，需要一一还上。他们意见分歧之大，所带来的后果已非国王和人民之福。他越是想把一手接过的角色演得惟妙惟肖，就越是得跟他的拉者们分道扬镳，因为他们只乐见他扮演其他角色，而非国王一角。他的管治开始动荡不安，国家风雨飘摇、杂乱无章。到了他继承人那儿，情况更是恶化。每获得一份凌驾于国王之上的利益，拉者们的飞扬跋扈又多了一分，所提的要求更是得寸进尺。他们甚至以维护其自由（何为自由？他们好像从没打算界定一番）和国民权利（此乃何物？他们也不曾说清）不被恣意妄为的君主所侵犯为借口，一点一点地限缩国王的威权，直到一切，就像某个宁芙①的神话故事所讲述的，逐渐幻化成一堆泡影。"

此时苏丹打了第一个哈欠。

"直到最后，这个影子仅剩一把疲乏的声音，至多存有一丝气力可以重复朝她喊来的话语。

"在这一时期，西羌国一直处在高度贫乏的境况中。三百多个大大小小的辖区，每一个都由各自的君主主政，而大部分都宛如一个刚刚被饥荒、战争、瘟疫和水荒蹂躏过的国度。大自然在那儿可不是笑脸相迎，也没有迷人的山山水水，更未曾带来丰盈和富饶，好赢得那些有着明君圣主统领的各国人民的艳羡，让其心醉神迷。"

———————————

① ［译按］此处的宁芙指的是回声女神厄科（Ἠχώ /Echo），有关她的神话故事可参见奥维德《变形记》第 3 卷第 359 行起。关于其幻化的内容参见第 396—399 行："不眠不休之困倦让她悲戚的身体形容枯槁，骨瘦如柴让肌肤干瘪而皱缩，躯体的汁液蒸发和散失在空气中，只剩一个声音和一副骨架苟存于世。最终唯有声音残留，而骨骼据闻已化作山石。"

这时苏丹的兴致再一次被挑动。他想到了自己的行宫、自己的御花园、四周林立的胜景，还有用马赛克铺就、在两边饰以柠檬树的通向这些景致的车道。想到这一些，他好一阵子都陶醉在骄傲自满的激情中。

那两位欧姆拉可不希望他现在想到这些东西。"继续吧，努尔马哈。"苏丹心满意足地说。

"看到处处皆是穷困潦倒，处处都经受着惨无人道的压迫，此情此景，所有心中尚存对邻人关爱之情的旅客，宛如受到凌辱一般。

"西羌国的国王迫不得已要把百分之九十五的臣属让给那些小头领，而他们呢，为了方便打理自己的一亩三分地，竟发展出一套与禽兽无异的思考方式。谈到他们，人们只能说，这帮人为了摘到树上的果实，啥好法子都想不出，就只懂得把树直接砍倒。他们的首要法则似乎是把眼前的一切用成自己享乐的资本，而完全不去理睬之后会发生什么。这帮主公们不管是在脑海还是在内心都找不到那些可以为受苦之人陈情的东西。他们视万民如草芥，视君王如无物。对其而言，这些人不外乎是一堆有生命的机器，如飞禽走兽一般被自然驱使着，为其干活卖命，但又不许奢望获得休息、放松和娱乐。这种超乎常人的思考方式，就是随便设想一番都难乎其难。显而易见，他们甚至到了把自己视作高等族群的地步，如同伊壁鸠鲁的神明一般，其动脉里流的不是血，而是一种类似血的东西。①仿佛大自然皆可为他们随意指使，

---

① ［译按］此处的典故出自西塞罗《论神的本质》(*De Natura Deorum*)第1卷第49节："其形态并非身体性的，而是类似身体性的，其拥有的也不是血，而是类似血的东西。这一切都被伊壁鸠鲁如此敏锐地发现，如此精细地表述，超过任何人所能理解的限度。"(Nec tamen ea species corpus est, sed quasi corpus, nec habet sanguinem, sed quasi sanguinem. Haec quamquam et inventa sunt acutius et dicta subtilius ab Epicuro, quam ut quivis ea possit agnoscere...)

他们可以为所欲为，而别人则休想沾染他们的福分。

"不幸的人遭其奴役，在枷锁中苟延残喘，事情甚至发展到这些不幸者竟把基于特例而获得的最稀松平常的、人所共有的权利当作是他们不配享有的恩典。如此极度扭曲的局面产生的结果一目了然。心灰意冷的氛围弥漫四方，追求完美的齿轮也因此逐渐停转了；天才被扼杀在摇篮里，勤勉变得见不得人。而激情原本可以鼓舞人心，从而使得自然带动人类发展，让人成为其实现伟大目标的工具。但此时，它的位置却被骇人的恐惧和麻木的绝望占据了。[①] 奴隶们想要靠着天降洪福来摆脱悲惨处境的机会连万分之一都没有，他们只能被迫满不情愿地劳动着，而想要他们做好事，恐怕连胁迫也办不到。他们丧失了对自我天性的敬重感，对高尚和美的触觉，以及对自身天赋权利的意识……"

苏丹打了第二个哈欠。

"……并且他们的感受力和同理心也退化成家畜的水平，甚至不得已要跟它们住到同一个棚厩呢。是的，由于无望改善生活处境，他们最终也丢失了舒适生活的概念，把幸福当成天神及其主人才配享有的神秘特权，而他们对之稍有点念想，就相当于是大逆不道，忘恩负义了。

"这已然是屈辱和凄凉的极致了，而可怜的西羌人民正是跌落到如斯田地。处处的蛮荒和狼藉转眼间又让他们回到了之前大

[①] "此处，"震旦翻译家说，"我发现了本书印度编者所做的注释。我决定保留这一注释，尽管读者可能无法从中直接获益。'我希望，'这位印度人如是说，'我们所有达官贵人都可以关注这一句话（从心灰意冷到占据了这几个字），并把它用到考核托钵僧的事情上，那些你们把子女的教育都托付给其照管的托钵僧。你们只需把这句话拿到托钵僧面前，请求他们对它进行解释，并对句中包含的概念和道理进行拓展。为了更好地完成此事，他们最多只能带一位思想正直的哲人一同前往考场。要是托钵僧理解这句话，那就万事大吉！若是他不理解或是只能像只火鸡那样胡诌瞎扯，那么各位达官显贵、士绅名流你们可以安心了。如果你们的目的是不想让自己孩子太有理智的话，那么这位托钵僧绝对是个一流的合作对象。'"

猿带他们祖先脱离的那个境地（根据其世代相传的臆想）；在那
样的境地里，他们至少还能安慰自己，情况反正不会再变糟了。
要不是一场突如其来的政治变动……"

　　此时王子提醒美丽的努尔马哈，苏丹在她刚刚读到最后几句
话的时候，已经入睡了。

第 2 章

　　努尔马哈上一次为了愉悦苏丹而讲的故事让他酣然入梦，之后一连数周里苏丹都没那一夜睡得香。如果不是负责早上唤醒他做晨祷的侍童十分不凑巧，在他还在梦里急切想要知道达戈贝尔特王的结局时就唤醒了他，这位苏丹一整天都会沉浸在世上最美好的心境里。

　　美丽的努尔马哈自然没有缺席，翌夜的同一时间她便准时到场，让他第二次品尝她那助眠的"鸦片"。第一次效果如此之好，甚至可以自夸那是人类品尝过的"鸦片"里最无害的。

　　对此我们要说明一下。这位在其闺阁中可能就已阅读过西羌史的女士，（如众人所确证的）是一位富有灵性、博览群书和眼光犀利的女性。她在讲述故事时并没有严格照搬书本，以便能不时节省讲述的时间，或者增加一些自己的感想，或者依照苏丹当下的心绪和脾性所下达的指令来调整节奏和声调。因而，我们可以看到，她时而以自己的口吻来讲述，时而让作者"亲口说话"，但我们没必要每次都特别指出说话的人到底是谁。读者很少会在意这一点，我们可以交由读者自身敏锐的洞察力自行判断。

　　"陛下，"她开始说道，"您应该还记得我们昨天结束前提到的西羌人的处境吧。那处境是何等绝望，他们只能盼望一场国家剧变，来多少缓解一下他们的惨状。这一转机当然不会长久缺席。邻近鞑靼部落的大汗欧谷尔①瞅准了这一时机：有几个诸侯，出于微不足道的理由，把当时的国王赶下王位，但对于选举谁来做新王一事，又彼此互不退让，以至于最终在西羌的土地上出现了如其州郡一样多的国王。因为谁都容不下其竞争对手，这个不幸的国家同一时间遭受了无政府乱象和暴君之政的折磨和践踏。国民中的一半已湮灭无踪，而另一半则把任何想要将民族从压迫者那里（不管用何种方式）解放出来的人物都视作国家的保护神。很多山穷水尽、走投无路之人，只能孤注一掷，纷纷走到了征服者一边，王国里势单力薄的拉者们和达显贵人们也紧随其后。其他人继续同室操戈，自然也就无法集中力量对抗共同的敌人，其被征服也是指日可待。

　　"欧谷尔大汗在短时间内就窃据了西羌的领土。人民在这场国家剧变中都得益了（不限一种角度来观察），自然也就没想过，也不敢想象去给他们的解放者开条件。曾经的达官显贵若是想过这些，就不再拥有在征服者那里左右逢源、游刃有余的自由了；过去的煊赫威仪如今只剩些残羹冷炙，他们也只能无可奈何地从征服者手上欣然领受了。新西羌王国的政制是某种无限君主制；也就是说，这个王国毫无宪制可言，一切皆仰赖征服者的意志，仰赖其智慧或愚昧、仁厚或促狭、适度或放纵的程度，一切皆日复一日地由征服者的性情、状况、心情，还有偶然来决定。

　　"对降房们来说颇为幸运的是，欧谷尔王是一个非常好的君主，就跟大多数鞑靼征服者一样……"

　　"冒昧问一下，皇后，如果不会打断您的话，"山鲁格巴说，

---

① ［译按］欧谷尔出自伏尔泰小说《查第格》(*Zadig*)中一角色，该角色主要存在于《四脚蛇》("Le Basilic")一章，是一个权势人物。他身患怪病，下令要他的女奴寻找某种罕见的生物四脚蛇，将其煎煮后服用以求治愈疾病。

"我想要知道，您所谓的'非常好的君主'是什么意思？"

"陛下，"美丽的努尔马哈回答道，"我得承认世上没有比这更不明确的说法了。人们通常说的'非常好的君主'，也很有可能是很坏的君主。但这不适用现在的例子。欧谷尔大汗确实有明显的劣迹：他对权力的肆意滥用无所不用其极，人们一不小心就会很不幸地羞辱和冒犯到他。一旦被羞辱则他必定怀恨在心，报复起来手段极其残忍。此外他还有一个坏习惯，他把所有漂亮女人都视为自己的私产。如果他不那么嗜酒的话，甚至著名的苏丹所罗门①也要在这方面甘拜下风。只是这个缺点……"

"这可是很根本的缺点。"山鲁格巴说道。

"毫无疑问，陛下，"努尔马哈回答道，"但是很少有时代和人民能拥有此般幸运，可以受福于一个连缺点也这么可爱的国王——如果我们可以把某些完美得过度的东西也叫作缺点的话。"

"你个口甜舌滑的小东西！"山鲁格巴说道，同时轻轻地捶了捶她的一只胳膊，卷起的宽大袖口露出她胳膊的曼妙形态。如果时代和习惯没有在这一点上把他锻造成最完美的斯多亚主义者的话，那么这段小小的插曲定会让苏丹陛下床榻边再精彩绝伦的故事也暗淡无光。

"这些缺点，"努尔马哈继续道，"也被某些重要的德行弥补了。欧谷尔大汗对于统治事务十分上心：他鼓励农业，重建废城，建设新城，从邻国引进技艺，招募才智卓绝和功勋卓著之人给予丰厚报偿；使物尽其用，人尽其才。他尊重有德之士，某些时候还能接受人们直言进谏。"

"这最后的品性让我又跟你们的欧谷尔握手言和了，"苏丹笑

---

① ［译按］所罗门（德语常作 Salomo，偶尔也作 Salomon）是以色列国王。《金镜》中努尔马哈和达尼什曼德讲故事的时候，为了便于苏丹山鲁格巴理解，有时也会把非伊斯兰国家的君王，包括西羌国的国王称为"苏丹"。

道，"如果他不那么嗜酒的话，他也配在他那个时代所有伟人中占得一席。"①

"在所有这些好的品性之外，欧谷尔大汗还有一种品性，如果稍加适当的限制，仍然可以让任何君王因此而赢得尊重（即使他不幸到得动用这一品性的时候）。他一心潮澎湃，激情难抑，就常常会变得不公和残忍，但一旦坏事已毕，他马上回过神来。直到他对那些因其凌厉对待而受尽折磨之人做出补偿之前，他都无法让自己安然入梦。"

"那么，如果欧谷尔大汗陛下无缘无故地砍了某个人的脑袋，他要怎么做呢？"达尼什曼德问道，"他难道洞悉'魔法糖锭'的奥秘，就像特拉米尔王子被嫉妒冲昏了头，砍下他的兄弟和美丽的德莉的脑袋后，靠着这糖锭又把他们的头重新接上了？"②

"这博士是多么迫不及待地寻找机会，好炫耀一下自己读过多少神怪故事！"小王子对苏丹耳语道。

"这达尼什曼德，"苏丹说，"有个小缺点，他偶尔会滥用自己

---

① 震旦文译者注：无须多言，山鲁格巴是他那个世纪里最清醒的苏丹，也是极端敌视醉酒的人。他的敌人从未放弃去贬低这一德性的价值，即便他们没法否认他具有这一德性。他们贬低它的方式就是消除任何彰显其价值的东西。但我们认为没有必要通过引证那些没有教养的猜测来进一步散播他们恶意的影响。可怜的山鲁格巴并未拥有众多德性，以至于可以任由人们去质疑他那点儿德性中的任何一个。

② ［译按］这段故事出自法国作家和律师帕容（Henri Pajon）撰写于1748年的童话故事《哈利·巴萨的三个儿子和亚历山大总督西洛科的三个女儿的故事》（*Histoire des trois fils d'Hali-Bassa et des trois filles de Siroco, gouverneur d'Alexandrie*，收录于1785—1789年间阿姆斯特丹出版的49卷法语童话选集《仙女阁》［*Le Cabinet des fées*］中的第34卷）。特拉米尔王子拥有一种魔法糖锭（pastille magique / magisches Mundkügelchen）。当它被放在断头的嘴里，断头可以被安回原本的身体，甚至还可以安到别人的身体上。"我有能力归还你们的生命……他把一片魔法糖锭放入我们每个人的嘴里，把我们的头安放回脖子上。那糖锭的作用如此神奇，我们的头颅完美复原，没有留下任何被砍过的痕迹。"引文出自 Charles-Joseph de Mayer (compilé), *Le Cabinet des fées, ou Collection choisie des contes de fées et autres contes merveilleux*, Tome Trente-Quatrième, Amsterdam, 1786, p. 174.

作为哲学家的特权，表现得放肆无礼。对待这些先生们我们不必如此严肃。不过他不应该责备我的朋友欧谷尔，除非他作为哲学家有能力提出什么好建议的话。"

"简单一句话，"努尔马哈继续道，"欧谷尔虽有这些缺点，但他还是个配有好名声的君王，即便是当时西羌的僧侣①也争先恐后地对其不吝赞美之词。'他作为最好的君王已经什么都不缺了，'他们说，'除了一点，就是他直到撒手人寰之前都不曾向大猿做过一次献祭，尽管我们对此寄予厚望。'"②

"您知道吗？我美丽的皇后，"山鲁格巴说，"您刚才跟我们说的，就足够一次性无可挽回地把我跟你的欧谷尔拆伙了。以先知的胡子起誓！③僧侣们争相赞美的国王一定是……我不想说他必定怎样。去吧，去吧，努尔马哈，别说你的欧谷尔了！他必定是一个软弱、单纯、轻信、胆小如鼠的人，这一点再清楚不过了。他的僧侣居然颂扬他！欧几里得那儿有什么证明比这更清楚明白的？"

"陛下若是恩准哲学这么说的话，"达尼什曼德因激动而有些结巴，"万王之王，我的陛下……"

"那么，博士，"苏丹打断他，"让我们听听，你以你那位盛气凌人的女神④之名有什么可说的。我已经预备好你那股冒失劲儿了。要说就赶紧，但不要结巴，达尼什曼德先生，不然我立刻打

---

① ［译按］原文为 Bonze，通常指佛教的僧人。此处指西羌国侍奉大猿神的僧侣，有时会依据上下文感情基调译为"和尚"。

② ［译按］欧谷尔大汗是鞑靼族人，并非西羌人，所以并不信奉西羌人世代相传的大猿祭礼。关于欧谷尔大汗对西羌宗教政策的部分，可阅读本书上部第 10 章。

③ ［译按］原文 Beim Barte des Propheten 是一句德文习语，常用来表示"郑重宣誓"。根据《杜登习语辞典》的看法，这里单数的"先知"指的是穆罕默德。但是除了阿拉伯和伊斯兰世界，在中世纪的德国也有类似手抚胡子郑重发誓的传统。参见 Dudenredaktion (hrsg.), *Duden Redewendungen Wörterbuch der deutschen Idiomatik*, Berlin, 2013, S. 91。

④ ［译按］哲学（Philosophie）在德语中为阴性，此处指的就是哲学。

铃结束……"

再好的苏丹也还是苏丹，就像人们所看到的那样。这个威胁伴以特定的表情，至少让人感觉他真会做出点什么似的，但它却没能给那可怜的达尼什曼德施舍半点勇气。所幸他很了解这位苏丹，他的陛下。因而，他没有被吓倒，而是接着说："陛下，哲学本来就是放肆无礼的，就像陛下之前屈尊明示的那样。因为，当国王做错时，哲学会毫不犹豫地指出其错误。但在目前看来，我最谦卑的意见是，陛下和哲学可能都是对的。僧侣的赞美，在您眼里是欧谷尔所招致的最大的诟病，但如果这赞美是发自僧侣内心的，那么它们也是无可指摘的。① 但这正是问题的所在，或者不如说，这谈不上有任何问题：如果他们把所有评论他的美言仅仅用一个'但是'就全部一笔勾销的话，那又怎么谈得上'发

---

① 拉丁文译者注：对于那些思想深刻的脑袋来说，我们最好必须在此处做三点评注：首先，僧侣、托钵僧和苦行僧这些词在这一故事中反复出现，但它们总是在最狭义的层面上被理解，其所指的无非就是僧侣、托钵僧和苦行僧而已；其次，达尼什曼德在这里仍然无法摆脱阿谀奉承、迎合其君王那种不合理思考方式的嫌疑；最后，苏丹所谓的证明显然建立在一个谬误之上，绝没有击中僧侣（此外我们没有任何为他们辩护的意思）的要害。

德语译者注：权衡一番之后，我们确实也不应强求苏丹做出别的结论。他的结论是：我的僧侣说我坏话，然后我把他们的批评当成是荣耀，所以他们对我的赞扬是不光彩的。因为，如果这是光彩的话，则"配不上这些赞扬"对我来说是一件羞愧的事。但现在，我无法忍受这样的想法。这个想法是错误的，对我来说是如此，对欧谷尔大汗来说也是如此。因为，我让他跟我站在同一阵营，这难道不是已向其表明了尽可能崇高的敬意了吗？——这种推理方式显然不能通过亚里士多德的逻辑，也不能通过波尔罗亚尔修道院一众先生们的逻辑进行明证。但自从世界围绕其轴心运转后，这种自负就从未得出过更好的结论了。

［译按］波尔罗亚尔修道院（Port-Royal-des-Champs）是法国著名天主教修道院，曾经是詹森主义运动的中心。这一脱胎自天主教内部的神学运动强调人之原罪和预定，与耶稣会立场针锋相对。1662 年由詹森主义代表人物阿尔诺（Antoine Arnauld，1612—1694）和尼科（Pierre Nicole，1625—1695）共同出版的《波尔罗亚尔逻辑学》（Logique de Port-Royal）是一部享负盛名的逻辑学教材。维兰德本注中相关典故就指这个。

自内心'呢？好国王欧谷尔的所有好德行又如何有助于他呢？难道他寿终正寝前不是一次大猿都没献祭过？陛下您对这些先生们了解颇深，不可能觉察不出这一责备后面的力道。"

"但你确实承认了，"苏丹回道，"如果他决定献祭大猿，就会被他们捧到天上去？"

"愿陛下恩准，"达尼什曼德说，"我并未如此承认过。在这一情形下，他们也很容易就找到别的托词，来撤销自己虚伪的赞颂。陛下知道，要得到僧侣们诚挚的掌声只有一个办法，而欧谷尔（我对他充满崇敬，且这是他应得的，如果要这样说的话）看起来并没有什么雄心壮志去买下'一件价格如此高昂的商品'。"

"我让我的伊玛目过来，给这问题下一个论断，如何？"苏丹说道。

"为此人们可无须深谙什么卡拉巴①秘术，只消从其口头禅就能猜出，"达尼什曼德回答道，"他一定会跟僧侣们反着来说。僧侣们在伊玛目那里怎么可能是对的呢？"

"我倒觉得，达尼什曼德已经把自己搞到离题万里了。"山鲁格巴说。

"陛下反感僧侣，这表明您是个很好的穆斯林，"美丽的努尔马哈说道，"但是，为了忠于历史，我必须说，僧侣们说欧谷尔大汗的好话，也是有充分理由的。没错，这位国王或许让他们狂野的希望落空了。但理性点看，他们建立这一希望的基础根本就无力承载它，'因为这根基只能是智慧统治准则结出来的果实'。但是，他基于这些统治准则而向其教派报以的尊重，提供给他们的保护，在一切事关大猿业已架设稳固，即便荒诞不经的祭祀事情上，他所采取的小心谨慎的行事风格，这一切都让他有理由（虽说谈不上开门见山）获得僧侣某种程度上的认可。假定大家

---

① ［译按］卡巴拉（Kabbala），是犹太教神秘主义传统的秘传之方法、学说和思想。

不喜欢无根无据地承认他们拥有这一美德，则我们还是可以设想这些人依旧足够聪明，会因为恐惧去做那些一般人出于高尚动机而做的事。"

当美丽的努尔马哈谈论之时，苏丹不小心发出了一种介于叹息和哈欠之间的声音。王子按照之前的约定向这位女士示意，她刚准备结束谈话，就被依旧兴致盎然的山鲁格巴使了一个眼色，告诉她，他对其讲述的内容尚未厌倦。

"欧谷尔大汗，"她继续道，"有一些后继者，他们登上舞台又旋即消失，既没做什么能引起后世注意的好事，也没做多大的坏事。因而，在西羌的年鉴中，人们称他们为'无名国王'。因为国民很少有机会听到他们的名字，至少连让人们唤出其在位苏丹姓甚名谁都做不到。如果后世因为这一情形而对这些君王的功绩评价很一般的话，那么人们必须承认，与之同时代之人的生活处境也没有因之而显得更糟。历史对他们缄默无言，这至少说明了西羌在他们默默无闻的统治下并没有很不幸，而'没有很不幸'至少就算是不功不过的状态了……"

"只不过它不能持续太长时间，"达尼什曼德说，"在我看来，这种不功不过的状态对于一个民族来说，就相当于某个人身上介于疾病和健康之间的状态一样。结果必然是两者之一，要么重新恢复健康，要么饱受病痛折磨直至死亡。"

"或许这正是西羌人的真实状况，"努尔马哈继续道，"若不是这一系列无名国王中的最后一位有幸拥有一位爱人，通过她，他的执政生涯才成为国家历史上最特殊、最耀眼的时期。"

"精彩！"山鲁格巴以夸张的表情喊道，"我爱那些国王，那些拜他们妃子所赐而名垂青史的国王！"

"陛下，我们不能忘了，"美丽的努尔马哈说道，"西羌人在这方面有个习惯，据我所知，这种习惯，寰宇四方的其他民族都没有。如果把这样的习惯引入世界各地，那么所有民族的无名国王之数量一定会显著提升。在某位国王治下发生的事情，只要不是这个国王亲手所为，就不会归到他名下。无论是制定卓越的法律和条令，还是赢得战争、吞并或者（至少同样有益地）保住和改善领土，国王的名声都不会因之有一丁点儿的增长。一切发生的事情，不管是好是坏，都只算入那个亲手所为之人的名下。而国王啥也不亲自做的话，就一直是一个无名国王，就算他治下的时代国家发生了震古烁今的事情。"

"没有比这更合适的了！"苏丹说，"谁做的就算谁的嘛！把大臣做的好事算到国王名下（我排除一种情况，就是大臣们只是单纯的工具，或者说只是股肱。通过他们，国王这一国家生命体的灵魂才能发挥作用），这就好比把国家土地的丰产都算作国王的功绩，仿佛是他让阳光普照、甘霖大地似的。"

努尔马哈、达尼什曼德和小王子都对这番评论报以热烈的掌声，并致以最高的赞颂。山鲁格巴这一评论越是比其所夸下海口的还要无私，则它就越配得上这样的称颂。

"这位西羌的好国王，"努尔马哈继续她的故事，"有机会配得上伟大君主口中这一令人激赏的评价，不管他叫什么名字，至少在选择宠臣的品味上还是令人称赞的。因为他的王后——莉莉美人——兼有我们芸芸众生个性中所有可爱之处。就算那个时代的诗人、画家、雕塑家和铸币家对她的褒奖有点言过其实，我们也无法否认整个民族都有理由要将她铭记于心。世上还从未有过像美人莉莉那样伟大的艺术赞助人。她在西羌引入了养蚕业，引进一帮波斯、震旦和印度的艺匠，他们在其推动下开创了各个门类的手工业。西羌人在她的治理下认识到了之前多数人闻所未闻的舒适和奢靡 ①——这是历史学者原本的表述。可以享受到崭新和

---

① ［译按］"奢靡"（Wollust）是本章和接下来几章的重要概念。Wollust 一词在当代德语中更倾向于特指情欲和性欲，所以常被翻译为"淫欲"和"淫荡"。然而在

无限舒适的生活，人们认为必须把这一切都归功于她。她让那些
尘封于历代国王宝库中的财富——就像法老尸身埋在金字塔中一
样，只能供人毫无裨益地吹嘘——重新投入活跃的流通领域。她
以身作则，激发了达官显贵和富甲一方之士竞相仿效。京城效仿
王室，州郡首府效仿京城。创新和勤劳你追我赶，让整个国家生
机勃勃、富有活力，因为创新和勤劳正是通往富足和闲适的康庄
大道，有谁不想尽可能舒适地生活着呢？

　　"乐善好施的莉莉也让西羌的百姓们认识到音乐和戏剧的魅
力。即便这些馈赠在往后的日子里愈加不利其富足，但也不可否
认，它们在一开始是有着良好效果的。一如西羌人的感受力变得
精细，其道德也获得显著优化。人变得更合群、更温柔、更灵
动、更好相处，人们学会与他人同乐，且身边幸福者越多，他们
越是感到快乐……我们当然没有必要跟陛下您大讲特讲品味和艺
术的良好效果，因为您本人就是这方面的行家和赞助者。

　　"当然，时不时也会有些疑神疑鬼、悒悒不乐之人，他们声
嘶力竭地抱怨这些新事物。'太恐怖了！'他们呼喊，同时摇着他
们疏于梳理的脑袋，带着一副阴郁晦气的表情。'这会造成怎样
的后果？这种对闲适和享乐的爱好、精致的品味以及对感官压倒
性的瘾头，将会毁灭整个国家。铺张浪费的节庆之日将会耗尽
勤勤恳恳的劳动之日所带来的财富，毫无章法的花销将会掏空节
俭和节制所创造的富余。奢靡招致懒散，而懒散是滋长各类恶习
的腐败之源。富人变得不知餍足，尽管他们感受力精致，但面对

維兰德的时代，Wollust 的含义更广，指向的更多是尘世生活之欢愉，或者肉体
感官之享乐，与《礼记·礼运》中"饮食男女，人之大欲存焉"之意涵颇有异曲
同工之妙。参见 Ludwig Sütterlin (bearb.), *Deutsches Wörterbuch von Jacob Grimm
und Wilhelm Grimm*, Vierzehnter Band, II, Wilb-Ysop, Leipzig, Verlag von S. Hirzel,
1960, S. 1383–1398。Wollust 这一广义和抽象的语言用法本书通译为"奢靡"，偶
尔根据上下文翻译成"淫靡"。

把穷人的财产尽可能卷入自我囊中的事情上，他们不会有丝毫犹豫。穷人同样也变得缺德寡恩，无论事情多么不公还是有害，他们都愿意去为之或是承受，只要其中有让他们跃入令其艳羡的富人生活的渠道便可。无穷无尽的恶习、违背自然的放荡之举，还有背叛、施毒和弑父的行为反复发生，他们逐渐习以为常。当他们的人性未被腐化时怀有的对这些事物的恐惧心理，而今也已全部荡然无存。唯有等到这个国家无可挽回地覆亡之时，人们才会意识到，莉莉美人才是我们如今万劫不复的始作俑者，她就是这蛊惑人心却又人见人爱的始作俑者。'

"有些年逾花甲、年近古稀老人，这一辈子活得很有智慧，以便年老之时不至于得舍弃生活的欢乐，他们看待对这一事情的角度颇为不同。'我们那些疑神疑鬼、神经过敏的兄弟们也不算完全说错，'他们说，'享乐和奢靡作为生活的调味品如果滥用，结果确实有害。自然把它们设定为劳动后的奖赏，而非无所事事时的消遣。然而，不可否认的是，施法的巫师绝非莉莉美人，而是自然本身。自然这个巫师给我们奉上她亲手调制的神界琼浆玉液，只需几小滴，就足以让我们忘却生活的一切艰辛。或者这么说，难道不正是这自然把人类从一个发展等级推进到另一个，并且借助于让想象力基于需求，让激情基于想象力而活跃奔放这一方法，从而催生出更强烈的合群度、更精细的感官和更高级的感受力和行动力，由此让欢愉的范围扩大、让享受生活的能力跟随欲望一起递增？因此，让我们跟随自然吧，它是一位绝不可能误导我们的向导！不是它，而是我们的心浮气躁、我们的贪图享受、我们的无视警告才把我们引向歧路。人每登高一级，都需要另一种生活秩序。恰是因为绝大多数的普罗大众都是不成熟的，不懂得如何掌管自己，所以他们才必须将这一权职让渡给一个立法性的力量，它总是照看着整体，以及为它的臣属们——随其自身状况的显著变化——颁布相应的行动规则。愿莉莉美人青春永驻！她有资格让我们对她感恩戴德，因为她为我们做了好事。如果她愿意再给我们建立一套完美的规训制度以适应我们的需要，好让她的馈赠不会使我们堕落的话，那么，我们为她建造宝塔，也是她完全应得的——至少像那大猿一样。'

"美人莉莉雀跃于鲜花怒放的路上，奢靡的想象力引领着她前行，从不计较别人对她的威胁或警告。能成为整个国家热爱和崇拜的对象，她非常享受这样一份愉悦之情。她被快乐和爱神环绕，其视线抵达之处，烦恼烟消、狂喜莫名、至大喜乐。在此，她似乎找到了自身最极致的满足。只是，她的善举只延伸到当下的瞬间。她的性情不经意间感染了整个民族，这一切来得如此轻巧，仿佛对每个人来说，没有什么比这更自然的了。人们享受生活，没有人料想未来。"

"我喜欢这个莉莉！"苏丹高喊，那突如其来的活力人们似乎已许久未见，"我必须更深入了解她。晚安，王儿，晚安，达尼什曼德！努尔马哈，你留下来，给我细细描述一下这位莉莉美人。"

第3章

"这帮老少爷们儿维护享乐和莉莉大美人的话句句都在理。"苏丹说道。每晚都陪伴在其左右的小圈子翌夜又一次在他的睡房齐聚了。"但是我承认我实在没搞懂他们说的生活秩序是什么，或者需要些什么规训制度来帮他们预防各种罪恶，也就是那些棕黄肤色的卫道士喋喋不休，用来恐吓我们的罪恶。这事情我很是在意。我认为我已经竭尽所能让我的人民幸福了。要是一切事与愿违，我所赠出的一切反而成了危害他们的东西，那可真是令人难过。"

（"陛下还真不需要伤感。"达尼什曼德暗暗思忖——没引发一点动静。）

"达尼什曼德先生，"山鲁格巴继续说道，"你可别白当哲学家！如何，用你的聪明才智好好给我解释一下这事儿？"

"陛下，"达尼什曼德回答，"我的才智随时听候您差遣。但是一开始我诚挚地请求您先让我讲一个小故事。"

山鲁格巴点头批准，充满王者威仪。哲学家开始讲故事。

"在哈里发哈伦·拉希德的时代……"[①]

① ［译按］哈里发哈伦·拉希德（Harun al-Rashid，763 或 766—908）是阿拔斯王朝

"哎，大博士，"苏丹打断他，"一开始听就让人觉得不对劲！每次一有人提起这位哈里发，就准会听到精灵和变身的故事，或是关于小驼子、吵吵闹闹的理发师或是不修边幅的小王子之类的无聊故事。这帮小王子就是干一堆蠢事破事后，为了给他们安个还过得去的结局，临了居然让他们剃了眉毛，遁入空门，成了卡兰达尔僧人。"①

"我用我的眉毛跟陛下担保，"达尼什曼德说，"我的故事中绝不会出现驼子或卡兰达尔僧人。一切情节的发展都顺理成章，且在意料之中。

"在这位刚刚提到的哈里发的时代，有位从也门来的富裕的埃米尔在自大马士革返乡的路上发生不幸，在崎岖的阿拉伯山地

第五代哈里发，其任内把王朝带到最为强盛的地位，其都城巴格达与中国唐朝的长安都是当时世界首屈一指的大城市。拉希德在阿拉伯世界以外最广为人知的身份是作为《一千零一夜》中的主要角色。山佐鲁德所讲述的部分故事都发生在拉希德执政的时代。

① ［译按］山鲁格巴在此提到的人物皆出自《一千零一夜》。小驼子出现在第25—34夜的顶层故事。在故事中裁缝夫妇邀请一个小驼子参加家宴，后来驼子被鱼骨呛到而晕厥。裁缝夫妻把他扔在医生家里后就溜走，医生被"尸体"绊倒，误以为杀害了驼子，又把驼子扔在其邻居家中。邻居之后误以为驼子是贼，暴打他一顿后才发现他已"断气"，就把他扔在巷子里。路过的基督徒也暴打驼子，之后被警察发现并拘捕。就在基督徒要被施以绞刑时，邻居、医生和裁缝一个个出来认罪。正在总督一筹莫展之时，才发现驼子是苏丹的弄臣。四个人都被送到苏丹面前，苏丹感叹故事离奇，而四个人则讲了他们经历过的更离奇的事情。之后有一理发师发现驼子还有一口气在，亲自医治他并把他救活。最后理发师也讲了自己的故事（第31—33夜），山鲁格巴提到的理发师正是他。

小王子变身卡兰达尔僧人的故事出现在第12—16夜，从属于《脚夫和巴格达三个女人》这一顶层故事。某位巴格达的脚夫被一位女子所聘用，跟她去市场买东西并把东西抬到她家中。在家里脚夫还遇到另外两个女子。脚夫羡慕她们宴席奢华，有意留下，三女子勉强答应，但不许脚夫打听她们的私人事情，否则会对他不客气。之后又来了三位卡兰达尔僧人、微服私访的哈里发哈伦·拉希德及其大臣。在承诺遵守同样条件后，一同赴宴。宴席上三女子表现怪异，引起客人的好奇。他们怂恿脚夫询问，结果激怒了三女子。三女子命令仆人处死客人。后来她们答应让他们每人讲述如何来往此地的经过，这样便可以饶恕其不死。三位卡兰达尔僧人也把自己的人生经历讲了出来。

上被强盗伏击。这帮强盗异常凶悍，不仅击杀了他的随从，还把他想要带回国的美丽女子和奇珍异宝都抢走。一干完这些事情，他们便立刻就撤回到山里，跟他们出现时一样神出鬼没。所幸这位埃米尔在混战一开始时就昏倒了，这情况反倒是救了他：那帮强盗仅满足于剥去他身上的名贵衣物，并将他弃置在死人堆里，对他是死是活倒是毫无兴趣。"

"达尼什曼德先生，"苏丹说，"别那么啰唆！我请你直接切进主题。你开始讲故事的调调跟我那亲爱的老祖母完全一个样，她讲的童话故事简直长得让人崩溃，当然她这样做的理由，大家都知道。"

"但愿这些细枝末节没有扫了陛下的雅兴。"达尼什曼德继续讲："这位埃米尔立即恢复知觉，开始不安地打量着四周。因为他现在身处荒郊野岭，人生地不熟，没有帐篷，没有装备，连他的妻妾们和太监们都不在，甚至连炊具和衣服也没有。他从记事的时候起就不曾吃过苦头，也不曾远离舒适的环境。为了让这故事更好懂，也让陛下能更好地设想这埃米尔身处的状况，在下斗胆请求您跟他互换位置，想象一下您在他这种绝望的境地中会有何想法？"

"达尼什曼德先生，"苏丹直截了当地说，"我可不打算把功夫浪费在上面，我倒是想听你说说，一个讲故事讲到让我哈欠连连的人被我下令杖打脚底，此时他会有何想法？"

苏丹王这咄咄逼人的怪脾气让美丽的努尔马哈感觉很是不妥，她请求苏丹不要恫吓这可怜的博士，不然他六神无主就没法讲好故事了。然而达尼什曼德很是了解自己的苏丹陛下，他说道："我诚挚地请求您先别急着赏我三百大板，先等我把故事讲完您再下定夺，如何？我这故事的开头听起来一般般，实际上可不是这样。"

"行，"苏丹王笑道，"那就按你的方式讲吧。我保证不会再打断你了。"

达尼什曼德站了起身，接着又匍匐在苏丹面前，亲吻着床单的一角，对他仁慈的允诺表达了谢意，然后继续讲他的故事。

"埃米尔浮想联翩（他那些想法混乱不堪、令人不安，所以最好还是不要呈报给陛下了），最后他下定决心，打算做一件他因为不常做而无比困难的事情，那就是动一动自己的双腿，试着找一条逃离这片荒野的路。在他历尽艰辛去到下山的路口，并且可以清晰地望见山谷（他穷尽想象也难以想到比这还美的山谷）时，太阳已经西斜了。他看到一些美轮美奂的房子散落在山林的绿海之中，格外引人注目。他大受鼓舞，打起最后的力气，拼命在日落前走到这些房子那儿。实际上，他这一整天走过的路和前方还要走的路总共加起来也不过区区十步，也就是一个乡下青年晨间和晚间时分为了跟他的女友拥吻，闲情漫步所需走的路程而已。但对于这位肌肉松弛无力的埃米尔来说，这简直难如登天。他总得时不时坐下歇口气，而当他抵达距离最近的房门时，四周已是漆黑一片。这房子虽然是木制的，看起来却颇有乡村别苑的风范。一阵悦耳的声响，夹杂着歌声、丝弦和欢声笑语，从远处的屋子朝他飘来。在这样的荒山野岭竟能听到这些，他感到无比惊讶。由于他这人只读神怪故事，所以脑海中浮现的第一个念头便是他此时所经历的一切不过是巫蛊之术。这念头让他心惊胆战，但身处困境之中的急迫感压倒了一切。

"他敲了敲门，房子的住户走了出来一探究竟，他请求对方收留，说话的方式又高傲又谦卑。若是此地的居民对'好客之道'少一分尊崇的话，那么他还真有可能被拒之门外。对方面带笑容，领着埃米尔来到一个小会客厅，并示意他坐到一张朴实无华，却又铺着软垫的沙发上。不一会儿来了两个俊秀的少年，领着他去到浴室。在他们的协助下，埃米尔沐浴熏香，并穿上上等棉料缝制的华服。为了不使他感到无聊，一个貌美如花，姿容丝毫不比其后宫佳丽逊色的少女手操着西奥伯琴，唱着小曲，与之相对而坐。从歌词中他大概能够听出，他们对这位优雅贵客的到来满心欢喜。纵使他对自己的处境依然不甚了解，但这位仪态和嗓音令人联想到佩里，也想到天国处女的姑娘，让他久久无法回过神来。这两者，再加上那殷勤的接待，陶醉着他的感官，让他忘却所有悲伤和痛苦的来源。接着，仿佛被一股温柔的力量牵引着，他沉湎在人们带给他的这样和那样的感官印象中。

　　"如果这是他身处如此境况中所能做的最明智决定，那么各位听众也得承认，他最终所遇到的倒也还不赖。他一更衣完毕，迎接他入门的那位住客又出现了。他一语不发，只打手势示意埃米尔跟随着他。埃米尔来到一间烛火通明的厅堂，房门一开，馥郁芬芳的康乃馨和石榴花香扑鼻而来。低矮的餐桌四周围着铺着软垫、套着精致雪白麻布的沙发，沙发的麻布套子皆裁着宽边，绣上雅致的图案。男女老少齐聚厅堂的中央，热情地迎接他的到来，他们举止修养落落大方，仪容表情亲切和善，笑语盈盈，让他倍感意外的同时又无比舒畅。一座喷泉立于厅堂一角，饰有一宁芙仙女，卧于一块茉莉丛生、青苔翠绿的岩石上。晶莹剔透的清水从她的瓮中流出，又注入黑色大理石盘中。整个厅堂悬挂着巨大的花环，少女们时不时把清水喷溅于其上。此情此景赏心悦目，但在这世外桃源，它们还不是其眼中所见最美之景致。一德高望重的老者，满头银发，躺卧在沙发最高的位上，沉浸在劳动之后的欢愉、康健和安宁之中。这样的老翁，埃米尔生平从未见过与之类似的，也不敢设想世间会有此等人物存在。老翁精神矍铄，明亮的双眼依然充满生命力。八十载的岁月只在他宽广而灵动的额头上留下淡淡的痕迹，健康的肤色宛如深秋的玫瑰在他的脸颊上怒放。几个年轻人围着埃米尔，牵着手把他引到老翁的座旁，并说道：'他是我们父亲。'

　　"老者岿然不动，没有丝毫想要站起来的意思，他向埃米尔伸出手来，用力紧握着他的手，真诚地欢迎他大驾光临，埃米尔则对他的手力颇感吃惊。只不过（我的作者说道），老者最初望向他的眼神，虽然饱含着真挚的待客之礼和处世之道，但其中却夹杂着一些让外人感到惴惴不安的味道，他也无法说清这到底是什么。老者请他在其身旁坐下……"

"我确实答应过不打断你，博士，"苏丹说道，"只是我很想知道，这老者眼神里究竟混杂些什么，竟让埃米尔有这种反应？"

"仁慈的陛下，"达尼什曼德答道，"我得跟您坦白，这故事也是我从一个新近的希腊诗人那儿听来的。他可能跟同行一样，喜欢往真人真事添加些自己的东西，好让整个作品更有趣些。'这眼神很友善，'他说，'但里头还有些东西，既非轻蔑也非同情，而是两者很柔顺的结合。'他继续说道：'这是艺术爱好者凝视普拉克西特列斯①残缺塑像的眼神，里头隐含着些许愤愤不平的怨气，仿佛他在其中看到亲手毁坏这一廊柱的哥特人时一样。'"

"这比喻相当巧妙，也发人深省。"努尔马哈说。"继续讲吧，达尼什曼德。"苏丹说道。

"与此同时，晚餐也准备完毕并一一端上，而埃米尔又有了一种新的感觉，这感觉对他来说（他平时可没有思考的习惯）像是世上最难理解的事情。在我解释这一点之前，我有必要稍微岔开一下话题，来谈谈这位埃米尔的性格。他是我们故事中的主角，尽管实质上他只扮演旁观者的角色。他打从青年时代起就是那种常人称为'十足浪荡子'的人，这种人活着不为别的，就为吃吃喝喝、寻花问柳，然后为了从这些'苦差事'中解脱，又花个一天半夜休息，为下一次吃喝玩乐养精蓄锐。他对这种'食色性也'的粗鄙生活还颇为洋洋得意，甚至很善于加快它们的负面

---

① ［译按］普拉克西特列斯（Πραξιτέλης /Praxiteles）是公元前4世纪古希腊著名的雕刻家。

效应。他花精力从亚洲各地搜罗各色美女、佳酿和名厨，甚至对此还毫不满足。他努力让自己成为头等食客和酒徒，甚至训练场上的英雄。何种训练呢？为了做此等训练他只能毫不情愿地拜麻雀和鼹鼠为师。

　　"如果一个人很不幸地胸怀此等乖谬的功利心，并且拥有一切手段来实现它，那么很快世人就可以亲眼看到他只能沦落到求助于菊虎和螺果①或是其他别的什么强制方式的田地。而人对自然的羞辱，自然也绝不会坐视不理——它定会为自己复仇。自然的恩情越是不愿提供借口给我们为自身的放纵行为做辩解，它所施予的报复就会越加狂暴。这位埃米尔身上有着最纯正的阿拉伯血统和最强健的体魄，在 30 岁的时候却跌落了谷底，卡在了生与死之间的境地。原本应该让他欢欣鼓舞的回忆却折磨着他，他无数次想通过艺术的奥秘，那让他得以益寿延年的奥秘来试图平息自然之愤怒，但一切注定徒劳无功。那些他引以为傲的名厨们确实尽心尽力地奉献自己的才艺，但与此同时也在摧毁他的健康，使他的感受力变得迟钝。想要刺激业已麻木之口感的难度越大，他妄图通过艺术之力战胜它的堕落激情也会成倍增长。只不过它们的奇技淫巧所取得的'成功'不外是让他用漫长来剧痛来置换瞬间莫须有的瘙痒而已。

　　"我们的埃米尔惊讶于自己居然在这位年迈主人的餐桌上重新找到了食欲，他已经好几年没有过这样的食欲了。24 小时不吃不喝，以及不得不做的剧烈运动，这两件不同寻常的事情无疑最能够驱使他觉得自己仿佛置身于天国先知宠儿的宴席上一般。而不是餐桌上食物的分量和美味，也不是高超的烹调技法让他有这样的感觉。满足最基本的欲求，让自己的口腹多几种选择，世上没有比这更大的奢侈了。而烹调艺术所需要做的，就是在无损

---

①　[译按]菊虎和螺果有致幻效果，可能会被用作某种类似鸦片的代替物。

健康的前提下满足和愉悦纯洁口欲最正当的需要。没错，人们也在其中也发现某些精致的烹调技巧，那些名厨或因其简洁而对之孤陋寡闻，或是因他们过于自大而不愿花费精力，全神贯注习得这些技巧。家常便饭与贵族餐桌上的有害健康的山珍海味所差别的，其实不过就是那饮食的自然之善以及就连阿维森纳[①]也挑不出毛病的烹调法而已。尽管如此，宴席上可能与年迈主人同寿的陈年佳酿，以及餐后食用的水果，埃米尔不得不承认，它们是如此之美味，仿佛唯有在人间仙境，大自然才可能将之孕育。

　　"'一切都是魔法所为吗？'埃米尔无时无刻不在自问。'这老翁是如何做到胡子花白，肤色却宛若青年，还能如此享受美食，仿佛刚刚才降生人间一般？'他努力遏制自己的惊讶之感。只是酒席上除了他外，众人皆谈笑风生，那份惬意、潇洒和迷人的殷勤待客之礼，让他脑海中的思绪七零八落，无法深思细想。

　　"'请品尝这菠萝。'老者一边把他所见过的最上等的菠萝递给他，一边对他说道。埃米尔尝了尝，其芬芳的香气和香甜的滋味无法用言语形容。'这些是我亲手种植的，'老者说，'我年事已高，无法跟着子孙们下地种庄稼了，只能操持些园艺活儿。它能够让我适度地锻炼和劳作，好让身子保持健康，就像你现在看到的。清新的空气和鲜花的馥郁芳香或许也能起到其相应的作用。'埃米尔不发一言，但那双盯着主人看的眼睛，但愿我也能见着！老者爱喝清水，每次饭后还要饮上三小杯葡萄酒。他微笑地说道：'第一杯助我陈年老胃消化顺畅，第二杯让我神清气爽，第三杯又让灵魂复归休眠。'埃米尔不喜欢喝水，哪怕它是从青春之泉汲取的，此时他却是对主人的美酒先饮为敬。他一杯接一

---

① ［译按］伊本·西那（Ibn Sina，980—1037），在西方也被称为阿维森纳（Avicenna），是中世纪时期波斯著名的哲学家、医学家和文学家。此处的典故与阿维森纳的代表著《医典》（*Liber Canonis Medicinae*）有关。

杯地喝着，直到他再也分不清，此时他与老者一同醉生梦死，到底是真实之感，还是异想天开。

"宴席之后，这位白发苍苍的老翁悄无声息地飘然而去。过了一会儿他一个儿子说道：'我们家每晚都习惯睡前在父亲房间里待上半个钟。我们从来不把客人当外人看，你愿意跟我们一起吗？'埃米尔欣然应允，为了显得客气些，他还请求用自己羸弱的手搀扶着家中最年长的女性，一同前往。

"一间厢房的大门敞开着，看起来就像可以助人酣然入梦的神殿一样。里头盆景千姿百态，香气浓郁，烛火在绿色和粉色的灯罩后发着微光，让一切笼罩在一片薄暮之中，无不让人昏昏欲睡，跌落温柔的梦乡。能工巧匠绘制的壁纸描绘着希腊睡神的形象：这一边是英俊的恩底弥翁①，月亮女神在天上温柔地凝望着他，让银白色的光芒包裹着他；那一边则是爱之女神，她隐匿在孤寂的玫瑰花林中，迷离的美梦弥漫在她柔亮的双颊和嘴唇四周；还有那小爱神在美惠女神的膝上打盹儿。老者躺卧在沙发床上，身边还有三个妙龄侍女，似乎在助其快快入眠。有一个容貌若人间秋日之胜景，坐在其头边，用玫瑰和桃金娘花束作扇子为其拂来阵阵凉风；另外两个则坐在沙发床两旁，一个弹奏鲁特琴，另一个则抚弄其他乐器，和着歌声伴奏着。她们俩边弹边唱，声音克制而温柔，一会儿轮流演唱，一会儿同声齐唱。她们的歌曲散发着美满、安详和欢畅，让歌者的唇语和嗓音与歌曲相得益彰。埃米尔惊异连连，老翁则在悄无声息间酣睡在秋日美人的怀中，其他人亲吻他低低垂落的手后，一声不响、恭恭敬敬地离去。

"'这到底都是些什么人呀。'埃米尔禁不住自言自语。

---

① ［译按］恩底弥翁（Ἐνδυμίων /Endymion）是希腊神话中的美少年，月亮女神塞勒涅钟情于他，让他进入永恒的睡眠之中，以永葆青春和美丽。

　　"在踏入那间分给他的卧室时,他又一次见到那两个在浴室里协助他梳洗的少年。他们的眼神让他联想到那几位用动人歌声欢迎他的姑娘,他甚至拿不定主意,是该为她们的缺席欣喜呢还是伤悲呢。他除去身上的衣物,躺卧在松软柔滑的褥榻上,这卧榻之舒适埃米尔还从来不曾享受过。少年们前脚刚走,那容貌清丽的歌女后脚便携着西奥伯琴前来。她的秀发散开,垂落到地,戴着玫瑰花枝编成的花环,将玫瑰花束置于胸前,洁白如雪的肌肤让埃米尔目眩神迷。她默不作声,面露微笑,站在他面前,深深一鞠躬,接着坐在他卧榻旁的靠椅上,弹起西奥伯琴,用着世上最悦耳的嗓音吟唱梦幻的歌谣。这位埃米尔大人早就因她绰约的身姿、清脆的嗓音和老翁八十载的陈年佳酿而神思恍惚,已经忘却该如何妥当和明智地行事。这俏丽的歌女应该没有接到命令,在这大喜大福之家来讨好一个失落的人吧。但是,唉!"

　　苏丹使了使眼色,达尼什曼德立刻停了下来,那眼色的含义可能与他设想的完全不同。"陛下,"他停顿一会后又继续讲故事,"为了不重蹈维齐尔莫斯列姆的覆辙①,我可以这样说,那埃米尔完全有理由相信自己被一帮法师和仙女缠上了。'请冷静点。'那美貌的女奴微微一笑,笑中与其说夹杂着轻蔑和愤懑,不如说满是同情。她说道:'我来给你奏一段柔板,好让你快快入梦乡,跟世上最幸福的牧羊人一样。'然而,这柔板起不到她所许诺的作用。埃米尔依然一刻也不停地胡思乱想,直到女奴受够了他的执拗,觉得自己最好知难而退,临行时还不忘祝福他尽快安寝。"

　　"达尼什曼德,我对你的故事很满意,"苏丹说,"明天我会继续听你讲的,我还会下令让国库司赏你300金巴哈姆。"哲学家和小王子接着退下,神圣卧房的大门也在他们身后关上。

---

① [译按]这里达尼什曼德的意思是不想让自己讲述的故事导入奇幻和超自然元素。

第 4 章

在苏丹的命令下，达尼什曼德翌夜继续讲述同一个故事。

"埃米尔和那美丽女奴的故事可瞒不了人，此位王公也有幸成了此地居民见过的第一个诸如此类的人。这一家子的男男女女都对此深感惊叹，他们理解不了一个人是如何变成他现在那样子的。'可怜的家伙，'他们众口同声地喊道，语气里满是同情，却也无法让他破涕为笑。确实，这不幸的男人一辈子都不像这一夜一样忐忑不安。他一想到拿自己这个年仅 32 岁的'耄耋老人'与那位满头银发的 80 岁'翩翩少年'相比，一想到美貌女奴留给他的种种印象，就足够心如死灰了。他紧咬双唇、头重脚轻、痛心疾首，咒骂自己的后宫、御医、厨子和那帮总爱拿实例和准则鼓动他快速透支生命的小蠢货。怒火中烧却无能为力，思绪万千却苦不堪言，它们让活着的感觉成为煎熬，也让他的意识渐渐疲惫和昏沉，最终沉沦于梦中。

"几小时后他再一次醒来，可是依然无法把上一次睡醒后发生的事情当作梦一场。至少他竭尽全力抑制自己不去回想那些令人不快的经历，且满心希望窗外新的景象可以助其达致目的。他推开窗户，只见花园从东边正面迎来，绕着宅邸将之包围。一股清新而爽朗的气息扑面而来，掺杂着成百上千种怡人的花香，驱散了他脑海中挥之不去的愁云惨雾。体力正在复苏，这一种感觉燃起了他胸中的希望，也唤回了他对生命的热爱。他注视着花园，即便他早已养成了钟爱奢华和矫情事物的口味，此时内心却不禁对园子朴素、实用和外在的野性之美赞叹连连。就在这时，他注意到那位老者半身掩盖在灌木丛中，正沉浸在琐细的园艺工作中，而对于这些工作，埃米尔从未试着屈尊了解一番。他恨不得把这屋里所有让他目瞪口呆、惊异连连的事情都弄个一清二楚，为此他踏进了园子，准备跟老者好好攀谈一番。他自然先是对老者的盛情款待致以谢意，接着便毫不隐讳地直抒自己的惊讶之情：一个如他一般高寿的老翁，竟然还可以如此矍铄和硬朗，还可以尽情享受生命的欢愉。'若不是你的满头银发和苍白的胡须暴露了你的岁数，'他补充道，'人们还真的可能当你只有四十岁。我请求你解释一下其中奥妙吧。到底你身上藏着什么秘密，竟可召唤此等奇迹？'

　　"'我的秘密总结起来就这三个词，'老者微笑道，'劳动、娱乐和休息。每一种皆不能过量，并且等量混合，遵照自然的意旨交替着，它们就能以世人所能理解的方式唤起你所说的那些奇迹。身体略感疲劳，就如同自然在提醒我们，该放下手头的工作，稍稍娱乐一番。同样，自然也提醒我们何时放下工作和娱乐，让自己好好休息。劳动让人保有对合乎自然之欢愉的爱好，以及对之享受的能力。而那些丧失对自然纯粹和无暇奢靡之感受力的人又是何其不幸，他们只能在矫饰之物中寻求满足。然而，矫饰之物却无法将之赠予他们。尊贵的外乡人，请效法我吧，服从自然是何等的幸福，为此它将奖赏我们享有其最好的馈赠。我的一生仿佛是由无数喜乐瞬间串联而成的链条，悠长而又连贯。而工作，一份与我们能力相适应且不被恶劣环境所滋扰的工作，必然是跟某种适度的奢靡相匹配的，它良善的影响贯穿我们的生命。想要通过自然获得幸福，人们必须毫无偏差地保存着它最大

的善举，也是其他一切事物的工具——感受。而想要正确地感受，则正确地思考是不可或缺的条件。'

"老者打量着客人的神情，觉得他尚未完全理解他的意思。他继续说道：'我给你讲讲我们这个小群居地的历史吧，或许这样你能更明白我的意思。若是命运让你去往这山谷中的其他家庭，你将会发现那儿一切都跟我这儿大同小异。'埃米尔表示自己非常乐意倾听这段历史，只是其面容憔悴。好心的老者建议他们一同坐到栽满柠檬树的花园大厅的沙发上，尽管一同漫步于树荫之下，更让老者心神舒畅。

"埃米尔欣然接受提议，正当年轻貌美的女奴为他们烹制上好的摩卡咖啡，热情的老者也开始讲述故事。

"'根据世代相传的说法，我们的先祖发源自希腊，并且在机缘巧合之下，数个世纪前流落到这山区，这巧合具体是个什么情况，在此并不重要。他们在这气候宜人的山谷中住了下来，大自然似乎让这片地方成了一小撮幸运儿躲避凡尘俗世纷纷扰扰和礼崩乐坏的圣地。他们在这儿的生活满足于停留在自然需求的狭小范围内，所以看起来清贫如洗，就连邻近的贝都因人①似乎都懒得搭理他们是死是活。时光慢慢抹去了他们身上先祖的印记，他们的语言变成了阿拉伯语，他们的宗教也蜕变成某些迷信崇拜，这些崇拜有何根据他们也说不出个所以然。而在希腊人傲视于各个民族的艺术中，他们只保留对音乐的迷恋，和某种天生的对美和对社交娱乐的执着，这份执着恰恰给予了后世聪慧的立法者建立一个由幸福的人儿组成的小国所需要的基础。由于急切地想要让形式之美自身变成永恒，他们给自己确立了一条金科玉律——只接收邻国也门最美丽的少女。这种习惯我们的立法者也认为值得赋予它神圣的约束力，同时它也能让你毫无疑惑地发现，在我

---

① ［译按］贝都因人是阿拉伯人的一支，以氏族为单位在旷野过游牧生活。

们这山谷中各家各户，你都找不到一个不会被那山谷之外的世界赞颂其惊世骇俗美貌的人儿。

"'在我祖父的时代曾出现过一个出类拔萃的能人，他也是在数不清的机缘巧合之下才来到此地，我们的宪法得以确立也是他的功劳，此人可谓我们共同体的第二号和实际意义上的创立人。我们对他的籍贯和来到这儿之前的生平一无所知。那时，他看起来大概50岁的样子，身材颀长，仪容威严，举止平易近人，短时间内就赢尽人心。他身上带着大量金子，明眼人一看就知道，若不是他喜欢跟我们一起，他完全没有理由得在这儿住下。他风度翩翩、和蔼可亲，言谈睿智而不做作，学富五车，对所有便民利民的事情都了如指掌。此外，他出口成章，言语间娓娓动人，深入人心。所有这些特质都让他在我们这儿收获了巨大名望，甚至超过一个君王之于他天生的臣民通常所拥有的。

"'他觉得我们的共同体能够获得幸福。他还自言自语道：'那些几个世代以来仅满足于生活必需品而无他求者，都值得收获幸福：我会让这些人都幸福的。'他不急着公开自己的意图，因为他很明智地注意到，他必须通过身体力行才能在人们心中留下第一印象。他安顿下来之后在家中的生活方式，就跟你在我们身上看到的一样，他还给众人介绍了各种给生活增添舒适和欢愉的方式，并激起了他们的欲望。他一看到这一阶段的目的已达致，就立刻着手开展真正的宏图大计。某位陪伴他而来的友人精通各类典雅之术，已臻化境，并时常辅佐他，让这一事业成效更快。不少年轻人在他们那儿学得入门之技后，就在其指导下以难以形容的热情投身工作。他们开荒拓土，让其化身为草地和农园，也使其浓荫蔽日、瓜果飘香，长满了蓟草和石楠。岩石上爬满了葡萄藤蔓。山谷中最引人入胜的景致当属那处小高地，其中央矗立着一座圆形的神庙，向四方敞开门扉。神庙的正中则是一座高于地面三层梯级的讲台，台阶上三座白色大理石塑像直映眼帘。人们看到它们，心中无不充满爱意和温柔的迷情。整处高地被桃金娘树丛布满，它们在不远处环抱着小神庙。普萨弥斯（这位神乎其神的外乡人就这样称呼自己）的终极计划依然不为众人所知，他拖了很长时间，直到他发觉，人们对他所怀有的崇敬之情，已不足以再遏制其躁动之心时，才向他们透露一切。

"终于，在某个风和日丽的早上（自此以后这一天成为我们最神圣的节日），他拣选了一帮最适合助其实现目的的人，带领他们登上高地，与之安坐于桃金娘树荫下，敞开心扉宣告一切：他来此地的目的只有一个，那就是让他们及其后代享有幸福；他期盼的奖赏只有一样，那就是完成目标时的喜悦之情；他向他们索要的条件也只有一个，那就是庄严的起誓，他们会恪守他为之制定的律法，永不相悖。想要跟你重复，'老者继续道，'他为了取信于听众而说的话，为了执行已经开始的工作而做的事，以及为了让奠基于自然之上的计划通过谨慎和智慧从而获得稳固的基础，怕是过于冗长了。我们只须需谈谈构成他立法工作第一部分的道德训导，就足够让你对此了解一二。'

"'在他来后的第 14 个年头的第一天，他正好在慈悲女神的庙宇中立誓要遵从自然生活，我们中的每一个人都收到一些乌檀木制成的小牌子，上面用烫金的字体书写着道德训诫。我们时常将之带在身上，视其为圣物，甚至如同护身符，仿佛我们的幸福与否全在仰仗着它。有谁妄图引入新的准则，定会被当作毒害我们道德以及毁灭我们福祉的人而被永世放逐。如果你愿意的话，我想跟你读上几段，请听。

"'万物的本质，'普萨弥斯在律法的开篇部分说道，'不为我们的肉眼所见，也不为我们的理性所理解。它仅是通过善行才让我们得以感知其存在，它不需要我们，也不要求我们通过别的什么方式认识它，除了通过我们自身变得幸福。

"'自然则被它指定为我们共有的母亲和养育者，和着原初的感觉，同时向我们灌输着欲动，我们的福祉恰好受制于这些欲动的节制和协调。自然的声音通过她的普萨弥斯之嘴与你们交谈；他的律法就是自然的律法。

"'自然希望你们享受自己的存在。对于有感受力的事物，快乐就是它们最后的愿望：快乐对于人来说，就像空气和阳光之于植物。通过甜美的微笑，它在婴孩身上宣告了人性最初的发展，它的告别则是我们生命消亡的前兆。爱情和相互的善意是它最充沛和甘洌的清泉：内心和道德的纯洁是承托它流淌的河岸。

"'神性良善的流溢，你们均可在塑像中见到其被呈现，你们共同的神庙正是献祭给它们的。把它们当作爱情、纯洁和快乐的象征吧。每当春天重临大地，每当丰收和秋日开始和结束，请在此等喜庆之日相聚在桃金娘树丛的浓荫之下吧；在神殿撒满玫瑰，把鲜艳的花环戴在圣洁的塑像上；请再一次在塑像面前庄严起誓，你们将忠于自然；在誓言中拥抱彼此吧，让青年们在长者快乐的目光中载歌载舞，为这场盛会画上句号。那年轻的牧羊女，当她的心渐渐从童年漫长的酣梦中醒来，会孤寂地潜行到桃金娘树丛中，为爱情献上第一声叹息，柔曼的胸膛也因之微微悸动；年轻的母亲怀抱笑意盈盈的婴孩，常在此流连忘返，只为在圣洁女神的足下，为那还在酣睡的孩子，献上一曲曲歌谣。

"'听吧，自然的孩子们！你们的人民将来也只能叫这名字，而不应是其他名字。

"'自然让你们的感官，让每一道存于你们生命体最奇妙组织中的纹理，让你们的大脑和心灵变成为欢愉的工具。难道你们还能更清楚地说出自然创造你们还有别的其他意图吗？

"'如果你们可以让自己一方面既感受到欢愉，同时又无须感受到痛楚，那么就让一切这样吧。但自然已经尽可能堵住了痛楚侵扰你们的通道。只要你们遵从它的法则，那么痛楚就会甚少打搅你的喜乐；更有甚者，痛楚会让你感受欢愉的能力变得更加敏

锐，由此让自己成为一种善行；痛楚存于你生命中，就像那艳阳
高照下的壮丽景色也会有黯淡的阴影，悠扬悦耳的交响曲也会有
不和谐的音符，美味可口的饭菜也会有海盐般的苦涩。

　　"'所有的善最终都会消解成欢愉，所有的恶则消解成痛楚。
而最剧烈的痛楚不过是那种因自己变得不幸而来的感觉。'此刻
埃米尔深深地叹了一口气，'最极致的欢乐则是兴奋地回首善始
善终、无怨无悔的一生。

　　"'自然的孩子们，但愿你们之中不会诞生那类只会幸灾乐
祸，却无法乐人之乐的怪物！不，在纯洁和爱情水乳交融，只为
让芸芸众生沉浸于喜乐精神的地方，这种忤逆自然的怪胎并不会
从天而降。我的孩子们，为你们的存在和人性欢呼吧；尽可能享
受你生命中的每一刻，但请不要遗忘，若无节制，则最合乎自然
的欲求也会变成痛楚之源泉。过度过量，则最纯粹的奢靡也会变
成扼杀你们未来欢愉萌芽的剧毒。节制和出于自愿的苦行是抵御
厌倦和松懈最可靠的方法。节制是智慧，唯有智者才做得到一滴
不剩地饮尽自然为每个凡人所倒满的纯粹奢靡之酒。偶尔智者也
会舍弃当下的欢愉，不是因为他敌视欢乐，或是愚蠢地惧怕某个
可憎的，但凡人类一高兴就火冒三丈的恶魔，而是他想通过苦修
为将来享受更大的欢愉保存体力。①

　　"'自然的孩子们，听我说！听一听自然不变的法则！没有劳

---

① 这一句话所用语汇基本上与色诺芬《居鲁士的教育》第 1 卷第 52 页中居鲁士所
　讲的话是一致的。有可能普萨弥斯把这段话铭记于心。至少它不是唯一一处可
　以证实普萨弥斯的道德观是典型的苏格拉底式的段落。
　　　[译按]维兰德注中提到的普萨弥斯和色诺芬不谋而合的话出自居鲁士对其
　将士所说的话："那些当下远离享乐的人并不是为了永远不再获得欢乐，他们这
　样做的目的无非是通过自制，以便为往后的日子里享受到数倍以上的欢乐做好
　准备。"(ἀλλ' οἵ τε τῶν παραυτίκα ἡδονῶν ἀπεχόμενοι οὐχ ἵνα μηδέποτε εὐφρανθῶσι,
　τοῦτο πράττουσιν, ἀλλ' ὡς διὰ ταύτην τὴν ἐγκράτειαν πολλαπλάσια εἰς τὸν ἔπειτα
　χρόνον εὐφρανούμενοι οὕτω παρασκευάζονται,《居鲁士的教育》, 1.5.9)

动，则既无灵魂也无身体之健康；没有劳动，则福祉也不再可能。自然希望你们通过适度劳动而让从其身上摘来的硕果可以维护和美化你们的生命。世间没有什么比量力而行的劳作更能维持你们欢愉的必要条件——健康。

"'一个身患重疾或是体弱多病的人不管怎么看都是一个不幸的造物，他的所有生命之力皆因此而受尽折磨，它们的自然和谐及均衡被搅乱，其勃勃生机被削弱，其生命趋向被逆转。在这样的人身上，感官只能呈现给他对事物错误的印象，精神之光也变得黯然失色。这些人对事物价值的判断跟健全人对同类事物的判断比起来，就像骄阳烈日之于幽暗墓穴中一盏残灯薪烬焰熄时的微光。

"'从那一刻起（噢！但愿从它发生的那一刻起，太阳就此熄灭，不再照耀你们！）由于放纵或矫揉造作的奢靡在你们的动脉里撒满了慢性和痛苦疾病的种子，普萨弥斯的律法从那一刻起就丧失了让你们获得幸福的能力。把这些律法都扔进烈火中吧，你们这帮不祥的人，欢乐女神将变成复仇女神紧随你们。也快些回到那个世界吧，那个你们可以肆无忌惮咒骂生命的世界。至少在那儿你们还可以随处遇见跟你们一路货色的人，这点微薄的安慰你们还是享受得到的。

"'孩子们，切勿寻找那些比我所教给你们更高程度的知识。你们要是学会如何幸福的话，就已经知道得够多了。

"'让你们的双眼适应自然之美吧。从自然形形色色的靓丽形态中，从它丰富多彩的结构中，从它赏心悦目的颜色中，让你的想象力习得美之理念吧。请努力让你们体力劳动和精神劳动的作品都镌刻上自然的印记——单纯和无拘无束的精致。让你们居所中的一切皆能展现自然之美，并提醒你们，你们都是自然的孩子！

"'自然的其他作品似乎像是它在随意尝试和热身时所作，

一切仿佛都在为它创制自己的"鸿篇杰作"做准备。它的这一杰作就是人本身。只有在人身上，它或许才可以把其在此岸世界所能做到的一切统一起来，才可以带着温暖和创作的热忱对人进行塑造。与此同时，它也把完成这一杰作或亲手毁掉它的权力交给我们。它为何要这样干呢？对此我也一无所知。但根据它所做的一切，我们也能明确自己应该做什么。我们身上每一次和谐的运动，每一次对快乐、对爱以及对柔情微妙的察觉，都在为我们增添光彩；而每一次过于激烈和混乱的运动，每一次激情的躁动，每一次妒火中烧和恶意的思忖都会让我们的面容扭曲走样，让我们的眼神尖刻毒辣，让我们生而为人所拥有的优美形体退化成某种与禽兽相差无几且人所共见的东西。只要心中的善和喜悦还是你们一切行动的灵魂，你们就依然还是人群中最美的存在。

"'耳朵是我们仅次于眼睛最完美的感官。请适应那些朴实无华却充满灵性的旋律吧，美妙的感受皆出自其间，吐故纳新，让温柔的心灵蠢蠢欲动，让沉睡的灵魂徜徉在甜美的梦乡。快乐、爱情和纯洁让人与自身的关系达致和谐，也让他与所有善人和整个自然达致和谐。只要这一切鼓舞着你们，你们每一个动作，声音中最普通的语调以及语言通通都会幻化成音乐。

"'普萨弥斯已经向你们指明了舒适感受的新源头了：通过它，你们在操劳了一天之后，也可享受到奢靡的安逸；通过它，栽种于这片异域土地的甜蜜果实也会沁人心脾；通过它，美酒佳酿也会使你们乐而忘忧，使你们尽情谈笑风生，而不让饕餮盛宴顿失光辉。你们在欲望的低级形态中所认识到的爱，普萨弥斯却让你们在其中认识到生命的灵魂，华丽的激情以及内心纯粹欲望的源泉。噢，孩子们！我会拒绝你们享有何种欢乐和舒适的感受呢？一样都不会，自然恩赐你们的东西，我一样都不会拒绝给你们！我可不像那些表面夸夸其谈，内里只想

毁灭人类，然后从其留下残骸中造出一个神的伪智者，他们的
追求是多么的虚妄和荒唐！我一直建议你们要节制，不为别
的，只因在保护你们免遭痛楚，并且总能保持笑逐颜开的事情
上，它是不可或缺的。不是因为谨防自然之脆弱才允许你们追
求感官上的快乐，当然不是这样，而是出于对律法的遵从，我
才命令你们如此做。我消解了"有用"和"舒适"之间虚假的差
别：你们清楚，那些以他人的痛苦和事后的懊悔为代价的事
物，都不配被称为"欢愉"。而有用的事物之所以有用，只因为
它让我们不会沦于百无聊赖之中，只因它是欢愉的源泉。通过
教导你们心灵在享受各种感官欢乐时，以及感官在享受各种心
灵欢愉时所应采纳的自然尺度，我甚至消除了不同种类的欢乐
之间愚昧的对立，并让它们永远处于和谐之中。我已为你们增
添、美化和升华了快乐，还能再做些什么呢？

　　"'还有一样，并且是最重要的一样。孩子们，学会那无限扩
充福祉的简单方法吧。那是唯一能够尽可能接近众神的喜乐，甚
至可以如此大胆设想的话，尽可能接近自然的初创者的喜乐的秘
密方法！

　　"'把你们的善意延伸到大千自然之中；热爱它最普遍的馈
赠——"存在"所分享给你们的一切。

　　"'爱每一个人，你们在其身上可以洞穿人性最尊贵的特征，
即便它们不过是其废墟而已。

　　"'与欢乐者同乐；拭去愚者遭受惩罚时脸上悔恨的泪水，亲
吻纯洁者双眼流出的自怜自艾之泪。

　　"'让你们的生命处处被模仿，只要你们习惯于在每个人身上
找寻自己天性的摹本和在每个善人身上找寻另一个自我，并且热
爱它们。

　　"'尽可能频繁地享受这一纯粹的神之欢愉——让别人也变得
幸福；而你这不幸者，假若你的内心不会因为这样的思想而大受

鼓舞的话，那就请你永远地远离自然之子的家园吧！'"

听着智者普萨弥斯的道德训导，山鲁格巴悄无声息地入睡了，美丽的努尔马哈也同意达尼什曼德下一夜再继续讲述埃米尔的故事。

第5章

"你那谁的道德训导——他叫啥名字？他写的道德训导还真是厉害，"苏丹对达尼什曼德说道，"我就这么听着听着也能睡得很熟！而现在呢，因为我没啥睡觉的心思，还望你高抬贵手，别再继续扯什么道德训导了，直接把故事讲完吧。"

达尼什曼德回答问题的语气像极了一个谦卑的奴仆，又接着继续讲述他的故事。

"'这一切，'老者一边说着，一边把小木牌重新叠起来，'就是我们生活的基本准则。我们还在吮吸母乳的时候，就把它们也一同吸收了。通过榜样和习惯，它们成了我们另一种天性，即便它们本身看起来不见得跟它们实际所是那样符合天性。你现在是否还会惊讶我80岁高龄还能够享受生命的欢愉？是否还会惊讶我的心灵和感官尚能觉察各种微妙的情愫，我的双眼还能继续在精美的形式上流连？是否还会惊讶我仍满足于享受自然存留于我的欢乐，即便它已剥夺了我们高寿之人活着的诸多欢乐，对此我既不蔑视也不留恋。简言之，我生命的最后旅程就像那迷人夜色降临前的黄昏，至少在这一阶段我可以比肩那（让我重复一下那位立法者的话）一滴不剩地饮尽纯粹欲望之酒的智者。我愿凭着那照耀万事万物的大自然，我们共有的母亲之眼眸发誓，若我在

咽气之前尚留有一丝余力，我愿用指甲收集最后一滴欲望之酒，并将之一口饮尽！'

"老者说这话的时候可谓激情澎湃，埃米尔会心一笑。只是这一笑掺杂着太多的艳羡和怨色，以至在大自然女儿的眼里，他的脸色可不太受认同。

"'关于我们法律的余下部分，'老者继续说道，'也就是涉及惩戒的内容，我想我最好先跟你描述一番我们的生活方式和习俗，好让你对此有所知晓。我们这细小的生活圈大致由 500 户人家构成，过着完全平等的生活。除了天生热爱多姿多彩的自然给众人带来的千差万别外，我们不需要其他差别。我们热爱宪法，孝敬老人，并视老人们为宪法的捍卫者，这几点就足够守护我们的秩序和安宁（它们是彼此相协调的生活原则和爱好所收获的硕果）了。我们亲如一家，相互间一出现些许小小的过节，都会像恋人间斗嘴和手足间不快一样转瞬即逝。法庭的开庭日就是我们唯一已知的盛会。所有人都聚集在慈悲女神的庙前，在其注视下，所有的争端经由年长者的调解而不复存在，所有的集体契约也在此时制定。

"'吃穿住行，我们皆能自给自足，而少量匮乏的必需品，则用多余之物与邻近的贝都因人以物易物换得。照顾牧群的工作则交托给年轻人，12 岁到 20 岁之间的男孩要担任牧人，女孩们则成为牧羊女。智慧的普萨弥斯断定，在激情洋溢和爱意绵绵的年岁，这一切皆是合乎自然之道的工作。20 岁到 60 岁之间的男子则要在耕地里干活，至于垂垂老者则要承担园艺工作，而当中最为繁重的工作则由少年们负责。至于养蚕缫丝、加工棉花和丝绒、照料花卉和料理家务等事情则归主妇及其女儿所属。每个家庭的成员都尽量住在一块儿，只要住宅还能容纳下他们，并且父亲的家产还够维持其生计。若一切难以继续维系，则又会在相邻的山谷里开辟新的定居点。

"'因为阿拉伯人（他们的保护是我们用适度纳贡才换来的，他们对我们自身的天性敬重有加，正如铲除我们对他们没多大好处一样）给我们留了很大一片地，我们经过几个世纪的繁衍也无法将之住满。我们立法者的判断甚是合理，想要维护我们的制度，则我们必须一直保持"小国寡民"这样的状态。所以，他时不时下令对我们的青年进行考核。那些身上显现出异常才能，或是灵魂躁动不安，有着争名夺利之心和探究大千世界之愿的人，都会被送走。他们远离山谷，去往埃及、叙利亚、也门或是波斯的首都，在那儿可以轻易地找到发挥才华的机会，甚至施展抱负的运气，就像人们谈到这些民族经常说的那样。就这样，每10年我们都会失去数量可观的青年。然而这种情形也常会发生，那就是他们，至少在高龄之时，会重新回到这片净土，这片或许是世上唯一"优美自然"的土地，并在这儿结束他们的人生。他们当然要先经受严格的检疫和隔离，一旦我们确信他们不会危害我们灵魂和身体的康健，他们才会被欣然接纳。他们中有些人会带回可观的财富，这些钱财会保存在一个全体居民都知晓和可以去到的地方，以备未来的不时之需。同时每个人也不该打小算盘，妄图把共有的财产据为己有。

"'我们大部分3岁到8岁间的孩子都会任他们自行长大，也就是交托给自然来教育。8岁到12岁时，他们会学习所需的大量课程，好成为共同体中幸福的一员。当他们所感所识足够正当，可以视我们的宪制冠绝一切时，则表明他们已有足够的教养，会将高一级的精美东西当作无谓之物。14岁之后，每一个上进的少年都会从智慧的普萨弥斯手上领到律法条文，他须在慈悲女神的塑像前发誓永远忠诚于律法。20岁的时候他又得重新起誓，因为这时他将迎娶自己还是牧人的时候就已爱上的姑娘，唯有爱情才可成就我们的婚姻。30岁时他必须又纳一房妻妾，40岁时则得纳第三房，除非他能提出充足的反对理由，对此我们尚无先例。如此小心谨慎是完全必要的，因为男孩和女孩数量的自然比例因为遣送走一部分男孩而过于失衡。我们也使用男奴和女奴。但更多只是用在服务于消遣的事情上，而不是从其身上榨取其他用处。他们年纪轻轻时，我们就从贝都因人那儿将之买来，而他们无瑕的美貌则是我们最看重的。我们像教育自己子女一样教育他们，他们跟我们一样快乐地享受生活。他们的子女生来自由，而他们从离开我们之日起，也享有了自由。他们只有在衣着方面才跟我们略有区别，他们的衣裳可是比我们的还要鲜艳。我们唯一可以凌驾于他们之上的特权就是当我们休息时，他们还得伺候我们，而他们最首要的工作，就是为我们带来欢愉。

　　"'我们所有的娱乐都合乎自然且无任何矫饰做作的成分，我们安逸闲适的生活都带有天真和节制的印记。我们乐享永恒宁静和自由的福祉，它可能是我们唯一的财富，我们并不懂得如何去滥用它。我们也乐享奢靡，可能程度上甚至超越其他凡人。自然让奢靡与生命需求之满足，与爱情、劳动之后的休憩和所有社交意欲合为一体。我们对生命的喜乐更加完满和绵长，而对于其他凡尘中人的无尽愁苦，我们所知甚少，就连这词语本身都不怎么熟识。我们很乐意任其尽情享受自己真实的或是想象出来的优点，当中当然包括他们的荣耀、他们的恣意放纵、他们在百无聊赖时消磨时光的方式，以及如何挖空心思折磨彼此，还有他们的愤懑、恶习和痼疾。难道我们会妒忌他们的奇技淫巧，嫉妒他们可以通过无穷无尽的精致矫饰让感官娇弱无力，使之再也一无所感？又或者嫉妒他们的高深学问？没有这些学问我们一样可以活得舒舒服服，如果他们认识我们的话，甚至还可以让他们当中最有学养的人妒火中烧。这般嫉妒之心与我们相距甚远，每每有人试图改良宪法，或是把新的艺术和欲求引入我们的生活，都会被处以永世流放之刑。在我的人生中，'老者补充道，'有几年时间曾花在游历世界各国之上。我走走看看，观察一切后再进行比较。当我对此疲倦之时，我是多么满心欢喜地叩谢苍天，它使我知晓世间尚有一处佳境，可让人无忧无虑、快快乐乐地活着！我是多么急不可耐地飞奔回那安宁和纯洁的家园！是的，相比其他地方的人，我们的民众像是一帮乐享十足奢靡的小团体，但这样对我们不是更好吗！难道我们没有竭尽全力忤逆那个使我们幸福的自然，也要被谴责不成？'

　　"老者的演讲在此戛然而止。此时日上三竿，他领着客人来到一处有封顶的厅堂，高耸入云的栗子树紧紧簇拥彼此，为厅堂洒下斑驳的阴影。他们刚一坐到环绕厅堂四周的沙发之上，老者的孙儿们就将之团团围住，就像成群结队的蜜蜂嗡嗡地绕行，只为向他请安问好，享受其爱抚。慈爱的母亲怀抱家里最小的成员也走了过来，她们妆容简朴，楚楚动人而又漫不经心。长长的袖子卷了起来，露出了雪白的胳膊，衬衣微微遮掩着胸膛，紧贴在上面的婴孩粉雕玉琢。这些女性个个皆貌似镌刻成秀美塑像的爱情女神。主人说话时埃米尔脑海中涌现了好几个问题想问，可惜此番令人意乱神迷的情景却让他全部都遗忘了。老者含饴弄孙、乐在其中，身心皆陶醉在这份欢愉中。迟暮之年与稚气童颜集于一身，前者掩盖不了青春朝气，后者散发着灵动的柔曼之感，再加上一丝丝素雅浅淡，只可意会不可言传的色调，使得本该无比突兀的对比瞬间柔和而流畅。那就是这位垂垂老者健康和喜乐的容颜，他的额头既威严又灵动，目视着自己的骨肉至亲皆得幸福，仿佛看着自己的生命在他们身上无限重复和延续。他的表情纹丝不动，内里激情暗流涌动。他们兴高采烈，却稍嫌聒噪，然老者慈眉善目、和颜悦色地任其行事，也听凭美丽母亲怀里的小婴孩们玩弄他的满头鹤发。眼前的一切构成了一幅朝气蓬勃的画卷，只需随意一瞥便能比严密和敏锐的理性论证更完美地证明智者普萨弥斯道德之善。虽然粗鄙的感官欲望依然狂妄地支配着埃米尔，并抑制着自然在其身上的柔曼而崇高之感，但眼前的景象已经让他僵硬的心灵渐渐软化，欢愉的微光霎时间从他脸上一闪而过。那份欢愉宛若天空的光彩落入幽暗的深渊，让罪恶深重的灵魂得以一刹那间瞥见慈爱和喜乐的永恒家园，也让其绝望的苦痛来得更加彻底。

"我这故事引据的原始文本，"达尼什曼德继续道，"到此就戛然而止了，也没有再跟我们讲述埃米尔在这些幸福的人之中的后续处境是什么。一些训诂学家认为，他拿自己的生活处境跟他们的作比较，痛心和愤恨于那辛酸的结果，最后跳崖自尽。另一位训诂家提出了更有力的证据并指出，埃米尔与这些自然的子民们告别后便加入了苦行僧的团体，随后以沙克·库班之名成为最伟大的道德教师而驰名也门。他尤其善于生动地描述自己曾经毫无节制的感官生活而导致的不幸后果，这一点使他颇为与众不同。人们对他描绘中蕴含的力量和智慧赞不绝口。几乎没有人，或者只有少数有能力猜出他面具之下真面目的人，可以理解为何他如此善于描绘一切。如果他在此处适可而止的话，本来还是可以启迪后人的。但是嫉妒和绝望让他无法安于此等适度的限度内，竟将自己置于所有生命快乐和欢愉的对立面。没能清楚明晰自然和明智的享受欢愉和对之进行可耻的滥用之间的区别，他更是把奢靡和欢乐描摹成堕落的塞壬[①]女妖，她们那甜美的歌喉只为诱惑不幸的旅客，只为吮吸其大腿骨髓，再把肉从骨骼上啃食殆尽，直到他身上皮肉所剩无几，再把遗骸丢给蛆虫任其蛀蚀。他还把人对欢愉的迷恋视作欲壑难填的激情。'但愿人们懂得如何限制它，'他说道，'这就跟人们在怀里饲养一只鬣狗并且手把手训练它一样，妄图可以让它温温顺顺，循规蹈矩一样明智。'他以此

---

① ［译按］塞壬（Σειρῆνες /Sirenen）是希腊神话中人首鸟身的怪物，她们善于吟唱且歌喉优美，故常常栖息在海中礁石上用歌声诱惑路过的水手，使其神志不清后与船舶一起触礁而亡。

为借口，下令根除一切感官上的欲求。甚至靠想象力得来的欢愉对他而言也是危险的圈套，心灵和感官上的精致的奢靡也是一剂精心准备的毒药，调出这毒药的人真该被千刀万剐。

"这种粗枝大叶的道德训诫完全是他腐败的体液，萎缩的大脑和晦暗灵魂永不挣脱的忧郁所催生的苦果。他一直鼓吹这些训诫，且不遗余力地通过千百种析辨诡辞让它听起来煞有其事，直到自己最终也对其深信不疑。他还打算让普天之下的人都跟他一样郁郁寡欢、可怜兮兮，并对此计划壮志满怀，仿佛还在妄想这才是真正的仁者爱人。而当他病入膏肓、无药可救之后，他甚至把自己感知和思考官能的倾颓怪罪于那个至上的存在者。这位一切良善的创造者自身经由无穷无尽之境而展现出来的力量就是其自身的生命和喜乐，可是他却将之描述成十恶不赦，对世间万物的欢乐恨之入骨的魔鬼。想要平息他的怒气只能规避一切欢愉，并且终日唉声叹气、以泪洗面、自残自伤。

"这种悲观厌世、敌视人类的道德教条带来的恶果，以及亚洲和印度各地的苦行僧、托钵僧、和尚、僧侣和喇嘛都善于施行的那种意义深邃的习礼，关于这些东西还有好多怪人怪事可以被论说一番。但是我在末了只想说些苏丹陛下和普天之下皆知的事情（似乎世界的处境也没有由此而变得更好），正如那智慧的琐罗亚斯德①说的：'开始、结束皆有定时。'"

山鲁格巴竟然（原因我们无从知晓）对哲学家达尼什曼德的故事，尤其是对故事的结尾非常的满意，他立刻下令从国库中抽出 500 金巴哈姆赏赐给达尼什曼德。他补充道："管理苦行僧和和尚的总监事一卸任，你达尼什曼德就立刻走马上任！"

正是因为努尔马哈预先提醒苏丹，那些苦行僧们听到博士故

---

① ［译按］琐罗亚斯德（Zoroaster）也称查拉图斯特拉（Zarathustra），拜火教的创始人。

事的结尾定会面有愠色，一走了之，他才下令让宫廷最高级的伊玛目晚上在他入睡前过来。如您所想，苏丹陛下若见到伊玛目因为埃米尔改行为苦行僧而愤恨难平，定会非常惬意。而这个伊玛目的才智虽然没比别人强多少，但正因为他很清楚自己为何会被恩准出现在那儿，所以表现得尤其小心谨慎、规行矩步，生怕会流露出一丝愤懑的神情。与此同时他也禁不住发表了这番评论："如果世上真有类似这些所谓自然子民的少数族群存在的话（他会这么怀疑也算合理），那么他觉得人们最好彻底封锁其相关消息或是至少让他们别混入自己人民中。"

"这又是出于何故呢？我能请阁下解释一下吗？"苏丹问道。

伊玛目立刻作答："我的观点关涉所有这堆理想人类（谁知道呢？）的形象，人们让他们在所谓的自然权柄主导下度过了无忧无虑、交织着百分百奢靡和舒适感的一生。大家越是把他们的习俗设想成天真无邪和尽如人意的样子，这种瞎编乱造的故事给普通大众造成的印象就越有破坏力。"他继续轻声细语地说道，这声调与其正心诚意的面部表情颇为相称："公正地讲，我没办法评估人们能从中获得啥好处，或者人们该如何对其负面效用视而不见。因为这些故事的作用不外乎就是在人间四处散播阴柔习气，让国民畏缩不前，不敢去承担繁重的劳作和艰辛的事业，并且（通过向世人灌输某种欲望，某种想要跟这些所谓的自然之宠儿一般幸福的欲望，竟把其奢靡的道德观当作智慧），让他们误入歧途，最终没人愿意耕地、生产、出海讨生活或者对抗国家之敌了。

"想让政治上各类富国安民的举措尽善尽美，我们只能依赖一帮不辞劳苦，自始至终勤勤勉勉，无半点阴柔习气左右此等能力[①]的人。靠他们前仆后继、卓有成效地工作着，才能让生活日

---

① 拉丁文译者注：虽然我们没办法否定伊玛目在这儿有些地方言之有理或接近言之有理，但我们还是得指出其最后一句话是完全错误的。梭伦、庇西特拉图、

臻完美。难道我们可以期望一个奢靡的商人变得富裕，一个奢靡的艺术家变得技艺精湛，一个奢靡的学者变得伟大？难道至少这样的说法不是关涉大部分的人？还是说我们得相信一个奢靡的法官可以更精准、更尽责地执行自己的义务，一个娇里娇气的将军靠着骄奢淫逸的恩泽便可骁勇善战，便能更坚毅地忍耐行军时的艰难险阻，便能更迅捷和更准确地把苏丹陛下的敌人斩落马下？您已看到了，达尼什曼德先生，在这立场上我用来批驳你的武器，想用多少就用多少。"

正当伊玛目发表他的鸿篇大论的时候，苏丹半闭着眼睛，拖着长音哼着小曲："啦——法里东丹——啦——法里东东，东丹——东东——东丹，东丹——东丹——东东——"[①] 他很擅长哼唱这些流俗小曲。"那么博士，"伊玛目一说完，苏丹立刻就喊道，"让我听听你会怎样反驳这些论断。"

达尼什曼德答道："若陛下恩准，我会向您阐明伊玛目的论断一来论证得太多；二来论证得太少；三来嘛，几乎啥都没论证。第一点是'太多'，他的批评就跟他觉得很是危险的那些形象和瞎编乱造的故事一样，都深刻地击中了自然自身的要害。智

阿尔西比亚德斯、围城者德米特里一世、尤利乌斯·凯撒、马克·安东尼和其他成百上千的样例论证的事实恰恰都与之相反。毫无疑问这位伊玛目跟他的其他同行一样对历史其实都不怎么精通。

〔译按〕梭伦（Σόλων /Solon，约前 640—约前 560）是古希腊雅典政治家和立法者，古希腊七贤之一。庇西特拉图（Πεισίστρατος /Peisistratos /Pisistratus，约前 600—前 528 或前 527）是古希腊雅典僭主，任内对雅典的政绩颇丰。阿尔西比亚德斯（Αλκιβιάδης /Alcibiades，前 450—前 404）是古希腊雅典政治家和演说家。围城者德米特里一世（Δημήτριος Πολιορκητής /Demetrius Poliorcetes，前 337—前 283）是马其顿安提柯王朝的国王。凯撒（Gaius Julius Caesar，前 100—前 44）是罗马共和国末期杰出政治家和军事统帅。安东尼（Marcus Antonius，前 83—前 30）是古罗马政治家和军事家。

① 〔译按〕法里东丹（Faridondaine）和法里东东（Faridondon）皆是近代法语通俗歌曲副歌部分常被用来填充唱词而使整体押韵的拟声词。详见 https://www.france-pittoresque.com/spip.php?article12811。

者普萨弥斯的基本准则，以及他的道德训导奠基于其上的普遍感知和经验，都不是瞎编乱造出来的。如果他的立法把幸福谷的居民引向人性中所有可能状态中最适宜的一个；如果人性在这一状态下几乎不曾受苦，几乎不曾作恶，几乎不曾滥用自然的恩典，在生命的尽头几乎不曾对走过的路有丝毫悔恨；如果一切确实如此，有谁有资格批评他呢？难道自然从四面八方赐予我们的舒适感只不过是餐盘上的饰品，只能看不能吃？难道它只是我们在进行人人称道的苦行时，一直竭力试探我们的诱惑？如果这些都是'自然'怀有的意图，那我确实得承认这'自然'的想法真是匪夷所思。如果我们试图把那些将自然降格为傻瓜的人也称作'匪夷所思'，是否人们会因此责怪我们呢？又或者，对于那些把欢愉一本正经地当作套住其道德之绳套的怪人，我们眼睁睁地看着他们千辛万苦，最终葬送掉自己一半的生命，沦为自身的牺牲品，此时又该说什么呢？这些人凭着一股腐朽的脾气，悲春伤秋之情，再加上时刻战战兢兢惧怕犯错，总之，就是带着所有萦绕着受损想象力的幽灵幻觉，他们是否更精通于完善自身，造福社会呢？阁下，您有幸能成为印度苏丹宴席上的座上宾，能够照管德里城里五六位绝色美人的内务，每个月还能把 100 个金巴哈姆装进自个儿腰包。您知道，要挣到这笔钱可是需要 100 个贫穷的农夫拼了性命工作，还得省吃俭用才做得到。像您这样的人想要设想一个靠着面包屑和水窖里积水过活，并且为了不让美丽的事物魅惑自己的感官而情愿让阳光灼伤自己双眼的贫苦流浪儿的生活处境，估计不会像我一般难受吧。因为我知道并且可以发誓，这个人确实存在。"

"棒极了，达尼什曼德！"苏丹压着嗓音说话，表情充满嘉许，这一点可逃不过伊玛目的视线。

博士继续说道："我想说，如果自然的目的并非想通过美丽动人的事物把我们引向陷阱的话，那么伊玛目的断言就论证得过多了，因为最富魅力的描写所带来的效果可能连其所描摹的真实事物所带来的一半都没有。要是反过来，自然的动机非常良善，只是被大部分人的轻率、虚假品味或者腐坏原则所妨碍。如果真的如此，那么通过此类描述，好比那些不幸让伊玛目感到讨厌的描述，把众人引回自然之道，并且邀请他们明智地享受自然的恩赐，这样做不是很有裨益，很值得赞颂吗？

"第二点我想阐明伊玛目论证得'太少'。即便全世界处处充斥着幸福岛和欢乐人的图景，但十有八九的情况下，那无时无刻不推动着道德世界运转的激情依然还在起着它的作用，并没有少一分。在每一个奠基于不公平原则的国家，追求幸福生活的意欲最终会变成追求财富的意欲，而财富则会催生追逐名望、强势和独断权力的欲求。激情还会根据国家基本建制和行政管理的偶然特性在多大程度上有利于它，而相应孵化出林林总总的能人异士。渴望舒适地享受生活，伊玛目您忧虑人们会渐渐因之而心慵意懒，但它最终所起的作用却恰恰相反。它会让我们身边充斥着大量大忙人、发明家、革新者、炫技师和英雄，甚至可能超过我们真正需要的量。对感官之奢靡以及想象力和心灵进行一番理想化的描绘，再凭借事物的本质，将有助于大力推动我们通达阁下您心中渴望的目标。只要人们还喜爱此类图景，那么他们必然很期望能够去往这些幸福岛和田园之境。不管名称是什么，只要在那儿，最舒适的生活无须任何代价，对这一点我深信不疑。然而，人们很快厌倦了这一份期望，他们只满足于使用身边可以支配的手段使生活变得幸福，并且介入我们所身处世界的制度之中，全然不去指望是否有一天一辆富丽堂皇，由六匹长着翅膀的独角兽驾着的扇贝马车会忽然间降临在他们门前，并带着心中怀有期望的人前往理想的世界。

"伊玛目结论所论述的内容既过多也过少，所以呢，他啥也没证明出来，这就是我想阐述的第三点。您方才谈到这些诗歌寓言和描写之危害，现在我就来说说这些东西会引发的所谓最负面情况。设想一下，假如这些东西可能导致所有恒河和印度河流域之间的民族下定决心舍弃他们一如既往的生活方式（虽然我们还得注意到，我的这位从埃米尔改行成苦行僧的先生想要说服整个印度斯坦皈依他那疯狂的道德训导，而普萨弥斯要劝导的仅仅是印度斯坦中一个小小行省而已），且情况总是如此的话，那么请问阁下，您觉得这其中带来的损害又会有多大呢？几千年来，各个民族的智者们竭尽全力却又收效甚微的事情，普萨弥斯或许真的能够办到。还是说，这些智者先生们所图的不是让人民幸福，而是别的什么事？"

"说句实话，"苏丹笑着说，"我跟伊玛目以及他的弟兄们可能会在诸如此类的转变过程中输得很惨。"

"风险看起来还要更大，"努尔马哈说，"就算这 6000 万人的立法者就是天使奥斯拉①本人，如果没有苏丹或者伊玛目来引领他们，他们也没法撑过 10 年呀。"

"但愿如此吧，"苏丹说，"达尼什曼德，我跟你承诺的事情没有改变。伊玛目阁下，快见过我钦点的苦行僧总监事继任人。"

"陛下的英明之选真是彰显您智慧之尊贵。"伊玛目答道，只是脸上的表情与其所言之物天差地别。

"臣仆们自身别无他愿，只想一心侍奉君主，助其达成心愿。"达尼什曼德说，"只是，在下还是有一卑微之事相求于陛下，尽管它不是特别好……"

"别说了，"山鲁格巴打断他，"你达尼什曼德就是我选中之人。晚安！"

---

① ［译按］天使奥斯拉（Jesrad）系伏尔泰中篇小说《查第格》中的角色，他化身为隐士与主人公查第格相遇，之后又向其显露真容，并且宣扬"恶"之于"善"的必要性。在此沿用傅雷先生译本中的译名。

第6章

隔天夜里小王子提醒达尼什曼德，他还得继续讲故事。

"您提醒得正是时候，王儿，"苏丹说道，"他原本应该陈述自己的观点，现在反过来讲成了故事，或者是跟故事差不多的传奇。你这是什么意思呢，达尼什曼德？"

"陛下，我们现在谈的是某种国家规训，它非常必要，有了它，莉莉王后带入西羌国的奢侈生活才不会造成什么特别的危害。所以我才请您恩准，让我讲述这个埃米尔的故事……"

"好吧，我大概清楚你想说什么了。你跟我们描绘了一个大概有四五百户人家的社群，（由于智者普萨弥斯引入了那堆让我昏昏欲睡的道德教条，）他们过上了好日子，吃好睡好，入睡时还有美女伴唱，所以他们是世上最纯真最幸福的人。这些东西听起来倒是不错，但你总不会想告诉我，这位智者普萨弥斯的立法真能用到一个上百万户人家组成的国家上面吧？"

"陛下，您对我思想之判断非常公正，请接受在下谦卑的拜谢，"达尼什曼德答道，"埃米尔和自然子民的故事实际上只是为了表达：虽然让一个与世隔绝的小群落获得幸福，跟让一个与二十多个国家打交道的大国获得幸福，是截然不同的，但是不管在哪边幸福都是依照自然生活的结果。而人民越是远离自然而生活，越是无法跟纯粹自然法则相适应，则相应地，善与恶总量上的差别会越变越大。不管是普萨弥斯，还是孔夫子，还是真正追随我们先知的所有 12 位伊玛目，他们本身都无法制定出可以使大国的公民们跟这些所谓的自然子民一样自由、安逸、纯洁和舒适生活的法律。原因显而易见。各种特殊境况互相交汇，构成了后者繁荣昌盛的必要条件，但是这一切在庞大的民族身上是不可设想的。在他们那儿，自由与公共安全两者难以协调，而平等会引发无数摩擦和争吵，只能交由强势者的权利才能裁决。强者臣服于弱者，聪明者屈从于幼稚者，如此这般，平等就被消解了。

　　"同样，一个庞大的民族也无法一边享受美化和完善生活的技艺所带来的好处，另一边却能防止因这些技艺被滥用而最终招致的恶行。一个细小的民族尚能通过观念和习俗得以持存在节制和中庸的界限内，这也是他们幸福的依从的；而一个庞大的民族则需要激情来维系激烈而持续的运动，这一点对于政治生活来说至关重要。大国最智慧的立法者所能做的就是防范激情过度和紊乱的运动给整个国家带来伤害。个体国民总可能由于自身的愚蠢而沦为牺牲品，这是他们的事情，立法者无法阻止这种局面，因为为了预防小恶而采用的方法，有可能会招致更大的恶。基于这些观点，我认为旨在为大国消除奢侈之危害而引入的国家规训像极了一头巨大的"四不像"①，就跟哲学家范法拉辛的计划一样。他大约在 100 年前就写了 20 卷 4 开本的书籍，旨在指引人们如何把陆地和海岛上的孩童培养成智者和炫技师。这一计划的理念熠熠生辉，举措令人敬佩，但将之付诸实践，这位善良的范法拉

---

① ［译按］原文为 Schimäre，即希腊神话中的怪兽客迈拉（Χίμαιρα /Chimera / Chimära），它的身体由不同的动物组成，其在当代有"虚幻事物"的含义。德语 Schimäre［幻想］一词就来自这一怪物的名字。

辛就显得无能为力了。最终甚至与其意图相悖，出现了一些负面结果。对此他似乎毫无准备。因为长时间内没人知晓这些罪恶从何而来，由此其负面结果显得尤为严重。"

"比如说？"山鲁格巴问道。

"好比说，500个年轻人按他那方法被培养，当中至少会有150个成了假仁假义、谨小慎微、隐忍且虚伪的小人。他们个个都成了精通掩饰情绪和粉饰不良居心的高手专家，用听起来满是仁义道德、敬畏神明的套话来包装他们的一派胡言，这成了他们的拿手好戏。简言之，在某种道德要求严苛而细致的表象下，他们干的皆是抑善扬恶的事情，要是他们一早就由自然和环境来教养，而不是交给这个哲学家，估计做的事都还不至于到这般地步。此外，这500人里头大约又有300人宛如训练有素的家犬，人们教给他们什么，他们就做什么，一声令下他们就欣然从之。仿佛你硬塞给他们什么，他们就吐出什么。在任何事情上他们都不会询问自己的感受，总是不假思索地接收别人自吹自擂的东西，总而言之，他们事事都只是在扮演智者范法拉辛训练的猴子而已。这一切（我敢大胆断言）都跟自然的意图相违背，因为自然希望每个人都能扮演自己的角色。一个范法拉辛已经够让人受了。这300号人物原本可以成为其自身自然禀赋所指定成为的那类人，但事已至此，他们即便如此糟糕，也还是要比出现300个范法拉辛来的要好。这主要是因为这300人中至少有290个培养失败的范法拉辛。还有……"

"我听够了，"苏丹打断他，"这范法拉辛是啥时候的人物？"

"山鲁多卡时代的，跟陛下这位永垂不朽的伟大祖先是同时代人。"

"啦——法里东丹——啦——法里东东——"苏丹哼唱道，"我们跑题了，达尼什曼德，你刚好在这时间点上提到智慧的范法拉辛，到底是想说什么？"

"我们尽管没办法完全避免奢侈会给一个庞大的民族带来邪恶，埃米尔和自然子民的故事还是能提供一些触手可及的基础准则。对之遵守和奉行一番，至少还能让莉莉大美人防范大部分的恶行，也就是那些预言出不祥后果的老人声嘶力竭朝莉莉叫喊的事情。要是这位人见人爱的女士能听从我的谏言的话，或许我会花点功夫对她这么说：

"无论解决何种问题，在我看来最合乎自然、最简单纯粹的方法总是最好的。这个准则尤其对政治事务有效，因为过于复杂和烦琐的解决方式在这类事情上铁定比在其他事情上更加不可取。现在的问题是，我们该怎么做才能让技艺、品味、激情、习俗和生活方式最外在的美化和装饰，也就是我们称之为'奢侈'的东西尽可能不要危害一个国家呢？王后娘娘，自然已经向我们展示了对抗那些令我们缩手缩脚的恶行的充足方法。难道在这个情况下事情会有所不同？我完全不这样认为。我们如果能保卫一个国家最强大和最有用，也就是至关重要的部分不被恶行侵染，那么我们已经做得够多了，实际上智慧的政府所应当做的，也不过如此。所幸没什么比这更容易。

"大部分西羌国民都效力于耕作和农事，他们皆存活于大自然的怀里。大自然也无限减轻我们的辛劳，我们的工作几乎不费吹灰之力，只消不故意忤逆自然而行就可以。请您让那些善良的人们享受生命吧。请您切勿容忍其他各个阶层的人勾结起来，用千奇百怪的借口剥削和压榨他们；不要容忍那帮贪得无厌的地主和为王室横征暴敛的税吏，还有官僚、法官、督察、代办、贵族、和尚和乞丐。这些人可谓厚颜无耻，丧尽天良地吮吸着那些善良人们的骨血，直到他们骨瘦如柴、一无所有。请您让这群无可替代、纯洁无瑕的人们可以尽情享用自己劳动的果实吧，让他们欢欢喜喜地劳动，且留有时间休息和参与田间的盛会和娱乐活动。如果过度丰衣足食会有害这一阶层，就像有害其他阶层一样，那么请您切勿忘记，分量不足和不洁的饮食，缺乏舒适的生活，衣不蔽体，愁苦和穷困对他们的损害也是有过之而无不及。我们总在压低自己乡民的生活福祉，甚至比自然子民的福祉还要低上好几个层级。让我们多给他们一些吧，不让他们失去自然之感，并且还能够对自己的处境心满意足。美丽的莉莉，让我私底下告诉你吧，我们亏欠他们，我们亏欠他们太多太多了，偿还他们甚至比偿还赌债还要急迫。如果做不到这样，我们等于是亏欠了国家，亏欠了整个西羌国。因为想要把一个巨大王国的集体繁荣建立在稳固的基础上，除了这个别无他法（不然我想挑战一下您的御用艺匠、炼金术士和工程师，问一下他们还识得什么其他方法）。

"如果可以让乡民找到称心如意的理由的话，那么也请您在其他事情上信赖自然的魔力吧。对于纯洁无瑕的感官来说，自然有着充足的魅力，而我们腐坏堕落的官能则对其一无所感。农夫内心享有着舒适之感，更带着一丝奢靡，使其萦绕劳动左右，成为劳动的嘉奖。只因农夫无法像我们的诗人一样命名或精细地描述这样的感受，可或许诗人也仅能靠穷尽想象才能对之有所认识。劳动路上，瑰丽的晨曦和初升的朝阳亲吻他们的身体，这是何等心旷神怡！清风阵阵，刈落的稻草和田野的鲜花香气弥漫，这是何等神清气爽！烈日炎炎的正午，大树的浓荫下，又是何等凉爽宜人！富甲一方之士畅饮杯中陈年佳酿所得之欢愉，怎比得上刈麦人一口喝光铁罐中发酸牛奶时一半痛快？美丽的莉莉，您试着把这位健康、强壮且体态壮美的年轻农夫，这位自然真正的子民带往宫中，让他看一看您的奇珍异宝、华衣锦服、喜宴和戏剧。与此同时，也请您不要隐瞒宫中永恒的重压、烦闷、无聊和那些令人目眩神迷的舞会嬉游背后隐匿的危机。恐怕他在那儿将会惶恐不安，直至重回自家的小茅屋！眼前的嬉戏喧闹比起最繁重的工作更让他身心俱疲，他恨不得能立刻飞回那乡村的丰收赛会，葡萄盛宴和节庆歌舞！比起我们的生活境遇，他会多么热情洋溢地赞美自己的生活！

"美丽的莉莉，您已看到，三分之二的西羌国民之幸福与我们苏丹陛下关系甚微，所以我只求您确保他们私有财产安全和免于遭受压迫，而剩下的，自然自会负责。您可能会问：'行，但之后我们要怎么战胜奢侈引发的后果呢？'要做的太多了。600万人中我们能确保400万人不受奢侈侵染，就已经不是易事了，但只做到这一点还远远不够。不过它的好处会以多种方式作用在被感染的部分上。偶尔，我们的伟大人物，还有京城里的达官显贵和饕餮之徒可能会因为烦闷、无聊和亟须恢复受损身体而来到乡间。潜移默化间他们会适应和欣赏乡村生活的天真单纯，与人性完美调和的欢乐；悄无声息间他们会摒弃很多侵入其心灵的先入之见、麻木不仁和无动于衷；全新的景致和有益的觉知充盈其灵魂，使其感受更加敏锐，气质更加出众。尽管大多数人所享受到的自然之益处仅是一星半点，但他们返回城里时的状态总比他们离开时的要好。更有甚者，自然无比丰饶，乡下的民众只要依其方式过得幸福，就能无尽繁衍后代。乡村变成无穷无尽的源泉，通过它，城市（偶尔可能也包括贵族）能再次注入健康而新鲜的血液而得以扩展，令国家永葆青春和强大。此时的乡村犹如蜂房，大量的蜂群从中拥出，填满了社会各个阶层，由此，奢侈所可能引发的破坏就变得不再明显。美丽的莉莉，这些可以说是我治疗方法的第一步。另一步……"

"我很想继续听达尼什曼德先生高谈阔论，"山鲁格巴说，"但如果他能尽量言简意赅地把第二步和其他步骤讲出来，我会非常感恩戴德的。"

"陛下，"达尼什曼德答道，"我接下来想说的关涉毒害道德之人。这种人世界上存在两类。我把浮夸的道德说教者归入第一

类，他们的灵魂宛如浮动在动物的血液中①，没有正确认识人之
于动物的强处，甚至一看到鼹鼠和豚鼠之于人类没啥优点可被称
道，竟如同发现至宝般兴高采烈；第二类则是那种既不苟言笑，
又兼具狂热和虚伪气质的双面人，他们托词想把人性从其弱点
中解救出来，竟把它的特色全部抹平。此处肢解其天真秀美的形
态，彼处则对之大力拉扯和鼓气，最终只能从中造了个世人闻所
未闻的怪胎。两者都是自然神圣律法的干扰者，也是自然至美造
物的腐蚀者。要是他们败坏人心的工作与奢侈必然产生的结果和
影响相融合，那么试问有谁能在此时带领人民安然无恙地跨越这
危险的悬崖峭壁呢？

　　"上述两类毒害道德的人，谁最危险呢？这个事情或许应当
交由王家学院来论断。但假设这种观点是对的，也就是说前者通
常会转变成后者，那么人们可以推出，后者的思考方式的腐蚀性
要更高一级。但不管谁强谁弱，问题的关键在于，我们要如何祛
除这帮害群之马的毒性？我估计，把前者扔到纪律森严的劳改
房中，缩减其食粮，勒令其纺纱，或许可以使之学会正确思考的
方式。而后者呢？假设他们的所作所为跟那位叫库班的苦行僧一
样，都是把狂热的美梦当作现实，又或者像某些江湖郎中，故
意让人染病，目的就是要对之施以治疗好赚取回报，要如何对付
这些人呢？我只能给美丽的莉莉您如下建议，那就是以其人之
道还治其人之身。他们信誓旦旦地说：'我们已经超凡入圣了。'

---

① ［译按］原文为 deren Seele bloß in ihrem Blute ist［他们的灵魂只存于其血中］，出
自《利未记》17:11。和合本作"因为活物的生命是在血中"，思高本作"因为肉躯
的生命是在血内"。因为圣哲罗姆译拉丁文经文作 quia anima carnis in sanguine
est，有些学者也把此处的"生命"解作"灵魂"（anima），更有甚者，把此处的
"血液"解释为动物的血液而非人类的血液。维兰德在文本中对这一典故的引
用，显然也是在影射这一解读。意即这些人的灵魂宛如在动物的血液中，看不
到人与动物的截然差别。参见 Wilhelm Kurrelmeyer (hrsg.), *Wielands Werke*, Band
14, Berlin Weidmannsche Buchhandlung, 1928, S. A 201。

行，就当他们说的是实话！给这帮苦行僧和僧侣们丈量一份土地，分给他们，大小刚好足够维系其生活，然后四周筑起高高的城墙，不叫凡尘俗世打扰他们的满船清梦，好让他们早日羽化登仙 ①——我们就这样把他们困在墙里，不让任何人从里面出来。如此，则所有的恶事都被提前防范，每个人皆能称心如意。"

"你应该知道，达尼什曼德，"苏丹说，"我很有兴趣执行你的建议，至少执行那些有关和尚的建议。就像你说的，这样做完全是无可指摘的。因为我和我的臣属们从中还能挣个几百万两，好用于其他更好的事情。然后那帮和尚们就可以优哉游哉地化身宝塔里供奉的神明 ②，爱怎么样就怎么样。"

不知是和尚们，还是苏丹本人应该庆幸，这样的奇思妙想最后还是无疾而终。要将之付诸实践，他再怎么说也会遇到些许难题的。

---

① 拉丁文译者注：根据旅行者和宣教士的记载，苦行僧、僧侣以及和尚之团体都奠基在伪神秘、真狂热的道德观上，我们宣教士在其记载中常常谴责这些人的愚蠢。那些最严苛的和尚在祈祷和苦行时，心里头念叨的不外乎是死后化身为宝塔，也就是神明。

② ［译按］Pagoden 在德文中除了可以指"塔"这个建筑物外，也可以指塔里供奉的主要神明。在 18、19 世纪德国人的观念中，这些塔里神明也可以指某种陶瓷制的中国式小神像，通常保持坐姿，按动其活动头部可让其手部震动。翻译的时候会结合上下文将其译为"宝塔"或"宝塔神明"。参见 Georg Joachim Göschen (hrsg.), *C. M. Wielands sämtliche Werke*, Band 3, S. 309–310。

第 7 章

一如往常，努尔马哈皇后又在约定好的时间里继续讲述西羌国的历史。

"只可惜美丽的莉莉没那福气，没能把聪慧的达尼什曼德请去当参谋。所以呢，怨声载道、疑神疑鬼的人们对其好大喜功的管制方式所预言的结果，正在一点一点地应验。那些坚定反对奢侈的人大获全胜，开始高声疾呼，宣扬所谓的经验之谈。只不过罪恶在随后的王室统治下才慢慢浮现，这一王室政府可谓西羌国纪年史记载中最为匪夷所思的，因为它向我们展示了一惊人的案例，那就是在一位好心肠的君主统治下，会有多少罪恶产生。

"阿佐尔是莉莉美人的儿子，他在其不知名的父王去世后，仿佛被吉祥之兆庇佑着，登上了王位。在那个时代，年轻的他可以称得上是最英俊的王子。其仪态端庄高雅，气质斯斯文文，性情与人为善，爱说爱笑，对手足心腹信任有加，用人不疑。普罗大众习惯于凭感性印象做判断，对这位和善的王子期望甚高，满心以为在其治理下，黄金年代即将降临。可惜他们错了。起初他们因为这些崇拜他，结果错了；20 年后他们毫无节制地憎恨和鄙视他，就跟当初毫无节制地热爱他一样，结果又错了，而且错得更离谱。"

"你勾起我好奇心了，"苏丹说，"让我听听为何西羌人总是犯错，热爱国王时犯错，讨厌他时也犯错。不过别忘了，我可不喜欢听人玩弄文字游戏。"

"陛下的好奇心肯定能得到满足，"努尔马哈答道，"我换个方式把故事讲得更生动些，定能让您聚精会神，听得愉快。"

"感谢你赞扬我心思缜密，"苏丹说，"不过快点进入正题吧！"

"这位年轻的阿佐尔跟大多数人（不管是不是王子）一样，生来都带有这样的禀赋。也就是说，若有一个智者来谆谆教导他，兴许他能成为一个优秀的平民，甚至是一个优秀的国王。可惜他绝非那种出类拔萃，能够自我教育的奇才。这类奇才可以在粗鄙和破败的国家中，在天下危亡、朝不保夕之时，在身边没有良师益友导引和辅佐的情况下，凭着自身的天分便能走上那通往不朽的大道，依靠自身精神中那天然的高洁和睿智便能俯察人间百态内里的规律。简言之，他们能够在自我理性中找到智慧管治的伟大法则，正如在自我心灵中找到君王美德的楷模。"

"大仁大义的主公，"达尼什曼德说，"我请求您的谅解。但我实在不得不打断美丽的努尔马哈。撰写这一时期历史的人可能以为自己说了什么金玉良言，但这完全都是空话。这世间哪有他说的这类出色人物呢，竟想说服我们相信这个。王子们虽然养尊处优，跟我们略有不同，但说穿了，就像常言道，他们也不过是普通人中的一类而已。为了让人类本性和善良的阿佐尔苏丹获得与其相称的评价，我情愿不卖弄华丽辞藻，直截了当地说：他并没有处在一个有利于其从年轻的王子通过教育，蜕变成优秀君主的积极环境中。事实上也是如此。必要时我已做好跟整个德里的科学学院针锋相对的准备。自打开天辟地之日起（可能是远古时代的事情了），世上就曾不出现过任何可以不靠向导、不靠榜样、不靠帮手，仅凭自身强大的天分就能自学成才的人物。"

"对于哲学家达尼什曼德的这番慰藉人心的话，我谨代表所有苏丹同行和弟兄们致以诚挚的谢意。"苏丹微笑道，"尽管身边口是心非阿谀奉承者大有人在，我还是觉得他说得没错。我不怕那些客套的恭维话，就让我补充一句，我非常怀疑，是否我的同行中真有人当前状态下的'良善'，仅是他在更顺利的境况所获得的一半而已。"

这位自诩机智实则冒失的达尼什曼德本想立刻脱口而出："又或者其'良善'只有他在真实所处的境况下的一半而已。"所幸的是他又想深了一层："我们跟大人物讲的大道理绝不能令其尴尬。"而苏丹仅凭肢体动作就已经承认了不亚于其口头承认的内容，这一点已经甚是高贵。所以，他帮助努尔马哈赞颂其君主可贵的谦逊，并点到为止。接下来皇后继续讲述故事。

"阿佐尔王子的教育被彻底忽视了，比起人们起初根据其母亲，莉莉美人的心思所推断的还要严重。由谁来承担她儿子教育最首要的部分呢，这位女士在拣选相应的人员时，犯了一个小小的谬误，而这个谬误却对她的儿子，以及命运受制于其想法的人民关系极为重大。她自以为一个有能耐帮她消磨时光，以及写些花哨小诗的'高人'，必然也有教育君王的才干。人们任命了某个高雅之士给王子当太傅。此人事无巨细，不放过任何可以培养其幽默感和提升其品味的机会。阿佐尔学会了感受诗人之美好，高声朗诵悲剧的篇章，给极为鄙陋的事物强加高深意旨。除此以外，他还学会了 20 样诸如此类，仅在装饰生活方面才有所价值的技艺，如果它们称得上是完美本质的装饰物的话。在社交场上，王子举止投足高贵典雅，语言风趣幽默之时又娓娓动听，至于其穿衣打扮之品味更是无懈可击。总之在审美领域，他的判断力绝不输任何人。他善于吹奏长笛，绘画也可圈可点，舞蹈更是迷人至极。他的敌人们（即便他和善可亲，也还是不乏敌人）甚至在背后说他曾经热恋过一名宫娥，在一片意乱情迷间作了一些诗文。这些诗文竟给他增添了些许麻烦——他被同时代的诗人一致选为保护神。在各种诗篇的卷首和各种热情洋溢的献词中,他的名字一直被呼唤,只为获得其无尽的庇佑,就连午餐前的祷告,他的名字也不曾缺席。

"在我继续讲下去之前,陛下,我得说一个情况,它对这部西羌国史书中好几个部分都有影响,也关系到其习俗的某个分支,恰是这个分支让这个国家的人民跟亚洲大多数民族颇为不同。他们的女性自远古时代起就享受到西方民族才有的各类自由;在王后莉莉的治下,依照其懿旨,整个西羌国秀色可餐、倾国倾城的女子都在集中在其身边。由此,整个皇宫从政治钩心斗角的阴暗场所变成了爱情和欢愉目迷五色的盛大舞台。

"在这座宫廷'学堂'里,年轻的王子毫不缺乏被调教成宫中贵妇所谓多情郎君的机会。她们争前恐后地把他这类教育推向极致。可以预料得到,她们的目的可不像其表面看起来那样大公无私。阿佐尔也处在十分尴尬的局面:他的心不得不从这些林林总总的魅惑之物中做出选择。父王的离世让他得以加冕称王,而对于这顶王冠的价值,他只有一些天真烂漫的想法,因为王冠在其眼中(他曾经跟一位年轻的宫娥说过)唯有在这个方面才有所价值,那就是他可以将之连同一片爱慕之心献于这位娇小的绝色美人足下。从这些内容中我们可以推出,他是多么不了解这顶王冠所承载的责任,多么需要相应的教导。

"实际上这些责任对于那习惯于享受西羌宫廷优渥生活的人来说是多么令人厌倦,以至于每个迫不得已承担这些责任的人都巴不得尽快把这副重担转移到别人的肩上。这青年国王把大部分的职责都推给母亲,而母亲又把它推给宠臣,宠臣推给其首席文书,首席文书推给其情妇,情妇又把它推给借口要拯救其灵魂,实则是要投机取巧,妄图介入政治中谋得实权的僧人。他这样做没别的目的,就是为了迎合自己那可笑的虚荣心跟煽风点火、诡计多端的心性。这也是当时他们这一阶层的人与其他西羌国人迥然不同的特点。这样的政治建制必不能久存，这是再自然不过的事情。就像统治欲和自利之心潜踪匿迹、漫无止境的悸动会引发从政人员的变动，政治制度本身也不是一成不变的。好比说也发生过这样的事情，上述的责任由太后和国王妃子一同分摊，妃子则把她分到的部分转交给其首席贴身侍女，侍女则把它转交给其情夫，情夫转交给其忠心耿耿的仆人，如此类推。关于这些变动，我们可以非常确定地说，国家在其间失大于得。"

"我虽然当了20多年苏丹，"山鲁格巴微笑道，"但还是想趁此机会听听你的高见，达尼什曼德，你们这帮智慧之人是怎么理解国王的责任的？"

"陛下，"达尼什曼德答道，"对此我又何须多言呢，只需把陛下您做过的为人称道的事情三言两语总结一番就行了。"

"别再讲恭维的话了！"苏丹说，"就谈你们对这事情的想法，我先保留发表对此之看法的自由。"

"国王的责任是：尽可能最快和最适宜地赋予每个人相应的权利，而对他自身无法克制的不义之行，则要惩罚之；擢升最合适的人担任荣誉性和实质性的机要职务；嘉奖有功之人；妥善地支配国库收入；确保万民不受内乱滋扰而享有安宁，不受外敌入侵而太平无事。

"只要所有这些责任都确实得到履行（人们补充），则是国王本人还是依靠其他人来施行它们，对国家来说则是毫无所谓，只要他做所有弹簧发条的第一推动者，那就足够了。同样，历史上也有过一些君王反过来以自己为榜样，提升了履行这些职责的难度。他们坚信自己只有这样做才够得上是履行职权，也就是让人民中最智慧、最良善的人物辅佐他为公共福祉打拼。他们致力于通达某个在其自我精神中设计出来的理想目标，并且，直到他们有十足把握说出'在那千千万万把幸福托付给我的人中，没有一个会因为我的罪责、我的激情或者疏忽而遭受不幸'，他们才感觉到幸福。在责任的范围内，他理解到这些内容：把立法工作奠基于自然基本准则以及国家需求和境况之上，对国家'育苗园'宛如父亲般的直接照料，建立一支尽可能完美的警备队伍，对美化习俗和生活的科学和艺术进行公正的评估和有力的扶持。他们不会只满足于使用那些以其名义为他'看'和'听'的眼睛和耳朵，就像古波斯的国王一样。① 他们觉得有责任用自己的眼睛去看，并且为了让自己看得准确，还要获取必要的信息，确定哪些东西呼应其判断；有责任亲自倾听每个人，亲自检验每一份旨在革新完善或利国利民的工程方案；亲自下场鼓励政策执行；自己能做到的好事都做出来；自己能阻止的恶事都要真正杜绝。总之，在自己所理解的责任范围内，他们圈定了如此庞大的艰辛工作，唯有英雄般的德行才有能力让一个凡尘中人在此等条件下接受这项王冠，如果他们真的可以随意决定是要接受它还是拒绝它的话。"

"达尼什曼德，你可别忘了，"苏丹连连打了两次哈欠，说道，"明天在我起床时给我呈上一份东方和西方的国王，也就是你描述中所提及的那类国王的完整目录。"

"陛下博闻强记，列表上的名字数量再多也不会让您有所负担的。"达尼什曼德答道。②

———————————

① ［译按］此处的典故源自色诺芬：《居鲁士的教育》，8.2.10—12。色诺芬提到了波斯国王并非只凭自己的眼睛和耳朵去观看和聆听国家内部发生的事情，而是会重赏那些向他汇报国家重要和值得关注情况的人士。他甚至会鼓励人们靠自己的眼睛和耳朵去替国王看和听。由此这些人被称为"国王的眼睛"（βασιλέως ὀφϑαλμοί）和"国王的耳朵"（βασιλέως ὦτα）。国王自然不会只依赖一双外在的眼睛和耳朵，因为这样也会出现偏颇，所以他应该要多聆听各种愿意向他述说国家情形的人。然而这样做也会引起负面情况，那就是国王仿佛在全国各地散布眼线和密探，使得任何想要批评他的人战战兢兢。原本是个广开言路的政策也可能被滥用成迫害民众的行为。此处达尼什曼德显然并不赞同波斯国王这样的行为，他认为负责任的君王应该凭自己的双眼去查看。

② 拉丁文译者注：只要达尼什曼德没有过估列表上名字的数量的话。至少我们可

"我是这样想没错，"苏丹说，"不过那更好！我就喜欢一帮精挑细选出来的人选。——抱歉了，努尔马哈，今晚你应该不会再被打断了。"

"陛下，"皇后继续说道，"依据这一情形，人们很容易就注意到，这位招人喜爱的阿佐尔国王在执行政务和治理国家方面忽视了多少责任。他对此可谓毫无概念。他虽然通识最外在的完美，能依据它来操办为情人而设的豪华盛宴，可是他又如何懂得管理偌大的国家，为满足其需求而操劳奔波，为守护其安宁而加固防务，为实现大众的福祉而兢兢业业呢？自然无法（至少以正常的方式）塑造君主，这是技艺的工作，且毫无疑问是其最崇高和完美的作品。然而，人们却满足于把善良的阿佐尔培养成一个和善可亲的高雅之士。他既然迫不得已把最重要的机务拱手让人，并且因缺乏相应的知识而无法做出正确的选择，那么这位年纪轻轻、入世未深的阿佐尔要如何自理政事而无须依赖他人呢？他极为亲近和信任这些人，因为他们早已掌控其心，可随意驾驭。[1]不幸的是，这帮他所依赖的人其实跟他是一丘之貉。他们只承担政事里头最轻松、最惬意的部分，也就是那些能够让自己恣意妄

以推测，大多数君王在死亡将至，且让他与其最卑微的臣民面临同等处境之时，都会跟法国的路易六世有同样的想法。路易六世他在临死前曾对他年轻的王位继承者这样说："永远都别忘了，我的孩子，国王的权势不过是一个公共的职权而已，对于这个职权，你死后都得（向上帝和后世）进行详细的汇报。"

[译按]法国国王路易六世（1081—1137），也被称为胖子（Le Gros），法兰西卡佩王朝（Capétiens）国王（1108—1137年在位），其临终时对其继承人所言与本注维兰德所引用的话大致相同："永远不要遗忘这一点，国王的权势不过是一项公共职权，你们死后都得对它进行非常详细的汇报。"（Ne perdez jamais de vue que l'autorité royale n'est qu'une charge publique, dont vous rendrez un compte très-exact après votre mort.）Gustave de Lartigue, *Dictionnaire de Penséés Diverses*, Bruxelles, H. Tircher, 1829, p. 24.

[1] 震旦文译者注：君主信任一个自己私下其实没多少好感的大臣，这一点在正常情况下（例外情况当然也有）确实能彰显这对君臣的大德。它体现了后者卓越的功勋，体现了前者识人用人，懂得把国家利益置于私人喜好之上的君王懿德。

为、操弄权力的部分，其他的还是交托给别人。所以关系到国计民生的大事常常会沦落到听凭某个目不识丁的和尚，某个宫廷侍从，某个年纪轻轻却满脑子奇思异想的美姬，或者是（这种情形发生不止一次了）某个突发奇想的宫廷弄臣来裁决的下场。这样的情况经常发生。

"国家以这种方式治理，其结果之惨淡任何人都可想而知。朝廷的要职渐渐被一帮毫不适合的人物把持着；司法起初只是在台面下被人偷鸡摸狗般讨价还价，最后竟沦为台面上公开竞价的商品；以司法的名义展开的霸凌之举大行其道；国库收入被大肆挥霍，贪得无厌的心腹大臣竟然把私人的欲求也编到了国家的开支专项中。而政事里程度更为崇高，且执行更为艰难，直接私人回报少之又少的职责则被彻底抛诸脑后；那些有大人撑腰的恶行则能逃脱惩罚，没错，偶尔人们还会以'立功劳'之名嘉奖他们，助长其气焰。事实上你很难找到一个政府像这个一样热衷于频繁和过度地嘉奖功劳。而知道这一点的人们或许会久久连声惊叹，那就是这些功劳总是只归属于心腹大臣的亲朋好友们，而当知道这个国家竟是被一帮'功勋卓著'的人物搞到崩溃时，他们的惊异之声怕是会更大。只有少数精通思辨义理之士才不会对此发生的一切大惊小怪。"

此时苏丹打了第三声哈欠，故事在结束前也顺势巧妙地过渡到一个令人舒适的主题。关于这一主题是什么，震旦文译者并不太愿意给我们提供任何信息。

第8章

"年轻国王阿佐尔度过了几年幸福的时光,那是青春年华,蓬勃生长的健康体魄以及无穷无尽的权力赐予那类乐于在灵魂绵绵不断的酣醉中,在感官精雕细琢的奢靡中,在心灵奔放的想象力中找寻幸福的凡夫俗子所能达到的极致。阿佐尔爱慕欢愉胜过一切。他高贵而感性的心灵也热衷于四处播撒欢愉,当其感到幸福时,他也想在其视线所及的范围内处处见到欢天喜地的人。

"就这样,在接连不断的欢宴和嬉戏中,三四年的光阴如流水般匆匆而逝。在这些欢愉之举中,幽默和艺术竭尽全力,让那朴素的自然为人所掌握的微量舒适之感触得以无限地扩大、复制、混合和提升,同时也借由千百种巧妙而隐蔽的手段创造出同样舒适但却不真实的幻觉。它们靠蒙骗而让烦闷暂时消失,把灵魂抛入欢乐的漩涡中让它飞速急转,最后让它失去了驾驭自我的能力,无法再观察自我内部发生的一切,也对温柔掌控其自身的事物之价值丧失一切觉知。人们觉得自己获得了感受欢愉的新感官,每过一天,更新的生命便能增添多一分奢靡。唯有等到某个时刻,人们才会觉察到自己身处魔幻之境,远离自然作用力指定之范围。这样的时刻就是:生命精力渐渐疲惫、感觉官能逐渐麻木,或是过度放纵情欲的后果越发明显,使得灵魂从其甜美的迷梦中惊醒，沉湎于难以承受的空虚感和连绵不断的灼人沉思——这些沉思原本可将灵魂引向智慧之道，要不是长期的习惯又让它们宛如机械般旋即复归到欢愉的事物，使之全然无法感受到这些事物似是而非的本质，只因这些事物披着另外的画皮现身，好让我们再次上当受骗。"①

"皇后，"苏丹说，"你方才用世上最悠扬的声调为我朗读的东西，大家是不是习惯上叫作废话连篇呢？不管它叫什么，我这儿可说清楚了，我对这种东西兴趣可不大。我虽然不像我尊贵的伯父，至高无上的先王山鲁巴罕那样对道德充满怨气，但即便如此还要请你高抬贵手，以后再遇到这类冗词赘句，直接跳过。你这位作者基于天生缺陷常常沉迷于这种文字把戏，完全不理会我是不是会吃亏。我可没办法阅读和聆听这种品味的文章，不然我那位伊玛目定会高耸眉头，鼓起腮帮径直出现在我面前。我们的写作者到现在都学不会正确的语调，这真是太糟糕。他们只会把这种外表冗长浮夸，内里满是老生常谈道理的说辞，包裹上用铿铿锵锵的词语和滔滔不绝的修饰糊成的哥特式石膏，当作哲学义理售卖给我们。"

努尔马哈保证，以后会小心翼翼地避开这种品味拙劣的文段，然后接着讲故事。

"对西羌国来说这真不是一件好事，只因那美艳动人的谢瑞卡，也就是这位年轻国王的初恋情人竟有着这样的灵魂，仿佛自然专门为了爱情，也仅仅为了爱情才创造她。就算阿佐尔只是一个牧羊人，他的心也是其眼中唯一有价值的东西。她单纯的情感只是为了他而生，能够让他幸福是她唯一的心愿、唯一的自豪、

---

① ［译按］努尔马哈此处的文字写作风格上颇有哲学家康德的韵味。推测此处维兰德是故意模仿康德哲学写作的文风，进而对其进行调侃，再借山鲁格巴之口批评之。

唯一的念想。而他呢？只要这份初恋的魔力依然持续着，他也是如此，甚至还能达到此等程度：在某个孤寂的林中亭台，他卧倒在其跟前，把头回靠在她的怀里，眼神贪婪地在她满是爱意的双眼中遨游[①]，此时这位国王定会忘却自己头上的王冠以及列国诸王的冠冕，以及与之相伴随的权利和义务。他遗忘得如此彻底，仿佛这凉亭就是全世界，而谢瑞卡连同他本人则是这世界唯一的居民。政府的公务，还有那被称为'广施恩惠'的事儿都掌握在太后莉莉的某个宠臣的手上。而通过他，这些事情又逐级落入其他人的手上，惨遭玩弄，其数量之多（如果有关这一政府的密报值得信任的话），甚至连演喜剧和跳舞的人在某些时候也能在西羌国的政治大舞台上扮演重要角色。"

[①]　此情此景让我们联想到塔索笔下某个极美的画面，要不是努尔马哈比这位罗马城的诗人还要早好几个世纪，此处段落被认为是典出自该处也未尝不可。

> 他们透过浓枝密叶
> 居然发现了里那尔多和阿米达，
> 女巫坐在草地上怡然自得，
> 英雄躺在她怀里忘乎所以。
>
> 她的纱巾滑落，露出酥胸，
> 凌乱的头发随风拂动；
> 俊俏的脸蛋泛起潮红，
> 沁出汗珠闪闪发亮：
> 润湿的眼睛流出勾引的笑容，
> 仿佛水面波澜上点点反光。
> 她把里那尔多的头，
> 搂在自己汗津津的胸口，
>
> 他火辣辣地盯着她的眼睛，
> 在蓬勃的欲火中蚀骨销魂。
> （《戈弗雷多》16卷17、18、19）

　　［译按］《戈弗雷多》是意大利16世纪时期诗人塔索（Torquato Tasso，1544—1595）的代表作《耶路撒冷的解放》初期的名字。译文引自托尔夸托·塔索：《耶路撒冷的解放》，王永年译，上海：上海译文出版社，2008年，第552—553页。

　　"抱歉，我又得打断您了，"苏丹说，"在这座建造精美的宫廷里，所谓的'广施恩惠'到底是什么？"

　　"陛下，"努尔马哈答道，"这一切早在前朝就已经悄然成为传统了，那就是根据亲疏和喜好来分配那些与名誉、权力和收入紧密关联的权位和公职。大家习惯上把'出任此类公职'一事称为恩惠。潜移默化间这个词的含义慢慢被拓宽，甚至到最后功绩这个概念被从中剔除出去，甚至一个提供了服务的艺匠或者售卖商品的生意人想要索取报酬时，竟得千方百计、费尽唇舌，饱受拖延之苦，最后得靠点旁门左道之策，甘愿牺牲好大一部分利益，才得以讨回自己的酬金，就像收到什么'恩惠'一般。虽然当时也有人宣称，西羌国的国王为了让众人各得其所已经要大费周章，能施加于人的恩惠更是所剩无几，但每一个机要职务都需要特定的才干和美德，并且只有那些充分证明自己拥有此等才干和美德的人方可担此重任。没错，国王确实无权把公共财政批出的资金当作恩惠施加于人，因为公共财政只有用于支付政府必要的行政开销时才获得其神圣地位。简言之，国王想要施恩施惠，只能自掏腰包。而他作为国王广施仁德善举，是基于其神圣的义务，而臣民敬畏而服从他，并依据自身财产的多寡交纳一定的钱财给予王家支配，也是同等神圣的义务。那些制定此类原则的人本该规规矩矩，好好遵行它们，可是正因为它们没被遵守，而朝廷却靠着施恩施惠保持着自身恣意妄为的脾性，结果反过来使得'功绩'一词远离其原本的含义，彻底降格为人见人厌的用语，连上流社会的人都不屑使用。

　　"这一词语基本上只用于指示某些有助于特定人士谋求讨好施恩者之机会的特质或关系。阿佐尔国王当政的最初几年，大多数'恩惠'都由太后莉莉的保姆施予。同样承担这份工作的还有某个把最高级维齐尔的亲信迷得魂不守舍的波斯舞女，还有某个正在挖空心思想要拉拢她背弃从小就信仰的拜火教，而加入其所属宗教的僧侣。正常情况下，这段时期有三种可以获取'恩惠'的功绩或门路：懂得知恩图报，此功绩一；前途光明人人看好（正因为这舞女可不是什么出手吝啬之人），此功绩二；傻里傻气，此功绩三。

"阿佐尔的宫廷在这一时期让整个亚细亚最为金碧辉煌的殿宇也黯然失色。每一年他都会举办 365 场盛宴，且满心以为有姿容俏丽的谢瑞卡做伴，自己宛若凡尘俗世中最幸福的一员——他在此等至高无上的极乐境地中，又怎会记得他并非生来不朽？阿佐尔全然不知，他治下的各州各郡正被一帮如狼似虎的总督管理着；他的司法案件则被一群不学无术、敷衍塞责的纨绔子弟审理着；他的国库收入正遭受密室协定的操弄，落到一帮'神通广大'之人的手中，他们懂得如何从替国王征收的 100 万银两里抽取五分之一留为己用。他们的独门绝技已修炼得炉火纯青，曾经的行家里手们在他们面前连初学者之名都配不上了。因为阿佐尔本人过得很幸福，也很期望能够见到人民幸福，再加上他已经习惯自己的愿望总能实现，所以心地善良的他得出结论：他的人民也过得很幸福。对于帝王之术的必要事项他知之甚少，人们有理由推断他早已心安理得，以为国家没有他的亲力亲为也能运转良好；即便他事事都撒手不管，太阳照样东升西落，季节照样冬去春来，在大自然的三界 ① 内万事万物照样应时而生。

"人民的辛勤劳动和商贾的互通有无依然给国家的大部分民众提供充盈的物资，再加上王室和京城里永不停歇的饕餮淫靡，

---

① ［译按］"自然三界论"是 18 世纪欧洲较为流行的自然哲学观念。莱辛（Gotthold Ephraim Lessing）1747 年发表的诗歌《自然三界》（*Die drei Reiche der Natur*）对此有十分生动的描写。他认为：第一界为动物界，人也包含其中，此界中的生物会饮用液体也能恋爱；第二界则由植物组成，它们能饮用液体但不会恋爱；第三界的主宰者是沙石瓦砾等无生命物，它们既不能饮用液体也不会恋爱。由此，莱辛得出结论，没有爱情和美酒的人生，与石头又有何异呢？

竟然在一段时间内完全掩盖了国家苛政的恶果。在一个气氛忙忙碌碌、积极向上，四处充斥着幸福生活璀璨憧憬和蓝图的泱泱大国，人们是多么容易忽略那成千上万尚被压迫的人民！试问在这喧闹忙碌和欢天喜地产生的轰鸣巨响中，三三两两的不幸者的无声哀叹和悲痛疾呼又要如何被听到，他们又要如何让自己的哀号传到悲天悯人的阿佐尔耳中？

　　"当时亚洲东部和北部①的国家都经历了政治体制的变动，西羌国的王室也无法对之视若无睹，这位年轻国王同时也有机会看清自己的治理工作已是一塌糊涂。人们原本应该为一场不可阻挡的战争耗费时间和金钱，做好万全的准备，结果钱和时间都花在花天酒地和无意义的谈判上。等到敌人已经长驱直入，即将穿越边境时，西羌人才注意到，他们连做好抵抗的准备都没有。更加不幸的是，此时国库空虚，阿佐尔只能被迫在财政监察员和大地主的私人钱库那儿花心思找法子以解燃眉之急。这些钱库可真是满满当当呀，这正好可以用来解释国库空虚的原因。国民必须承受双倍税赋以便支付战争花销，而保护他们的双手却是如此羸弱，由此，怨言不绝于耳、与日俱增。敌人势如破竹，攻下一个个州郡，而国王却对实际的情形茫然不知。

　　"与此同时，宫中仕女阿拉班妲②（此女长时间以来都在想方设法把柔情似水、与世无争的谢瑞卡排挤出去）也逮到了这一千载难逢的机会，首次可以在国王面前表现得自己对他的安宁和王

---

① ［译按］原文为 mitternächtlich，根据《格林兄弟辞典》对该词条的解释，这一词语除了有表示时间的含义"半夜"外，空间上也有"北方"的含义。参见 Moritz Heyne (bearb.), *Deutsches Wörterbuch von Jacob Grimm und Wilhelm Grimm*, Sechster Band, L.M., Leipzig, Verlag von S. Hirzel, 1885, S. 2420。

② ［译按］原文为 Alabanda，可能出自德国 12、13 世纪之交的诗人沃尔夫拉姆·冯·埃申巴赫（Wolfram von Eschenbach）诗歌体骑士传奇《帕西法尔》（Parzival）第 16 卷《罗恩格林》（Loherangrin）。此卷中提到了各类宝石的种类和名字，Alabanda 是其中的一种。

室的尊荣是何等上心，好借此在他心中留下印象。这女人集万千
风情于一身，含苞待放的青春之美令人目眩神迷，挑不出瑕疵；
言谈举止机智风趣，令人心神舒畅；优雅风姿数不胜数，令人一
见钟情。像这样，她可以轻易俘虏阿佐尔这类君王的心。若是她
有意搔首弄姿，其妩媚根本无法阻挡。当谢瑞卡逐渐不再是阿佐
尔情感世界的中心，当他对她日渐冷淡而把更多的注意力集中在
其情敌身上时，从这一刻起，阿佐尔无不惊叹自己竟然可以长时
间对此等尤物一无所感。温柔的谢瑞卡爱恋刚好有着国王头衔的
阿佐尔，而阿拉班妲爱的则是刚好名叫阿佐尔的国王。能够或更
好愉悦她淫欲之心者何止 20 人，但她的虚荣心唯有通过无限支
配整个西羌国才可得到满足。她为了实现这一目的而制定的计划
足见其高明。她向阿佐尔述说国家在其母后临朝治理下情况有多
恶劣，并说服他未来亲自执掌政府的权柄。国家朝会和宫中内侍
省都被安插上美人阿拉班妲的心腹，而世上却没有什么比这位女
士的喜好更加飘忽不定的。在她亲政下，朝会官员变动之频繁就
跟她的头饰或衣裳的颜色一样。通过日复一日的变动，她向我们
表明，她的美不论在何种光线照耀下都是一样璀璨夺目，而任何
想要在她身旁喧宾夺主的人，最后必被她压制。

　　"国王万分惊讶于他曾觉得无比沉重的负担此时竟如此轻盈。
他只需对美丽的阿拉班妲本人或是她心腹做出的提议点头默许，
或至多说个'是'，一切就完事了。确实没什么比这更轻松的，
只是国王的管治轻松了，西羌国的处境却没变得更好。

　　"上文提及的战争刚爆发的时候，国家的最高权力正好掌握
在太后宠臣的手上，他觉得很有必要把军队的领导权交给一个有
经验的将军，这位将军因为年事已高，在新王的朝堂上不再受重
视了。他的身姿、仪态、语调、衣着风格以及品行早已不再时
髦，但是他的才能、爱国之情和经验丰富等品质，只要人们需要
时，其价值就会广受承认。因为事态危急，人们也就原谅这位大

权在握的官员偏离朝廷的正轨，把如此重要的职位交给一个与当下世界格格不入，除了个人功勋外一无所有的人。

　　"这位老将军所做的精心战略部署以及在短期内对敌军取得的赫赫战功都让人对此次战役的积极进展充满希望。可是阿拉班姐一迷倒国王和取得国家治理权，就以老将军'火气'不在为由，把他召了回来，旋即又让一个乖巧非常的小绅士——宫里绝对最好的舞者去替代他的位置。凭借高超的舞技，以及写讽刺小诗调侃贵妇的天分（高傲的阿拉班姐可不允许她们过分花枝招展），他立刻就受到这位国王宠妃的器重。那时候他的财政状况可谓跌入谷底，所以请求阿拉班姐把元帅的位置给他，好让他摆脱手头的拮据。消息传出，敌军如获至宝，仿佛沙场对阵老将军连取三次胜利一般。贵族、军队和人民对这位刚愎自用、掠夺成性的门外汉'将军'所犯下的各类荒谬行径已经忍无可忍，怒气更是临近爆发，阿拉班姐不得已只好把舞者召回。而他在大捞几百万横财，同时又给国家加诸十倍伤害之后，终于班师回朝，那趾高气扬和大摇大摆的劲头，仿佛打了胜仗凯旋一般。他还为此从国王手上领受了孔雀羽冠冕，这可是区分王国上层人与下层贵族的荣誉象征。宫廷为了庆祝他的继任人打了胜仗举办了第一次盛大的舞会，他在席间翩翩起舞，赢得了无数掌声，唯有他可以俘获那么多人的心，只要他有这样的意愿和打算的话。

　　"在新上任的将军带领下，战场上捷报频传，整个事情似乎让人看到了光明的前景。只是这舞者借着头顶上的孔雀羽冠冕和战场上为西羌人掳掠来的战利品而成了王国中的大红人，他不可一世的自尊心必然是要及时阻止这位危险的继任人。由于国王现在亲理朝政，人们觉得将军没有朝廷明确授命，就擅自决定重大举措的做法自然是极为不妥。由此将军做了一番请示，结果收到的圣旨却是这样：国王要他在绝佳时机已然错失的情况下依旧正面迎敌；或者要他往西进军，即便形势要求他们只能向东行；或者要他们撤出某个据点，即便形势需要他们一直在那儿驻扎。除了这些麻烦以外，人们还在很多其他事情上给他设障碍，即便他有亚历山大大帝般的勇气，估计经过此番折腾后也早已消磨殆尽。他一会儿缺兵士，一会儿缺资金，一会儿缺粮饷，一会儿缺军备，一会儿啥都缺。尽管他凭借自身的才华和上进心最终寻得支援，解决难题，甚至准备一击制胜，光荣地结束这场战争，谁知道消息传来，和平协议已经签了。

"虽然和平协议的条款对阿佐尔国王不是什么很光彩的事情，但我们还是得承认，这些条款对大臣们倒是非常有利。每一条款都能为大臣们赢得十万盎司的白银。西羌国虽然丢失了一处极为富庶的州郡，但美丽的阿拉班妲却获得一根钻石腰带，其价值可抵一小行省。阿佐尔很幸运，因为他对自己国家的地理一窍不通，所以没感觉自己失去什么。人们向其保证，他所失去的州郡的价值并没有高过维护它时所需的费用。所有的宫廷僧侣和诗人都被聘请来竞相吹捧国王的无私和慷慨，以及他对人民宛如父亲般的怜爱。他们把这些'美德'抬高到英雄的地步，可让世上最伟大的征服者的功绩相形见绌。"

"你这位善良的阿佐尔国王的所作所为确实，讲句轻点的话，证明他不仅心灵十分脆弱，头脑更是脆弱得可以。我私底下坚信，一个甘愿把自己的名头借给宠妃和宠臣们胡作非为的君主，在我眼里都是帮可怜虫。我实在不明白大家为何还要把这个人尊为善人，即便人民在其所谓'仁政'底下，处境也没有比他施暴政来得更好。"

"陛下，"美丽的努尔马哈答道，"请您允许我这样说：我觉得您对这位阿佐尔国王有点过于严厉了。他确实是那个时代最和善可亲的君主。他既不失灵气也不失品味，还留下了很多证明其心地高贵而善良的奇闻轶事。只不过某种不幸的教育……"

"不好意思，我的皇后，"苏丹又插话了，"我可不希望人们总用这种方法来给诸如此类的君王辩解。对生来就注定要继承王位者的教育，确实少有能够完全尽如人意的。要照你的准则的话，那我100个同行里就有95个有特权胡乱治理，任由他的妻妾、仆人或者时运随意行事。要不我来跟你说说我是怎样接受教育的，如何？以先知穆罕默德的胡子发誓！① 如果有哪个苏丹有权不靠常人理性活着，那我就是。因为我们现在只是私下谈话，我很乐意跟你们讲述我青春年华的些许片段。

　　"我的伯父山鲁巴罕——愿他的灵魂安息——把教育我的重任委托给了一个太监。在其监督下，某个品行端正、受人称道的托钵僧对我进行尽心教导，使我获得大量知识，连山鲁巴罕都觉得，我所学已经超过了现任苏丹胞弟的儿子所需的程度。一切就像今天才发生的一样，我到现在还能清楚地回想起，当我的数学和物理功课进展神速，甚至能够用一堆他完全听不懂、令人望而生畏的深奥术语来解释他的朋友鸵鸟国王令人惊异的发明——飞翔的风筝② 背后的机械原理时，他是有多高兴。他满心欢喜，亲自用纸为我剪出了一只精美的小鹅，镶嵌在粉色的化装舞会袍子上。此外他还送我一篮子点心，只要我逮到机会开溜，就会立刻跑到皇后伯母的小女奴，也就是我的小情人那儿，把它献于其足下。此外，通晓纸鸢的工作原理也是我当时在自然和艺术学问领域所能攀登的最高峰。

　　"我劳苦功高的恩师，托钵僧萨拉马雷克③ 为人诚实，他大方承认自然研究不是他这类人士所能把握的。不过，我在历史方

---

① ［译按］见第72页注③。
② 小克雷比翁《异谈录：政治和天文学故事》第二卷第四部分关于鸵鸟国王的故事，也提到了风筝（Cerf-volant /Fliegender Drachen）。
③ ［译按］萨拉马雷克（Salamalek）这一名字出自阿拉伯语"As-salamu alaykum"，是阿拉伯世界常用的问候语，意思为"祝你平安"。这一问候语不仅为穆斯林使用，中东地区的基督徒之间也会如此打招呼。

面的特长，他倒是了解得更详细。我对所有东方君主皆是如数家珍，可以从西安-本-西安国王数起，这位比第一个人类亚当苏丹还要早几千年的君王，一连数到无比尊贵的山鲁巴罕，我的伯父。我可以叫出先知所罗门所有的妻妾妃嫔的名字，也知晓很多国王美好的往事，也因为这些仁义之举，他们无比幸福；他们修建了宏伟的清真寺，也建造古雅的修道院来安置虔诚的苦行僧，这些僧人日日夜夜所做的，就是诵读《古兰经》。根据我这一部分教学内容，你们就可以想象诚实的萨拉马雷克以道德和政治学之名所试图教会我的东西。这可怜的灵魂！我必须这样赞美他：他工作是如此用心，硕大的汗珠常常悬挂在其额头。'一位随时可能登上王位的王子，如果我忽视了对他教育过程中最重要的环节，'他说，'那么所有印度斯坦的民众从精神到肢体都会挺身而出，控诉我的过失。'你们可以看到，他的目的本身很好，但如果他的表述不像其目的一样好的话，这是否是他的责任呢？为何山鲁巴罕要聘用一个托钵僧来教育他胞弟之子道德与政治呢？在萨拉马雷克看来，世上最好和最伟大的苏丹总要按时进行五次祈祷和符合律法的盥洗，在生命的每一天里都要远离酒精，要建造庞大数量的苦行僧修院，至少拿出收入的十分之一分发给穷人。除此之外，他找不到其他类型的君王善行了。

"他还经常对这一问题发表宏论，仿佛认为国王不用做别的，只需把辛苦操劳的臣民全都变为乞丐，从而让那些游手好闲者过上好日子就行了。他之所以对这方法青睐有加，是因为这样做可以让穷困和富裕无限循环，如此，君主就不会缺乏做好事的手段和机会，甚至可以不费吹灰之力而为之。基于这些精致的理念，我的托钵僧老师成了奢侈坚定的敌人，他很严肃地宣称：对于一个国家来说，让其半数人口靠着另外一半人拼命干活而过着无所事事的日子，要远远好于让他们去染指腐化人心，助长穷奢极欲之风的艺术。我们可以用这个老实人的话来总结他所有政见的特征。'最符合正道和神意的战争，'他说，'就是努力铲除先知的敌人，在广袤大地上传播伊斯兰的圣法。'他还给我举了不同君主的例子，说他们因为接纳犹太人、基督徒、拜火教徒^①和巴尼亚^②进入其国家并且赐予他们基于自身信仰崇拜各自神祇的自由，而遭受了严厉的惩罚。

"他把哲学和优雅的艺术贬低为古代异教徒虚妄的闹剧和亵渎神灵的发明；他还不遗余力地批评阿拔斯王朝^③的民众生活豪奢，^④由于他们可鄙的猎奇心和堕落的品味，这类腐败的行径也悄无声息地潜入思想正统者的生活中。他曾经说过：'谁手上有《古兰经》和十二伊玛目的释经，他就已经是智者了！人们各种妄图奠基于自然之上的道德训导和政治学理论，通通都是恶灵的障眼法。'他面红耳赤，眼冒金星地说道：'谁想用这种毒液腐蚀穆斯林的灵魂，谁必遭诅咒！'他每次谈到阿慕尔·伊本·阿斯总是激情洋溢，他是哈里发欧麦尔^⑤的将军，曾下令把著名的

---

① ［译按］原文为 Gebern，指的是源自古波斯的民族，也叫 Parsen，宗教上一直信奉琐罗亚斯德创立的拜火教。该词原义为"不信者"，是穆罕默德信徒对这一民族的蔑称，前者一直对后者迫害有加。而他们则自称 Behdîn（"正确信仰者"或"善良信仰者"）。参见 F. A. Brockhaus (hrsg.), *Brockhaus' Konversations-Lexikon*, Band 7, Leipzig, 1908, S. 505。

② ［译按］原文为 Banianen，主要指南亚地区的商人、银行家或贷款人团体。巴尼亚也可以指印度种姓制度中的第三种姓吠舍。维兰德生活年代的德文百科全书相关条目的记载，参见 Heinrich Martin Gottfried Köster (hrsg.), *Deutsche Encyclopädie oder Allgemeines Real-Wörterbuch aller Künste und Wissenschaften*, Band 2: As-Bar, Frankfurt am Main, 1779, S. 762–763。

③ ［译按］阿拔斯王朝是阿拉伯帝国的第二个世袭王朝，公元 750 年取代了倭马亚王朝，1258 年亡于旭烈兀西征（蒙古第三次西征）。

④ 拉丁文译者注：可能这里指的是哈里发哈伦·拉希德和他的儿子哈里发马蒙。众所周知，在他们治理下，希腊的科学和艺术在萨拉森帝国落地生根。

　　［译按］阿拉伯帝国在西欧习惯上被称为萨拉森帝国，而在中国的唐代则被称为大食。

⑤ 欧麦尔（Omar，584—644），也译为奥马尔，是历史上最有权力和影响力的穆斯林哈里发，是伊斯兰历史上四大正统哈里发的第二代，是穆罕默德合法继承人。

亚历山大图书馆藏书当成柴火烧掉，给公共浴室的水加热。因为他觉得，如果这些书所包含的都是《古兰经》寥寥数言就已清晰阐明的道理，则它们一无用处，如果这些书里竟然还含有《古兰经》以外的道理，则它们理应被烧。① '那可是黄金年代！'他虔诚高呼，浮肿的脸颊已经扭曲变样。'那个年代伊斯兰思想的纯净之花处处绽放！异教徒被我们践踏在地，先知的律法以奇迹般的速度在大地上传播！'——根据他的言行，你们自行判断吧。"苏丹继续道，"如果我的伯父巴罕委托他把我培养成托钵僧的话，他是否能更好地尽到责任？

"幸运的是（不仅对我如此，我想对整个印度斯坦也是如此），在服侍我的奴仆中有一个年轻的塞浦路斯人，此人天资聪颖，学养颇丰，对我那托钵僧老师的措辞和准则向来是嗤之以鼻，觉得其混乱不堪，常常用优雅的方式嘲讽之。就这样，他轻而易举就消解了这些准则在我性情中可能留存的痕迹。又因为他聪明伶俐，心无邪念，愿意在我陷入恋爱小烦恼的时候挺身而出，为我排忧解难，就这样他收获了我无限的信任，我对他的喜爱之情如同爱自己的一半灵魂一样。我们常常捉弄那位老太监和我那聪慧的托钵僧老师，方法可谓花样百出、天马行空。可惜我们想起来的恶作剧之法还是乏善可陈，时不时还会被当场逮到，

在其统治下，哈里发国急速扩张和强盛。他本人为伊斯兰信仰的传播立下了汗马功劳。

① ［译按］伊本·阿斯进入亚历山大城后原本是想保护图书馆，但哈里发欧麦尔下令将之焚毁，参见 Kurrelmeyer, S. 49。13 世纪叙利亚东方正统教会主教和学者巴尔·希伯来（Bar Hebraeus, 1226—1286），又名阿卜·法拉兹（Abu'l Faraj），记载了哈里发欧麦尔说过与上文"如果这些书……则它们理应被烧"一模一样的话："si in illis contineatur, quod cum libro Dei conveniat, in libro Dei [est] quod sufficiat absque illo; quod si in illis fuerit quod libro Dei repugnet, neutiquam est eo [nobis] opus, jube igitur e medio tolli."Bar Hebraeus, *Historia Compendiosa Dynastiarum Authore Gregorio abul-Pharajio Malatiensi Medico*, tr. Edward Pococke, Oxford: H. Hall /Ric. Davis, 1663, p. 114.

送到苏丹面前，被郑重其事地训斥一番。

"山鲁巴罕虽然很赏识我师长们的责任心，但看在我们少不更事的份上，还是少有会狠心惩罚我们的轻佻之行。当托钵僧老师用惨兮兮的声调和苦大仇深的动作绘声绘色地向苏丹讲述我们的恶作剧时，苏丹总是捧腹大笑，有时甚至得用双手来扶住身体两侧以防不慎摔倒。而最后，这位诚实的托钵僧只能重复他的口头禅——'年轻无美德'——让一切完满收场。'我还能很清楚地回忆起，'他常常面带狡黠地说道，'我在格巴那么大的时候，也没比他更循规蹈矩，也是一副吊儿郎当的样子。我的宫廷太傅也是个托钵僧（愿真主保佑他的灵魂！），他碰到我也是够倒霉的。我母后的婢女们见着我也得小心防着。格巴的脑袋可精着呢，等他闹够了，自然就会变聪慧的。'诸如此类的至理名言，我的好伯父从来都是张口就来。皇后，听了我如何受教育的故事，你有何见解？难道你不觉得我在一位怏怏不乐的老黑奴、一位跟我灌输美德原则的托钵僧、一位举止轻浮的塞浦路斯年轻人、若干品性算不上纯良的婢女还有一位像苏丹巴罕的伯父手中，一样也可以被培养成优秀的皇位继承人，丝毫没有辱没印度斯坦皇座的威名？"

"陛下，"努尔马哈微笑道，"如果您恩准我自由发表意见的话，我会说，那恰恰是因为所有境况都完美地交融，才能让您身上的天分得以发展。如果天性活泼的年轻人真的无法抑制内心的冲动，总想要跟老师的命令唱对台戏的话，那我们还能在哪儿找到比托钵僧萨拉马雷克更有水平的老师呢？太后乖巧听话的宫女们确实也发挥了必不可少的作用，她们可以刺激你的想象力，使之无拘无束地发挥，她们还能避免你的心灵陷入懈怠而停滞不前，这种情形常发生在方法过于迂腐的教师门下。年轻的塞浦路斯人的到来或许能够中和一下托钵僧过于严厉的道德教导，但有时候也有点超过所需的限度了。不过如果他至少还能帮你消除掉这位天真的导师所教内容的危害性的话，那也算功不可没了。我还能肯定地讲，他还帮了您一个更大的忙。他对托钵僧美德原则的嘲讽对您的理性也大有裨益，可以让您在尘世的逆流中总是坚定地以合乎自然的方式行事。学会嘲笑愚蠢行为本身，这对获得聪慧这件事情而言，人们毫无疑问会收获良多。此外，山鲁巴罕以及前面三位先帝的例子……"

"关于这一点，皇后，"苏丹面带微笑，打断了她的话："你说得太对了！三位或四位类似的前任君王对于继任人来说是不可比拟的教学参考，如果后者能够不偏不倚地考察前者的话。今天有关国王和国事的讨论就点到为止吧。我已经好久没那么兴奋过了，差点都忘了我可是有幸成为苏丹的人。派几个你那边的宫女①过来吧，努尔马哈，我想试试伴着她们的歌声就寝，看能不能像达尼什曼德提到的那位白胡子老者一样酣然入梦，他前头可是跟我们讲了不少有关他的奇闻异事呀。"

---

① ［译按］原文为 Odaliken，为土耳其语 Odalik 的德文转写，其单数形式在当代德语中常拼作 Odaliske。该词指的是奥斯曼帝国宫廷的侍女，她们的工作主要为侍奉苏丹的女性亲属，如太后、皇后以及妃嫔等。她们同时也会为皇室提供娱乐活动和表演。

第 9 章

山鲁格巴恩准努尔马哈的宫女前来伴唱，这给他的身心带来了些许愉悦，超过一开始所预想的。在其吟唱下，他非但没有入睡，其中一个貌似宁芙仙女的姑娘反而唤醒了他一片睡意沉沉中的想象力，让他品尝到某种介于激情和趣味之间的滋味。这滋味从出现、发展再到结束，经过哲学家达尼什曼德的计算，总共持续了 3 天 21 小时 16 分钟。

如果说愚蠢的行径结束得越早越好，那么我们可以毫不折损这位苏丹威名地说，他在这件事情上还是称得上是他这个阶层所有先生们的楷模，虽然后者确实也担不起这样的名头。我们当然没有必要过度吹嘘他的智慧，一切的事实不过就是这位年轻的歌女的歌声缺乏灵气，苏丹也对此缺乏足够的欲求，所以这份享受的滋味才没能多存留点时光。寥寥数日后，他觉得有必要把他那个因这一打发时光的消遣而被中断的微型学院聚会重新组织起来。在他命令下，阿佐尔国王的故事继续由迷人的努尔马哈讲述，内容如下。

"阿佐尔苏丹为了证明自己一直以来所施行的是真正的帝王宽宏仁德之业，竟然在战局有利于他，幸运之神要赐予其胜利桂冠的时候，不仅跟敌人签署了和平协议，甚至还把一个富庶的州郡送给他们。没人能够否定，阿佐尔想要继续不受干扰地享有妩媚的阿拉班妲（征服了她一人，就算拱手献给敌人20个州郡，也足以抵消所有损失），这份欲望可以说是他宽宏仁德之业真正而隐蔽的动力源。人们花费天价才换来这一场所谓的和平，这至少证明了人民的利益从没有被真正地被考虑过。统治者从没有想过如何改善国家的制度使之更好地应对未来的各种状况，更没有想过如何复苏被战争蹂躏后千疮百孔、荒无人烟的州郡。阿佐尔把国家政事分摊给阿拉班妲美人的几个心腹，他们口口声声说服他亲自主政，实际上却是让这一妖女和她的同党直接主政他。西羌国所有机智的脑袋搜肠刮肚想出来的各种欢宴和消遣活动的新玩法最终耗尽了无穷无尽的金银，当中随便拿出十分之一就足以重建被摧毁的城市，足以让战争肆虐过的地区所留存的伤痕彻底消失。一场寿宴花费的款项足够让一万个穷困潦倒，挣扎于生存边缘的家庭重获幸福，重新能为国家的福祉奉献劳动。

"没人敢跟苏丹献上此等谏言，再加上阿拉班妲美人权倾朝野，虚荣心欲壑难填，早已没有把漫无边际的虚妄心之累累战果献祭给同情心和做好事的欲求的孱弱之念。这天生就有副好心肠的阿佐尔又怎么会生出这样的念头呢？——他对自己国家的内部处境毫无概念，除了吃喝玩乐这些与其生活息息相关的事物外，没有任何思考其他事情的能力。最为过分的是，他竟然对贫困一点点直观的印象也没有，而疏解贫困不正是他最大的职责嘛！他本应该微服私访，要么一个人去，要么由一至两位品行高洁之士做向导，远离那些通往其行宫华苑的雄伟驿道，去往王国最偏远的地区，去往乡民的棚屋，去往彼时欣欣向荣，此时残垣断壁、被废墟湮没的小城，勇敢地走进去，去看看那些唉声叹气、亟待救助的苦命人。这样的私访哪怕只有一次，其给人民带来的好处岂能限量！但是……"

"王儿，"山鲁格巴突然心血来潮，对他的爱子说道，"记得明

天一早给我备好马匹，然后你跟达尼什曼德在御花园西门口那儿
等我。我们也要一起来一趟这么有意思的旅行。但你们三个得为
我誓死保守秘密！——继续吧，努尔马哈！"

"陛下，您此时下决心想要进行的'有意思的旅行'，那善良
的阿佐尔苏丹可是做梦都没想过，您这份热忱之心真是令人钦
佩。阿佐尔一出游就得让整个宫廷的随扈都跟着，其奢华程度怕
是只有征服天下的凯旋者的盛大军容方可比拟。每一次诸如此类
的巡狩都要耗尽一州整年的收入。此外还有一个古老的腐败习
俗①，那就是逼迫乡民无偿地上交自己的骆驼、骏马和马车，好
搬运国王及其随扈的行李。所以，仅仅是这样一种情形，其给国
王车队途经地区带来的伤害不亚于一次敌人的突袭。更有甚者，
苏丹及其'女当家'的宠臣们非常警觉，生怕国王的眼睛会被食
不果腹、衣不蔽体、一贫如洗的景象玷污，所以总能确保其所到
之处皆不见着此番情景。治理着车队途经地区的亲王们为了讨好
王室，一老早就做好万全的准备，好为君上隆重地接风洗尘，或
是在他匆匆路过时设宴款待，好让他既饱尝乡村美食的同时又能
饱览乡间的胜景。就这样，这位善良的君主备受蒙骗，满心以为
自己最卑微的臣民也生活幸福，飘飘然徒享虚假的欢乐。"

"我开始有点同情你这位阿佐尔了，"山鲁格巴说道，"如果一
个国王的臣属们都串通一气来骗他的话，那么这时候他要么得跟
天神一般目光犀利，要么就得做好被骗的准备。"

"虽然如此，"努尔马哈继续道，"西羌国总的来说还是比历史
上任何时期更配得上兴旺发达这一美名。大自然赐予其大部分州

---

① 佚名者注释：大多数古老的习俗都是很腐败的，且正因为它们是古老的习俗才
　　如此。在其所在的时代，以及某些情况下，它们也可能是好的，或者可以被辩
　　护。但这些情况已不复存在了，若此习俗却依然保持，则它们的坏处就会体
　　现出来。所以那些傻头傻脑的人一见到革新就习惯性地大呼小叫，世上真没有
　　比这更蠢的事。

郡最为丰硕的物产，辛勤的工作和活跃的商贸让其大中城市生机勃勃，艺术创作也达致完美的巅峰。阿拉班妲可不想仅是步莉莉美人的后尘，她如此自傲又岂肯效仿他人，不如说她更想推陈出新，独享首创者的美誉。

"因为她经常陪伴苏丹出猎，有一次就发生了这样的事情：她跟他在一处荒野之地迷路了，那儿仿佛被自然所漠视，到处都破败不堪，似乎只有仙女的魔棒才有能力使之焕然一新，顷刻间化为青山绿水。'这是何等神奇之所，'阿拉班妲激动万分，高声疾呼，'它让我心生一计，定可让苏丹陛下的统治彪炳千古，令后世望尘莫及！这是何等神奇之地，若大加修建，使之改头换面，定可化身为爱神之居所，成为感官和想象心醉神迷的标记！'阿佐尔吃惊地望着妖媚的阿拉班妲，他自己本人也醉心于奇迹之物，但即便不是如此，就凭着其对阿拉班妲美人无比温柔的爱，也不愿打断她抒发喜悦人心的奇思妙想。他由着她执行其突如其来的遐想，要论疯狂程度无人出其左右。不到几天的工夫她便拟好了蓝图，此时只等成千上万只手将之付诸实行。

"自尼尼微和孟菲斯①不可一世之国王统治时代起，人们就不曾见过能与之媲美的工程。与阿拉班妲女神的创造相比，埃及金字塔和古巴比伦的城墙又算什么？人们夷平山脉，炸毁高不可攀的山岩，用其碎石在这儿筑城宫殿、小神庙、人造洞穴和怡人的隐居室，或是逐级飞升的露台，在那儿又将之变成园林、林荫道、花圃和林苑。地处偏远的河流被引入这片无中生有的奇幻世界，再通过水景艺术家令人眼花缭乱的技艺，让树木参天的园林和小树林里（阿拉班妲下令栽种）布满了千奇百怪、多姿多彩的喷泉和人工瀑布，展现出一片生机盎然的胜景。在这些艺术杰作

---

① ［译按］尼尼微在现今伊拉克北部，曾是古代亚述帝国的首都。孟菲斯是古埃及王国的首都，其遗址位于今天埃及吉萨以南 20 公里处。

之间还耸立着一座真正的仙子宫，大理石、碧玉和斑岩仅是这座宫殿石料中最平庸的材质，所有印度、震旦和日本的手工作坊都竭尽心力地装点着它。其四周被无数园林包围着，里头茂密地生长着世界各地的奇花异卉，它们井然有序地排列着，人们每登上一级露台，就如同置身于一个气候区，逐级变化。这处人间仙境还栖息着世上最艳丽和珍稀的鸟类，它们啁啾鸣啭，歌声千娇百媚，娴熟而自然，处处皆能听闻。这座奇幻仙宫俯瞰之处，无数的林苑簇拥着一片人工建造的海洋，各类水生动物嬉戏其间。还有一处巨大的湖泊，碧波万顷、白浪翻滚，湖堤由大理石砌成。镀金的船儿成群结队行驶于湖面之上，要论精致和饰物之华美，这些船儿早已超越了克娄巴特拉第一次魅惑占据半壁天下之霸主①时所乘的船舶。

"阿拉班妲下令对这座以其名字命名的仙境进行记录和描写，总共需要数卷大书才能刊出，而要维持此番极致胜景最少的费用也要整个西羌国年度收入的两倍以上才足够，这可是一笔相当惊人的数额。无数好奇的异邦人都被它吸引，纷纷前来一睹为快，但国家从他们身上挣到的利润却远远无法抵消阿拉班妲美人大肆挥霍给国家带来的各种伤害。大批乡民被驱离自己的耕地而变成零工，其拼命工作的目的就是为了加紧建造某个景观。虚荣心让阿拉班妲焦躁不安，只想看到这一作品尽速完成。有些州郡因此陷于混乱和贫乏，生活物资价格飞涨，公共财政枯竭，来年的收入大为缩减，国家背负了沉重的债务，大部分其他国家却因此大

---

① ［译按］克娄巴特拉（Κλεοπάτρα Φιλοπάτωρ /Cleopatra VII Philopator，前69—前30），全称克利奥帕特拉七世，为古埃及托勒密王朝的末代女王，中文世界通称"埃及艳后"，她与凯撒有过一段情缘，文中所谓"半壁天下之霸主"指的就是凯撒。据传他们曾经一同泛舟尼罗河。关于此次泛舟同游的研究，详见 T. W. Hillard, "The Nile Cruise of Cleopatra and Caesar", *The Classical Quarterly*, Vol. 52, No. 2, 2002, pp. 549–554.

发横财，原因不外乎脾气乖戾的阿拉班妲口味奇特，总觉得本国的东西不够瑰丽，即便当时恰逢在西羌国所有艺术种类都大放异彩，百花争妍。

　　"对国家深为不幸的是，一座惊奇景观刚刚破土动工，这位国王的宠妃就已经按捺不住自己的想象力，又在寻思着兴建下一座。在她爱人的款款深情下，这一建筑杰作定会快速兴建和落成，而其对国家的负面影响他们则漠不关心。她与国王在阿拉班妲园共度的第二个夏日时光时，就注意到建筑物过于宽敞，花园过于凌乱和芜杂，简言之，整体的景观犹如一幅讽刺画，自然被匠气所取代，虽然花样繁多直映眼帘，但却过于纷繁芜杂，不免让人疲乏。依照这番'智慧'的观察和评断，人们又在国家的另一处山明水秀之境修建另一座王家园林。虽然比起前面一座规模略小，但在宫内一些满腹诗情画意之人的协助下，在这园林里真的实现了自然之灵气对所有艺人繁缛匠气的制胜。大自然独特的神韵在此显露无遗，像在那宁芙轻柔的衣裙上，又像在那因恋人突然现身而被吓得花容失色的美人身上。比之更怡人的去处，人们怕是做梦也想象不到。可是要让自然在这儿战胜它的对手，那代价又似乎太过庞大了，人们不得已得想方设法找借口向臣民征收各类新的税种。就这样，这位宠妃无边无垠的创造力在世上留下一个又一个精美绝伦的印迹，慢慢地填满了整个西羌国。工程承建人以及那些通过走关系引荐和宫廷阴谋，而非通过过人才干上位的艺匠都在这事情上牟取暴利。那些被请来给朝廷的'丰功伟业'歌功颂德的诗人，其所得酬劳不过一个御膳房簿记员的十分之一，却得为各类奇迹和黄金年代敲锣打鼓、大唱赞歌。只是各州各郡都在急速衰落和颓败，境况惨不忍睹，国家很有希望可以快速比肩一位技压群雄的演奏家。这样一位演奏家理财出了点'小失误'，只得在一座崭新而靡丽的宫殿中，在无数美轮美奂的油画、雕塑和古董的簇拥下忍饥挨饿。"

讲到这儿，努尔马哈稍做歇息，因为她留意到苏丹似乎陷入沉思。突然间他急转身子面向达尼什曼德。"达尼什曼德，难道你不觉得，"山鲁格巴问道，"我那些苏丹同僚们如果身边有个诚实、爱说真话的朋友，会停下手中很多正在做的事情？"

"可能是这样，"达尼什曼德耸耸肩，动作轻微而不易察觉，回答道，"也可能不是。"接着喃喃自语。

"为什么不是？"苏丹问。

"陛下，"哲学家说，"您真的想听我说真话吗？"

"那还用问，我刚刚不是讲过了嘛。"苏丹说。

"那我就说了。我可以打赌，四分之三的情况下，就算苏丹们身边有孔夫子和琐罗亚斯德这样的朋友，大多数人想做的事还是会做，不多也不少。因为，假设好比说阿佐尔国王身边有个这样的朋友，那一切也还要取决于这位朋友有没有找到适宜的时机来表明自己看法。一个小小的状况，不管是空气中还是他家陛下头脑中出现一小团烟雾，还是国王胃部稍稍有点鼓胀，或是他刚刚跟自己的妃子闹了点口角，或是梦境还是什么琐事搅乱了他的睡眠，或是饲养的宠物猴子闹脾气，或是其中一条大猎犬身体不适，成千上万诸如此类的小事哪怕只发生一件都足够让那位朋友最好谏言的效果大打折扣。好，假设那位朋友真的遇到一个绝佳的时机，并且其动机满怀诚意，但在关键时刻突然缺了那么点技巧和运气，他又要如何轻易地把自己的谏言恰如其分地表述出来呀！他一不留心，脱口而出的一个词就足以十分轻易地让其前面20句连珠妙语的效果毁于一旦！好吧，我们再假设他的谏言真的能给自己的君主留下期待的印象，但是一刻钟之后，某个善解人意，但立场与之背道而驰的仆人稍做谏言，或是可爱的阿拉班妲抛出一个媚眼，甚至必要时硬挤几滴眼泪，就足以让这样的印象化为乌有。这样的事情来得要多快有多快！我能设想出这样的场景，比如说上面提到的好朋友前脚刚走，美丽的阿拉班妲后脚就踏进苏丹的寝宫。我们假定这位朋友勇气和热情兼具，敢于反对国王宠爱的美人新近捣鼓的各种劳民伤财的'奇思妙想'，以大众福祉的名义呈上谏言。

"'我这次过来，'她说话时神情愉悦，脸上妖娆妖媚、艳光四溢，'我这次过来是给陛下呈上一些草图，想听听哪一张图纸能获得您的嘉许，可以成为新圆形剧场的建筑方案。我们最近刚刚聊过这个。'

"'我们看看吧，皇后。'苏丹的话冷冰冰的，他实在不想给她或是给自己摆出这副面孔。

"'所有图纸都绘制得异常精美。您觉得这个如何？坦白讲，我要是可以选的话，一定首选这个。比这更宏伟和华丽的方案，还真想不出来了。若将之建出，一定可以光耀陛下的盛世王朝，其精美程度定让后世瞠乎其后，哪怕无数个世代之后，它依然还是在世的奇迹。'

"'可是，我的皇后……'

"此时阿拉班妲定睛凝视着苏丹，脸上带着一丝震惊的表情。

"'我有些苦衷……'

"'我亲爱的陛下，您怎么了？您看起来不像早上离开时那么兴高采烈。'

"'我没办法不这样跟你说，我只想让你知道，那些讨你欢心的东西我现在很反感了。但……'

"'我完全听不懂您的意思，解释一下吧。难道我就那么不幸，偏偏我期望得到的东西正好却是您讨厌的？'

"'你这不知好歹的阿拉班妲！全世界要是都在我手上，你要我把它献于你足下，我何时犹豫过片刻？'

"'请您原谅我，原谅这个温柔的人一开始由于过于战战兢兢而心生的疑惑！'这位女士用着娇滴滴的嗓子喊道，再加上她眼神里的狐媚妖气，钟情于她的人全身上下每个细胞都能立刻感觉到其魔力。她的双手轻柔地按着苏丹的肩。

"而这位苏丹——愿陛下恩准，我们假设他能够尽可能地勇敢——做了个动作，仿佛他觉得自己配不上她的爱抚，正在抽身而退，有点不知所措地看着她，面露难色，努力说出了第二个'但是'。'但是，我的美人，要执行这一计划，你觉得要花费多少钱？'

"'就一点点而已，陛下。200万或最多300万盎司白银。'[①]

"'有人给我确证过了，就是执行最便宜的方案也远超这个金额。我跟你坦白讲，我现在的各个州郡还有其他形形色色的急切需求……'

"'急切需求？'这位女士用悲怆和震惊的声调喊道，'有人居然那么坏心肠，竟敢用这些耸人听闻的奏疏来搅乱我可敬的苏丹王宁静的心神。陛下治理下，国家的各州各郡都无比幸福，他们没别的心愿，就想永远被您这位世上最好的君王统治着而已。假设国家真的有什么大不了的需求，您难道还会怀疑您的钱库没有足够的金钱来打发他们吗？难道还需要人们节省这笔小钱才够满足他们？这笔小钱可是能用来讨陛下您欢心和美化王国京城的。'

"'但是，亲爱的阿拉班姐，我用你说的这笔小钱，如果几百万对你来说确实是小钱的话，我用这笔小钱又能让多少千人幸福呢？'

"'请原谅，亲爱的苏丹，您让我震惊到完全缓不过神来了。我看有些人正在恬不知耻地滥用您的仁德。是谁跟您说国王得挥霍个几百万来让那些游手好闲的乞丐或者通街乞讨的闲人幸福？

---

① 拉丁文译者注：由于缺乏可靠的信息，我们没办法确定是否西羌人跟震旦人一样也是以一盎司白银来做货币的基本单位，或者是否他们真的使用金币和银币。至少据译者所知，欧洲任何一间钱币展览室中都找不到西羌国的钱币。有可能震旦文译者为了方便其同胞理解文本，而把西羌国的货币计量方式转换成震旦国的方式。此处我们不作更动，因为它确实是最方便的计量方式。

我现在知道这葫芦里到底卖着什么药了。看来不是金额太高，而是大手大脚花钱这事情让有些人脸色难看了。就这样吧！我们不建那圆形剧场了。去给那几百号蓝猿派僧侣①建庙吧……'

"'我们啥都不建，阿拉班姐！'

"'看来我今天运气不太好，讲的话都是陛下您不爱听的。'

"'你太容易激动了，阿拉班姐！'

"'不是容易激动，是心情烦躁，因为我忽然间有些不祥的预感了。啊，阿佐尔！何必装模作样？何必拐弯抹角呢？您何不干脆把话讲清楚，让我一次不幸到底？'

"'你太让我吃惊了，阿拉班姐，你又在胡思乱想些什么，我的美人？'

"'好一个冷漠的人！我眼里的恐惧您难道还看不清楚，难道我的忧虑是在虚张声势？啊，阿佐尔！'此时她绝望地瘫倒在沙发上。'啊！我真是世上最苦命的人！您的心已经不在我身上了。另一个更幸运的……'她的声音变得嘶哑，眼泪如泉水般从忧郁的眼眶中渗出，美丽的胸膛因为大口喘气而双倍上下鼓动。此情此景让阿佐尔大为错愕、焦躁且虚弱无力，立刻就把朋友的谏言和计策抛到了九霄云外。他的眼里只有泪眼婆娑的阿拉班姐。他立刻张开双臂冲向她。在这双泪眼和胸脯前，什么样的谏言和计策能抵挡得了？他扑倒在她脚下，说着甜言蜜语，像一个意乱情迷的人为了安抚爱人举棋不定的心而想方设法，竭尽心力。此时不要说600万了，就是6亿在他眼中也是笔小数目——简言之，这场小小的风暴过后，他们成功和解了，场面真是温馨感人（这位女士还故意拒绝了几次，好提升和解的价值）。阿拉班姐在这位心软意活的苏丹心中的地位又稳固了一分。圆形剧场还是破土

---

① ［译按］关于"蓝猿派僧侣"和"火猿派僧侣"等西羌国宗教相关内容请看本书上部第10章。

动工了，而苏丹可怜的朋友（这位君王的好友也照猫画虎，同样拒绝了几次）最终也被廉价地出卖了，因为一切都是他的过错，是他让这双世上最美的眼睛泪如雨下，顿失光彩。"

"你怎么评价我们的达尼什曼德伙计的新本领？"山鲁格巴装出一副惊讶的表情，问着努尔马哈。"说真的，"她答道，"他即兴演喜剧的本事还真不赖。我要是能提个建议的话，我想比起去做苦行僧的总监事，去做德里城的剧场总监事更适合他。"

"这两份工作其实可以相得益彰嘛，"苏丹回答，"我们可不能让这家伙的才华荒废了。要是大家对他要求过多，他也可以自行掂量嘛。不过，达尼什曼德，我说认真的了，你刚刚讲述了阿拉班妲王妃怎么引诱可怜的阿佐尔大手大脚花钱，这让我有了一个想法，我想你的'哲学女神'应该也会拍手叫好的。我打算拆掉三座或四座对我来说可有可无的行宫，并且把它们所属的花园、林苑和猎苑都变作农田，分发给我的臣民们，这样做算是给他们献上一份可观的厚礼了吧。"

"陛下，"达尼什曼德眼中笑意盈盈（他的哲学观中包含过多的生活之道，绝不会轻易让自己哈哈大笑，即便笑欲难忍），"您的想法就算只是想想而已而不付诸实行，照样也足以彰显陛下心灵之尊贵。它……"

"不，不，"苏丹插话了，"不是这样的！它一定会付诸实行的。不然只是随便想想，又能起什么作用呢？我一点都不在乎它能给我带来多大荣誉，我爱的是我的臣民。我完全可以想象这样做能给千家万户带去多少欢乐，我没办法抵御这种想法，这是我的弱点，我大方承认。"

"这弱点是多么令人肃然起敬呀！"美丽的努尔马哈高呼，同时把苏丹的一只手置于自己的双唇之上。

"现在的问题在于，"苏丹继续道，"到底该牺牲掉哪些行宫？几乎每座都有自己独特的风采。算了，今天先不安排这事儿了。

晚安，孩子们！——达尼什曼德，以后人们在我面前演的第一部戏，就由你来写了！"

小王子接到任务，明早天一亮就得准备好动身陪同苏丹微服私访。他索性就在一位小情人家里过夜，这姑娘在他安排下在德里城郊的某座精致的小屋住了下来。在那儿时间过得异常快，仿佛他才刚闭上双眼，就得立刻醒过来一样。简言之，他彻底忘了苏丹的嘱托，就像人们从未提过这事儿一样。幸运的是，苏丹好像也不怎么记得这个事情了。实际上苏丹陛下经常有很多这类奇思妙想，别人真要把他们当一回事，就得惹人讥笑了。尽管如此，他睡前最后一个奇思妙想本来还是能有所效果的，如果山鲁格巴能下定决心，与自己的秘密顾问达成一致，决定好要让哪座行宫接受'终极制裁'。关于这件事情，人们还是一直喋喋不休地说个没完，直到最后没啥好讲了，自然也就不再多嘴了。一切还是一如既往。就算如此，山鲁格巴还是能心安理得地夸耀自己内心的高贵和慷慨，因为他至少在思想中执行过这个计划了。

第 10 章

"阿拉班妲美人天马行空的想象力和穷奢极欲的作风,"努尔马哈继续讲,"无论西羌国的财政收入总额有多高,都足以被其消耗殆尽。但是国家的高级官员、财政监察员以及整个庞大的亲信集团(因为每一个亲信都有自己的亲信)同一时间也侵吞了大量的款项,就算把当时的国家开支预算再调高一倍(从战事爆发后开支就一直如此,与国王的说法完全不同),也不足以来支付这样一笔惊人的开销。人们不得已只能每年用尽各种借口征收新税。而政府操心的从来都不是给予国家那些孜孜不倦、贡献良多,却家徒四壁、饱受压迫的阶层必要的鼓励和扶持,好让他们能够生活自给自足。如此毫无智慧的国家经济政策所催生的恶果,终于在几年不到的时间就浮出了水面。哪怕对全局只有一知半解的人,目睹此景,心中都不免会产生国家衰亡不日将至的压抑预感。

"最让那些心系国家福祉之人倍感屈辱的,恰是朝廷面对各州各郡破败不堪的处境全然不为所动。比方说,有些州郡的河流时不时泛滥一下就会引发触目惊心的灾难和结果;有些州郡农田疏于适当的照顾和管理导致庄稼歉收,饥荒和瘟疫便随之而至,整片区域饿殍遍野,形如坟场。人民遭此劫难,朝廷依旧歌舞升平，花在常规或超常规的宴饮上的银两拿出一半，就足够预防这些灾情了。① 如此惨痛的灾情，苏丹和他的'女当家'娇柔的感官和淫靡的想象力又如何敢直视它呢？他们怕是直视一分钟就已经受不住了。但不管是阿佐尔还是阿拉班姐，他们都不知道，仅仅一次奢华无度的饕餮盛宴所挥霍的十万盎司白银就相当于同一天内二十万户人家用以果腹面包之价值。这些人还有他们饥肠辘辘、号啕大哭的孩子们被辛劳、忧愁和贫瘠压弯了腰。若是这点面包还未从他们嘴里被狠心和绝情地抢走，再被他们那所谓'共同的父亲'在萨达纳帕勒斯② 式的宴席上吃光喝尽，或是分发给自己饕餮暴政的同党和帮凶们的话，那么这笔账确实是这么算的。"

"这种想法太丑恶了，"山鲁格巴高呼，"如果我有理由相信自己也处在同等境地的话，那我情愿今天就披上苦行僧道袍，或者

---

① 震旦文译者注："防患于未然"是一个相当重要的词语，敬请达官显贵们要偶尔对之思量一番。我们的孔圣先师说过："当他们的智慧所无法预测的灾祸发生，而一旦其自身生活受影响而对之有所察觉，进而寻得协助尽速前去舒缓之，在此等境况下这样做可以说是符合众人的要求了。但是也有一些不幸的偶然事件是人们可以猜到的，同样也有些灾祸可以被准确地预言，因为它们是我们自身犯错和过失的必然结果。若是等到它们大部分危害性后果已经出现再来寻求解决之法，这样的统治方式可谓非常不智。我们的领袖有责任对这些灾祸'防患于未然'。我们何以需要领袖，其最重要的原因之一就在这里。"

　　［译按］此处《金镜》"震旦文译者"评注中引用的孔子的话，为维兰德个人创作的可能性较大，因为难以在中国经典中找到对应的话，然而中国儒家经典中亦不乏有关"防患意识"的经典引言，如"君子以思患而豫防之"（《周易·既济》）；"人无远虑，必有近忧"（《论语·卫灵公》）；"生于忧患，死于安乐"（《孟子·告子下》）。

② ［译按］根据公元前 5 世纪历史学家科特西亚斯（Κτησίας /Ctesias）的看法，萨达纳帕勒斯（Σαρδα-νάπαλος /Sardanapalus）是亚述帝国的末代国王。据传此人生活作风非常堕落和颓废，纵情于声色犬马，沉沦于酒池肉林之间。亚里士多德《尼各马可伦理学》第一卷中讨论大众倾向于把善与享乐相等同，并钟情于动物式的欢乐时，就提及此人的名字（1095b20—22）。英国诗人拜伦写过名为《萨达纳帕勒斯》的悲剧。此外，但丁、歌德、狄更斯和梭罗等文学家的作品中都提过此人。

像某个国王一样七年内'吃草如牛'①，也好过继续当这么个苏丹。"

苏丹的声明既然如此言之凿凿，那再跟这位老好人挑明，其实他本人也经常身处如斯田地，就显得非但没礼貌，甚至有些残酷了。大家异口同声地拿事实的反面向他保证，接着再感谢他又一次证明了自己的人情味。完事后努尔马哈继续讲故事。

"对各州各郡悲凉的境况，远在京城的好国王阿佐王做梦都不曾想象过。他的侍臣们采用了最精心的策略，绝不会让人民的哀怨之声传进他的耳中，能围绕在他身旁的，只会是那些欢天喜地或看起来欢天喜地的人。他的都城宛如世间一切雍容华贵的象征，都城近郊的景致令人神魂颠倒，就连乡民的茅屋也给人一副财大气粗、得意忘形的印象。国家各州郡涌入京城的金银财宝犹如滔天洪流，而流回各州郡的银两就连那千道万道蜿蜒曲折的细流都谈不上。这些金银非但没有定期流向大国身体的各个部位以维持其活跃的生命力，反而遗失在无数道纵横交错的细小运河中，或是坠入无底的深渊中，又或者人工蒸发，消失得无影无踪。曾经的国家财富此时大部分都在做小额流通，其流通速度之快，方式变换之频繁，花样之丰富让大众的钱财不知不觉间被抽空，而其生活境遇的恶化亦是昭然若揭。早在人们愿意下决心正视这一切之前，国家恶劣的处境就已经映入每个人的眼帘，他们有幸目睹其从一个极端走入另一极端。某一州郡离京城越远，其穷困程度就高；从都城出发，每多行一日，眼中所见的饥寒交迫者之数量也会逐渐增加；旅途路上每迎来一个黎明，放眼所望及的乡村必会多一分衰败和荒凉，多一分蒙昧，多一分贫瘠和压抑，直到最终人们什么也看不到，除了那无边无垠的荒漠。这荒漠对苏丹仅有的价值就是让他可以指望外敌见着它时会被吓到抱

---

① ［译按］这里的国王指的是新巴比伦王国的国王尼布甲尼撒二世，关于其如牛一般吃草，共历时七期的典故出自《但以理书》4:25。

头鼠窜，或者至少让他们难逃忍饥挨饿，使之在寻得机会侵入国家腹地之前，就已被全数歼灭。

"为了让西羌的处境惨得更彻底点，这个国家狂热的祭司们在阿佐尔统治的时代就在上演某出悲喜交集的猴戏，其对国民精神、风俗和外在境况的负面影响甚是巨大。"

苏丹原本已经昏昏欲睡，但说到这儿，他的注意力再一次被吸引了。他用左臂支起身体，直盯着努尔马哈美丽的脸蛋，神情既充满期待又急不可耐。

这位女士说道："陛下，如果您很期待听到一些出人意表的事情的话，那这段故事是绝不会让您失望的，就算您已经对故事中不同寻常的事物做好心理准备，一样还是会对内容感到出乎意料的。"

"我期待的正是这个，"苏丹说道，"也恰恰因为这个我才如此急于想了解其中的内容，以至于我有预感你的故事会让我彻底把瞌睡虫赶跑，虽然它原本的作用应该是给我助眠才对。阿拉班姐女士跟老好人阿佐尔谈话时提到了'蓝猿派僧侣'，我应该没有听错。当时我不想打断达尼什曼德的表演，现在呢，既然你碰到这话题了，那我也希望更再深入了解一下这些'大善人们'。"

"我必须事先请求陛下您答应我一件事，"努尔马哈答道，"那就是由达尼什曼德来承担这一部分故事的讲解工作。他很有讲述这部分古代历史的才能，一定可以完美地满足您的好奇心。"

"我非常愿意，"苏丹说，"他甚至获得我的授权，想讲得多啰唆就多啰唆，因为我很期待他讲的故事里头能够包含所有细枝末节，没有哪个聪明脑袋会对之漠不关心。"

达尼什曼德当然没有理由搜肠刮肚，去找些能够助其推辞这份工作的借口。他只能优雅地将之承接下来，稍事休息之后，他开始讲述他的故事。

"虽然在我看来，再差劲的政府和再差劲的宗教总好过一样都没有，但我还是得跟其他人一样承认，一个民族哪怕在其他方面建树再多，如果它不幸沦为一个乱七八糟的政治制度和一个不合人理的宗教组织的附庸，那么它自然无法上升到某种完美的境地。西羌国的人民从不知何年何月起就身处后者的田地。要不是古代和近代的世界史使我们认知到世上尚有如此多迷信的民族，且每一个都跟西羌民族一样容易被蒙骗，不然我们一定会对西羌民族在如此重要的事情上却一副盲目无知的样子感到难以置信。

"古埃及人已经给我们提供了范本，其他的都已显得多余。当听说一个如此智慧的民族竟然把猴子、猫、牛犊、鳄鱼和海葱当作神明或者至少是神明可见的形象，并且对之心神出窍、充满疯狂地敬畏，我们定然是张口结舌、思维恍惚。[①]这一切竟然在

---

① 震旦文译者注：印度撰写者此处所言与流俗的观点颇为一致，根据这些观点，人们之所以能得到某种（我也不知道是哪种）埃及人智慧的古怪观念，是因为这一民族（如果把震旦民族排除在外的话[*]）是最先拥有法律、宗教和道德的民族。基于这种预设，人们当然有理由惊讶如此智慧的民族竟然会变得如此不智。可是，当我们讲："一个能去崇拜牛犊、猴子和鳄鱼的民族当然不算是智慧的民族，而是愚蠢的民族"时，这难道不是更符合推理的自然法则？这样就不会再让人有惊讶的机会，很多人也能乐享张口结舌、大吃一惊中的巨大乐趣。

[*]拉丁文译者注：此处诚实的项福泽有点被他的爱国情怀误导了。震旦人（正如研究古埃及的伟大专家向我们证实的）跟希腊人一样，他们得以建立自己的规训制度和从事科学研究，这要归功于埃及人的定居点或是这个民族游历四方的冒险者。

研究古埃及最伟大的专家虽然博闻强记、聪慧机敏，但原则上他们也不比其他人对此知道得更多。他们的假说同样也会面临缺陷，可以说这是所有科学假说从一开始必然面临的命运。几年前还有人跟我们证明震旦人发源自埃及人，而 v.P 先生则证明："既非前者发源自后者，也非后者发源自前者。"如此这般，我们对此所能知道的东西不外乎我们对此一无所知。而根据智慧的苏格拉底的判断，知道这些已经不算少了。

[译按]据库雷尔迈尔（Kurrelmeyer, S. 49）的观点，此处维兰德所提及的古埃及伟大的专家应该是法国教士和学者于埃（Pierre-Daniel Huet, 1630—1721），有关于中国人发源自埃及人的观点出其发表于 1716 年的著作《古代贸易和航海历史》："然而印度人和埃及人之间的往来被古代历史如此清楚地证实，以至于我们阅读它们的时候都不禁相信，就算不是整个印度和中华民族都发源自埃及人，那至少也在较大程度上如此。"Pierre-Daniel Huet, *Histoire du commerce et*

某个时期，在大地上的某处被数量可观的一群人当作严肃和可敬的真理，人们怕是做梦都想不到跟它一样荒谬和可笑的事情，我不知道，世上是否还有比这一事实更羞辱人性的东西。最为糟糕的是，我们习惯于蔑视外人的愚蠢，但当我们身处同样境地时，有充足理由相信，我们所做的并不会比他们更加明智。教育、榜样、习惯和民族自豪感不管在我们这儿还是在他们那儿都会合为一体，将我们的理性禁锢，把那些我们此时合理视为'胡闹'的东西变成热情崇拜的对象。若无法从中形成一个健康的观念，则我们也会如同埃及人一样将这种'无能为力感'称为'神圣的晦暗'，凡人的双眼不被允许洞视其中。① 总而言之，如果出生在尼罗河古老统治者时代的孟菲斯或者佩鲁修姆②，不管我们愿不

---

de la navigation des anciens, seconde édition, Paris, 1726, pp. 37–38.

"v.P 先生" 指的是荷兰学者波夫（Cornelius de Pauw，1739—1799），他在《埃及人和中国人哲学研究》（Cornelius de Pauw, *Recherches philosophiques sur les Ég-yptiens et les Chinois*, Amsterdam, 1773）中反对于埃的观点："此外我们也没有发现这两个国家的宗教和语言之间的联系"（Tome I, p. XIII）；"我承认我无法理解基尔舍（Kircher）和于埃是如何产生这种想法，竟让埃及人的定居点去到中国，即使所有古代历史学家和碑文都对此不发一言"（Tome I, p. 22）；"我进行这项工作的目的就是为了表明，从没有哪两个民族之间比中国人和埃及人之间更缺乏一致性……"（Tome II, Londres, 1774, p. 440）

① 达尼什曼德此处所言及的内容，仿佛像是亲眼阅读了位于塞易斯的伊西斯神庙中的碑文："我是现在所是，曾经所是以及未来所是的一切，还没有凡人曾揭开过我的面纱。"在此情境下他确实不该没有察觉到，这一博大精深、彰显自然壮丽与深邃的碑文所给予我们的最崇高的意象也是某个时刻在凡人的灵魂中被勾画出来的而已。

［译按］埃及塞易斯的伊西斯神庙中碑文的相关内容出自普鲁塔克《道德论集》（Ἠϑικά /Moralia）中《伊西斯和奥西里斯》（Περὶ Ἴσιδος καὶ Ὀσίριδος /De Iside et Osiride）第九章，碑文原文为 ἐγώ εἰμι πᾶν τὸ γεγονὸς καὶ ὂν καὶ ἐσόμενον καὶ τὸν ἐμὸν πέπλον οὐδείς πω ϑνητὸς ἀπεκάλυψεν（354C）。Plutarch, *Moralia*, Vol. V, Cambridge, MA.: Harvard University Press, 1999, p. 24. 希腊文原文除了在时间排列上先提到"曾经所是"，再提到"现在所是"外，其他皆与维兰德原文一致。

② ［译按］佩鲁修姆（Pelusium）是古埃及尼罗河三角洲最东边的城市，历史上曾发生过数次著名的战役。

愿意，总会跟他们一样崇拜猫、鳄鱼和海葱。同时，我们也会觉得没什么比见着一个摩尔人卑躬屈膝，面部肌肉写满虔诚的信赖感，在窘困之时吹响一柄象牙和公羊角更令人反感的了。①

---

① 拉丁文译者注：关于摩尔人通过祭拜偶像和守护神来施行某种古怪迷信行为的真相，对此有怀疑的人只需参阅《旅途全记》以及《物神崇拜》这篇精深的论文就能清楚明白。此外我们也有必要给哲学家达尼什曼德的玄思做点注解。没有哪个民族处于任意某个其他民族的位置和境况下，一定会比之聪明得多，这一定理看起来有其不容置疑的合理性。假如人们援引这一定理的目的就是为了抑制其他民族对于自身通过智慧创造的优势过于高调的自豪感，并且使他们感受到彼此宽容（从这个角度来看）有其天然的合理性，那么这一定理似乎从属于那类时常需要提醒人们谨记的真理。可惜在我们的时代大家已经养成了曲解和滥用这一定理的习惯，且产生了不良的后果。由此人们推出结论，不同民族林林总总的信仰只有主观性的原因；所有宗教皆可被一视同仁；智慧的人都只应在国家法律和其他对之方便的事情所要求的限度内才能保有对宗教的兴趣。这些有害原则，也就是驱使世上几乎所有时代的大多数人拥抱宗教的有害原则，不过是智慧的达尼什曼德思辨的必然结论而已。

尽管如此，所有宗教中只有一种宗教既能基于一些内在，也能基于一些外在的，有说服力的证明原则而被证明为真，或是拥有神性起源真实无误的特征。因为我们基督徒可以百分之百确定地说：我们的宗教是唯一一种带有所有这些（神性）特征的宗教，所以我们不仅有权利，甚至完全有义务把所有那些立场上跟我们针锋相对的人都当作是谬误的和堕落的。比如说可以注意到，当我们置身于古埃及人或者是我们那些崇拜偶像的祖先自身之处境时，也有可能跟他们一样祭拜偶像，一样地迷信；合理地讲，这一观点可以也应当对我们有益，且体现在两方面：一方面它使我们充满对人性脆弱的怜悯之心，更加宽容那些遭受诱惑、误入歧途的人；另一方面则是让我们把自己有幸先于大地上其他民族获得对崇高本质更为纯粹的知识和（如圣保罗所讲的）合理的敬礼这一事实仅仅归功于上帝之善，而非我们认知力上的优越。

［译按］本注中提到的《旅途全记》一书原名应为《水路和陆路旅途全记》（*Allgemeine Historie der Reisen zu Wasser und zu Lande*）。这是一部由德国学者施瓦贝（Johann Joachim Schwabe，1714—1784）从英文和法文诸多文献翻译编纂而成的 21 卷本德文丛书，出版于 1748—1774 年。正文提到的 "公羊角" 就出自该丛书第三部中描写偶像祭祀的一段。参见 Johann Joachim Schwabe (hrsg.), *Allgemeine Historie der Reisen zu Wasser und zu Lande*, Dritter Band, Leipzig, Arkstee und Merkus, 1748, S. 421。此外，本注中还提到了《物神崇拜》一书，其完整标题为《物神崇拜：埃及古代宗教和尼格里西亚当下宗教对比》（*Du culte des Dieux Fétiches ou Parallèle de l'ancienne Religion de l'Égypte avec la Religion actuelle de Nigritie*），作者为法国学者布罗斯（Charles de Brosses，1709—1777），

"陛下，这一小小的开场白在我看来颇有必要，它能够软化我们对西羌人迷信行为的判断，也能让我们宽容人性的弱点，若没有这份宽容，大地上就没有几位子民可以配得上理性生灵这一美名了。"

"达尼什曼德先生，"苏丹说，"该发生的，不该发生的，都已经发生了，这些事我们就点到为止。虽然你们全都深思熟虑过，但这些长篇大论还是放到一边吧，再谈下去，最后我们顶多也只能得到诸如此类结论：所有脑袋在月亮照耀下有时都会堕入云里雾里，宛如梦游；乌鸦从不啄掉同类的眼珠，就像达戈贝尔特王说的。好了，不要再扯这些了，直入正题！"

博士遵循国王的命令，继续……

出版者给读者的话

仁慈的读者们，留白在很多人类的知识中，尤其在历史叙述中是一件司空见惯的事情，所以当您在这位名叫达尼什曼德的哲学家讲述的过程中发现一处空白，或者确切地讲，一处相当大的空白（我们不想有任何讳言）时，请千万不要大惊小怪。

此处的空白并非那类通常被学者们称作"手稿中缺漏"的东西。记载着西羌国历史的手稿此时正完整地摆放在我们面前。手稿是否会被完整地呈现，就像拉丁文译者所呈现的那样，一切完全取决于我们。

或许恰好在这一点上我们辜负了很多好奇的读者，他们可能

出版于 1760 年，拜物教（fétichisme）一词很有可能最早就出现在这一著作中，并且对马克思《资本论》中相关概念的形成产生影响。

　　本注结尾处出现了使徒保罗所提及的"合理的敬礼"（λογική λατρεία/ vernünftiger Gottesdienst），出自《罗马书》12:1，中文翻译遵从思高本译法。

丝毫都不会原谅我们。确实，我们本该不假思索地把西羌古国的宗教史以及它在数位国王统治下所经历的变迁完完整整、毫无缺漏地呈现给世人，如果拉丁译者所树立的榜样以及他美化其工作方法所凭据的原因真的能够为我们提供充足的理由，而让我们完全仿效之的话。

他宣称，人间最智慧者向来都依从这个观点：如果人们能够掀掉迷信和伪善（对宗教危害最大的敌人，因为它们戴着其朋友的面具）的假面，并且使其无遮无掩、素面朝天的话，那么他们着实为真正的宗教立了一大功。在早期基督教时代，很多学富五车、德高望重的作家，如拉克坦提乌斯、亚挪比乌和奥古斯丁①等都基于这一原因将此作为一项严肃的工作来做——把异教徒祭司的荒淫无度和坑蒙拐骗暴露于光天化日之下（揭露这些骇人听闻的恶行并非毫无危险，它有可能会冒犯到脆弱的心灵）。他们把这些危险当作飘忽不定、微不足道的琐碎恶事，与他们揭穿宗教骗局、助力真正的神性和美德这一伟大事业相比，又算得上什么。没错，那些机智有余，判断力不足的读者觉得能从中找到相似点，而居心不良的人则自觉能从中捕风捉影，找到弦外之音，实际上却什么都没有。但是，如果我们因为忧心于此而裹足不前，那么人又要如何书写历史呢？每一部书写精良的史书某种意义上皆可被视作讽刺文。我想试问芸芸众生中最智慧和最高洁者，我想请他给我们绘制一幅公正描摹着法律、道德、舆论和习

① ［译按］三人都属于基督教史上的拉丁教父。拉克坦提乌斯（Lactantius，250—325）是早期基督教著名的作家，护教者，历史学家，他曾任首位信仰基督教的罗马皇帝君士坦丁一世的宗教顾问。亚挪比乌（Arnobius，卒于330年）也是著名基督教护教者，圣哲罗姆信笺编号70第5章就提到了拉克坦提乌斯是其学生："亚挪比乌出版了七卷反异教徒的书，他的学生拉克坦提乌斯也一样多……"（Septem libros adversus Gentes Arnobius edidit, totidemque discipulus ejus Lactantius...）Isidorus Hilberg (ed.), *Corpus Scriptorum Ecclesiasticorum Latinorum*, Vol. 54, Hieronymus, Epistulae 1–70, Vindobona, Lipsia, 1910, p. 707.

俗的国家风情画卷，随便他挑选一国，可以是卡帕多细亚、本都或者密细亚 ①，我想看看这幅画卷是否真的没有充斥着影射。

拉丁译者所提出的这些理由，或许在其他时代尚可以说服和促使我们仿效之，但在我们今天生活的时代，处理这类事情所需之谨慎怎么夸张都不为过。不然我们可能会变成蓄意给予这个时代的轻率和恶意品性某些诱因，让它们凭着就连机智平庸的人也能掌握的狡黠措辞硬说我们的叙述缺乏真实之义。这些诱因在我们看来（我们不怀揣任何不切实际的期待）会令我们所许诺的西羌国列王史给众人留下的正面印象化为乌有。在我们的时代，没什么比向迷信和伪善宣战更加多余的了。确实有过这种时代（没有哪个讲理的人会反对），那时候跟这些宗教和市民社会的敌人作战确实可以为自己建立功勋。但这个时代已经一逝不复返了。另一些后果更为堕落的放纵之举，对宗教的不屑一顾以及丧尽天良的行为在一片悄无声息间已然落地生根。人类社会秩序和安宁的高贵基石被腐蚀。借口为了抵抗某种邪恶（其实大部分是幻想出来的），桀骜不驯的"才智"开始披上哲学的外衣，不遗余力地想要卸除人性最稳固的支柱以及美德最有效的动力源。此时此刻，那些对人性心存善念的人再怎么小心谨慎都不为过。出于这样的考虑，我们认为与其把西羌国特殊的宗教历史状况公之于众，倒不如将之彻底封存，或许这样做对世界更有益处。

尽管如此，为了让叙事的整体保持连贯，我们还是觉得有必要截取哲学家达尼什曼德叙述中的一个片段，并呈现给读者。有了这个片段，读者至少能对西羌国政治体制在这一点上一塌糊涂的状况，对苏丹欧谷尔为之所做的努力和取得的成就，以及对阿

---

① ［译按］卡帕多细亚位于土耳其阿纳托利亚地区中部，公元前 3 世纪曾建立起相对独立的王国。本都（Πόντος /Pontos）原本指黑海，此处指公元前 3 世纪建立于黑海南岸的国家。密细亚位于小亚细亚西北部，公元前 3 世纪由帕加马王国的阿塔罗斯王朝统治。

佐尔当政时期撼动整个国家的纷争有一个大致的把握。

　　"仿佛是以埃及人和其他祭拜偶像的民族为榜样，西羌人也把一只猿猴供奉为国家特殊的守护神，跟其他所有亚洲国家一样，西羌国也充斥着大量僧侣，他们最主要的工作就是把那些有眼如盲的人民带到自然之光照射不到的'阴森阴郁之地'——那仅对僧侣这一群体们有利可图的迷信，并使之这在里头流连忘返。达尼什曼德所描述的各类僧侣中，我们只需提及两类就够了。要不是我们已经从名为《启迪书信集》的丛书和杜赫德神父①编纂的书籍中获知，至少还有一类在今天的鞑靼地区②和中国留存着大量的追随者，那么，这两类僧侣建立的团体一定会让我们欧洲人感到难以置信。

　　"第一类，达尼什曼德说，自称'雅甫'，或者猿猴模仿者，他们跟其他僧侣的区别在于他们看起来非常严苛，外表也很不整洁。他们极为擅长让自己瞬间置于通体亢奋的状态，并且头脑

---

① ［译按］《启迪书信集》(*Lettres édifiantes*)全名为《启迪和奇异书信集：耶稣会传教士异邦福传文书》(*Lettres édifiantes et curieuses, écrites des missions étrangères par quelques Missionnaires de la Compagnie de Jesus*)，共 34 卷，出版年份为 1707—1776 年，主要收录了耶稣会传教士（多数为法国人）在世界各地传教时寄回欧洲的信件。书信中所记录的欧洲以外国家的风土人情，为当时的欧洲人了解异国生活提供了非常生动而有趣的资料。对中国方方面面的介绍也构成了该丛书的重要部分，且受到了 18 世纪欧洲思想家的重视。可以肯定，维兰德创作《金镜》时也从这一套丛书中获得不少信息。该丛书部分涉及中国的书信已有中译本《耶稣会中国书简集：中国回忆录》（大象出版社，2005 年）。杜赫德神父（Jean-Baptiste Du Halde，1674—1743）是这部丛书的几位主要编者之一，他是法国著名的汉学家，其所著《中华帝国及其所属鞑靼地区的地理、历史、编年、政治及博物》(*Description géographique, historique, chronologique, politique, et physique de l'empire de la Chine et de la Tartarie chinoise*)是欧洲汉学的经典著作。

② ［译按］鞑靼地区，德文做 Tatarei，也被称作鞑靼利亚，是 20 世纪初期以前欧洲人对于从里海至东北亚鞑靼海峡一大片区域的称呼。

空空，近似乎禽兽一般。如果敌视雅甫之人的言语可信的话，那么可以确定，在遮掩其赤裸身体的麻布僧袍底下，这些人干过的坏事几乎没有一件被惩处过。人们指控他们坑蒙拐骗、诡计多端、恣意妄为，对西羌人的财产虎视眈眈，贪得无厌。他们懂得如何将自己的缺德之举掩藏在单纯、正直和鄙夷尘世万物的面具之下，却又难免矫揉造作。在一副极度谦恭顺从的嘴脸下，却养成了一颗无人可以忍受的傲慢之心。他们外表温文尔雅、彬彬有礼，无人可与之匹敌，内里却睚眦必报，穷凶极恶；再怎么慈眉善目也掩盖不了其为人类公敌的事实。

"这些指控太过严厉了，"达尼什曼德继续说，"甚至要人完完全全相信它是真的，都有些不太妥当。但不可否认，说这帮雅甫毫无作为，已经是对其最轻的指责了。他们与所有人们称之为理性、科学、机智、品味和精致的东西势不两立，甚至向其宣战。也恰恰是拜他们'呕心沥血的努力'所赐，西羌国好几个世纪来都挤不出半点气力爬出这个辱没人性的野蛮泥潭。考虑到这种行为的不利后果，如果这帮人肯满足于游手好闲，啥事都不干的话，人们倒是得对之感恩戴德了。不过，事情要真的如此，养活他们就成了一件不小的负担了。人们算了一下，在阿佐尔苏丹的时代，雅甫的数量超过120万，而且他们的胃口可都不小。令人不解的是，这些猿猴模仿者既是众人热切敬畏的对象，同时其遭受的鄙夷也尽人皆知。成千上万的杂文和诗歌记述着他们的可笑言行，人们肆无忌惮地揶揄其道德和生活状况。每每众人的交谈、文章和满大街飘荡的歌声提及他们的时候，就像是提到了人间最恶心的渣滓和败类。大家毫不留情地控诉他们的恶行，他们到处闲逛，自由散漫的生活方式确实会将之导向此类恶行，也给了敌对者批评他们的机会。总而言之，有人敢在上流社会的交际场合稍稍略带敬重地提到他们的名字，定会遭人耻笑。而在同一时间，也有些人把雅甫践踏过的一捧尘土当作圣物顶礼膜拜，只因这些穷苦大众对其奴颜媚骨，连自己私人的事情都对之言听计从，甘愿被其牵着鼻子走。他们很多人一辈子辛辛苦苦挣得的钱财，却得被这帮'高贵之人'啃食掉好一部分，而剩下那点有幸逃脱豺狼之口的银两，这些人竟想等自己身故之后把它全数留给雅甫，甚至把这事儿当成毕生夙愿努力着。"

达尼什曼德继续讲："我不禁想跟你提一下另一类身具特权的游手好闲者，他们的团体可能第一眼看起来很怪，但从某个角度查看的话，其实他们还是有些献身公益的精神的，这一点使得对比雅甫时高下立判。大家戏称他们为'丰产者'，不过，由于其职业带有无拘无束的特性，他们也给自己授予一个尊贵的名称：坎法鲁，舆论之王者。虽然他们早在远古就备受偏爱，并获得了一些特权以及与雅甫不相上下的名望，但他们看起来更像是一个有着自由精神的社团，而非真正意义上的僧侣教会；他们的生活准则和生活方式跟古希腊的犬儒学派，跟震旦国老君的追随者，以及跟我们的卡兰达尔有很多共同点。虽然他们跟雅甫一样，都要依赖人民的花费来生活，但是却仿佛能够借助一系列小聪明反过来回报他们，也让自己颇受欢迎，甚至几近不可替代。他们的幽默感取悦着达官显贵，而人民耳根子软，轻信而易上当的秉性则反过来愉悦着他们。此会团不限制他们的团员随意调侃一切，团员们各种不正经的趣闻轶事可谓信手拈来，取之不竭，这些特质也为他们融进大千世界打开了方便之门。

"大众的先入之见极为根深蒂固的，他们认为，坎法鲁一大清早去拜访某位美艳的女子不过是件无伤大雅的小事。然而坎法鲁对自己特权的价值有点过于知根知底了，以至于他们无法只把自己限制在高雅阶层之中。他们会爱抚贵妇的宠物小犬，或者臭骂她的情敌，以此来赢得她的欢心；他们也会用此等舒心惬意的方式来讨好年轻的村姑，比如说跟她担保她的情郎会永远对其坚贞不渝，又或者为她看手相算命，预卜她将来有希望守寡五至六回。他们的锦囊里总有各类灵丹妙药来应对各种降临到人和牲畜身上的疾病；他们还能调解夫妻、亲戚和邻里间的小吵小闹，而老百姓间的姻缘大事，真没有一桩是他们撮合不了的。他们会团还有一条规矩是不容许破例的，那就是说他们绝不接纳任何没有战士般体魄和健康强壮身躯，因而有损会团美誉的成员。而让他们最为人称道，赢得各类美名和嘉誉的特长恰恰在于他们有一剂神秘药方来治愈不孕不育之症。人们确信，当一个时代的人极尽骄奢淫逸、荒淫无度，其产生的恶果开始深切地祸及民族之繁衍时，西羌人中最尊贵的族群仍得以一息尚存的最大功臣恰恰就是坎法鲁的神奇药方。这一卓越功勋，依据政治学者的研判，确实让他们有权当之无愧地领受公众的感激和敬意，就连伟大的提凡苏丹在取缔了各类作风散漫、四处闲逛的僧侣后，依然还是让这帮‘丰产者’成为唯一保有其古老特权的阶层，依旧可以在善男信女自愿施舍下悠闲自在地生活着，只因他们为国家立下了此等汗马功劳，意义可见一斑。”

“我觉得，”山鲁格巴说，“当我确信，西羌的贵族们通过他们的方法生育了一批肌肉更壮实、血液更鲜活的继承人，而继承人又把这些品质带进到家族之中，成为一批又一批更强壮、更健康的后代的祖先时，我会愈加赏识提凡苏丹对‘丰产者’丰功伟绩的认同和敬意。这样的话，大家也不用奇怪为何雅甫们没能基于同等理由获得些许被提凡国王宽赦的权利了。”

“陛下，”达尼什曼德答道，“后者的外表过于不近人理，仿佛拒人于千里之外，很大程度上就已经截断了他们为国家上层阶级效力的渠道了。可能他们并不缺乏善意的动机，但既然他们已经被世上的优雅阶层拒之门外，那他们也就只能试图在下层人民那里找点影响力。可惜在那儿，他们的作用，或者至少国家层面上的作用早已荡然无存，所以也就没有建功立业的可能。”

达尼什曼德絮絮叨叨地介绍完西羌国僧侣的各门各类，以及其生活准则、偶像祭祀，还有他们佯称的法术，巨塔神明的神谕，尤其是他们得以几乎全方位掌控西羌人的脑袋和为把持他们的荷包所玩弄的手法之后，又开始漫无边际地讲述僧侣之间由于某些鸡毛蒜皮的小事而引发的纠纷，或是因为朝廷不小心介入他们的事务而让全民分裂成不同的党派，然后它们之间激烈的冲突最终又是如何酿成一场有案可稽的血腥内战。除了苏丹山鲁格巴，其他人听到这些怕是要无聊到连打哈欠。原本整个国家的崩溃是避免不了的，要不是幸运之神眷顾这帮备受蛊惑的人民，让欧谷尔大汗从天而降，他的攻城略地让那帮躁动不安的僧侣无暇顾及内部的钩心斗角，只能上下一条心谋求自保了。

"很好，"山鲁格巴大声喊道，"终于等到我的好兄弟欧谷尔大汗了。我很好奇他会怎样评论西羌僧侣间的争吵。虽然我对他其他类型的功绩一直敬意有加，但我还是觉得他是个相当平庸的玄思家，我这样说他应该不会生气吧。"

"陛下，"达尼什曼德回答，"他毕竟是凡人，但是用凡人的理智来处理这件事情，可能会比用最精细的辩证法让他走得更稳妥一些。他作为鞑靼人部落的首领从其祖辈那儿继承了某种非常单纯的宗教。他们不识得任何庙宇或祭司，只崇拜某个看不见摸不着的天主，他们相信这位天主爱惜善人，而对于恶人，他没有憎恨，而是会让他们变好。给这位天主造圣像，对他们来说非常不妥。(他们天真地说，)就算人们把整座坎塔尔高山凿空建造成雕像，要拿它来显耀那位手执日月君王之宏伟，几乎就跟儿戏一般。遵循这一理念，每家每户皆自足于在家中墙壁上悬挂着一块黑色的牌匾，上面用烫金的文字写着'光荣归于天主！'他们每天都在牌匾前焚香朝拜，祈祷天主能够保佑他们身体和灵魂的康健。这就是他们整个祭神的仪式。[①] 所以，他们用鄙视和厌恶的

① 参见《旅途全记》中马可·波罗游记选段，第 7 部，第 472 页。满族鞑靼人的宗

眼光看待西羌人的宗教，是再自然不过的事情。欧谷尔大汗的修养虽然颇受人称道，但也抑制不住鄙夷而生的怒火，在其雷霆万钧之震怒下，大量宝塔毁于一旦。这位君主自然不喜好迷信行为，但他又太过理性了，而不忍强求他的新臣民立马就变得跟他一样理性。他很清楚，君主权力的触手延伸不到他人的良心和想象力之中，同样他也明白，一个根基未稳的政府贸贸然向根基稳固的宗教宣战是多么危险的事儿。所以，他对西羌国祭司阶层展现的姿态颇为适度，甚至有些友好。他还公开宣称会保护祭司们的特权和利益，并保证绝不会有针对他们的不友好举动。确实，他也信守了诺言。

"在这位英明而善良的国王统治下，僧侣们刚一享受到清静，就立刻怀念他们曾经吵吵闹闹的生活，顷刻间又是烽火四起，与此同时，欧谷尔苏丹也收回了自己善意的姿态。他下了道圣旨，允许每个人可以对争端的议题适度发表自己的看法，但是绝对不许在论辩的过程中出现苦大仇深、不堪入耳的言语。为了让这道禁令受到相应的重视，那些胆敢因为看法不同就谩骂和诅咒他人者，不管是谁，都会被施以脚心杖责一百下的刑罚。'一个人对

教大体上也与之相一致。参见杜赫德：《中华帝国全志》，第4部，第37页。

[译按] 维兰德本人此处注释中提及《水路和陆路旅途全记》的相关内容在此也一并译出："有关他们宗教的部分：他们认识到某类神祇，在室内墙上挂着一块小牌匾，上面写着：崇高的天主。他们每日在这块牌匾前焚烧香火，抬起头，敲击牙齿三次，向其祷告，祈求他能赐予他们良好的心智和健康的身体。这就是他们祈祷的全部内容。"Johann Joachim Schwabe (hrsg.), *Allgemeine Historie der Reisen zu Wasser und zu Lande*, Band VII, S. 472.

杜赫德的《中华帝国全志》也就是前注提到的《中华帝国及其所属鞑靼地区的地理、历史、编年纪、政治及博物》，本注涉及此书的相关内容翻译如下："他们可以被视作异教徒，尽管他们没有神庙也没有偶像，并且如其所说的，除了崇敬天帝，并向其献祭以外，就不再崇拜其他的了。"Jean-Baptiste Du Halde, *Description géographique, historique, chronologique, politique, et physique de l'empire de la Chine et de la Tartarie chinoise*, Tome IV, Den Haag, Henri Scheuleer, 1736, p. 42.

事情有特定看法，并不一定就使之成为坏人，这些看法既非国家事务也非违法犯罪，'他说道，'我绝不会花功夫去调查这些事情，更加不会同意因为言论就去惩罚谁。在我的国家，思想和梦想①完全自由，当一个人找到另一个乐意倾听自己声音之人的时候，没有谁可以阻止他讲述自己的梦，或者表达自己的意见。而要让怪谈和奇思彻底没有危害，唯一的办法就是让他们自由表达。就让西羌国的僧侣们好好探讨一下他们的大猿是精灵还是头狒狒，他来到西羌走的是陆路或是水路，还是从彗星的尾巴上掉下来的，他们想争论多长时间就多长。只要这些探讨维持在私人领域，并且争论有节有度，那么公众的安宁就不会被之侵扰。'②但是，当几年后整个国家的情势又是一派民不聊生时，欧谷尔大汗只能接受建议把这些争议当成国家事务了。"

达尼什曼德继续讲："智慧的欧谷尔的想法确实如此，并且也应该为之获得一座丰碑。但这样的政策非常不合僧侣的胃口。他们都准备好擦亮眼睛看看他遇到有人故意违反这条法律时，是

---

① 如果诸位觉得一个粗鲁的鞑靼人军事首领（如欧谷尔大汗），也能做到博览群书的话，那么自然可以猜测这里影射的是叙拉古的僭主狄奥尼西奥斯。他处死了自己的大臣玛耳绪阿斯，只因这位玛耳绪阿斯梦见自己割断了他的喉咙。参见普鲁塔克：《狄翁传》，第 5 卷，第 167 页，伦丁编，1724 年。普鲁塔克是这样解释他的严酷行径的：狄奥尼西奥斯坚信，如果玛耳绪阿斯醒着的时候心里没有怀揣这种想法，那么他睡着的时候几乎不会做那么危险的梦。孟德斯鸠觉得这个理由（如果这个理由建构在某个不合逻辑但却是正确的结论之上）并不充分，并不足以为狄奥尼西奥斯的行为辩护。参见《论法的精神》，第 1 卷，第 12 章，第 11 节。他认为，思想可否被惩罚，在于它是否有跟行为结合。但事情的关键恰恰在这儿。狄奥尼斯又是如何知道玛耳绪阿斯梦见什么？玛耳绪阿斯自己把梦境讲了出来，而这一切似乎是以对君主图谋不轨，或是以一定程度的粗心大意为前提的，这自然会让狄奥尼西奥斯这位极爱疑神疑鬼又惶恐不安的君主觉得罪不可赦。所以他认为有必要向叙拉古人表明，就算只是在梦里对他心怀不轨，他一样会追究到底。

② 请苏丹恩准我这样说：在某些情况下，人们不禁也会把思辨性的意见当作国家事务来对待。但是为了防止越是想把这点星星之火扑灭，结果越是把它扇成燎原之势，人们最好还是愈加谨慎行事为好。

否还会真的捍卫自己说过的话。欧谷尔真的言出必行。某雅甫非常激烈地公开反对某个叫图尔班之人的想法（这些想法曾在西羌国被占领前鼓动了许多运动），甚至还咒骂那些支持此类想法的人不配生活在阳光和月光照耀之下。由此，这位雅甫在西羌市最大的市场上足足被杖打了两百下，每一下都正中脚心，一击都没有落空。由于他的惨叫和煽动在人群中引发了骚乱，欧谷尔大汗命令他的鞑靼族御林军包围这些肇事者，总计 2000 人，并把其中第 50 人，不管他是什么身份，吊死在一棵栽种于巨塔前院边上的高大橡树光秃秃的枝条上。这种维护司法的方式多少带有点鞑靼族的风格，但其益处却是无与伦比的，因为它让僧侣们开始受人待见了。人民一开始高声齐呼'暴政！暴政！'但欧谷尔却不为所动。很快全民才意识到他恰恰是通过设计精巧的严法才使其免于陷入巨大的灾难，个个无不感激涕零。

"自打僧侣们论战时不再骂骂咧咧，私下或公开指责其对手时也不再给对方施加伤害后，他们多年来一直沉迷于思辨和争论中的激情也就烟消云散。他们慢慢意识到自己只不过是明理人眼中的笑柄而已，但如果他们运用好自己的机智，让西羌的宗教与其新来的统治者健全的常人理性之间并行不悖，则他们的行为也能够更加智慧。这一动机令人敬佩，在其驱使下，局面也发生了变化：他们努力让自己的准则变得最为有益他人，如此，他们的理论也在不知不觉间更加首尾一致，更易被鞑靼人理解。因为同一时间坎法鲁成功地让那位鞑靼族的美人皈依，所以几年不到的时间，征服者们（除了国王和他一些亲信以外）都接受了这一国家的宗教，人们几乎无法讲清楚这一切是怎么做到的。

"可是同一时间也出现了这样的状况：去巨塔朝圣的人群也在锐减。西羌国的迷信和鞑靼人粗鄙的常人理智交织在一起，产生了某种杂糅体。它虽然算不上宗教，但却能潜移默化地在西羌人的民族精神中，在其偏见、习惯和习俗中，激发某种变化。这一变化某种程度上也可被当作在向'改良'昂首前进。引发这一切最大的因由可能在于，欧谷尔大汗赋予所有臣民进行学术和艺术创作的自由。这在当时就跟在埃及人那儿一样，只是祭司阶层的专属特权。花了40—50年时间，那些胡子花白的僧侣才意识到身边的世界早已改朝换代，不再像过去一样容易摆布了。以前他们用来搪塞寻根问底者各类问题的鬼话，现在已经不太能像过去一样哄骗人了。对人世间称得上是真理之物的钻研，对自然，对政治社会目标和核心权利的探究，还有对其他常被碰触且意义至关重要之事情的探索最终都会导向一个结果，那就是很多人们自以为正确的事情，其实是错的。如果人们还能对那些经不起启蒙理性推敲和容纳的事物保留一丝残存的敬意，那么崇敬这些事物就如同人们面对一幅创作于艺术幼年时期的油画时常常会做的一样：人们珍惜它，不是因为它真的好，而是因为它足够老。

　　"我们当然不能期待僧侣们面对如此重大的变故还会是一副气定神闲的样子。他们也是在拼了命地阻止理性和人性思想的传播给他们以及他们的宝塔神明带来的可见损害。不过，一旦他们注意到自己的拿手好戏费尽全力到最后不过只是在为敌人的大获全胜锦上添花而已，他们末了还是屈服于自己的命运。他们的举动大概就像某个精通贸易的民族，即便他们行业中的某些分支遭遇相当大的损失，他们还是不得不延续其发展，这样做恰恰是为了不损害商贸本身，并且也能留有些许希望，好让自己在未来某个节点时来运转，可以一把夺回所有损失。

　　"同时，西羌人民族精神内部翻天覆地的革命精神也带来了不少有益的成果，当中一个就是僧侣们也在竭尽全力赢回自己在其他方面丢失的个人功绩。"这里达尼什曼德提到了很多不同寻常的事情，不过没有忘了对之评头论足一番：他们虽然努力良多，但还是隐藏不了自己其实更愿意不要肩负什么建功立业的重担。他说："他们全神贯注、目光锐利，四处打探各种机会和方法，好让自己可以用最小的本钱达成最大的目标。对他们极为幸运的是，某些轻率而用心不良的人开始滥用那个时代的自由，这等于在无形间给他们提供了武器，让他们可以用冠冕堂皇的借口来对付自己不共戴天的仇敌——机智和理性。"①

达尼什曼德开始讲述僧侣们是如何借助某种普遍的道理来反对暴君哲学的篡权，只是这道理不像它所应当的那样好用。他说："在一切道德事物中划定美与丑、善与恶、对与错之界限者，是一条极为过于精细的线，以至于它无法时时刻刻都叫无知和轻率的人不去忽视它，叫冲动的人不去僭越它。由此，一道罪恶的源泉出现了，没有人被准许将其堵住，即便他们有这能力；这道罪恶之源就是频繁滥用那些如果获得正确运用便可以对人类社会有利的事物。想要消除它，人们到现在唯一想得到的方法，就跟寓言故事里那头好心肠的熊帮助自己的隐士朋友时所用的方法一样：它为了把一只苍蝇从熟睡的朋友鼻尖上赶走，竟然抓起一块石头一把扔过去，不仅砸死了苍蝇，连隐士也一命呜呼。②

---

① 拉丁文译者注：那段有关杨布里科斯、普罗提诺、波菲利及其支持者们如何使出浑身解数，为了协助日薄西山的异教文化抵御君临天下的基督宗教而进行背水一战，最终却无果而终的历史就是一个完美的案例。它取材自真实历史，正好来解释特定相似语境下西羌国僧侣的品格和行为。为了让这奄奄一息的迷信思想在咽气前多活那么一刻，这帮被乖戾激情煽动的人有什么干不出来呢？神谕、神迹、轮回的灵魂，反正一切超乎寻常的东西都被搬了出来；毕达哥拉斯和阿波罗尼乌斯被拔高成神人和通神师，就为了让他们有点资本能跟真正宗教的创立者分庭抗礼。整个异教迷信被彻底重铸，最可笑的无稽之谈被打造成包裹崇高真理的寓言式外壳，欺诈和迷信的作品则被转化成神智学，其揭示和许诺的东西泛着刺眼的光辉，宛如发源自众神一般，可以把粗心大意的人骗得团团转。信奉基督教的智者想要用理性来对付这些幻术，却被他们粘上自由精神和无神论者等恶名。总而言之，绝望中的人什么都敢做。但是，迷信、狂迷和哲学想要缔结成同盟，哪怕合作效果再怎么矫揉造作，它们还是无法成功。真理战无不胜，也正因为它战无不胜，才恰好说明它就是真理。

② ［译按］此处的寓言故事与《拉·封丹寓言》中《熊与园艺师》（"L'ours et l'amateur des jardins"）的故事情节基本一致。

　　"这里西羌人给我们做了奇怪的示范。他们不知不觉间已经比自己的先祖还要聪明。他们对事物的真实性质，还有其与人类之关系，以及对象和人们从中建构的表象之间最为本质的区别都有着独到的见解，并且随着时间的推移也催生了更深的理解。这一积极变化所带来的成果开始遍布整个国家，虽然只有目光敏锐的观察家才能真的留意到它。但是其相伴随的负面效应就连最愚钝的傻子也能察觉到。只要整个民族保持愚笨，他们就没办法滥用那些不曾拥有的东西。那个时候的万恶之源不过是他们完全不懂得使用理性。而现在西羌人就跟小鸟一样都开始尝试拍打这精神的翅膀，所以呢，就经常发生他们想要展翅高飞结果却跌落地面的事情；又或者一不小心闯进某些地方，结果翅膀被陷阱缠住，不得脱身。总之，不管是那些真的才智过人，还是那些出了名想索要更多才智的人，欧谷尔大汗才刚刚让其心智享受到自由，就已经开始频繁滥用之。实际上只有极少数人才会天生有此等恶意。当一个人被囚禁许久后重新呼吸到自由的空气，重新可以随心所欲去往各处，此时他倍感欢欣雀跃也是自然不过的事情，但陶醉在这份欣喜的情愫中，人又是无比轻易地就会逾越上面所提到的边界；庆幸自己不用再当蠢货而乐不可支，结果反而让自己显得愚不可及！人们认知到迷信是巨大的邪恶，自以为离它还不够远，唯恐避之而不及，结果反倒跌落到与之相反的歧路，这同样也不是小恶，主管国家的人对之甚至要更为关注，因为这样的情况已经无声无息地从上层阶级蔓延到底层之中。"

　　这当儿苏丹打断了达尼什曼德的话。他说："你正好触及我长时间以来一直希望能够搞清楚的点。你应该也注意到了，如果说滥用某些正常使用可以带来益处的事情最终会变成罪恶的话，那么要堵住这罪恶的泉眼也不是特别恰当。尽管如此，你提到的罪恶性质还是非常危险的，人们不得不时时打醒精神遏制其发展。我倒想听听在这点上你会给些什么建议。"

"陛下，"达尼什曼德答道，"您为了询问我的意见而提的问题要比其他 20 个问题更值得我们的学院把它设计成有奖竞答来征询答案。我可不敢说我已经找到了解答的方法，我甚至觉得那些把这问题当作小菜一碟的人都没有真正下功夫去研究它的深度。有可能它属于那类根本无法求解的问题，或者至少得勇敢地将之劈开才有求解的可能。

"情况在我看来是这样子：我们夹在两种罪恶之间，并且只能被迫在这两者中选一个。现在问题是我们该选哪个？

"我想大家可以把这个当作一个无可争辩的原则而放心接受：当一种罪恶所施加的伤害无边无垠，难以治愈，而另一种罪恶在某些条件下尚能被无限地限缩时，那么在这种情况下我们应该毫不犹豫地选择后者。

"如果这样假设的话，两种罪恶就都被考察到了：第一类伤害可能发生在理性和机智被赋予完全的自由，开始被妄加滥用时；第二类伤害则发生在此类自由被某种强制方式所限缩的时候。现在我想说：在一国之内限制人民理性和机智的运用无异于让无知和愚蠢连同它们的效用和恶果在这一国内携手地久天长、不朽不灭，一旦该国民族还处在野蛮状态之下的话。又或者这个民族业已上升到某种程度的文明，那么这样做只会让他们冒着一步步重新沉沦于野蛮状态的风险，让他们被降格到与禽兽无异的地步，甚至比之还不如。

"那么这条圈限理性和机智的边界该如何划定呢？谁有资格来界定它？该为之制定什么样的规则？谁又来扮演法官的角色，来裁定这些规则在特定情境下是被遵守还是被僭越？又要如何防止法官不把自己的思考方式、偏见、个人品味，或许还包括激情和特殊目的当作判决的准绳或者动机呢？难道一个民族的理性和机智不会由此反受制于法官知识和无知的程度，受制于他的正直和奸诈，受制于人们天真的遐想，以为法官会永远保持智慧和刚正？如果我们有权思考的话，为什么不能对万事万物都有所考量呢？难道思考不是某种不同于鹦鹉学舌的东西吗？人们难道可以不做调查就妄加思考？没有怀疑之心又何来调查之行？如果'调查之前人人皆有权怀疑，判断之前人人皆有权调查'这一道理不能用在所有的事物之上；如果人们可以假定有些事物别人不能去调查，不然就会出现毁灭性结果；如果一切真的如此，难道国家不会因此永远挣扎于这样的危险中：它的领袖们会突然意识到应该叫停一切单纯干预到其利益的调查，而且还要把它们宣布为危害国家安全的举动？人类历史年鉴教导我们：领袖们偶尔会化身为暴君，或者至少化身懦弱无能者，甘愿被自己的或他人的错误意见和激情左右。如果少数几个凡夫俗子仅凭自己与众不同的理念和目的就可以随意限制"理性和美德"这一人性普遍至善最大的动力源的话，那么公众的福祉将会被建立在何种浅薄的地基之上呢？

"我谈及理性的内容，性质上一样也适用于机智，它最重要的作用不外乎就是让人的意见、激情和行为中所有那些与健全之理性和对'真'与'美'之普遍感受搭不着调的东西，也就是让一切愚蠢且幼稚的东西通通无所遁形，任人嘲笑。每一次限制这一作用都相当于给愚行颁发特许状，也相当于默认有受人景仰的蠢事存在。还有其他的愚行无声无息地匿藏在它们身后，因为它们的家族如此庞大，有些成员彼此形象如此相似，人们一不小心就会将之混淆。限制理性和机智的结果除了让愚蠢挥舞铅制的权杖颐指气使，让迷信和狂迷横行无忌，让灵魂和肉体被残暴地支配，让理性晦暗无光，让心灵堕落腐化，让道德粗鄙不堪，并最终让无处不在的蒙昧和粗野占据上风外，还会有别的可能吗？

"以上所述可不是纯粹偶然的结果，而是其必然和不可阻止的效用，只要人们妄图妨碍理性和机智自由的运作，妄图把它们交由个别人士支配，任由这些人握紧束缚它们的缰绳，依其好恶随意扯动和松手的话。

"现在请您允许我们从另一个角度进行观察，看看是否人们所忧虑这类自由引发的破坏会大到如此地步，以至于相比压制它时所引致的危害，一样也得被人着重考虑；同时也看看这些危害是否反过来在某些条件下可以一点点无限消减？

"没错，理性、机智、想象力和人们称之为'一时兴起'之物所拥有的自由都有可能被或偶尔确实被滥用，好曲解智慧和美德本身的含义，让最受人崇敬的事物因为某些非本质的缺陷而被备受耻笑。此外人们也见识过这些例子，好比某些看起来愚蠢幼稚的东西越是被仔细地审视越是看起来像真的，并且显得不再那么愚蠢幼稚。[1] 如果赐予恶意的机智预留自由的话，那么这份自由

---

[1] 拉丁文译者注：在这个事情上还有一处强而有力的例子可在关于对跖点或对跖地存在的定律中被找到，这一定律其实让萨尔茨堡主教维吉利乌斯（只要他不是另一个维吉利乌斯的话，如同人们从某些情况里猜测的那样）陷入麻烦的口舌之争。这一有关对跖点的理论在当时闻所未闻，甚是悖逆普通人的理解力，就连智慧超群之人也无法适从。"人们如此数落他，"亚温提务斯在他的《巴伐利亚编年史》中如此说，"仿佛他宣称存在另一个世界，另一群人（有可能他们不是亚当和夏娃的后裔），另一个太阳和另一个月亮。波尼法爵驳斥这一理论，认为其渎神和违背基督教哲学，甚至由此专门公开惩处维吉利乌斯，要求他收回这些儿戏之言，不要再用此等荒谬的痴人呓语来玷污基督教单纯无瑕的智慧。"由于这件事情看似很重要，所以就交由时任教宗匝加利亚进行裁决，而其审视此事的目光也没有比波尼法爵温柔多少。他把这一主张大地之下尚有其他人类存在的学说裁定为大逆不道，维吉利乌斯提出这种学说纯粹就是敌对上帝和自己灵魂而已。他在一份义正词严的传讯书中要求欧提洛公爵（此人看起来一直在保护维吉利乌斯）把这号危险人物送到罗马，让他在那儿接受最严格的审问，一旦他被证明确实犯了错谬，则会依照教会法施予惩罚。参见巴罗尼乌斯：《公元748年》。

　　我们倒不觉得人们有充分的理由可以因此大肆谴责那些严厉审判"对跖点事件"的尊贵主教们，虽然不少人真的这么做过。人们也无须使用这种调调来为他们开脱，就像著名的奥格斯堡贵族马克·韦尔塞在他的《巴伐利亚史》中所用的调调一样，也就是说：当维吉利乌斯宣称地球是圆的，并且另一个半球上面也有居民时，听到这些话的人并没有正确理解他的意思，并且有可能把它错误地泄露给圣波尼法爵。那个时代大众固有的偏见，就连学者本身都觉得对跖点的概念令人啼笑皆非，这一情形就已经足够严重了。很久以前游历印度的旅

行者科斯马斯（他同时也是一位埃及的僧侣）在其《基督教地形学》（蒙福孔在其《希腊教会作家选集》的第二部分就为我们提供了这一文本）就向我们保证大地是扁平的，天穹则从大地的各个端点拱起。在一个自然研究被视作虚妄和渎神，被完全弃之于一旁的时代，这样的观点十分普遍；而像维吉利乌斯主张的定律则会让虔敬的人听起来甚为刺耳。

［译按］维吉利乌斯通常被称为萨尔茨堡的维吉利乌斯（Vergilius of Salzburg，700—784），是出生于爱尔兰的天主教神职人员，曾担任萨尔茨堡的主教，也是一位天文学家和地理学家。他反对当时流行的"大地扁平说"，而坚持主张地球是球体。由于球面上任何一点都有一个与之相对的对称点，如果地球是球体并且其各处都有居民的话，那么我们所站立的地点下方的相对称位置也有另一些人站立着。这样看起来就好像我们的双脚遥遥相对（Anti-Podes），由此也就形成了对跖点的概念。维吉利乌斯提出的论断显然并不受同时代人们的认同，甚至受到其教会内同僚的激烈反对，当中最有名的反对者就是波尼法爵（Bonifatius，675—754）。波尼法爵出生在英国，是 8 世纪日耳曼地区著名的基督教传教士，对日耳曼地区基督化起到了至关重要的作用，由此他也被称为"日耳曼使徒"。维吉利乌斯和波尼法爵二人的神学分歧由来已久，对跖点学说尤其成为后者攻击前者的标靶。波尼法爵认为这一理论违背圣经和基督教基本教义，甚至还提请教宗匝加利亚（Zacharias，679—752）对其进行制裁。教宗对此事的态度也很不利于维吉利乌斯，因为对跖点理论牵涉原罪和救赎论的事情，如果脚底下真的存在人类，则他们很有可能并非亚当和夏娃的后裔，也无须基督的救赎。虽然关于这场争论过程的史料不多，但最终还是可以确定维吉利乌斯摆脱了各方的控诉，甚至在波尼法爵殉道之后，还坐上了萨尔茨堡主教的位置。他在这一位置上也确实为基督福音的传播做出了巨大的贡献。

本注也完整地引用了德国历史学家约翰内斯·亚温提努斯（Johannes Aventinus, Johann Georg Turmair, 1477—1534）代表作《巴伐利亚编年史》（*Annales ducum Boiariae*）第三卷第九章中的一句话，内容与其拉丁文原文基本一致："Hoc ita acceptum est, quasi Vergilius alium mundum, alios sub terra homines, alium denique Solem, atqe aliam Lunam esse adsereret. Bonifacius haec velut impia et philosophiae divinae repugnantia, refutat: Vergilium publice, privatim arguit, ad recantandum has nenias provocat, ... ne ille huiusmodi deliramentis synceram, et simplicem Christi sapientiam polluat, atque contaminet."Johannes Turmair Genannt Aventinus, *sämtliche Werke*, Zweiter Band, Erste Hälfte, Annales Ducum Boiariae, München: Christian Kaiser, 1881, S. 399. 关于注中教宗匝加利亚对维吉利乌斯的谴责，参见 ebd, p. 400。

巴罗尼乌斯（Caesar Baronius，1538—1607）为意大利枢机主教和罗马天主教会史学家，其巨著《教会编年史：从基督诞生到公元 1198 年》（*Annales ecclesiastici a Christo nato ad annum 1198*）共 12 卷，囊括了基督教会前 12 个世纪的历史。在其身故之后，这部作品也由各个时代的学者进行续写。19 世纪德国学也有可能会阻碍真理的前进。但是，不管人们愿意把这类‘恶’想象得有多大，它们在本质上是偶然和罕见的。它们给人类社会带来的不良影响一部分业已通过成千上万种起相反作用的原因得以被预防，一部分则被变得可有可无，但最为重要的是，基于事物的本质，这些不良影响一定会持续消退的。理性和机智与它们永恒的敌人——愚昧和蠢行之间的战争跟其他所有战争一样都是恶事。虽然这类战争的爆发只是偶然才展现其破坏性的一面，并且也确实有很多人因之以这样或那样的方式承受苦痛，但是，那是必要的恶，其结果有助于催生最大的善。前两者对后两者每一次新的征服都能削弱敌人，稳固其合法的主宰地位，加速那幸福时代破茧而出。没有人能够证明这样的时代不会到来，（同样，

者泰纳续写和出版此书，共 37 卷。本注所引用的相关史料可在第 12 卷找到，参见 Augustin Theiner, *Caesaris Baronii Annales Ecclesiastici*, ab Augustino Theiner, Tomus 12: 680–761, Paris, 1867, pp. 537–541。

韦尔塞（Markus Welser，1588—1614），德国人文主义者、历史学家和编辑，他也写过一部《巴伐利亚史》（*Rerum Boicarum libri V.* 1602），关于维吉利乌斯和波尼法爵的思想争端以及教宗匝加利亚对对跖点理论的相关裁定在其中第 5 卷第 3 章，参见 *Marci Velseri Rerum Boicarum Libri Quinque*, Augustae Vindelicorum, 1602, pp. 282–286。

游历印度的旅行者科斯马斯（Κοσμᾶς Ἰνδικοπλεύστης）是 6 世纪亚历山大城的旅行家，其代表作《基督教地形学》（Χριστιανικὴ Τοπογραφία）旨在“修正”基督教时代以前的异教地理学家和天文学家的“错误”观念，尤其是地球球形论和对跖点论，重新提出一套符合基督教教义和圣经经文的地理学和地形测绘学。这套符合教义和经文的理论就是天圆地方论，即大地是扁平的，拱形的天空笼罩其上。除了与异教地理学家和天文学家进行跨时代理论性论战外，在这部作品的末尾部也描述了其旅途中的各种见闻，如游历锡兰岛的过程。在其中也介绍了印度和波斯等东方国家与西方各国通商的细节。参见 Cosmas Indicopleustes, *The Christian Topography of Cosmas, An Egyptian Monk*, translated and edited by J. W. McCrindle, Cambridge: Cambridge University Press, 2010, pp. xxii–xxv。

蒙福孔（Bernard de Montfaucon，1655—1741）是法国本笃会僧侣，可被视作西方古文献学、古文字学和考古学的开山鼻祖。他在 1706 年编纂的两卷本《希腊教父和作家新集》（*Collectio nova patrum et scriptorum graecorum*）中的第 2 卷就包含了完整的科斯马斯《基督教地形学》的希腊文原文和拉丁文译本，并且还为之写了一个内容详实的导论。

它会在某个特定时间出现的概率也不太大），即便如此，它依然须成为所有人性之友的伟大的目标：在那个时代，所有治安规训、宗教礼俗、理性、机智和品味皆水乳交融，相辅相成，只为人类种族的幸福而努力着。"

"达尼什曼德，我的朋友，"当博士讲完要讲的内容后，苏丹打破沉默，"你在这儿说的东西，如果放在一个乌托邦式的国家，可能会很好，因为你可以随心所欲地使其充满理想化的人，爱怎么治理就怎么治理。但现在重点不在于，但愿你的哲学女神准许我这么说，什么东西对普遍的人类社会好，而在于什么东西对这个或那个特定的国家好。你或许会承认，我们无法想象天底下会有哪个由血肉之躯生命体组成的真正国家，其人民所享受到的利益不是靠牺牲自己部分自然权利换来的。你已经向我们完美地证明，为了使得人类社会尽善尽美，最好让理性和机智（因为你找不着在任何特殊境况下都能判断理性和机智为何物的法官），还有愚蠢和反智都享受到充分的自由。可是，当我发现有谁敢最先倚仗这份自由，通过写文章来煽动我的人民，使他们变得不满和暴怒，那么你此时提出的理据还够不上阻止我不去割下他的耳朵；同样，要是有哪个哲人敢最先由着性子宣扬先知穆罕默德的律法是骗人的把戏，你那点理据也妨碍不了我令人抽打他脚心五百下，'以资奖励'。关于这一点你可以放心，我这人说话算话，就跟欧谷尔大汗一样。"

"陛下，"达尼什曼德心平气和地答道，"我个人的意见是反对这类法令的，也就是那些让'国民需要多智慧，以及需要多愚蠢'这类问题完全受制于个别人士独断观点的法令。同样，在王家学院或者某个行家能找到有效抵御自由被滥用，同时又不会危及自由的方法之前，我们很难完全阻止'滥用'一词的含义不会总陷入模棱两可的境地之中。（除了少数特殊和罕见的情况，一国之君有责任对之认识一二）最保险的办法就是宁可忽视自由的某些荒淫之举，也不要由于过于苛刻的规定而使我们冒着丧失这一人性最高贵优先权的风险。①

"如果我获准，"达尼什曼德继续说，"把前头探讨过的问题也应用在西羌国祭司身上，那么我会这样认为：这些僧侣们都被某种他们所误解的利益诱惑着，从而才会觉得欧谷尔大汗赠予臣民的自由是非常危险的。有了这份自由，西羌人的国家和宗教只会从中获益，僧人们同样也能从中得利。他们总能够规避那些一旦做出来就会受到众人公正唾骂的事情，起初这样做是基于必要，接着是基于习惯，最后则是基于意愿和选择。当众人不再谴责他们统治欲无穷无尽，不再谴责他们总在时刻觊觎同胞的财产时，当他们被其阶层应有的德性金身护体时，那么对其个人价值的尊崇便会与其职业自身之威望混为一谈。比起严惩其失当的罪行，普罗大众爱慕他们更有助于他们享有这份崇敬感。我敢说大千世界中还没有哪个民族遇见一个智慧卓绝、德行崇高的人时，不会因其同时肩负神职身份而对之多一份仰慕，多一份敬意。

"只可惜西羌国的僧侣们'运势不佳'，没有想到这一点上去。完善自身，或是摒弃一切会冒犯到理性健全者之观念、准则

---

① 由于害怕会被滥用而反对自由的某个分支，最终推出的结论跟反对整个自由是一样的。因为万事万物皆可被滥用，正如《英格兰波斯人来信》的作者所说的，参见 159 页。

[译按]《英格兰波斯人来信》全名为《英格兰波斯人寄给其伊斯法罕友人的信件》(*Letters from a Persian in England, to his Friend at Ispahan*) 是英国政治家利特尔顿 (Sir George Lyttelton，1709—1773) 匿名出版于 1735 年的讽刺作品，在当时颇受欢迎，一年之内就发行了三版。作者借虚构某个在英国生活的波斯人与祖国友人通信并倾述异国生活见闻的方式，来讽刺当时英国政治、社会和礼俗。维兰德给出的页码大体上跟该书的第三版相匹配。书中这句话基本与本注的内容一致："And to argue against any Branch of Liberty from the ill Use that may be made of it, is to argue against Liberty itself, since all is capable of being abus'd." Sir George Lyttelton, *Letters from a Persian in England, to his Friend at Ispahan*, 3rd edition, London, 1735, pp. 158–159.

和道德感的东西，这无疑是规避公众责骂最笔直的路径，也是最坎坷的道路。他们情愿经由上千种歪门邪道和形形色色粗鄙不堪的阴谋诡计来打压那些才能和见识让其惧怕的人（这样的惧怕没啥特别的缘由，就是出自他们某种本能而已），甚至以西羌国宗教安全为借口大肆报复每一个对他们显而易见之愚行和气焰嚣张之暴行略有微词的人。在社交场上，在众目睽睽之下，尤其是在位高权重者前面，他们不会放过每一个攻击批评者的机会，并且会大声控诉这些批评者理应被质疑，因为他们可能早就丧失对大猿和大众守护灵（这些僧侣们如此称呼这一崇高神明）的信仰了。接着他们还会唉声叹气，像是对什么事情扼腕痛惜一般，大声疾呼：就算这些人里头真有那么几个有点才能，那这些才能也都没使在刀刃上；他们还哭诉，如果让这帮批评者随意把剧毒注入每一个未作防范的灵魂中，那国家必然难逃危难之秋。

"通过诸如此类的伎俩，在那些还在靠着传统理念度日的人中，也就是说在国家绝大多数人中，他们得以成功施加某种影响，并维持了自身的地位。这种影响力之所以能稳稳地扎根在众人的灵魂中，原因在于他们懂得如何利用娓娓动听、沁人心田的言辞，用千千万万种精巧而阴险、极易蛊惑心灵的计策达到目的。政府相对弱势时，他们就能时不时煽动众人对理性和机智进行小打小闹式的围追堵截，并乐在其中。在欧谷尔大汗治理的时代，蒙昧粗野只能逃窜到雅甫藏身的罅穴中苟延残喘，但此时它们很可能已经火速卷土重来，重新把朝廷和非富即贵者的宫阙攫在自己的利爪中，只要美丽的莉莉的管治没能利国利民，并给它施以必要的阻力的话。"

山鲁格巴说："咱不得不承认，西羌国的僧侣们估计找不到啥特别的理由得对你达尼什曼德为之立的'丰碑'感恩怀德。"

"陛下，"博士回答道，"您至少也得相信我确实没啥动机去给这些人画一幅与其真容不相符的肖像。我所言及的真相可不会伤害任何人，但是，若陛下恩准西羌国的历史公之于世的话，它甚至能给后世千秋万代充当明镜，以使其明得失。这类镜子在我看来可是伟大的发明，因为最终每个人还是会把知晓自己的本来面目当作重中之重的。但即便人们再怎么留心自己的形象，总会有些污垢尚未拭去，总会有不够整洁的地方亟待整理。有谁不曾见识过更大的缺失，只需不假思索地朝里面看一看便可；而有谁看过之后，竟对这面镜子，或者对打造它的作坊大肆谩骂，对于这些人，我敢大胆直言，他们真是缺心眼。"

"你要是能得到我的伊玛目同意的话，"苏丹回答，"相信就不会抱怨我会出来阻挠你的明镜工厂了。其实我一直是很多工厂的支持者。"

达尼什曼德一如往常地稍做停顿后，在苏丹命令下又继续为我们架设了一条大道，徐徐通往阿佐尔苏丹时代西羌国僧侣间爆发的激烈争吵之事，让我们看看整个国家是怎么彻底蒙难的。

他说："在王后莉莉的治理下，西羌国民族精神呈现的样态对僧侣们的制度和野心都不是十分有利。他们之前的威望是建立在迷信之上，而迷信则必须以灵魂一定程度上的晦暗作为必要的前提，一旦启蒙以相当程度长驱直入，进入人民的生活，则迷信也会以相应的程度锐减。机智、品味、社交和对感官和道德的美化都是其天敌。它们相互间的憎恨是无法调解的。要么让迷信得逞彻底压制它们，又或者它们得以压制迷信。西羌国的僧侣恰恰觉得第二种情况迫在眉睫，以至于最终他们开始对能否保存旧有制度的事情灰心丧气。他们中的每一位心里念念叨叨的，都是不为了集体事务，而是为了私人事情花功夫，而且只要有机会，他们都会竭尽自己的才能（不管是身体上的还是精神上的才能），来赢取尽可能多的利益。

"局面一直这样持续着，直到阿佐尔统治的第十个年头发生了如下的事情：有一位雅甫因其对西羌古代历史的研究而声名鹊起，有一次他在研究中有所发现，乍看之下这一发现的意义显得很是微不足道，但它最终产生的后果却让整个国家陷入一片混乱。据说他发现了，或者说他觉得自己发现了大猿的名字在国家最古老的石碑上从未写作'蔡甫'（正如几百年来他的名字都是如此书写和朗读的），而应该写作'赵甫'。因为'蔡'在西羌语中一向是'火色'之义，而反过来，通过其学究无比的证明工作，'赵'的含义则一直是'蓝色'的意思。如此则自然可以推出这一结论：'蓝色大猿'之名才是这位国家守护神真正的、最古老的和最具特色的名字。

"戈尔戈利克斯（这位雅甫如此自称）就跟所有古典研究者一样对这一发现欣喜若狂，为此他也有机会撰写诸多研究专著，在里头他把自己多年辛苦收集的大量摘录、异文、修复、增补、推测、时间推算、词源学研究和诸如此类的东西都罗列进去——他恨不得自己能再快一点工作，好早点向世界宣布这一重大发现。他在这个事情上所做的大量研究工作确实让他可以紧随诸多其他古代史家和语法学家发现的成果，但其中每一项发现也诱使他陷入偏离主题的写作里（即便其非常学究和饶有趣味）。最终，虽然书的标题如此设定，但当中涉及蓝色和火色猿猴的部分连二十分之一都没有。

"他最一开始的目的不外乎只是想带动国家宗教的变革；如果他的学生和朋友不够尽心，没能在西羌国的各大报纸杂志上把伟大的戈尔戈利克斯（他们这样叫他）的发现当作功勋卓著、彪炳史册的事情来夸耀，那么这件事情很可能就会无果而终。通过这些人不懈的努力，他的书终于引起公众社会的注意。形形色色的僧侣们十分眼红伟大的戈尔戈利克斯的声名，并带着各类批判其书籍的研究著作粉墨登场，他们在里头可不是要跟你探讨戈尔戈利克斯是对是错，毋宁说他们只想跟公众世界表明，他们至少也收集了同等卷帙浩繁的书摘，也懂得做出比戈尔戈利克斯更为敏锐和学术化的增补、修复、推测、时间推算和词源研究。不久后又有一些雅甫聚集在一起，这些人看待那位古史专家所做发现的视角与其他人极为不同，他们把焦点放在这一革新目无神明、危害甚巨的方面，对之咆哮和责骂之声音量也极高。由于前者和后者皆不缺朋友，这些朋友又基于各色各样的原因和目的公开选边站，这使得争吵越趋白热化，波及的范围越广。大部分年轻的僧侣和雅甫们崇尚新奇，所以就站到了蓝色猿猴这边，很快戈尔戈利克斯就成了国家大部分民众的领袖，立于其巅峰。

"现在他有了充分的胆量，敢把他之前只晓得用谦虚谨慎和探讨问题式的语气表达的东西，以富有教养的独裁者式威风凛凛的姿态宣讲出来，而那些没能像他一样清楚地发现其论证严密性的人，都会被他报以轻蔑的目光，这让他的反对者们很难承受。他说：'他们要么是帮蠢货，所以才没能力理解我发现的真理，要么是帮恶棍，所以才刻意不愿看到。'西羌的学者们很热衷用这样的方式论辩，在这件事情上的结果也是一如往常。争论者的态度越发暴躁，争论的问题也是与日俱增，只因双方皆不愿让步，互生怨气。一伙人不问青红皂白，不辨谁是谁非，或者根本没有辨别和考究的能力就义愤填膺地加入战局，站到这帮人或那帮人中间。

"不知不觉间这场争论从口舌之争逐渐转化成一场波及甚广的宗教争端，每一个派别都在不遗余力地扩张。一个名叫卡拉夫的年轻僧侣寻着门路，在宫中收获了些许知名度，也因为他站到了戈尔戈利克斯那边，影响力似乎也跟着水涨船高（当然这还有待证实）。实际上的情况倒也不是他对这一事情毫无兴趣，虽然他确实也没花半点功夫去阅读这位雅甫的书。同样，世上估计也找不到第二个像他一样对大猿的颜色漠不关心的人，不管它是蓝色、绿色还是苦橙色，他都置之不理。但他却是个有野心的人，他一直在觊觎西羌国首都僧侣会长的煊赫圣职，因为它不久之后就会空缺，而蓝色猿猴恰好能帮助他达成这一目的，若走正常渠道的话，估计他就不敢指望什么了。他的运气相当不错，因为他被委托执行如下工作：使一位从小被教育信奉拜火教的波斯舞女（太后莉莉的首席宠臣的亲信就被她迷得神魂颠倒）改信西羌国的宗教（她的情人对这事情很是热心）。由于这位舞女很看重机智和幽默，所以这件工作着实不易完成。只是这卡拉夫是个很招人喜爱的人，或者至少在舞女眼中是如此。

"就这样他终于找到征服和驾驭她心灵的办法，并且深信只要能得手，她的脑袋就再也抵御不了他的想法了。他懂得如何呵护她的虚荣心，也善于挑选合适时机来推动其计划的实现。到最后舞女不得不承认，她确实被他彻底说服了。不过，同一时间她也强调，如果她非得把一只至高无上的密特拉①想象成猴子的形象的话，那么这圣像只能是蓝色的，没有别的可能。因为蓝色是她最喜欢的颜色。卡拉夫过于聪明，他不会在某个对其无关紧要的点上不合时宜地强硬，从而让自己无数个艰辛值夜换来的成果被活活抢走；他也非常机敏，看一眼就能料到人们能从某件事情中获益多少，所以他跟舞女保证，自己也愿意支持蓝色猿猴，尤其是当他注意到眼前这位美丽的皈依者对特定颜色的有益偏爱宛若超自然神力作用的结果，那他会更加热情地为蓝色猿猴努力。从这个时刻起，戈尔戈利克斯身边就没有比卡拉夫僧侣更强势的捍卫者了。而太后宠臣的亲信拗不过那位他心爱的舞女，自然就成为朝堂上第一位支持这种观点的人。接着，亲信说服了太后的宠臣，宠臣又说服了太后，太后又说服了她的国王儿子，既然国王接受了这观点，朝廷群臣也唯他马首是瞻了。

"这一桩'幸事'最先产生的结果就是卡拉夫不久后就被推举为西羌京城的僧侣会长，担任这一煊赫的圣职。

---

① ［译按］密特拉（Mithras）是波斯人和印度人古老的神明，是太阳之神和光明之神，其祭礼在古代的东方颇为流行。

　　"胡克图斯僧侣出身高贵，名满天下，对这一煊赫圣旨可谓胸有成竹，志在必得，并为之付出了大量心血。如果当前形势稍有差异，则卡拉夫自然难成其劲敌，对之威胁也不大；然而卡拉夫没有放跑这一天赐良机——那位波斯舞女几乎无所不能。确实他也花了很大的功夫才说动舞女去向太后的宠臣大献殷勤。编年史书甚至还告知我们一桩令人尴尬的事实：卡拉夫甚至在自己家里给他们的幽会提供条件。这份犬马之劳背后的动机已经足以令太后宠臣把这位只会扮演油嘴滑舌宫廷佞臣角色的卡拉夫推上宝座，而不是全民众望所归的胡克图斯僧侣。只可惜卡拉夫还不够格，没法在全民的注视下解释他何以配得上这份青睐。胡克图斯内心极为不满，但其平静如水、若无其事的外表却将一切完美地掩盖，只有仇恨之火无时无刻不在灼烧他的心。他一直以来都无比精明，没有过多与参入关于'蔡'和'赵'的争论，但现在，这场争论似乎给他提供了机会，可以让他有堂而皇之的借口报仇雪恨。卡拉夫登上了蓝猿派僧侣的领袖位置，胡克图斯也没有考虑太长时间，立刻就公开宣布支持火猿派。大部分老一辈的僧侣和雅甫都站在胡克图斯一边，之后那些对莉莉太后管治不满的西羌国权势人物也加入了他们。就这样他们建立了一个反对党，其动机、章程和行动给国家安宁带来的威胁绝对不容小觑。"

　　接着达尼什曼德喋喋不休地阐释推动两个派别公开行动的动力源，那正是各方的利益、不可告人的企图和各种激情欲望。如果他讲述的内容真实可靠，那么这些事情恰恰可以证明，这一门以宗教和国家利益为幌子来掩盖卑劣激情和自私欲求的技艺从来都不属于那类唯有新时代之人方有能力将之发明和完善的东西。

　　"到目前为止，"他继续讲，"西羌国的下层民众还没怎么参入蓝猿派和火猿派（人们开始这样称呼这两派人物）的争执之中，或者说只有少数人因为他们的缘故而偏离对大猿的传统理解。大多数人对于戈尔戈利克斯及其朋友的革新工作最多只是摇摇头，一笑而过，甚至抱怨诸如其守护神姓名和体色之类约定俗成的事实怎该任由这些自以为是的研究者染指。但是卡拉夫桀骜不驯的野心要的却是压倒性的胜利，在他说服大部分平民百姓接受大猿是蓝色前，他一刻也不会收手的。而他所渴求的千载难逢之机会所给予的，则是一座蓝瓷和金饰砌成的壮美宝塔，那是太后莉莉下旨兴建专门用来供奉'赵甫'的。原本这位贵妇只是急于向后世遗赠一座精美的建筑，好让他们谨记她对艺术的热爱，只是这份热情悄然变成了对蓝色猿猴一事的热心。在人民的注视下这座神殿拔地而起，卡拉夫的追随者还用了不少神秘兮兮的言语让他们做好亲眼见证惊异事物的准备。蓝猿派僧侣故作姿态，仿佛他们的脸上和话中都倾注了自信的神色，但要他们解释事情的缘由，则是从不应允。胡克图斯和他的追随者们则因对此事不明就里而瑟瑟发抖。

"最后两个阵营翘首以盼的日子终于到来了，他们一边心里急不可耐地盼着，另一边则战战兢兢地等待对手对他们发起奇袭，这一天正是蓝色宝塔落成的日子。太阳刚升上山腰，一大帮人便聚集起来，在卡拉夫的带领下来到与京城毗邻的森林，这里世世代代献祭给大猿。森林中有一处圆形的空地，空地的正中央立着一个像宝座一样的建筑，卡拉夫登上它，准备向下面的民众慷慨陈词。他的这篇演讲可谓妇孺皆知，与之同派别的史家们从未听过可以与之媲美的，这一点他们完全可以保证。卡拉夫所言之物深邃缥缈、高不可攀，全身上下皆闪耀着别样的豪情壮志，他的声调威武雄壮，演讲时的信念，其惯常的仪态，还有那接连不断的连珠妙语皆让听者神魂颠倒。他们为之报以热烈掌声，却一点都不解其内里的含义。他这次演讲最重要的意图，就是让民众既连声惊叹，又略带惊恐地等待奇迹的发展。还没有哪个演讲者像卡拉夫一样深入地研习过加里马提亚斯^①的'法术'，而其带来的效果就是在场的每一双眼睛都在直勾勾地盯着他。为了将一切推向高潮，他还朝着大猿来一段庄严肃穆的呼告，并以此来结束他的演讲。他恳求大猿让人民别再满腹狐疑，并用人人可见的神迹告知世人，用什么颜色来敬奉他最得其欢心。

"卡拉夫刚把最后的话讲完，便看到那棵固定着僧侣会长宝座的大树燃起熊熊烈火。一片雷鸣电闪间^②，在无数双惊恐万状的眼睛凝视下，一头蓝色的巨猿从天而降，其神态威严无比，岿然安坐于宝座之上，就连卡拉夫的宏图大志在其门徒的精湛技巧前也得自愧不如。

---

① ［译按］原文为 Galimatias，此处维兰德将之处理得很像是个人名，其实是法语词，表示"废话""无稽之谈"。关于该词的词源尚无确定的说法。推测其可能来自文艺复兴时期的人文主义者的行话（argot），或是 16 世纪巴黎大学生的用语。这两个说法都以该词的拉丁语和希腊语合成为前提，既是由 gallus［公鸡］和 -μαθεία［学习、学问］合并而成。"公鸡"指的是那些喜好找人辩论和争吵的学者或学生，所以"公鸡学"指的就是这类好辩之人的学问和技艺。此外也有人认为这个词源自希腊语 κατὰ Ματθαῖον［"根据马太"或"根据《马太福音》"］，有可能是因为《马太福音》常被认为是用单调的圣歌体诵读，或者是因为其开篇关于耶稣谱系的文字让人感觉单调和杂乱，所以才赋予这个合成词类似含义。

② 我们可不希望读者们有谁在阅读过程中陷入此等处境，就跟尊贵的克劳斯·策特尔在莎士比亚《仲夏夜之梦》中努力让雅典的贵妇们所处的境地一样，当时他在《皮拉摩斯和提斯柏》的戏剧中（这部戏他跟他的伙计们打算在忒修斯的婚礼中上演）扮演狮子，登台时还让自己令人战栗的吼声响彻四方。他说："我将直接对她们说：不要怕，我美丽的夫人们，我可不像你们想的那样，是头真狮子，而是堂堂正正的纺织工克劳斯·策特尔，是那个把'免于伤害美貌夫人之心'视为最大良知的男人。"本着同样的柔情蜜意，我们也来跟你们解释一下：卡拉夫吓我们一大跳的雷暴天气，其实不过是舞台效果而已。

　　［译按］维兰德本人曾翻译过莎士比亚的《仲夏夜之梦》，但德文标题略有不同，其名为《圣约翰夜之梦》（Ein St. Johannis Nachts-Traum），此外维兰德的译本中也更改了部分角色的名字，使之更有德国味道。比如戏中剧团的组织者——纺织工波顿（Nick Bottom）的名字就被替换成本注提到的策特尔（Klaus Zettel）一名，但这一角色在剧中剧《皮拉摩斯和提斯柏》扮演的不是狮子，而是男主角皮拉摩斯。扮演狮子的是木匠斯纳格（Snug），同样，维兰德也将其名字改成了施诺克（Schnok）。

　　"大家可想而知，这套把戏起到了决定性的作用，就连火色猿猴最执拗的支持者也感到不得不服从自己感官的见证。就连在场目击这场闹剧的自由思想者也随着大众的声浪的起伏而起舞，而少数尚能清醒地支配理性的人为了看穿这套粗俗的把戏，出于明哲保身的考虑，反而却成了向蓝色猿猴神迹欢呼声音量最大的人。蓝色大猿像被抬入新建的神庙中，其场面之浩大和恢弘超过所有人的想象。阿佐尔国王原本只是为了要迎合母亲的怪脾气才发声支持蓝猿派，此时也不禁陪伴位于宫廷队列之首的太后，莅临这场盛大的祭典。

　　"关于这一事件的消息传入胡克图斯和他朋友耳中，着实令其分外吃惊。但在这关键时刻，他展现了非凡的气度，一点都不辜负他成为党派之首所应有的重要特质。"胡克图斯设计出很多精妙的法规（关于这一点我们就不转述达尼什曼德的叙述），除此之外，他最首要的努力方向就是彻底消除卡拉夫和他的蓝色猿猴给那部分尚未开化的人民带来的印象。他的追随者公开指责这位僧侣会长施行妖法，并且还与邪灵暗通款曲。这一见解实际上只是胡克图斯突发奇想得来的，但却令其大受褒奖。如果火猿派僧侣仅满足于向民众揭穿卡拉夫是骗子的真相，那么他并不会就此就受到什么打击，因为理性在狂迷和迷信面前的效用是何其卑微！但是，如果不带顾虑，向人民大胆宣称卡拉夫与邪灵串通，对蔡甫有忤逆之心，这样或许真的能给他致命一击。此类控诉在普罗大众眼里更有可信度，因为它可以把民众倾慕神迹的情怀引到对胡克图斯有利的一边。这无异于为其创造机会讲述大量不可思议的故事，而人们又因其足够不可思议而急于将之到处散播，甚至花大心思自编一堆所谓的情状来让这些故事显得更可信，并且最终自己也真的深信不疑。简言之，通过这些办法，胡克图斯完美地达致自己的目的，那就是让国家大部分州郡的下层民众下定决心，情愿把事情推向极端，也不愿对先祖的信仰和火色大猿有些许不忠。

"或许，"达尼什曼德继续道，"卡拉夫最明智的做法就是冷眼蔑视这些指控，然后继续从容不迫、有条不紊、坚定不移地推进自己的计划，并且努力把半数国民因偏见而带给他的障碍全部清除掉。只可惜他傲慢自大又心浮气躁，根本无法胜任此类亟需心细如尘的操作。他过于相信自己已然全盘掌控太后莉莉的心思（当时她还是国家的掌舵者），再加上无数门徒野心勃勃，他也跟着变得暴虎冯河，竟妄想自己有能耐可以凭强制手段压制那些拒不服从的人。他假借国王之名下了道圣旨，把那些拒绝敬拜蓝色大猿的人都打为造反者。所有宝塔内的蔡甫塑像都被尽数移走，换成了镶嵌蓝色陶瓷的塑像，蓝色宝塔的前院有一座精美的作坊为其源源不断地供应着雕像。所有的宝塔都安置着卡拉夫的门徒，而那些情愿放弃收入而不愿背弃火色大猿者，则只能'退位让贤'了。这种暴力措施确实富有成效，某个比卡拉夫更聪慧的人就已经向其预言了这一点，只是未获得采信而已。火猿派每天要承受上千种对其人格的羞辱，其仇恨之火被撩拨得越来越旺；蓝猿派作为大获全胜的一方，与他们的火猿派同僚打交道时可谓骄气日盛；还有加诸后者头上的公开迫害行为已经让他们忍无可忍，退无可退。各州各郡都揭竿而起，并敬告阿佐尔，只要他最低限度内无法再保障臣民自由选择的权利，无法再选择是从属于蓝猿派或是火猿派的话，那么他们将不再效忠于他。

"幸运的是，西羌国恰好在这个时间点上迎来了宫中权力变更，莉莉开始被排挤出国家统治权力核心，而美艳的阿拉班妲，这位火猿派秘密资助人也成了阿佐尔苏丹的左膀右臂，或者不如说成了他全权的支配者。这一有利局面给了火猿派喘息的空间，也阻止了内战的全面爆发。虽然阿拉班妲热衷于协助她的朋友彻底清算蓝猿派中人，但卡拉夫派人多势众，且内战的结果也不甚明朗，所以要对之发起总攻的想法并没有得到火猿派领袖的批准。双方都满足于签订协议，好让形势能维持一定程度的平衡。局势总结起来就是说古典研究者戈尔戈利克斯的发现给国家带来了创伤，虽然伤口已经缝合，但绝对还没有根治。僧侣间的争吵没完了，当他们看到自己敬拜的对象竟被对家蔑视时，那怨恨之感自然顷刻间压倒双方；他们还喜欢在最无关紧要的事情上大做文章，想要彰显自己有别于对方。蓝猿派和火猿派相互间的恨意就像永不熄灭的火苗①，只要外部条件交织一体，就会一触即发；这股恨意不仅撕裂自然精密纽带形成的脆弱织体，甚至强大到足以时不时粉碎维系市民关系更为粗重的链条。它就像潜滋暗长的毒素，会感染政治体的整个组织，让其各类缺陷和偶性变得比其之前所是更加奸邪狠毒。其每一次触发都会使暗流涌动的罪恶在国家的此处或彼处彻底喷薄而出。由于朝廷既没有足够实力可以压制两大派别中的一个，也没有足够智慧可以在其之间维持某种精准的平衡，由此，两者间总是交替挤压和迫害对方，就看是谁在州郡里或在朝廷中取得主导权。某种全新等级的怨气最初始的源头可能只是某种不实的幻象而已，但此时国家却因它而彻底陷入彻头彻尾的不幸之中。最终，西羌人第二度置身惨绝人寰之境，要脱离这片苦海怕是只能期待一场暴力的国家变革了。"

　　苏丹山鲁格巴其实打断过达尼什曼德几次，好让自己在其讲述过程中可以插入些评语，当中只有一个看起来比较重要，使得我们不忍将之略去。他很是怀疑是否一个被设定为（至少从欧谷尔苏丹时候起）身处启蒙和雅致状态的民族真的能愚蠢到如此地步，竟然甘愿让自己变成此类幼稚且老掉牙争论的牺牲品？

　　达尼什曼德解决这一难题的方法至少得让人好好听一下。他

---

① ［译按］《金镜》第一版中在此还插入了一个注释："永不止息的恨意和无法治愈的伤口。"（immortale odium et nunquam sanabile vulnus.）出自古罗马诗人尤维纳利斯（Juvenal）的《讽刺诗》（Saturae）15:34。

说道："亲眼见证我们的人类同胞竟然以如此屈辱的方式被夺走其凌驾于所有物种之上的最佳优势，这确实是件悲哀的事情。尽管如此，到目前我还没有谈及西羌人里头那些不似其他自然事件一般寻常的事情（在特定的预设下）。是什么样的预设呢？打个比方，世上没有什么比见到人带着理性发狂更常见的现象了，或者见到他们在千千万万件事上保持理智，却唯独在一件事情上丧失理智；或是看到愚蠢之见解和反智之习俗不论何时何地皆在寰宇之内无尽蔓延。又比如说迷信在蒙昧和粗鄙而质朴的年代占据了人民的脑袋，并且用好几个世纪的时间在其内里落地生根，然后又因其逐级递升的开化程度而有所减弱。但是即便度过一段漫长的时间后，再加上接连不断的因缘催促其覆灭，它的下场定然逃脱不了被彻底歼灭的命运，以至它身上的残羹冷炙彻底断了兴风作浪的可能，无法再挑动出人意表的奸邪哗变。

　　"此外，"他继续讲，"对我来说最简单的莫过于用一些历史案例，也就是用那些发生在世上崇尚偶像崇拜之民族内部，还有发生在部分穆斯林内部的事情作为案例来诠释一部分我所要讲述的内容。我不理解为何西羌人崇拜火色猿猴就得备受指责，而那些智慧的埃及人敬拜公牛阿匹斯①以及其他诸多动物（当中也包括猿猴和长尾猴）时，则不会被责骂到如此田地。关于大猿是蓝色还是火红色的争论在我看来和俄克喜林库斯城及其邻居居诺波利斯城之间关于阿努比斯神性的问题，以及关于某种我不认识的，长着尖状吻部的魟属海鱼所进行的争论一样都是半斤八两，如果我们可以信赖某个古希腊智慧超群之人所言的话。②这种鱼是俄

---

① ［译按］阿匹斯（Apis）是古埃及公牛形象的孟菲斯神祇。

② ［译按］俄克喜林库斯（Oxyrhynchus）是埃及的历史名城，20世纪曾在此有大量考古发现，出土不少重要典籍的文本。其名字 Ὀξύρυγχος 在希腊语中有"尖鼻子"的意思，得名自该城所崇拜的尖鼻鱼。根据古埃及神话，这种类似象鼻鱼一样的鱼类曾吃掉神祇奥西里斯的阴茎。居诺波利斯（Cynopolis）在古埃及历

克喜林库斯人的守护神，但居诺波利斯人却把它们当作普通鱼类，不假思索便对之大快朵颐。俄克喜林库斯城的居民自然对之大发雷霆，认为为其神祇复仇的最好方式，便是把气撒在居诺波利斯人视作圣物的犬类身上，要知道这些狗可是由他们全城人花巨资供养的。就这样，一场无比血腥的战争便在两个埃及城市间爆发了，罗马人最后不得不用暴力的方式介入，把这两帮气昏了头的人拉开。[1]

史上可以同时指代两座城市，分为上居诺波利斯和下居诺波利斯，其希腊名字Κυνόπολις 有"狗之城"的含义。上居诺波利斯崇拜阿努比斯，其为古埃及丧葬之神，有着类似犬类动物的头部。关于俄克喜林库斯城和上居诺波利斯城的巨大纷争，希腊学者普鲁塔克在其《道德论集》中的《伊西斯和奥西里斯》就有记载（72、380B—380C）。其争论的起因在于上居诺波利斯城的居民食用俄克喜林库斯城人崇拜的尼罗河尖鼻鱼，而后者为了报复前者对他们的羞辱，则开始大肆屠狗，两边爆发了激烈的冲突，最终酿成战争，死伤无数。由于罗马人的介入并对双方施以惩戒，才恢复和平。参见 Plutarch, *Moralia*, Vol. V, pp. 168–169。

[1] 拉丁文译者注：参见普鲁塔克著作《伊西斯和奥西里斯》。尤维纳利斯在其《讽刺诗》第 15 篇中也跟我们描绘了一幅诸如此类的宗教战争之骇人场景，这场战争发生在欧姆伯人和腾图拉人之间，由于

> 两边的人互为邻居，却彼此憎恨
> 对方的神祇，因为每一方都认为唯有自己崇敬的
> 才可被当作神明……

在一场盛大的宴会上，在人们最疏于防备，对敌人的突袭毫无预想的时刻，两个城的人突然互相伏击对方。诗人告知我们，两方的实力毫不对等。那帮善良的欧姆伯人头戴玫瑰花环，涂满香脂香膏，狂歌热舞之后难掩倦意，却又喝得烂醉如泥；他们的敌人们则反过来怒目圆睁，因为他们清醒无比（这一边满是贪婪的恨意）。争斗开始时还只是打嘴仗，然后慢慢就演变成拳打脚踢，两边的人马无不鼻青脸肿。"但是这一切，"诗人继续讲，"对失去理智的人来讲终究是场游戏，他们不仅想看到血流满地，还想看到尸横遍野。大家开始朝对方投石，持续了好一阵子，最终腾图拉人拔起了剑。欧姆伯人浑身颤抖，头昏脑热，落荒而逃。恐惧令他们逃离时健步如飞，而当中仅有一人不幸沦为怒火中烧之敌的刀下鬼而已。这可怜虫立刻就被碎尸万段，连皮带骨，外加毛发皆被啃食殆尽。他们甚至连花时间将其烹煮都没有，立刻就急不可耐地将之生吞活剥。谁要有幸从这堆令人作呕的烂肉中偷吃一口，怕是会将之当作世所罕见的珍馐佳肴来对待。"此外，欧姆伯人和腾图拉人的宗教战争与居诺波利斯人和俄克喜林库斯人的战争是否有所不同，又或者是因为前二者的名字更合诗歌韵

"此外我们可以完全可以推测，国家里头那些还能动脑筋思考的人（根据最适宜的计算，一千个人里头只能找到一个诸如此类的人）也跟我们一样觉得这正常争论十分愚蠢，不过我们不得不相信，这些占国民千分之一的人群里头的绝大多数并没有由此就显得对两种大猿中的某一种兴趣淡然。正如他们身上也带有其他古老且非理性的习惯，这种古老的迷信自然也是与之如影随形。人们看到其中的愚昧，对其嘲笑一番，甚至用各种理由向自己证明——这就是滥用，但尽管如此，人们不仅因为其为'老传统'之故一如既往地遵守之，甚至还把那些敢于从中自由地抽身而出之人的行为当作罪行。虽然十分清楚这些是滥用之举，我们依然会因私人利益和激情欲望之故奋不顾身地为这些滥用之举大加辩护。人们会在这些场合区分理论和实践，并鼓吹某种有利的滥用，嘲笑那些活该被骗的傻子，因为他们甘心被骗。"

我们将用智慧的达尼什曼德亲口说的话，以及我们自己诚挚签名并认证的观点来结束这段摘录。他说："两个阵营为了削弱和压制对方，为了轮流从对方手上争夺国王的信赖和国家的掌舵权，或者是为了让朝廷在自己面前胆战心惊，然后以公共福祉之名给朝廷的各项工作添加难以跨越的障碍，以及为了把千千万万种相互抵触的私人利益连同党派利益一同融合成某种真实或莫须

律，所以尤维纳利斯表面上写前二者，实质上在写后二者，正如萨尔马修斯基于学理上的原因所推测的那样（《论索利努斯〈奇事录〉》，第317—321页），要如何回答这些问题，这一任务最好交由就第一个碰触到它的人来负责，只要它还没找到另一位自己"心仪"的研究宗师的话。

　　[译按]拉丁文译者在这里讲述的故事基本上出自尤维纳利斯《讽刺诗》第15篇33—83行。萨尔马修斯（Claudius Salmasius /Claude Saumaise，1588—1653）是法国古典学者，其代表作就是本注提到的《论索利努斯〈奇事录〉中普林尼的活动》（*Plinianae exercitationes in Caji Julii Solini Polyhistoria*，1629）。索利努斯（Gaius Julius Solinus）是3世纪的拉丁文法家和修辞学家，其代表作为《奇事录》（*De mirabilibus mundi*，又名 *Polyhistor*），记录了异国各类奇闻奇事，但实际上大部分内容均来自普林尼《博物志》，该书可以说是《博物志》的总结和延伸。

有的整体而采用的计策；为了实现这些目的而以宗教、君王威望和全民福祉的名义而干的可耻滥用之事；再加上数之不尽的不义之行频频发生，还有欺骗、背叛、忘恩负义、掠夺成性和毒害道德等行为，都是在这些富丽堂皇的面具下倾情表演的勾当；这些五花八门的事情对一部宏大的史书来说不外乎只能添加些多余的素材，唯有罪大恶极之人才活该注定得阅读此书。

"不幸的是，那些教化优良之民族的历史（如果不算战争这另一种类型的卑劣暴行表演场所的话）其实跟这些也没啥两样。对于一个真心实意参与人类命运中的人来说，置身于这堆令人作呕和毛骨悚然的场景中，真的是痛心疾首。真正人类之友的心灵在其面前只能是望而却步，畏缩不前。他忧心忡忡地望向单纯和安宁的场域，望向智慧者和美德者的小屋，望向那些配得上此等头衔的人；假如他在人类种族的纪年史中找不到使之满足的东西①，他会情愿逃往虚构的世界，逃往纯美的理念，这些理念的

---

① 虽然不可否认哲学家达尼什曼德这一思想有一定正确之处，但另一种视角的观点一样也不比其缺少说服力，也就是说如果历史通过审视的目光进行研究，通过哲学洞见从崇高的视野出发进行宏观把握，那么它确实对每个公民、每个政治家，甚至对每个纯粹世界观察家来说都是有用知识的来源。平心静气，富有教养的心灵便能透过人类愚行杂乱无章的织体，在层层叠叠的重大在世事件发展形成的迷障和交合体中发现那统领万事万物的至上智慧的永恒计划。当见到美德与恶习、理性与激情、真理与谬误及欺骗、科学与无知、品味与野蛮旷日持久的战斗，虔诚地认识到自然创始者看不见的手，认识到他是如何从拘泥于"部分"的争论里让"整体"之秩序和和谐应运而生，那他是多么欢欣鼓舞，兴高采烈，并从中获得进步。人类理解力的历史，德性的历史，宗教、立法、技艺、贸易、品味和奢侈等事物的历史都同样是普遍历史富有成果的领域，如果对其更好地开垦还能期待它给思辨和实践科学带去无上的益处。
　　我们非但不歧视历史学问，反过来更是期望能够向所有的学人，或者所有想要变得更明智和善良的人澄明，与真正的苏格拉底哲学相结合的历史将是人类最崇高和重要的学问，如果人类不想仅做一台有动物本能的机器，而是想有所超越的话。我们在这儿增添这一评注，目的也只是防止我们当中有人妄图用智者达尼什曼德此处所说的话来为某些人过分且无度地沉迷于小说和童话故事的癖好作辩护。既然历史学的崇高价值已经确定无疑，那么我们也无法否认，

原型在凡尘俗世难觅踪迹，但对他的内心来说已经足够真实了。因为它们将其置身于一个舒适的幸福美梦中（至少在他由于事出紧急或某种不适之感重新跌落回这个世界之前），又或者更准确地讲，因为它们让其真真切切地感受到，唯有在我们明智和善良的时刻，唯有在我们献身于实践高贵行动，或者观察自然和研究其伟大计划，智慧法则和善意目的，或者献身于友谊和爱情，献身于明智享受生命之无暇欢愉的时刻，唯有这些时刻在别人询问我们活过多长时间时，才值得被计入过往的生命长河中。"

　　这部可靠史书的震旦国编者告诉我们，苏丹在智者达尼什曼德发言的最后部分睡着了，后者不得已只能停止继续宣讲其道德训诫。如同震旦编者所预估的，这一状况让我们错过了不少此印度斯坦哲学家关于这部分西羌国历史所发表的深刻见解。

　　翌夜，苏丹命令他尽可能快速地略过不幸的阿佐尔王当政历

　　某些历史研究者见到一些带有虚构形式的文本时就皱起鼻子，这种态度也是不可取的，是一种可笑而迂腐的学究气。少数一些学者研究过去发生的事情已经忙得不可开交，休息时间所剩无几，这些人阅读到拜占庭历史中各种残酷暴行，或者英格兰玛丽女王的统治方式时都会板起面孔，用年代学家确定米斯弗拉格穆托西斯王在迪奥斯波利斯统治年代时所采用的冷血方法来对待之，这也是可以理解的。但是它们的案例和品味并不能成为规则。感性的灵魂看到所有这些恶行，看到这些各色人种为了劫掠和蹂躏彼此间不过区区数载光阴的人生，而在我们居住的这颗宛如太阳尘埃般大小的星球上所犯下的恶行时，都觉得自己不得不跟随智慧的达尼什曼德一起逃到诗人的可能世界中。由此，他们这种做法都有充足的合理性，而无须诉诸柏拉图的原则（维鲁拉姆的培根曾使用这一原则为诗艺辩护）。通过这一原则，我们甚至能把此处仅用来辅助休憩的事情当作非常主要的工作来做。

　　［译按］米斯弗拉格穆托西斯（Μισφραγμουθωσις/Misphragmuthosis）是古埃及法老的名字，历史上曾有过数位叫此名字的法老。迪奥斯波利斯（Διόσπολις/Diospolis）在古代的西亚、北非和东南欧都存在叫此名字的城市，此处指的是古埃及的底比斯城（Θῆβαι/Thebes），历史上曾是埃及很多个王朝的首都。维鲁拉姆的培根正是我们熟悉的英国哲学家弗兰西斯·培根，因为他曾做过维鲁拉姆男爵（Baron of Verulam），所以有些西方学者会称他为维鲁拉姆的培根。

史的剩余部分。他说："世界上有些人真的蠢得可以，甚至连我的伯父山鲁巴罕也在某个地方这样评论过，而毫无疑问，阿佐尔肯定是属于这一类人士。人们啥时甩掉他都不算早。"

第 11 章

达尼什曼德继续讲述阿佐尔统治的故事。

"所有那些给好国王阿佐尔的美誉罩上阴影的弱点中最可悲的，恰恰与其年龄息息相关。这样的弱点因其看起来与德性相近，所以更加有魅惑性；因为它好心办坏事，所以更加有危害性；因为就连东方君王中的最智慧者也没有足够智慧来抵御它，所以它更加防不胜防。"

"我想，这就是人们通常所谓的'谜'吧。"山鲁格巴道，"我当然不会自以为能在解谜这一技艺上跟你刚刚提到的苏丹相提并论。但这次我倒想猜一下，伟大的阿佐尔身上这一缺点，也就是你还在卖关子的缺点，要么是假仁假义了，要么就是某种与之相近的东西。我说得对吧，博士？"

"令人击节！"达尼什曼德回答时的语调和面部肌肉极尽惊叹之能事，好借以盛赞其威严的君主思维之敏锐。他接着说："自从美丽的阿拉班妲掳走了西羌苏丹的心，篡夺了支配其皇宫和财库的无上权力以来，已有 20 个年头了。习以为常和餍足腻烦最终消磨了她的魔力。阿拉班妲也意识到，自己是时候不得不悲痛欲绝地承认：要么是阿佐尔不再感受到她的魅力，要么是她自己已不再有魅力了。"

"仿佛两者不可同时兼得似的。"美丽的努尔马哈说道。

"至少，"博士回答，"她更愿意相信前者。"

"而阿佐尔更愿意相信后者。"苏丹机智一笑，说道。

"无论如何，"达尼什曼德继续道，"这个好妇人犯了桩错误，她把一个巧合看作无法忍受的羞辱——若时间流逝20年，人们完全可以把它称为这世上最自然不过的巧合罢了。我们的好苏丹在这件事上确确实实是无辜，然而他却常常要忍受被谩骂为负心汉和白眼狼好一段时间（确实经常如此），还要承受各种因嫉妒和坏心情而招致的让人哭笑不得的行为举止，这是多么不合时宜，多么有失远虑啊。她这样的所作所为，还想指望收获与现实发生的一切截然不同的结果吗？一切的结果不外乎，国王长时间以来在心里奉若神明、集三千宠爱于一身的女人，不久后他便觉得难以消受了。从此刻起，阿拉班姐美人的统治也画上句点了。阿佐尔则在寻找一种他的心灵熟悉的幸福作为替代：他在一段时间内转移了注意力，只可惜他找不到满足感。这种满足感，敏感的心灵必定无法从感官那儿，或者从游弋不定的幻想所勾起的喜怒无常的念头那儿获得。因而，他对于这种心灵的飘荡越发厌烦，因为莉莉和阿拉班姐已经让他习惯于被女性的头脑，也就是被最精致、最机智的女性头脑牵着鼻子走。

"他后宫那些婀娜多姿的佳丽们都可以恣意让他忤逆自我和阿拉班姐的意思行事，这让他的生活成了难以承载的负担。他不止一次试图在阿拉班姐美人身上找到往昔的魅惑和魔力，然而，一切努力皆是徒劳，这让他最终确信，她确实已是明日黄花了。想要实现不可能之事，对他又有何益处呢？

"阿佐尔就处在这一心态之中，而此时前文已有提及的波斯舞女却又成功让他了解到：他还没有完全从那个由其心灵之懦弱而构筑的愚蠢怪圈之中走出。这个尤物凭借其魅力及其崇拜者的

慷慨，找到了抹除其过往阶层污点的方法，并渐渐进阶到王妃[①]
阿拉班姐亲信的位置。在这个位置上，古尔娜泽（这位舞女脱胎
换骨后被如此称呼）经常找到机会向苏丹展示其言语之机智以及
言谈之舒心和魅惑。其精神之邪魅可以强大到让与之交际的人忘
却最初她交往的对象都已是白髯长者了。倒也不是说她不再惹人
喜爱了，但是在她一度以友谊为面具蹑手蹑脚地溜进阿佐尔的心
房之后，凭借其残留的一半姿色，她在这个容易受人摆布的当权
者眼里是那么千娇百媚。简单来讲，她不在的时候，阿佐尔要与
阿拉班姐和宫中其他丽人共渡一段无聊的漫长时光，他都会觉得
不堪忍受，如此他意识到离开古尔娜泽，他就活不下去。她已悄
无声息地强占了通往其心灵的所有道路，并且从一个亲信神不知
鬼不觉地变成了他所有喜好的直接主宰者。没有哪个前度妃子
比她拥有更多掌控他的力量；也没有谁能像她那样，让阿佐尔全
然觉察不到自己正戴着锁链。阿拉班姐通过其妖媚的魔力控制了
他，而古尔娜泽则通过完美认知其头脑和心灵的弱点驾驭他。这
既让他服服帖帖又无限绵长的统治，是让人何其惊叹啊！"

"评论精当，达尼什曼德！"努尔马哈微笑着嘀咕道。

"你真这么认为？"苏丹碰了碰她的肩膀，说道。

"古尔娜泽这20多年来对蓝猿一事都十分热心，那时她的影
响力还很有限，现在因为手握王室的威权了，其热心劲儿也就跟
着翻倍了。蓝猿派又一次一鼓作气，自以为有机会实现其最狂野
的愿望。这位宠妃对于这一新教派的兴趣之所以能够维持，很大
程度上在于某个雅甫狡猾的奇想。他是僧侣会长卡拉夫的朋友
中，他的如意算盘就是创立某类宗教节庆，以便让感官基于狂热

---

① ［译按］原文为Sultanin，如前注所述，努尔马哈和达尼什曼德讲故事过程中
　　为了方便苏丹山鲁格巴理解，会把非伊斯兰国家包括西羌国的国王称为苏丹
　　（Sultan），则其配偶为Sultanin。由于不清楚西羌国的宫廷是否有"正妻"和
　　"妾侍"之分，故翻译中把阿拉班姐称为"王妃"。

虔敬的需要而得到最舒适的享受。这一节庆的引入是卡拉夫教给火猿派的最后一击，相当致命。火猿派的虔诚祭礼与其说舒适和暖心，不如说阴森而吓人。蓝猿派信徒的人数与日俱增，阿佐尔本人对于其宠妃的虔诚祭礼也越来越有好感。没过多久，其他种类的享乐也都纷纷而至。人们互相邀请对方到蓝色宝塔上参加聚会，就像过去到野外远足或者参加化装舞会一般。悄然间，某种虔敬的风骨成了宫廷人士有别众人的标记，每一个对教养和生活作风有所追求的人，都纷纷尽可能仿效。如果说这就是美丽而虔诚的古尔娜泽影响力最坏的结果的话，那么，人们倒是有理由宣称自己很是幸运了。因为西羌迷信活动搞得不亦乐乎，其实是有助于而非阻碍人们通往彻底改善之道。但他们的激情过于汹涌澎湃，这样就不允许他们拥有足够时间来完成那些他们原本希望凭蛮力顷刻间就做成的事情。

"她并不满足于只把火猿派打压到此等境地，还能让他们因为受到宽容而对自己的好运沾沾自喜，反过来她向赵甫许下庄严的誓言，不把其对手的狐朋狗友从西羌国中彻底肃清决不罢休。国王的旨令被当成了借口，把所有拒绝向蓝猿献祭的人都裁定为违抗君命，他们哪怕有些许轻微的反抗都会被当作叛乱者施以严惩，这最终也引起了蓝猿派本身的愤慨。人性面对残酷时心惊胆战，却也总期望残酷可以到达史无前例的程度。诸如此类的残酷在阿佐尔毫不知情的情况下都以他的名义被实施了，这恰恰成为他执政末年唯一免于让人遗忘的事迹，最终他承载了民众对他过多的恨意，想要保住名声，全身而退，却也为时已晚。一个君主身兼平民所有令人钦佩的品格，恶行甚少，德行甚多，唯独就因为缺乏君王的品格，最终跟最凶残的暴君一样作恶多端，这真是引人深思的事情。阿佐尔既无野心也无欲望侵吞臣下的财产，他既非性格无常，也非铁石心肠，更非残酷无情。他从未妄图让自己漫不经心的奇思妙想变成法律和神谕，也不像他的多数同行那样妄想是他的缘故，西羌才得以脱离天下大乱，或者把臣属们视作与其利益祸福相依、荣辱与共、生死同存的奴隶，毋宁说他是那个时代最和蔼可亲、最悲天悯人、最乐善好施的君主。他对其身份应尽的义务以及对统治技艺的一无所知，只通晓奢靡的倦怠，还有对宠臣漫无边际的信任（他把他们当作恩人，因为后者帮他卸去了执政的负担）。再加上教育的失误，心灵和脾性上的疲弱，所有这一切才是人民不再爱戴他、后世不再敬仰他的原因，而绝不是他的恶行导致。

"他最大的失误在于，他虽有眼睛，却是透过别人的在看；他的耳朵只想听到悦己的声音；他只说那些别人教他说的话；而且，就算他间或做出了一个良好的决定——这要么是靠他心灵原本的敏锐，要么是靠着某个诚实正直、不计一切代价想要让他睁大双眼的弄臣冒死进谏。结果，他要么对自己的观点疑虑重重，要么对自己的宠臣过度偏爱，那一良好的决定他必然无法贯彻始终。在此，人们也得承认，在其统治的诸多失误上，命运也并非全无责任。如果一些有真才实学和德高望重之士辅佐于阿佐尔左右，那么他的弱点和恶习也不会有多少损害。如果这些人才也像他的宠臣们那样机智风趣，阿佐尔也会同样珍视他们，把各项事务都全心全意交托给他们，那么，西羌就有福了。但是当然，大千世界的历史告诉我们，还没有过一个孱弱无能的君主靠着魔杖一挥，醒来时就能被沃尔辛厄姆们和叙利们[1]所包围。我们真的没有理由去期待命运能够创造这样的奇迹。"

---

[1] ［译按］沃尔辛厄姆爵士（Sir Francis Walsingham，1532—1592）是英国政治家，伊丽莎白一世的首席秘书。叙利公爵（Maximilien de Béthune，duc de Sully，1560—1641）是法国政治家，法国国王亨利四世的首席大臣。这两位人物都是欧洲君主的股肱之臣和得力助手的代表。

下　部

第 1 章

"达尼什曼德先生，在我们继续之前，我得说几句。"苏丹说，"这位阿佐尔已经有点滥用我们允许他懦弱的特权了，如果你今晚能够让他展现出好国王的一面，同时又无损历史真实性的话，那么你帮上的可就不是小忙了。我当然懂得'历史不该献媚君王'的道理，这其中的理由无非两个：其一，我们活着的时候已经听到够多的逢迎之言了；其二，我们死了之后大家评论我们的话横竖也伤不到我们，但这对世界却大有裨益。不过呢，我也不想事情演变成这等模样，仿佛每天晚上在我卧房里大家伙都在调侃和讽刺西羌国的列位苏丹。我记得好像在哪儿读到过，一个人切勿把另一个人身上的一切当作事不关己。我也看不出为啥我们苏丹就不会置身于一模一样的境地。总之一句话吧，我对这事情确实是感兴趣没错，但现在我觉得咱说得也差不多了。"

"陛下，您的意思是我应该跳过伊斯凡迪亚苏丹吗？"达尼什曼德问道。

"问得好！"山鲁格巴答道，"在我回答你这问题前，我得先了解一下这伊斯凡迪亚苏丹是何方神圣呀！"

"他是阿佐尔的直系继任人，是与阿拉班姐美人的独子，也是西羌国列位苏丹中统治方式近乎匹配恶毒君主戏谑文的一位。"

"他比阿佐尔还糟糕？"

"请原谅，陛下！阿佐尔实际上并不是恶毒的君主，他只是懦弱而已。伊斯凡迪亚刚好相反……"

"行，行，"苏丹插了话，"我们总得了解一下他嘛，就当他是阿拉班妲美人之子的缘故。虽然你跟我们说了她干过很多坏事，但我还是觉得她非常迷人。也因为这一点，我请求你尽量对伊斯凡迪亚口下留情，像你一向所擅长的，别把他说得太过。"

达尼什曼德说："要是人们把'戏谑'这个词理解成某种故意抹黑和丑化他人的演讲或文辞。那请老天爷庇佑，千万别让我有此类'戏谑'君主的念头，管他是针对托诺斯·康格勒洛斯王[①]，还是某个古埃及的法老。不幸的是，任何时代的大人物中总有一两个这样的人存在，他们的人生其实就已经是一部针对他们自己的戏谑作品了。我想说，让他们变得可耻和可憎的，不是别的，正是他们自己的愚蠢行为和对权力的滥用。所以，奉命述说其人生故事的传记作家们可不需要承担一丁点儿责任。至于伊斯凡迪亚苏丹，恐怕他就处在这一类别。所以……"

"不管怎样，"苏丹大喊，"你只能私底下跟我们讲述他们干过的恶事。还有，别忘了我非常讨厌那些无谓的开场白。"

"陛下，"达尼什曼德开始讲故事，"正如前面所说，伊斯凡迪亚是阿佐尔和阿拉班妲的独子，也是其一众嫔妃所生之子中最小的。尽管其母亲渐渐失宠，伊斯凡迪亚还是在宫中接受教育，就跟那时候西羌国的王子们接受教育的方式一样。"

---

① ［译按］根据1853—1858年莱比锡出版的《维兰德全集》第8卷末尾注释，康格勒洛斯王（Tonos Konkoleros）是亚述帝国第二王朝的末代国王，通常被认为与萨达纳帕勒斯（Sardanapalus）重合。推测康格勒洛斯只是一个别名，意思是"令人赞叹者"，通常被归给萨达纳帕勒斯。如果这样的观点正确的话，则这样的萨达纳帕勒斯也不值得被"讽刺"了。参见 Georg Joachim Göschen (hrsg.), *C. M. Wielands sämtliche Werke, Band 8, Der goldne Spiegel Band 2*, S. 274。

"这正是我们想知道的。"山鲁格巴说。

"所有科学和艺术科目中，他都有良师指导（就像人们常说的），这些人很适合教育王子。他所习得的数学知识之多，甚至可以熟练地区分三角形和四边形；为了证明其地理知识之丰富，他还能脱口背出西羌国所有河流、湖泊、山川、州郡和城市的名字；为了展现其高超的哲学素养，他在 13 岁时就经常公开为一个极度深奥的论证辩护了———一个物体，一个实存的物体，只要它以是其所是的方式存在，则它不能同时是有别于其所是的事物。国政学的老师认为最重要的工作，就是教给他有关至上权力范围和特权最广泛的知识，以及人们将臣民的财产冠冕堂皇地据为己有所需的无数种方法和窍门。

"而他的德育老师则反过来小心翼翼，生怕提及'责任'这一令人不安的词语会冒犯到他娇柔的耳朵。他用矫揉造作的言语，通过精心描绘的动人事例来给王子呈现'正直'和'仁慈'这两样君王的崇高美德，他们这样做时还自以为完成什么壮举一样。但是，他扯到这些美德时所用的语调，还有未经深思便脱口而出的夸张赞誉，宛如把一些君王置于众神之列，而原因仅仅是由于他们某些相当暧昧不明的举动。所有这一切自然是适得其反，在其学生那儿产生了反作用。年轻的伊斯凡迪亚关于'正直'和'仁慈'所理解到的内容对其未来臣民的福祉来说确实像是竹篮打水一场空。他深信，美德要如何施行完全取决于其个人意旨。他压根儿就没有料想到唯有让这二者相互紧密结合才能形成美德；唯有勤勤恳恳地在统治权力涵盖的整体范围内将之施行，才是君主的首要职责；而那些在位 50 年间把这两者施行到完美无缺地步的君主在其生命终结之时，能收获到的赞誉，至多就是对其恪尽职守的见证而已。总而言之，这位宫廷太傅并没有理解到，要跟一位年轻的君主介绍如何施行美德，施行与万民之福祉和国家之完善息息相关的美德，唯有以'国王应尽之务'的形式方能令其真正掌握，而应尽之务则意味着其所做的要求既是刻不容缓又是神圣不可侵犯的。人们只能从至上存在者也就是从那位凌驾于万国诸王之上的君王的法则中，或从社会契约中才能推出此两者，而依据这一社会契约，权力最大的人同时也是责任最大的人。"

"不用停下来，博士先生，"苏丹说，"我只是在想，这位年轻王子伊斯凡迪亚的道德教师用讨好人心的形式来介绍你说的那类君王责任的东西，也不见得完全是错的。责任是个艰难的词语，它的调调让臣民听起来就已经是不胜反感，我们君王们的耳朵又要如何适应呢？如果我们趋向美德的动力是自愿的，而不是外力将之强加在我们身上，那么我们自然会觉得美德愈加讨人喜欢。"

"请原谅，陛下，"天性爽直，从不拘泥宫廷礼节的达尼什曼德立刻回答道，"确实有一种比较不怎么危险的方式可让我们的责任显得舒心一些。用夸张的赞美来鼓舞我们亲近美德，只会令我们把履行自己的应尽责任变成争名逐利和爱慕虚荣，与其用这种方式倒不如说服自己'履行责任必然与最直接、最重要的利益，与最纯粹的欢愉唇亡齿寒'来得更好。至少这时候谈到名利时，就相当于善举自然的伴随者了。令人惋惜的是，这位君王的心不够机敏，没能把人民对他的信赖和喜爱放在首位，而不是那些让感激和恭维留存万世的赞美诗、荣誉丰碑、塑像、奖章和铭文。这些东西所带给他的真正满足感可真的是微乎其微！因为它们又有几次是真的发自内心被呈现给暴君和无名君王的呢！"

"达尼什曼德，你说得不错。"苏丹今晚心情挺好，倒不怎么反感听到他的哲学家口若悬河地说个没完。他说道："伊斯凡迪亚王子这位卫道士老师看来当个一流的朝臣绰绰有余，当个一流的德育教师就鞭长莫及了。"

"即便如此，"达尼什曼德继续讲，"他这位老师在历史记载中怕是还要来得更加糟糕，虽然无可否认他是整个国家里最满腹经纶的人，在其同行中不可多得。王子最爱的科目是历史，也确实从中习得了不俗的才能，在各类场合中绝不会丢了自己和他老师的脸面。作为奖赏，他的老师也获得了御史官的职位，其俸禄不薄。阿佐尔这位好苏丹是否也会想到让其尊崇和赞叹的人物占据首席划桨手的高位呢？答案自然十分肯定。

　　"担任年轻君主历史教师职位者必须要懂得如何把热诚的正直之情与明察秋毫、高瞻远瞩的眼界相结合，同样也要把纯粹的道德感与敏锐的辨别力合二为一。实现完美的正义感所需的前提特征可不比这微小，而要将之实现则只有在道德和政治视角下描摹'品格'和判断'行为'之平台上才得以可能。他必须（请您准许我举一个例子，好让我的意思表达更清楚）能够在亚历山大身上看到某个生来就能干出惊天伟业的非凡之人，这些人宛如荷马诗中的神祇，身处天人之交的神境，不管是恶行或是美德都不同凡响。他必须公正合理地评价其身上每一处优点和德行，不会因前者之故姑息其恶行，也不会因后者之故错认前者之风采。他还要有能力在这位仁德征服者之鸿图大业中发掘他那别样的精神境界，它显然有别于鼓动阿提拉们劫掠天下的野心。① 对于天生的世界统治者②，他不会因为其欲成大事的崇高激情就视其为罪犯

---

① ［译按］此处亚历山大指的是亚历山大大帝（前 356—前 323），古希腊马其顿国王，骁勇善战，雄才大略，其一生征服了大量的国家和领土，建立起宏大的帝国。阿提拉（406—453）是广为人知的古代亚欧大陆匈人皇帝和领袖，史称"上帝之鞭"，多次进军东罗马帝国和西罗马帝国，给两边都带来了巨大的威胁。由此在西欧的视角中，阿提拉似乎成了某种残暴掠夺者的象征。

② 就像有理性的人自然而然能胜任愚者之师，完美无缺的人天生也有权统治其他人，这就是自然规律，亚里士多德——万国君王中最伟大者的恩师如是说。
　　　［译按］"理性之统治"是亚里士多德政治学的基本原则之一，其理论内核植根于人之"理性要素"对"非理性要素"的必然统治力。在《论灵魂》(Περὶ Ψυχῆς)第一卷第五章中亚氏就强调没有什么东西可以比灵魂更强势，从而统领之，而统领理性(νοῦς)则更加不可能，因为后者基于其自身特性本就是最原初，最有统摄性和决定性的。"不可能存在比灵魂更强势的统领性事物，较之理性则更不用说，它在本性上就是最原初的统领者，这一点很合理。"(τῆς δὲ ψυχῆς εἶναί τι κρεῖττον καὶ ἄρχον ἀδύνατον, ἀδυνατώτερον δ' ἔτι τοῦ νοῦ, εὔλογον γὰρ τοῦτον εἶναι

大加审判。这份激情在格局狭小的心灵那儿不过就是份狼子野心而已；但在前者那儿，则是雄才大略者灵魂中天生的巨大热忱。

"有谁无法看清阿尔贝拉之战[①]中亚历山大所取得的胜利可与 20 位希腊将军一起所能完成的比肩的话，或者没能看清这近似乎超凡入圣的伟大灵魂也有迫不得已从其御医手上接过药碗的一天——当时他面露微笑，不发一语将药一口饮尽，同时又从御医另一只手上接过一封信，这信里却为他揭露了有人给这御医做了大量许诺（那是圣人也难抵的诱惑），御医最后接受贿赂，在药里下了毒——的话，有谁要是看不清这些，那还真是可悲啊！同样，有人若是感受不到亚历山大情愿自己口干舌燥，焦渴难耐，也不忍夺走手下士兵装在头盔里头要带给家里孩子的水，以缓解其饥渴，此时此刻的他作为君王甚至比其被武将和万国诸王簇拥，第一次立于波斯苏丹的华盖下俯瞰整个叩首称臣的亚洲时更加伟岸；又或者有人感受不到那兵败如山倒的大流士，当他看到亚历山大对其妻儿礼遇有加，大受感动，宣称有资格登上居鲁士王位者非亚历山大莫属时，他又比亚历山大伟岸一分；而当亚历山大踏进大流士的宫闱，被波斯国王的穷奢极欲迷到神魂颠倒，甚至高声大喊'这才叫当国王！'时，他相当于从半神的崇高境地又跌回了凡夫俗子的档次！如果有人意识不到这些，那是有多可悲啊！

"这位想通过史书把年轻的伊斯凡迪亚培养成君王的博学之士，其道德感谈不上有多精细和温存，他判断历史伟人及其丰功

προγενέστατον καὶ κύριον κατὰ φύσιν，410b10—15）。理性者对非理性者的导引作用，自然是以此为理论根基。

① ［译按］阿尔贝拉（Arbela）指的是当下伊拉克北部大城市埃尔比勒（Erbil），同时也是库尔德族自治区——伊拉克库尔德斯坦的首府。公元前 331 年，在该城以西 100 公里的地区爆发了激烈的战斗，亚历山大大帝击败了波斯国王大流士三世的军队，摧毁了波斯的武装力量，加速了其灭亡。阿尔贝拉之战也常被称为高加米拉战役（Battle of Gaugamela）。

伟绩时所采用的尺度不过是依据其外在呈现的浮光掠影，并且
（在所有他毫无理由歌功颂德，且必须依据自身准则对之进行痛
斥的场合）还依据那些缺乏严密体系建构，扑朔迷离，在某些地
方无比乖张，在其他地方则极为松散乏力的道德训导中固有的偏
见。这些道德训导恰好都是他在僧侣学院中习以为常，司空见惯
的东西，且宛若机械般刻板和僵化地习得。每个征服者于他而言
都是英雄，每个出手阔绰的君主都是慷慨之人，每个软弱无能的
君王都是大善人。而自己族裔的君王，他只给王子有关他们最正
面的介绍，甚至把这个当作自己的首要工作，尽管却要以牺牲大
量事实为代价。他把一切都罩上一层美轮美奂的画皮，夸大这些
君主良善和为人接受的特质，同时也把他们的恶习藏匿在阴影之
中，而那些昭然若揭、无法掩盖的事情，则只能靠巧舌如簧之绝
技狡猾地为之开脱。总之他处理这些君王的历史时，仿佛善与恶
的概念一关涉大人物，其含义立刻就变得随心所欲；又或者君王
的袍子拥有护身符般的魔力，一披上它，所有的恶行顷刻间就变
成了美好的特质。'我们得承认，'他经常这样评论某个臭名昭著
的暴君，或者是某个纵情玩乐的酒色之徒，'这位伟大的苏丹在
生时的某些行为依然还保持着一定程度的严苛（甚至超过人们所
期许的程度），这其实是他所在时代的特殊境遇所要求的。'又比
如，'不可否认，他贪图享乐的欲望并不总是得到最合理的节制
和限缩，但是他的这些弱点，'他进一步补充，'已经被他很多伟
大的德行所弥补了。所以总是在这一点上纠缠不放，既不恰当，
也不恭顺。'

　　"如果这小王子没能从中推导出某些微小的原则，某些足以
把德育教师课程留存于其心灵中的一丁点儿'善'彻底消除殆尽
的原则，那么他就不像往常一般聪明了。举个例子：谈论到君主
恶行这一主题时，人们的态度必须恭恭敬敬；君主甚少需要强
行遏制自己的不良欲望，因为他总有能力重新弥补自己犯过的恶

事；而当一个苏丹乐意展现那么几个的良善品质时，我们则必须给予其更高的赞誉，因为他真想作恶也可以做到随心所欲，且不受惩罚，甚至再进一步都行。年轻的伊斯凡迪亚可不缺乏这方面的才能，那些伴随扭曲的历史授课内容而来的原则，他懂得从中（或是从相类似的原则中）发展出一套为己所用的神秘'道德论'。这种道德论的危险程度可谓更上一层楼，因为他内心的感受力生来寥寥，并没有足够能力去抵消其变化无常的心绪和激情，取得适当的平衡。

"我已经在伊斯凡迪亚王子受教育的事情上耽搁了不少时间，可能又是在'铤而走险'，让苏丹您感到无聊了。但我之所以这样做，是因为我深信，这位不幸的君王治下臭名远扬的愚行和恶行，其教育要肩负很大的责任。"

"但是，就算真是这样，"山鲁格巴说，"那这世上会有多少王子跟你这位伊斯凡迪亚同样糟糕呀！因为我很清楚，这帮人里十个都不会有一个可以自夸自己所受教育比伊斯凡迪亚来得更好。"

"陛下，"达尼什曼德回答，"假定您说的这些都是经验事实，那么从中我们可以推出：由于有一个特殊的天意对人类的至高福祉关怀备至，大多数君主降生到这世界时皆身带过人禀赋。也就是说，尽管他们所受的教育可能令其身上某些东西腐化，但他们依然还能保持足够优秀，尚可以向我们证明，如果'完美'的萌芽在其身上继续孕育生长，以至瓜熟蒂落，他们定能发展出超凡的品性。"

"你说的要不是嘲讽之语的话，"山鲁格巴面带微笑说道，"那我还真的得以所有君王的名义谢谢你，他们有你这番情真意切的假设，必定有所获。"

"我肩上担负的责任之重，"达尼什曼德回答，"又怎敢不用极尽严肃的语调来评论这已经甚是严肃的事情呢？我想，关于那统治世界，却又不为人所见的至上者之'仁慈'这一恢弘概念（我们都有义务去理解这一概念），没有什么比如此思考更能与之相称了，那就是他（至少正常情况下）只拣选那些最为出色的灵魂，任命他们为统治寰宇四方各境的下级君王。"

"如果我获准在这一举足轻重的事情上发表看法的话，"美丽的努尔马哈说道，"我会说，达尼什曼德从未讲过比这更接近事实的东西。如果情况不是如他所讲的那样的话，那么，在我看来，人们就无法解释为何20个伟大的君主中几乎出不了一位能跟他们20人加起来的糟糕程度相'媲美'的人。尤其是人们还要考虑到，他们赖以成长的生活方式，以及其不知不觉间吸收的颠倒是非的理念，甚至众人如何通过吹嘘拍马、卑劣的迎合和狡诈的诱惑之术不遗余力地腐蚀其头脑和心灵等诸如此类的事情放到普通人那儿，会产生什么样的效果。"

"朋友们，毫无疑问，"苏丹说，"这些都是你们私下约好，故意说给我听的恭维话。不过至少你们讲这些东西时采用的调调还是要夸奖一番的。但是，达尼什曼德，我还是看不出这位一无是处的伊斯凡迪亚能从中获得什么。"

"事实上，"达尼什曼德答道，"如同我已经讲的，他所缺乏的恰好是自然赐予凡人最珍贵的事物，不管自然是要这个人靠手握耕犁而活，还是头戴皇冠而活。这个最珍贵的东西正是富有感受力的灵魂。缺乏它是没办法通过完美的教育进行弥补的。但是因为完美的教育至少还能做到些什么（为啥自然不能在既被优化的同时也被恶化呢？），所以这种情况下那些肩负此等使命的人若还对此一工作有所怠慢，那就是更大的罪人了。"

"这些人之所以会有所懈怠，可能更像是因为其无能，而不是因为奸诈。"皇后说。

"我本人不想太过苛刻地评价他们，"达尼什曼德回答，"尤其当尚未清楚这些先生们（虽然他们把自己的真实意图掩藏在'爱人''爱国''无私'这些常见的套话之下）除了捞好处以外是否还有别的崇高目标时。他们十分自信自己可以达成这一目标，只要他们不放过任何机会，想方设法用些不容易受人质疑的方式讨好未来的王位继承人，偷偷地进驻他们心中就行。

"这位王子的教育虽然问题重重，但其给他个人加诸的创伤也非全然无法治愈，若不是他不幸落入某个坎法鲁之手，可能情况会有所好转。这位坎法鲁原则上是个恶棍，不过同时也是那个时代已不多见的风度翩翩的恶棍。为了让这号人物的品格清清楚楚地呈现在光天化日之下，我有必要稍稍离一下题，来讲讲那个时代知识分子们的历史。

"当时有位名叫卡多尔①的作家，他跟同时代那堆道德文章写手颇为不同。这主要体现在他对感受、理念和习俗中一切浮夸和造作的事物都有种反感之情，同时也因为他与这帮写手们做作的语言和道德准则有着明显的疏离。因为公众在他们和卡多尔的文章中还发现另一种区别，某种让他们的虚荣心无法再对之坐视不管的区别，这自然也令写手们对这样的区别更为不满。人们阅读卡多尔的作品时心神愉悦，总有欲望想再读一遍，而另一帮人的作品对读者的意义通常不过是用来装帧卡多尔书籍的纸套而已。由此，他们若是对之毫无怒气，则要么超越凡人，宛若神明；要么连人都不如，形如禽兽。他们并不是在其为同代人所提供的'烹调失当，难以消化'的精神食粮之特性中寻找这一切的原因，而是（这一点很是自然）在人的心灵腐朽中寻找。不过在他们眼中，人之心灵之所以会腐朽，恰恰是因为卡多尔一直在奉承它们，而其所用之方式简直是'冒天下之大不韪'。卡多尔讲话的声调类似戏谑，却总能偶尔言及十分严肃的道理，还有他至情至性的豪爽姿态，所有虚伪的假面都会在其面前自动脱落，所

---

① ［译按］卡多尔（Kador）跟阿佐尔、欧谷尔这些名字一样，都出自伏尔泰的小说《查第格》中的角色。在伏尔泰书中，卡多尔（Cador）是主角查第格的好朋友。

有人的眼睛也会因他而看穿一切迷障；而这一切在其他写手眼中无异于清晰无误地表明卡多尔悖逆美德的邪恶用心。

"事实上卡多尔并非全然正面看待芸芸众生的道德，至少不像那些想要成为楷模之人常常念想的那样。他从基于物理原因而产生的机械作用中，或是从想象和心灵的隐秘幻象中推导出大多数人的实践判断和行为。某个人行动时所宣称的动机越是崇高，那么他对这个人的正直程度，或是对其脑袋健康程度的质疑也会随之变高。尽管他对人性总的来说还是保有正面的看法，但却宣称人性在这数千年间，经过人类对其'艺术'加工、优化和清洗等'锲而不舍'的努力，早已被糟蹋得走形变样。甚至可以说，在一座支离破碎的神像上直观其所要呈现的神明之庄严，可能比在我们眼前闲荡闲逛的扭曲人像中发现人性最原始的纯美形象来得更加容易。但是，他也认为总存在一定数量的优美灵魂，他们（由于偶然的幸运事件，或者正如他更愿意相信的，在某个仁慈的神祇隐秘的安排下）虽然谈不上完全不被扭曲和肢解，但至少只身负最轻微的伤害，尚能优雅地全身而退。他宣布自己是这些优美灵魂最诚挚的爱慕者，他只对这些人保留正面看法；唯有这些灵魂他才信任其拥有高贵的思想，才承认他们有能力为美德奉献和牺牲。至于其他人，那就随便他们如何造作地粉饰自身，如何怪异地打扮自己，包裹在身上的拖地长袍有多宽和多长。总之，他们可以竞相发力，用尽各种看似智慧而道德，实则是假借而来的外在修饰和形式，去激起他人最大的景仰，而在他那儿，这样做不过是白费力气。'这些宝塔神明们，'他经常微笑着说道，'跟震旦人一样爱罩着宽大的袍子，看起来还挺舒适的，殊不知这些透明的外衣只会令他们畸形的身躯一览无遗而已。'

"卡多尔当然不像他的对手，也就是那帮宝塔神明僧侣游说民众时说的那样'满是谬误'。但可以肯定的是，大部分民众并没有被他们说动，同样，西羌国当时算得上心智健康、灵魂秀美之人，很多都站到了他那一边。就连那些并非事事皆与他不谋而合的人，也认同他的目的以及其实现这些目的的手法，并且在他的身上发现了真理正直爱慕者和人性善意之友的化身。偶尔当他见到自己的一些准则被某类同样急缺心灵精致之感和正确判断能力之人大加滥用，也会感到忧愤。真理与谬误彼此间近在咫尺，最多仅有一步之遥，人们甚至无须纵身一跃，就可以轻而易举地从前者缓缓向上盘旋的小道跳到后者满是诱惑的迷幻乐园，彻底迷失在其中。这帮人故作姿态，仿佛在所有事情上都同意这位作家的看法，当然唯有一点除外。他们说：'只要他保持自己的真性情，继续描绘人性理念和激情中的虚妄之物，并揭开其智慧和美德诉求中可笑的一面，那么他就是对的。但是，一旦他开始对优美灵魂、感觉的魔力、自然的通感和美德的神性胡诌乱道时，就仿佛神游太虚一般。根本就不存在优秀灵魂，只有傻子才会相信美德。人类称之为美德的东西依存于人们一定数量协定好的标记之中，就像是某些国家的钱币，人们约定好为其铸上某个表征特定价格的印记，让它们在贸易和兑换业务中产生效力。如此的话，其内在价值永远不会被人考虑到。根据其净值，被套上绞索的流氓和为其套上绞索的刽子手，以及判处其绞刑的法官彼此间的区别也没有大于圆滑世故的欧洲人、哗众取宠的波斯人、心虔志诚的亚美尼亚人、彬彬有礼的震旦人和粗犷豪放的堪察加人之间的区别。所有差别都由铸币模具决定的。'

"有着诸如此类想法的人不久也找到相当数量的追随者，可以组成一个规模可观的教派。他们自称哲学家，而不隶属于其团体的人，则可以任选'骗子'或'狂热者'这样的名头，因为根据他们的原则，非我族类者必然只能被归属到两者中的一个。诚实的卡多尔看到目光短浅的民众竟然把自己跟这些妄自尊大的哲学家相提并论，仅仅只是因为他们偶尔会使用其语汇，或者在某些部分看起来跟他所作所为一致就把他们等同视之，此情此景，他犹如身受奇耻大辱。人们根本没有能力看清，或者没有意愿看清，这世上没有什么比各自鼓舞卡多尔和鼓舞这帮哲学家的精神，以及他和他们各自设定的终极目标更加不同的东西了。当他调侃狂热者，同时让伪智者、骗子，或者自欺欺人者断了对智慧和美德的念想时，他所采用的方式并不会在任何有健全判断力的人身上引发任何怀疑，怀疑其对真理和美德有任何不义之思。反过来，当他们装模作样，做着同样事情的时候，看在别人眼里，仿佛其目的不外乎哂笑美德本身以及消解是与非、对与错永恒的差别。被大众误会成与自己鄙视的团伙同流合污，让卡多尔痛心疾首，他同时也意识到，后者用心不良，前者寡谋少智，最终可能会酿成某种大祸，出现其所不愿见到的恶事。

"所有这些思绪让他一刻钟也坐不住。他立刻做了一个决定，一个在此等境况中完全配得上诚实美名的人的决定。他公开宣布自己将支持美德的事业，同时也做好准备，若两边的人都对他横加唾骂和指责，他将冷眼鄙视之。也恰恰因为他忠于自己的信念，义无反顾地独步前行，不让任何没有镌刻上纯美自然印记的美德产生效力，仅为其内在价值真真切切的象征，他所预见的事情也随之而来了。前面提到的哲学家和倾向道德激进主义的庶民都对他同样不满。双方都自以为在他的文章中找到了各种可以歪曲其准则和目的的把柄，而最终的一切表明，他费尽心思所得到的，正是让那些为数不多的理智者更加死心塌地地深信：精神的愚钝和心灵的扭曲同样都是无可救药的罪恶；虽然通过机械的方式把普罗大众变成一帮庸庸碌碌的动物种类并非不可能，但是，智慧和善意将永远是苍天仅愿惠赠予优秀灵魂的自愿之礼。"

"达尼什曼德，你在这儿讲的东西如果放到其他场合可能听起来会更好，"苏丹说，"不过你看起来像是忘了我们现在谈的不是你的好伙伴卡多尔，而是伊斯凡迪亚王子。还有某个爱耍手段的坎法鲁，你跟我们说过的，他可是诱使这位年轻人堕落的罪魁祸首。"

"陛下，"达尼什曼德做出如下回答，"您此刻可是搭救了我一把，让我免于陷入更大的尴尬中呀。我刚好也开始意识到自己跑偏了。天知道我得绕多少弯路，才能重新找回那个被我不知不觉从眼皮底下跟丢了的点！您仁慈地提点我重新回到那位坎法鲁那儿，此人正好是那些备受自然娇惯的孩子们中的一个。大自然慷慨豪爽的脾性一时兴起就把自己所有的礼物都赠予这帮孩子，却在一阵匆忙间忘了一件重要的礼物，没有它，其他的礼物与其说十分有益，倒不如说十分危险。

"这位坎法鲁仪态隽秀，体魄之魁梧宛如天神下凡。青年男子令异性怦然心动，永享她们眷恋的品质，他达到了登峰造极之境。他活泼、热情、做事有干劲，没有人比他更灵活地支配柔情款款的语言艺术，以及各类狡猾的魅惑之术，通过它们，美女们常常有意无意地投怀送抱。其人格中最吸引人的特质，就是那无穷无尽、弹指间可幻化作万千形态的机智幽默感，还有那份天生的口才（在有些场合，其欲望通过它可以服务其汹涌的激情）都使他成为这世上最迷人也最危险的伴侣。同样也不存在什么比其用以主宰心灵之准则更加轻率的东西，然而不幸的是，对于西羌国来说，这套准则竟然是其道德理念普遍系统中的一部分。

"厄布利斯①（这位坎法鲁如此自称）的内心全然不知世间尚有比感官满足和活在当下式的自私自满更高尚的欲求，他只给自己建构了个体系，真理、美德、柔情、友谊，总之各类更为纯美的感受和更为高贵的喜好都被驱离于其间。'一切真假与否，'他说，'只取决于我们怎么看。一件事物对我们来说是美是丑，是好是坏，只取决于我们内在的心绪和观察的角度。美德不过是

---

① ［译按］厄布利斯（Eblis）这一名字应该出自伊斯兰教中魔鬼的名字伊布力斯（Eblis/Iblis），在《古兰经》中便有提及。

一帮精明的脑瓜子彼此间的协定，相约好一起戴上正直、无私和宽大的光环，给普罗大众灌输某种对他们的信赖和敬畏之感。为此，美德动用了某种听起来高不可攀的语言，以及某些高贵的形式和狡猾的术语，如果我们把这些东西都加在自己的行为和爱好之上，那么我们激情和欲望中渴求的目的定能更加稳妥地达成，只要我们多一分谨慎，做到瞒天过海、掩盖世人的耳目。那帮无所事事或高薪厚禄的腐儒用着学术的框框架架对这些语言和形式大加玄思。愚笨的头颅足够天真烂漫，竟然把这堆符号当作事实，仿佛在这一箩筐虚无缥缈的形式间搜寻实实在在之物。傻里傻气的人无时无刻不在拼命用自己的亲身实践向我们证明这帮人随口瞎扯的美德真真实实地存在。但是他们这样做，要么只能是无功而返，要么只能以白白牺牲自己理性为代价，落人耻笑。若是有哪个人以牺牲自己一切为代价让朋友过得幸福，或者为了某个未来的梦而牺牲自己唯一可以掌握的东西——当下，或者明明可以迫使其他人为自己而活，却要反过来为他们而活，这样的人比他们还要蠢上三倍！'这些令人憎恶的道德观……"

"达尼什曼德，我有点担心，我那些拉者、欧姆拉和毛拉[①]中有五分之二人的道德观正是如此。"苏丹说。

"老天保佑，"达尼什曼德回答，"但是我也可以肯定，如果我们的内心没能抵御脑袋的意欲，让我们成为更好的人的话，那这也可能成为普天之下所有人的道德观。"

"我感觉，"美丽的努尔马哈说道，"想要证明确实唯有优秀的灵魂才能驾驭美德，那没有什么比厄布利斯谈论这个他不熟悉的神祇时所用到的语调更加有说服力的了。'那些以牺牲自己的一切为代价让朋友过得幸福的人真是三倍愚蠢。'是的，厄布利斯！咱还不如说'他真是三百倍愚蠢'。只是厄布利斯不知道（他

---

① ［译按］毛拉（Mollas）是对伊斯兰神学和法学学者的尊称。

要从哪儿知道这些？），他预设的情况根本不可能存在。一个人根本不可能为了他的朋友而牺牲自己的一切，因为这个朋友相当于是他自己本人。^①对一个人来说，有什么是比朋友幸福更大的回报呢？他可以把自己的命给他的朋友，甚至在这场'甜蜜牺牲'到来前的最后一刻，他都比整整 20 年来独自为自己而活享受到更多的生命。

"你这个女梦想家！来吧，给我个吻！"苏丹大喊，"我当苏丹这 22 年来，总不禁觉得在这玄之又玄间，有某种东西甚至令我的整个王权相形见绌。"

"这位善于诱惑人心的厄布利斯所主张的原则在伊斯凡迪亚王子的心中没有碰到一丝抵抗，不费吹灰之力就制服了他的思想。而这些原则里头令每一条尚未完全腐朽的灵魂反感的东西，他都懂得将之巧妙地隐藏，以至于王子全然心安理得，洋洋自得，自以为其精神已从那类唯有生来服从他人者才必须承受其枷锁之重的偏见中解放出来。由于他在身上感觉到一股强大的动

---

① 请参阅《蒙田随笔集》（第 1 卷，第 27 章）中对友谊这一主题的出色讨论，尤其是他谈到自己朋友的段落。比如说："在我论及的友谊中，这些灵魂彼此间交汇融合，形成了一个如此广泛的混合体，以至于他们抹除掉，也找不到将他们紧密相连的缝合线。如果我迫不得已要说出为什么我爱他，我想最好的解释方式就是回答：因为这是他，因为这是我。"友谊就是两个身体，一条灵魂，这不是那位意乱神迷的柏拉图说的，而是运思周密、思想深邃、冷静细致的亚里士多德说的。这位伟人所说过的话中，没有比这一句更能彰显其内心尊荣的。

　　［译按］本注中提到的亚里士多德的话可能源自其《尼各马可伦理学》第 9 卷第 8 章中 1168b8 中的引言"μία ψυχή"，这句引言直译为"单一的灵魂"，但多数译本中都会对其稍加阐释，如拉克姆（Harris Rackham）译本中将之译为"Friends have one soul between them"［朋友间一条灵魂］，拉森（Adolf Lasson）译作"Zwei Menschen und eine Seele"［两个人一条灵魂］，廖申白译作"朋友心相通"。之所以可以进行意思上的推演，原因在于亚里士多德此处其实是在引用古希腊悲剧作家欧里庇得斯（前 480—前 406）《俄瑞斯忒斯》（Ὀρέστης）1045—1046 行的内容："厄勒克特拉：至亲的人，你的名字多么令人心驰神往，沁人心脾，你的灵魂与你姐姐的合二为一。"（Ἠλέκτρα: "ὦ φίλτατ', ὦ ποθεινὸν ἥδιστόν τ' ἔχων τῆς σῆς ἀδελφῆς ὄνομα καὶ ψυχὴν μίαν."）

力，想要让自己的脾性成为所有判断和行为的唯一准则，如此，事情的结果只能是，从他有能力可以为所欲为的日子起，那些授予其依据自身所能为所欲为的思想系统，都获得了他的认同。

"当他的父王依然健在，尚有好些年头可以享受人生的时候，看到自己与达成最急切的愿望之间总有段距离，伊斯凡迪亚可谓急不可耐，这种心绪每过一年便会增强许多，以至于这位尚未习惯调控自己激情的王子最终暴露了自己急迫的心情，再也瞒不住年迈的阿佐尔。他的心腹煞费苦心，想要劝谏他须更加理智地行事，可惜最终只能是徒劳而返。伊斯凡迪亚对宫中规矩向来都是骂骂咧咧，甚至毫不隐晦地大谈特谈其父王的软弱无能，而当他见到古尔娜泽美人时，那姿态就像是时刻准备提醒她曾经不过是一区区波斯舞女而已。

"阿佐尔总是宽容和忍受他的目空一切，这种宽容的姿态反而让人觉得他过于软弱，完全起不到激发王子责任感的效果。实际上就算他的应对方式更加严格一些，也只是让王子更加屈辱地感受到自己父王威望的下滑，以及他濒临寿终正寝的管治权事事虚弱无力而已。由于他父王的统治不得人心，而王子又公开反对他，如此，这位王位继承人顺势成了人民的偶像。后者的小朝廷显著扩张，最终人民大声呼吁国王必须卸下重担，把它交到有能力承担它的年轻肩膀上。或许伊斯凡迪亚无须蹉跎太长时间，便可以让国民的心意完全服务于自己的不臣之心，谁知国王的驾崩反过来让他省却犯罪的极致，直接便达成了的野心。

"伊斯凡迪亚登上西羌国王位的日子一到，人民对他的期望就彻彻底底地落空了。在这一天到来之前，人民的心愿何曾如此被欺骗过？可是，西羌人又有何理由对此人寄予厚望，甚至超过其父呢？又有多少国王登基时信誓旦旦地要把余生献给人民的福祉，可在品尝到第一口权力之魔酒，开始肆意滥用之后，又能否记得当时许下的庄严承诺？西羌国的君王才不会受到任何承诺的约束。人民对他们发誓效忠，那可谓服服帖帖，而他们也允许其最卑微的臣民在其加冕的日子里亲吻他们长袍的边角。如此的皇恩浩荡，人民还有啥厚望不能寄予其上的？

"阿佐尔登基前就已经凭着平易近人、慈眉善目的一面赢尽民心，人们期盼他能带来黄金时代，结果才发现被骗了。

"至于伊斯凡迪亚，他从未想过花上那么一丁点儿气力，来设法遮掩其躁动不安的激情，以及性格里冷酷无情、阴晴不定的一面。大家在他身上找不到一丁点儿可被称作伟大灵魂和仁慈心灵的特质。人们仅仅只是讨厌他的父王，对其漫长统治已经极度厌烦，而伊斯凡迪亚则是堂而皇之地立于不满者之首席。众人希望，既然王子显然已经对旧政府的弊政感同身受，且有各种机会吸取别人的教训让自己变得明智，那么他必然能够成为更好的执政者。只可惜人们真的上了大当了：就算阿佐尔真的是万世明君，伊斯凡迪亚照样还是会对他不满的。

"新任苏丹首次向公众展现其毫无章法之统治意欲的契机，正是其打算在朝廷和国政事务上大举变革的时刻。

"阿佐尔执政末期那几年可谓危机四伏，人们迫不得已只能缩减宫廷毫无节制的开支，并且在至关重要的国政要务上任用实至名归的贤明和睿智之人。只可惜这对西羌国大众福祉来说为时已晚，不过在防范变本加厉的罪恶接踵而来的方面，这些举措还算做得足够早。通过这些德高望重的长者们精明强干和不懈努力，王国的财政获得了改善，人民肩上的重负也得到了相当程度的减轻，同时也无损王室的威仪。或许伊斯凡迪亚觉得这两种情况都属于'滥用'的情况，因为他又把宫中的一切打扮得金碧辉煌，超过阿佐尔治下最煊赫的时期。他本该不计一切代价挽留其父王麾下的某些大臣，结果他们一个两个都被罢官了。他们实际上不过是给某个机灵鬼腾出位置而已，这个人靠着一个所谓的项目来征收西羌人的空气税（他还捣鼓了个新的术语来命名西羌人呼吸的气体），博得了新王的信任。

"伊斯凡迪亚才刚享受到几个月可以随心所欲统治的乐子，就开始不计后果，由着自己的性子乱来了。虽然他性格平易近人，似乎给这种漫不经心的心性撒上了别样的滋味，但在理性的审视下，它甚至是一种更加下流的暴君之政，因为它恰好表明他有能力将自己的感官运用到极致，冷血地做着各种荒诞的行为。他不像他的父王那样有着人尽皆知的宠妃，这一点看似颇受人称道，可是他却圈养了大量的猎犬、猎马和猎鹰，更为绘画一掷千金，虽然他对艺术毫无品味可言。他还挥金如土，重赏那些江湖骗子和流浪汉，只因他们个个出入其宫廷时，皆自称聪慧盖世、多才多艺，身怀各色稀世珍宝，并且还吹嘘唯有世上最伟岸的君王才配得上享有他们的稀世才学和吉光片羽。

"正是因为他身上没有一种激情可占主导地位，所以潜移默化间，他才对样样（和各样）激情报以更为猛烈的激赏。原因不外乎他老早就已预见一切不过都是三分钟热度，很快就会被其他所取代。他倒是在一个点上颇有节制力，只可惜西羌国从中获益并不大。这种节制并非源自其智慧，而是因为他不懂如何去爱。但即便有这样的节制，依然无法阻止他一时兴起便把整个州郡的财政收入尽数献给某个能让他首次快活一刻钟的震旦国杂耍演员。

"恰恰是这一种刁钻古怪的脾气成了他品味的准则，甚至在为朝廷官职和国政要务挑选合适人选的这种事情上也在牵引着他。他一心血来潮就把自己的烘焙师任命为首相，或者把自己的理发师任命为禁卫军的首领。王国总理大臣被罢免的原因居然是他舞跳得不好，某个庸医发明了一种润发油就一举飞升到高级财政大臣的职位，他冒昧地向自己国君阐述道，只发明一种新式的润发油就用一万盎司白银来赏赐，这未免有点太过度了。他的仆人里没有谁可以享受其恩宠长于一个小时，而最糟糕的是，人们不管是通过善意举动还是恶意举动都会转眼就失去它。唯有厄布利斯才掌握了某种秘密才能，可以让国王一刻也离不开自己，且仅凭'宠臣'这一头衔，他便可以像国王本人一样由着性子管理宫廷和国家。或许我把他所使用的手段叫作'秘密才能'根本上就是错了，因为原则上没有什么比这个更容易的了。一切只取决于如下手段：察言观色，适应主人各种脾气，让主人爱做什么就做什么，不管其想做的事有多荒淫无度，他都能为他铺路架桥。"

"最后一种手段可不像你想象中的容易。"苏丹说。

"陛下，"达尼什曼德回答，"照着这位宠臣的准则和行事方法来做的话，还真是十分简单。根据他的意见，只要是臣民有的东西，那些拿得走的，苏丹都有权拿走。"

"那如果他们啥也不剩了呢？"

"照着他的意见，这种情况还不需要急着担忧。'饥饿，以及渴求某种可以让人游手好闲的生活状态，这一切都会叮嘱他们好好工作。'他经常这么说，'而只要他们工作，就能给予东西。'"

"这厄布利斯难道不害怕灰心丧气引发的后果？"

"糟糕的是，他给苏丹灌输了某种哲学，这使得人性在他看来十分值得鄙视。人类在他眼中并没有比动物高级多少，可能在动物身上还能榨取更多的好处。统治术最大的奥妙就在于某种尽量令它们为君主有用的同时又对其无害的技术。如果他以'统治者和国家的利益总是一致的'这句话为前提的话，那么人们兴许还能接受他的这一原则。但这显然不是他的意图。

"'人嘛，'厄布利斯说，'都是由两种截然相反的基本取向构成的，而两者合起来所催生的正是他现在所呈现的模样，这两种基本取向就是贪图闲暇和贪图欢愉。没有后者，则前者会令他永远地徘徊在无法根治的惰性中。但是他越是反感受制于他人和辛劳之工作，其对欢愉的趋向则会越大。为了让两者能够合二为一，其所期望的最终目的就是通达某个不受羁绊的状态，在其中他轻轻松松便可以享受到所有可能的欢愉。超越其上的福乐，他不曾知晓。由此产生的独裁欲望难以熄灭，不管是最穷困的庶民子弟，还是至上王权的接班人，他们天生皆怀有此等倾向。整个西羌国又有哪个人不是满心期望其他人都在为他一人之欢愉而努力打拼呢？但事态的本质就决定了只有一个幸运儿能享此福分，其他人的一生都只能注定或多或少为这个人的终极目的无尽操劳而已，甚至只有少数人才有幸接近这个人。这样一位天选之子额头上戴着超凡入圣的冠冕，立于群山之巅，仿佛再无更高的峰峦可被其征服，此时的他还能做些什么呢？他难道在享受欢乐的同时，也得对这帮充斥于四方的庸庸碌碌之辈报以幼稚的同情心，让自己的幸福备受滋扰？

　　"'这帮庸碌之徒心中皆是躁动不安的欲望，只想从深渊底部奋力向上攀爬，嫉妒的目光聚焦在他们可望而不可即的幸福上，而每攀爬一步，都会因为道路的光滑而险象环生，或因竞争者之拥堵，或因自己操之过急而又重新滑落谷底，而不是平步青云。他难道得如此礼数周到，给当中某个人腾出位置？确实，他们可以好好看看自己是如何爬上去的，这是他们的事儿！而他的事儿则是趁着他们一步步往上爬的时机利用他们的双手，为自己积累世间的财富和欢乐，囤积在其宝座的下方。如果说他享尽别人期望之好处时还留有些许忧虑，那就是要阻止这帮妄图沽名钓誉之徒爬得过高，会一举把他挤落山峰。同样，如果大众丧失改善生活境遇的希望，那这对此位高处不胜寒的天之骄子也是极为危险的。这种希望才是一个国家真正的灵魂。它一旦消失，政治生命的泉源也会干涸。萎靡不振无所不在，这就像风暴前的死寂，宣告了绝望最恶劣的后果即将到来，已经有不少亚洲的王座因之而倾颓了。但是想要在这份罪恶到来前有所行动，其实易如反掌。日工与苏丹之间相差着无数等级，每一层高阶等级都会令立于以下数个层级的人眼红，以至于时不时总出现一些榜样，让人重新点燃登上峰顶的希望。这些榜样数量之多足以让国家一直保持忙

忙碌碌，甚至连国家的每一分子都自以为是在为自己的福祉而打拼，其实他们不过是在手拉手为那幸运的天选者作嫁衣而已。'

"毫无疑问，这天底下找不到比这位玄之又玄的厄布利斯所作之诡辩更加肤浅的东西。国家的地基恰是建立在最底层民众对其所处生活状态的满足之中，而国家的覆灭也起始于农夫见到某个达官贵人的奴仆游手好闲，对他无比妒忌时。

"这玄之又玄的厄布利斯的原则犯了三大错误。这些原则彼此间不怎么协调一致，跟经验也是不相呼应。人们时时刻刻都可以违反它们，甚至可以随时找到理由为各种例外情况辩护。但对于那些除了自己的脾性之外就不认识或不愿认识其他法则的君主，这些原则可谓极尽奉承之能事。伊斯凡迪亚深觉自己宠臣所提结论合理性之强，无有出其左右者。

"没有人能比这位苏丹更缺乏同理心之禀赋。稍稍遇到点不顺，就会令他顿失耐性，气急败坏，但别人所受苦难不管有多惨烈都触动不了他的心。想要费力通过某些准则让这样一位君王变得薄情寡义，这样做只是多此一举而已！尽管如此，厄布利斯还是在尽力寻找各种机会让臣民在国王眼中面目可憎，并视之为其首要工作。

"'人民，'厄布利斯对他的苏丹陛下说，'就像一头长着多个头颅的野兽，只有通过饥饿和鞭打才能驯服他们。用恩惠来赢得他们的热爱，根本就是在瞎忙活。懦弱无能之君最终沦为自身过度温和性情之牺牲品，已有成千上万的例子验明这一真理了。人民把所有给予他们的善意都当成是理所应当的，甚至还期望获得更多，超过你用尽全力所能做到的。一旦他们觉得自己欲壑难填的愿望落空了，竟然觉得自己连道一声感谢的责任都没有。他们事事依赖别人，内里对这一枷锁却是心不甘情不愿。他们的欲求变化无常，判断飘忽不定，总是对当下事物不满，渴望各类革新。他们的君主们一遭遇什么意外，反倒成了其津津乐道的谈资。尽管自己在此中深受其害，但他们还是不厌其烦地期许会发生公共灾难，好让自己有机会发牢骚和劈头盖脸地谴责管理者。就算天降神明来统治这帮人，他一样也无法免于被其谩骂。他们当中最卑劣者竟觉得自己优秀到可以治理世界，也正因为这帮暴民一无所知，所以他才会觉得自己比他的领袖们知道得更多。为这帮贪得无厌之人的幸福工作真的是徒劳无益。人们真的得让他们每一个都当上一回苏丹才能令其满足。只要还有什么东西可以期许，他们就会一直闷闷不乐。没有什么比让他们熟知'富庶和淫靡为何物'更加危险的了。唤醒一头沉睡的狮子跟激起这帮人的欲望相比，反倒不怎么危险了。用丝带和花环来捆绑他们就跟用蛛丝来束缚鬣狗一样。没有什么比冷漠无情的迫切性和永远无法挣脱锁链的绝望感更能将其禁锢在牢笼中。就像其他野兽，他们必须被饿到饥肠辘辘，并且总要眼观大棒在自己背脊上挥舞，才能学会接纳自己的主人。'"

"达尼什曼德，"苏丹说，"你此时绘声绘色地描述厄布利斯关于人民的评论，我得承认，这些内容不是很能讨好人心啊，不过呢，里头倒还有几分道理。想到从中推出的结论，我自己也是百般不乐意。但是，也像厄布利斯说的，如果有人甘心在此等重要的事情上自欺欺人的话，那也是异常危险的。"

"仁慈的陛下，"哲学家回答，"我研究人类的时间已经超过25 个年头了，但我仍然不清楚是否我的善心蒙蔽了我，使我无法看清其本来面目。有可能我幻想的世界中有太多粉色的浪漫在从中作梗。但不管怎样，我还是没办法强迫自己把人类看得那么奸邪，就像厄布利斯的理论所呈现的那样。如果一切对他来说不过是经验之谈的话，那么经验对我的支持一样也不在少数。我们难道没见过那些在自由和天真节制怀里幸福绵绵的微小民族吗？我们拿这些民族跟那些在强势政府肆意暴力压榨下叫苦连天的民族来比一比吧！只需瞧上一眼便能瞥见其间的天差地别。

"前者为我们展现了一幅健康、欢愉和快乐的景象，他们的居处既不宽敞也不华丽，但即便是他们最简朴的茅屋看起来也更像人之住所，而非野兽之巢穴；他们衣着极尽简朴，但却可以御寒取暖、遮风挡雨；他们的饮食皆是粗茶淡饭，但是中午饱餐一顿之后，晚上依然体力充沛。后者垂头丧气，活像穷困的样本，四处潜行，悲戚的视线从空洞的眼眸中涣散而出，直盯着大地，那片他们必须辛苦劳作（但却不是为了自身及其孩子）的大地。到处都是面无血色、忍饥挨饿、行将就木的躯体，还有黯然神伤、阴阴沉沉、愁眉不展的脸庞，他们直映眼帘，令人十分心酸。老人们步履艰难，颤颤巍巍地离开原来的处所，就为了求着过路人大发善心施舍一点儿面包，好让他们那因为贫瘠而逐渐萎缩的胃还能再撑上那么一段时间。这一切竟然是他们艰辛劳作50年后换来的奖赏！小孩们要么衣衫褴褛，要么赤身露体，要么发育不良；婴儿屏息悲鸣，使出吃奶劲从饥肠辘辘的母亲干瘪的乳房中吮吸最后一滴鲜血。已经半腐烂的破旧衣物顺着穷人干枯的胴体低低垂落，这至少表明他们尚有意愿来遮掩其裸露处，但在灼人的烈日下，在狂风、暴雨和严寒中，他们又能遮掩到什么呢？他们那破破烂烂，用泥巴和麦秆糊成的茅屋在各种天气突变下犹如不曾设防的堡垒。当他们为冷酷无情的主人劳作一整天后，一同伴着落日的余晖气喘吁吁，身心俱疲地爬入其中，此时他们若能从贮存的面包（这点面包他们主人拿来喂狗都觉得寒酸）中发现大量剩余，超过他们所需的量，好让自己不用饿着肚子，躺在发霉的稻草堆上，对着贫困中最后一丝安慰无奈叹息，他们必定心满意足，还以为自己依旧幸福。"

"就像你描绘的，达尼什曼德！"苏丹一跃而起，大声高呼，同时也努力掩饰自己内心的激动："我以先知穆罕默德的头颅起誓，在满月之前，我很想知道我统治的领地内是否有这样不幸的人。我把照料臣民的事务委托给官员，要是在谁管辖的区域内让我发现你所描述的该死景况，那这奴才就要倒霉了！我说的可是认真的，为了证明这一点，我把调查这件事情的工作交给你，达尼什曼德！明天一早第一轮祷告结束后，我在房里等你，到时我们再继续谈这事情。"

这位心地善良的达尼什曼德是如何回答苏丹陛下，使得自己可以以所有被苏丹浩荡皇恩关照过之人的名义对其聊表最为谦恭的谢意，关于这一点我们想交由读者自行想象，以免我们的叙述过于偏离主题。

"好，"山鲁格巴说（他那汹涌澎湃的热情显然在哲学家一番感激之辞后再一次冷却了），"你很清楚我的想法！明早日出之后一小时，达尼什曼德！现在我还想听你讲解一下你对宠臣厄布利斯理论的批评。让我看看你是怎样给这事儿收尾的。"

"我刚刚说过，"达尼什曼德继续他的讲演，"厄布利斯为了给人民之奸邪绘制一幅人见人恶的画卷，所用的辩护方式不外乎依从于经验，而经验不仅能给他的，同样也能给我的看法提供强大的佐证。基于这一目的我想做个比较，比较一个生活在自由或者至少比较温和的政府统治下的幸福民族，和一个被伊斯凡迪亚之类的暴君连同厄布利斯之类的宠臣统治的民族之间的差别（后者被统治的方式人们仅从强硬原则和冷漠感官的混合体中便能预知一二）。当一边的幸福生活跟另一边的惨淡生活之间的强烈对比在首次观察时便直映眼帘，那么我们再对之继续细致查看便能发现两边道德品格间的距离一点都不小。幸福的人民满足于自身的生活处境，心满意足地适应之，甚至倾向于相信世上没有比之更好的。他们祝福善良的君主，其所制定的法律让他们得以在毫无屈辱存在的安全之境中享受劳动和节制的果实。他们非但不期望变动，反过来更乐于将自己的财产和生命奉献给当下的制度，奉献给让他们幸福生活的祖国，奉献给那位宛如众人父亲的君王。而那饱受压迫的人民，我得承认，他们看起来就跟厄布利斯过分描绘的那全体人民之肖像类似。不然又能怎么样呢？那些感受到自己天生便与压迫者平等的芸芸众生，难道他们生而为人，不会对此类凌辱，此类仅需看上一眼便会让人不由得呼唤所有自然、宗教和社会生活法则一同‘报仇雪恨’的凌辱勃然大怒吗？当他们拿自己的艰难困苦与主人淫靡且绝情的放纵进行比较后怒不可遏，这又有什么好错愕的呢？当君王的暴政无休无止，对国家漠不关心，冷眼漠视公众的艰难困苦，甚至用穷奢极欲来公开嘲弄民众的苦痛。此情此景，我们除了预见到人民的忍耐力彻底耗尽，彻底堕入绝望外，还会有什么呢？

"厄布利斯说：‘人民的性情乖张多变，对别人所报以的善意毫不感恩，提起要求来则是狂妄无度、得陇望蜀。他们总是眼红自己领袖拥有的特权，倾向于唾骂其制定的各类规章制度，对其美德之评判毫不公允，对其错误之谴责又夸大其词。他们视这些领袖为最卑劣的敌人，所有能够侮辱和贬低领袖的东西，他们都欣喜若狂，就像在看一出好戏一样。’但是谁又敢如此莽撞地宣称人类本性上就是邪恶之造物？是谁把他们创造成这样子的？人类的本性要成为厄布利斯描述的样子，那得遭受何等暴行，那得承受何等残酷和持久的凌虐呀！仅仅因为人类被创造成扭曲的造物，就对之大加惩罚，此等不公平的举动难道还没到达登峰造极的地步？我认为人类的压迫者绝对没有理由发这等牢骚。世上大多数人在历朝历代皆身不由己，得忍受一小撮‘伊斯凡迪亚’和‘厄布利斯’的凌虐，这份超越常理的忍耐力恰恰为人性原始的宽厚之心做出了最雄辩的证明。当我们听说某地发生了起义、内战和暴力革命时，我们当然可以十分肯定地推断，一定是那儿的人受到了难以忍受的屈辱才引发这一切的。"

"也不都是如此，我善良的达尼什曼德，"苏丹说，"你对人民事务的热情让你忘记了世界历史中还有无数例子向我们表明，就算是善良的君主，或者至少是那些尚能用巨大美德来补偿微小失误的君主，也可能会成为某个心高气傲的祭司心中漫无边际的统治欲，或是某些煽动人心的埃米尔肆无忌惮的乖戾骄横主宰下的牺牲品。"

"话虽如此，"达尼什曼德答道，"但每一处特殊境况皆能表明，陛下您所指的君王都会由于其统治过程中严重的疏忽，或是对宠臣的恶行过于娇惯，或是频繁而肆意地滥用权力，或是对人民和国家上层人物有恃无恐地施行不义之举及残暴相待，这样做临了只是把恶名加在自己身上，给后世提供悲剧素材而已。一个国王若想赢得臣民的热爱，收获那最为光彩夺目和醉人心脾的头衔，也就是收获那万民之父的美名，那么他必然能够因其对治理行为和个人操守之热爱而找到对付敌人袭击和野心无穷无尽的方法。一位得民心的君主自有万民做他的后盾，我倒是想看看哪个祭司和埃米尔有胆量挟持他！"

山鲁格巴为何没能被其御用哲人的观点完全说服，或许自有其不为人知的理由，但是他似乎也觉得若是继续这场争论，则必然会被其对手抓住软肋，让悬而未决的战局很快决出胜负。他想采取最安全的玩法，那就是暂时先把众人打发走，由此，他对努尔马哈说道："我们的好朋友达尼什曼德缺少的不过是对世界更充足的认知，好让他（作为一个哲学家）思考的方式更加恰当一些。他也跟这些先生们一样犯了同一个的错误，那就是喜欢谈论那些他们一无所知的东西。当然他谈得还不错，作为打发时间的消遣嘛，也算是完成我对他的要求了。"

智慧的达尼什曼德本想耸耸双肩来回应这一突如其来的夸奖，突然间他及时想到用"耸肩"来回应苏丹说过的话是不被允许的，所以他只能像往常一样满足于让自己冥顽不灵的头颅叩响在地板上，然后一溜烟逃遁而走。

第 2 章

　　毫无疑问，我们的读者都在期待身负重任的达尼什曼德（这份工作不仅对山鲁格巴的睡眠，甚至对可怜的印度斯坦人能否幸福也至关重要）能把这件协助年迈苏丹尽快入睡的工作重新还给美丽的努尔马哈。实际上山鲁格巴也是一脸严肃，一本正经地谈到这事情，以至于这诚实正直、在其他时候无比熟识其君主脾气的哲学家这一次真的被自己想要俯身化作祖国福祉用具的愿望给欺骗了。恰是这愿望让他整夜不得安寝，即便如此，这位人类之友的灵魂却依旧荡漾在最甜美的幻梦中，给予他些许补偿之感。手握苏丹授予的无限权力，他一刻也不曾怀疑自己的努力会落空，因为这正是他经常反复念叨的原则：大人物真正想办的事情总能办到。"多么令人高兴呀！"他高喊，"很快整个印度斯坦幸福感倒数第一的就是苏丹本人了！"

　　当地平线第一缕晨光染红天际，达尼什曼德早已站在前厅，脸上写满了喜悦，仿佛过去的一夜没人比他睡得更好。虽然苏丹实际上没啥要紧事得做，但他还是得虚度三四个小时后，才想起达尼什曼德这人。"达尼什曼德到了？"他终于问了这个问题，即使下人已经向他禀报了三次"达尼什曼德到了！""让他进来！"这可怜的哲学家才有足够时间让自己从美梦中醒来（想让这位人类之友做大梦，没有比宫殿前厅更糟糕的地方了），就立即奋拉着耳朵溜了过去。"哈，我的好朋友达尼什曼德，"苏丹和颜悦色地向他喊道，"我可把你给忘了。你给我们带来啥新鲜事儿呢，达尼什曼德？"对于那些比我们这哲学家更加机敏的朝臣，苏丹的开场白可以让他们省下不少气力，而无须咄咄逼人地提醒陛下某些令其不悦的事物，对这些东西的念想似乎他只需睡上一觉便可抛诸脑后。然而，达尼什曼德就算跟涅斯托尔①一样高寿，在德里的宫中生活漫长的年月，他也不会变成朝臣。他提醒苏丹昨天他立过的誓，而山鲁格巴则是非常和蔼地听着这位善良的先生想说的话。"但是你是否想过，"格巴说，"你花上3年时间也不够游历我治下的所有州郡，以及挨家挨户地探访和了解民众的生活境况？我可没办法下定决心让你远走高飞，且长时间不在我身旁。这些你清楚吗，达尼什曼德？我首次骑马游猎，你必须陪伴左右。我们会轻而易举地找到机会把身边的闲杂人等通通支开，隐瞒身份在某个边陲村落过上一夜，不叫别人认出我们。要是我们碰到哪个活人大吐苦水，说我的不是，我定把这个地方所属辖区的埃米尔找来问责。我会令他成为样例，让其他埃米尔引以为戒。你可以放心，这一切绝不会没有效果。在此期间，我们可以悠悠闲闲地想想要怎么来实施你的计划。不过达尼什曼德，你可得跟我禀报，你是否查出那三个卡兰达尔是谁，他们昨天在河对面，也就是正对着我皇宫花园的地方，在一棵巨大的柏树下坐着。"

　　达尼什曼德禁不住叹了口气，不过好在他及时咳嗽了几声，就把一切遮掩过去了。从这一刻开始，他们谈话的主题就围绕在三个卡兰达尔身上。

---

① ［译按］涅斯托尔（Νέστωρ /Nestor）是希腊神话中的人物，为皮洛斯（Πύλος /Pylos）的国王，在荷马史诗《伊利亚特》和《奥德赛》中均有出场。其形象为一睿智的长者，常常用自己丰富的人生经验和生活智慧教导和勉励年轻人。

第 3 章

翌夜，在苏丹入睡前，大家聊到的话题都是关于这三个卡兰达尔的事情。努尔马哈和小王子提到他们就有说不完的话。

关于这"紧要之事"的讯息真是五花八门，但彼此间的关联又是松松散散，似乎揭开了无数的奥秘，叫人接连几夜唠唠叨叨的都是这三个卡兰达尔的事情。最终一切的结果就是人们从其身上打听到的都是些平淡无奇的东西，再打探一下去实际上就是在浪费大家的精力而已。

最后山鲁格巴对这场余兴节目也是彻底厌烦了。

"你们在我看来都是帮附庸风雅之人。"山鲁格巴说，"我想知道些西羌国列王的历史，但这七天来你们来来回回谈的都是这伙卡兰达尔的事儿。难不成我成山鲁亚尔了？"

大家可想而知，提出这七天要用其他素材娱乐一番的，正是苏丹陛下本人。但是，正如大家都懂的，要让苏丹本人注意到大家这心思，那也过于无礼了。

所以达尼什曼德只能如此讲述伊斯凡迪亚和他宠臣的故事。

"基于这位玄之又玄的厄布利斯所倡导的原则，没有什么比让人民（也就是他描绘为危险牲畜的东西）变得富裕更加不智的事情了。而对西羌人更为不幸的是，富裕一词的含义却从未被清晰界定过，以至于厄布利斯一发现穷人手头尚有一些他们可以弃置一旁的东西时（请在最严格的意义下理解'需求'这个词），就会觉得他们还是过于富裕了。

"西羌国的贵族自久远的年代以来就一直是介于君主和平民之间的阶级。国王们都把贵族视作其行使王权特定部分的天然参谋和助手。尽管在鞑靼族统治下贵族的名望伴随着王权的提升而相应逐级下滑，但他们至少仍良好地残留有一定过往的特权。

"在所有存在这类介于君主和平民之间等级的国家，人们无时无刻不注意到，贵族和平民一直在靠限缩对方来谋求自身的发展壮大。由于前者没有太大指望可以在王权这边拓展自己的权利，所以就只能靠侵犯人民权利的方式来补偿自己对王权的卑躬屈膝。而后者饱受各方挤压，同时轻易便能理解自己面对王权泰山压顶时几近无还手之力，如此，他们拼尽全力把这帮扼住其咽喉的下一级暴君一脚踢开，因为后者越是无法借用大众福祉之名让加在前者身上的压迫维持在尚能接受的范围内，则这样的轭束越发令人憎恶。人们会更加心甘情愿地向君主缴纳赋税，那是因为大家都知道他肩负着照料整个国家的重任，同时众人心里也怀揣着这样的猜想，即一部分公共财政支出将会被用到大众诉求上面。但缴纳钱财给那帮在国王面前跟其他臣民一样低三下四，但在自己管辖的领地内颐指气使，仿佛小君主一般的人，他们则感觉自己像是被不法敲诈了一样。这些被敲诈的钱财都是从平民的日常开支中扣取，只为了养肥某个阶层之人的傲慢和奢靡。这个阶层在人们眼中甚是多余，只因他们为集体创造的价值无法立即就为人所感知。

"国王们一直以来都深谙利用贵族和平民之间针锋相对的敌意来拓展自己威权的门道，将之玩得风生水起。他们利用人民来打压贵族，而一旦目的达成，则把这些对付贵族所需的'武器'尽数出卖给他们，因为人民的狂妄令其惴惴不安，所以需要贵族的协助来消灭之。

"当人民和贵族发觉自己不过是在被利用，在扮演某个可笑的角色时，一切已经太晚了。在一个平民享有巨大特权的国家，贵族的特权对他们来说也是神圣的，就跟其自身的特权一样；而一旦一方试图削弱另一方的权利或者牺牲另一方来扩充自己的特殊权益时，那么这两个阶级不管是哪边所干的事情不仅是在损害自身的安全，也是在危害集体的安全和公共的福祉。

"西羌人在这一点上不见得比其他许多民族更加谨慎。朝廷只是在玩弄他们的愚蠢为己所用而已，因为朝臣们的利益恰恰在于尽己所能，无限制地扩大某个治国方式深受其影响，并且与其共享权力的君主之威权。他们说服国王（没有什么比让其说服国王更加轻松的事儿了）相信：贵族和平民若丧失自由和财富，君主则赢得名望和权力；好的国王所想的应当是政治行动，也就是别人轻易劝说他去做的政治行动毫无差池的结果。经验必须教训他们：一个在其治理下贵族由朝臣组成、平民由乞丐组成的暴君，一个掌管的城池空无一人、农田休耕荒芜的暴君，一个并非统治着2000万幸福子民，而是统治着数量仅为一半且心慵意懒、愤懑不平、意志消沉的奴隶的暴君，比起一个权力被限缩的君主更像是一个卑微的主人；后者的品性不够吹毛求疵，从不区分自身之利益和臣民之利益，而只会天真地信赖自己的理性之声。这种声音向他保证：成为小国寡民中受人爱戴的父亲比起广袤无垠的荒原中令人畏惧的暴君来得更好，因为那荒原的四处散落着突起的废墟，仿佛见证着曾经在此生活过的人群曾有过比他们更好的时代。

"经验必须教授西羌国王们这一伟大的真理，这才是所有真正治国之术的栋梁。但是，正如伊斯凡迪亚或许开始察觉的那样，一切都太迟了。

"在孱弱的阿佐尔统治下，大部分贵族要么被宫廷开启的先河引诱，要么某种程度上被胁迫，全部都过着开销无度的生活，如此，他们很快便沦落到如斯田地，得用最下作的宫闱之术想方设法鱼肉其他人，好让自己的开支得以弥补。而在伊斯凡迪亚的统治下，前任政府的'杰作'和贵族自身的蠢行可谓到了空前绝后之境。'腐蚀一个国家最大的灾祸莫过于过度不平等。'厄布利斯说。这样一个至关重要的真理到了暴政卑鄙帮凶的手上时就被彻底曲解，反而成了他们把贵族贬抑成平民，然后再把两者一并贬抑成奴隶的借口。在王座耀眼的光辉前面，一切等级差别都消失了。在伊斯凡迪亚眼中，王国最尊贵的埃米尔和最卑微的劳工都一样跟他相距甚远，只要他心血来潮，随时可以让一个马夫成为王公，并视之为一件乐事。美德和荣誉的余韵在良善父辈堕落的后代身上尚存些许微光，但想要扼杀它，用这样的办法定是一击即中。

"贵族们渐渐学会适应这样非人的待遇，同时也没落为真真正正的庶民。如果说他们和庶民多多少少还有些区别，那就是他们无知和顽劣的程度更高，德行更加糟糕，所有道德感以及对自我，对同辈的评判，对后世不偏不倚、震慑心魂的审判之畏怯丧失得更加彻底。由于没有能力洞悉自己真正的使命，没有能力将自己摆放在平民天生代言者以及其与王权之间调解者光芒四射的位置上，他们只能让自身的尊严永远屈身在苏丹毫无章法的肆意统治下。他们个个你追我赶，竞逐成为其极致卑劣之激情，极致不公之法令的帮凶。有谁不知廉耻地吹嘘拍马，宛如蠕虫一般俯首爬行，有谁扯起谎来驾轻就熟，甚至对羞耻行为视若无睹，面不改色，总之有谁把所有这些人性弱点，也就是人们称之为羞耻心、同情心和良心的东西统统抛诸脑后，甚至把为非作歹的技术，以及用最高贵的仪态和最轻盈的典雅作恶的技巧练到登峰造极的地步，这个人必定备受卑鄙无耻的恶棍嫉妒和艳羡，他同时也能飞黄腾达，成为众人极力效仿的对象。玄之又玄的厄布利斯准则中蕴含的剧毒正让西羌人极度腐化，沦落到十分凄凉的境地。可以肯定的是，正如一个智慧和善良的君主能把人塑造成良好的生灵，伊斯凡迪亚也能够让他们被改造成骇人的怪物。

"这个令人憎恶的暴君可不止步于用尽各类劫掠和压迫的方式让他的臣民匍匐在悲惨的境地中，此外他还打算在不一举彻底剿灭他们的前提下，让他们无法看清自身悲戚的惨烈程度。如果说他要达成消除其悲戚之感这一目的的方式是让他们把所经受的一切当作理所当然的境遇，那么人们多少还得庆幸他身上残留的人性还未全然泯灭。可惜伊斯凡迪亚要是发现有人竟怀疑他怀揣着这等懦弱的想法，一定会觉得颜面尽失。他的心思只有一个，那就是让他们永远不曾想到：人之被造于世上并不是就得注定被另一个人如此凌虐的。基于这个目的他挖空心思把一切能够给予他们关于这类事物（人性之使命和权利、社会团体之目的，以及作为这一切基础而来的牢不可破之契约）健全概念的东西都从其身边移除。除了厄布利斯的哲学，其他的在西羌国皆被勒令禁止。任何人若拿不到朝廷的授权，并且拒绝屈膝接受其审查，都不得进行文字创作。若干正直的狂想家眼看着祖国破落不堪的景象，在一片万念俱灰的情愫触动下说出了平时只敢在善良君主统治下才敢说的真话，结果就因为这所谓煽动人心的狂妄之言遭受了残酷的体罚。其他珍视自己的耳朵和鼻子甚于祖国的人们目睹这一惨剧，无不心灰意冷，又谈何兴趣步其后尘呢？

"与此同时，伊斯凡迪亚的宫廷以及各色为虎作伥，协助其施暴政的阶层和阶级皆弥漫着一股穷奢极欲的氛围，超乎世人的想象。所有方便其施行奢靡乐事的奇技淫巧恰恰因为其自身毫无作用而获得了相应的重视和鼓励，就像有用的技艺因其自身的有益性而备受嘲讽、妨碍和恐吓一样。为这些达官贵人娇纵的品味和麻木的感官提供新式的舒适玩物，让他们早已衰竭的气力可以尽可能节省最微小的损耗，同时也为了变着法刺激他们松松垮垮的神经，以上这些努力可以说是唯一一条为人民敞开、可以改善其生活处境的道路。也正因为这一点，每天都有新的技巧，或至少是新的工具被发明，用在奢靡和矫揉之上。正当田园倾颓而衰败，另一边声色犬马的生活却飞升到'完美无缺'的程度，就连莉莉美人当权的年代人们对此也是闻所未闻。厄布利斯每每看到自己的准则发挥了如此辉煌的作用，总是一副趾高气扬的模样。他经常说：'饥饿和贪欲所引发的奇迹是多么巨大啊！就让我凭一己之力对抗所有的法师和仙女吧，他们用魔杖和秘符所能做到的，我仅须撬动人性这两个强大的杠杆便能完成！'

"实际上大多数日以继夜为西羌宫廷的奢华生活工作的人们所获得的尚不足以维持其最基本的生计，但即便是在这一点上厄布利斯也不曾忘记他的准则。偶尔总有某个才华横溢的人（大家都是这样称呼这类人的）获得奖赏，这立刻激起了其他人躁动不安的欲望，结果也造就了成百上千的人期盼与之同等侥幸，拼死拼活地工作。此外人们还小心翼翼地防止嘉奖那类别人看一眼就知内里乾坤的才华，避免大家知晓它之所以被嘉奖并非因其技艺精湛而拔得头筹，而是因为它不过是服务于伊斯凡迪亚及其宠臣奢靡生活的器具而已。画作最受热捧，且售出天价的明星画家绝不是那类艺术造诣独步天下的宗师，而是那些精通用极为淫靡的方式处理轻佻题材的匠人而已。一位内心天真而单纯，只愿靠着清亮甜美、完美无瑕的嗓音表达崇高情感和高尚情怀的歌女，本想借此来讨好众人，结果却在观众冷若冰霜的回应中落得个无人怜悯、食不果腹的下场；而另一位眼神撩人的歌女，她那气若游丝的细尖小嗓和调儿令人心痒难当、欲罢不能，狂野的姿态令听者想入非非、心潮涌动，即便其艺术水准比前者差个十万八千里，依然成为有品位之人士的心头至爱，其生活开销就像公主一样一掷千金。

"早在莉莉王后执政下的黄金年代就有一些对生活愤愤不平

的老人家预言灾祸和腐败将不期而至，此时，他们的预言已经彻头彻尾地应验了。王国里数量寥寥无几的人群霸占着大多数人的财产和收入，他们张牙舞爪，将之挥霍一空，那姿态就像在劫掠敌人手上的战利品一般。而更多的人心悦诚服地为大人物效力，为其胡作非为保驾护航，好让自己有权获得那令人垂涎三尺的福分——一起坐地分赃。大多数人都在这样的境况中苟延残喘，人民长期养成逆来顺受的习惯以及尊严扫地，如禽兽般奴颜媚骨的姿态让其越发空虚无力，比起一死了之，他们更愿意继续在这泥潭中挣扎。道德腐化如此严重，就连那为数不多的几个还残留有些许正直之心的人（像是从沉船事故中抢救而来的一样）也早已放弃力挽狂澜、逆流而上的盼头了。所有的阶层都淡忘了自己的使命，或者因之丧失将其实现的能力。最底层的人已不再劳动，不管是乡村还是城镇到处都是疯狂乞讨的人，他们游手好闲的原因须归咎到政府头上，因为工作机会稀缺（这真是其耻辱）。

"尽管劳动力过剩，王国最富庶的州郡还是因为疏于耕作而逐渐化作荒野。手工业日益凋零，国家赖以生存的'血液循环'通道处处被堵塞，京城长期以来就像一个无底洞，财富一旦被其吞噬就永不复返，此刻城中极致奢华和极致贫苦产生的对比令人羞愤。50万饥民哭天喊地，向苏丹索要面包。而他本人却正坐在金光熠熠的轿子内，去往某个达官贵人府中，请他出手相助，帮助他在某一场骇人的华宴上把几个州郡的收入快一些花个精光。一路上锣鼓喧天，这无疑是在向人民宣告他们的暴君是多么兴高采烈和刻薄无情，而他们的牢骚和咒骂也被巨响彻底盖住，听都听不到。就算这堆达官贵人和宠臣，以及伊斯凡迪亚本人再怎么不遗余力地刻意蒙蔽对方，他们也无法隐瞒这一可怕的事实，那就是王国正在逐步逼近灭亡。虽然也不乏革除危害性滥权行为，改善财政状况，减轻臣民负担和重新鼓励劳动等提议和计划，但这些计划中最值得施行的项目要么被谴责为爱国的

迷梦 ①，要么通过各种借口被献祭给特定人士，以满足其私人利益。虽然一些流于表面的改良措施被付诸实践，但它们也只是治标不治本，最多就是在一段时间内遮掩了罪恶的爆发，但并没有对之斩草除根。大家原本信赖的准则——‘人们无法一边遏制积重难返的奢侈欲望，同时又不让整部国家机器陷入最危险的停滞中’——现在被彻底曲解了，每当有人清楚表明用止痛药来治疗人们故意养成的疾病既荒唐又可笑时，它就会被拿出来当作回应来搪塞这些人。

　　"假设伊斯凡迪亚感受到王位摇摇欲坠，其执政根基已被破坏，开始有意图尝试各种补救措施，假设他真的准备施行一个宏伟壮阔、深思熟虑、兼容并包的普遍改良计划，那他身边也缺乏有本事的贤人，可以将执行工作托付之。他要去哪儿寻找这些人呢？又要在哪个学校，依从哪些榜样才能培养出这类人呢？从美德精神远离西羌人的那天起，已有漫长的时光了。没有人在意集体的福祉，‘祖国’这一名字已不再令人心潮澎湃，每个人只把自己的同胞，自己的兄弟当作隐蔽的敌人、竞争的对手，或是挤压其利益份额的人。每个人魂牵梦萦的只有自己的利益，（除了少数无名之人还会偷偷为自己民族的堕落悄然抹泪）没有人不在时刻摩拳擦掌，准备用一半国土的沦陷来换取价值可观的私人报酬。因为奢侈，这个不幸国度的民众正被某种强效的剧毒所感染，以至于他们的头脑和心灵，品味和习俗，肉体和灵魂同样病入膏肓，并且（依据其性质，它的毒效十分绵长）在长年累月之后，他们因为习以为常，早已接受这一骇人的处境幻化成其另一个本性。对同胞的惨况麻木不仁者可不只是铁石心肠的权贵，几

---

① ［译按］"爱国的迷梦"（patriotische Träume）可能典出瑞士历史哲学家伊瑟林（Isaak Iselin，1728—1782）发表于 1755 年的代表作《人类之友的哲学和爱国之梦》（*Philosophische und patriotische Träume eines Menschenfreundes*）。

乎所有的阶层都被这样的心态侵蚀。每个人都在绞尽脑汁利用大众的困苦为自己渔利，就这样罪恶日复一日地蔓生，跟那些想靠国破家亡大发横财的人一样数量节节攀升。正人君子见到这个把智慧当笑料，把美德当罪行的朝廷，唯恐避之而不及。此时，这可怜的伊斯凡迪亚身边几乎没有足够的仁人志士相佐以拯救这个风雨飘摇的国家，反倒是被一帮卖弄嘴上功夫，吹拉弹唱之人，或是帮杂耍演员、拉皮条的掮客和市井之徒所包围，那举国沦丧的时刻越是近在眼前，他们越是想方设法用各种猥琐行为来寻欢作乐，看这阵仗似乎他们已下定决心麻醉感官，在一阵飘飘欲仙的激情中踉踉跄跄地走向覆灭。

　　"王国的绝症濒临爆发，厄布利斯填堵其伤口的办法却捉襟见肘，当中有一个非但没能扑灭灾祸之火，反而因其不可避免的恶果给局势火上浇油。广袤世界中无数苍茫大国的诞生和毁灭历历在目，穷奢极欲只会让达官显贵无限荒淫，身无分文者则穷困潦倒。两者给德行带来的后果同出一辙。富人会因为铺张浪费和好逸恶劳而陷入'变穷'的险境，一想到这样的凶险便会令其局促不安，想要规避之，没有什么罪行、丑行和非人之举是他们不愿干的。所以他们干吗不应这样做呢？因为机智（在他们那儿取代了理性的地位）早已给恶习大开方便之门，并且在备受娇纵的品味助力下，它正努力消除正义与不义之间的区别，并且用上千种魅惑手段，甚至用美德的表象来粉饰这舒服或者有利的罪行。穷人无望找到脱离当下困境的出路，只能自甘沉沦，打定主意用罪恶的方式放手一搏。一个被逼入绝路、退无可退的穷人，为了改善自己的处境，也甘心被利用，什么事都做得出来。为了点蝇头小利，他能化身为骗子，也能作伪证、制毒投毒、暗杀他人。而其他那些被迫害折磨到血性全无，因血性全无而麻木不仁者则只能虚度年华、醉生梦死，直至陷入可耻的恶行中。他们从乞丐变成窃贼，从窃贼变成拦路打劫的强盗，杀人放火无恶不作。其

他人看到那些跟自己一样无望获得幸福的人因为牺牲掉美德从
而得以进入光辉灿烂的生活境遇，在与自己当下的悲戚比较一番
后，竟然觉得其中的魅力锐不可当。当看到一个浑身挂满钻石的
艺妓^①坐在镀金的花车中大肆炫耀淫乱换来的财富时，成千上万
的少女都想成为维纳斯女神的祭司；或是当看到一个皮条客被擢
升到王国最高的权位，则众人都对这份职业趋之若鹜。这一切有
什么好惊讶的呢？伊斯凡迪亚的时代西羌国各类恶行大行其道，
也是再自然不过的了。

　　"这些原因催生的自然恶果每日都在增长，唯有接连不断的
奇迹才能将之遏止。从一个等级的恶行过渡到另一个等级的过程
甚是微妙，不易察觉。第一次的故意犯罪，哪怕罪行再小，都需
要付出巨大努力才能下定决心。而一旦人们作恶的手段到了熟门
熟路，手到擒来的地步时，就是干下丧尽天良的丑事内心也无须
如此纠结了。如果引起整个民族道德腐坏的传染病再下一城，压
倒全民；如果压迫美德和哄抬恶行的闹剧再度频繁上演；如果君
主和达官显贵继续身先士卒，带头蔑视法律和德行；那么此时必
然出现此类情形，那就是惩罚罪行反倒成了野蛮行为，就跟一个
被他人设局灌醉，意识模糊下干了淫乱之事的人需要为之背负罪
责一样，这很不公平。

　　"厄布利斯可没考虑过这些。他只看到罪恶，但对其源头却
有意视而不见。可是应付这些罪恶需要人们迅速找到对策。小一
号的犯罪不再令西羌人震惊了，因为就连耸人听闻的罪行也开始

---

① ［译按］原文为Lais（Λαίς），亦可译为莱伊丝，原本是女性的名字，由于有不少
　　古希腊的艺妓或交际花（εταίρα /Hetaira）叫这个名字，遂成为其代名词。这些
　　艺妓莱伊丝中有几位颇有名气，如活跃于公元前4世纪的科林斯的莱伊丝（Lais
　　of Corinth），她曾与哲学家昔兰尼的阿瑞斯提普斯（Ἀρίστιππος ὁ Κυρηναῖος /
　　Aristippus of Cyrene，前435—前356）交往。此外，同时期还有希卡拉的莱伊丝
　　（Lais of Hyccara）。由于不清楚此处指代哪位莱伊丝，所以结合上下文意思取其
　　普遍含义，将其译作"艺妓"。

成了家常便饭。制毒、投毒和弑父已是见怪不怪，没有人再敢跟他的继承人同住一屋檐下。所有社交联系也都断了。试问公民法律要如何让这样一个敢于践踏自然的民族对之产生敬畏之情呢？更别说公共安全意识和对丑行的羞耻心了！在那帮自称荣誉之人的阶层中要雇佣个作伪证和搞暗杀的比在庶民之中聘请个临时工还要更容易。无所不在的堕落让撑起国家半边天的美艳族群丢失了一切可让沉鱼落雁者锦上添花，让姿色平平者取长补短的事物。羞耻之心和冰清玉洁作为这一性别最美妙的风姿，对西羌妇女来说犹如异域事物，更有甚者，它们甚至还引得其哄堂大笑。要把一个良家妇女跟一个风尘女子区别开来，除了通过那奇异的矫揉造作之感，别无他法，后者靠着它使劲让自己看起来像良家妇女，前者靠着它使劲让自己看起来像风尘女子。每一位不幸身陷婚姻囹圄的人几乎每一天都会暴露于这样的罪行之中，那就是跟情人私奔，浪迹天涯，或是跟一个除了投放灭鼠药就没有别的谋生本事的男人一同出走。司法已经尽其所能扼制难以消受的道德腐化彻底爆发。西羌国的监狱和绞刑架人满为患，可是人们就是感受不到罪恶有丝毫减少。即便厄布利斯在京城设置了专业和严厉的警察队伍，但那儿看起来与其说是大国的中央，不如说更像淫窝贼窠济济一堂的大世界。

"'乱世用重典，沉疴下猛药。'[1] 这位身居伊斯凡迪亚宫廷要职的政治庸医如是说。人们加重刑法的力度，无休止增加其种类，发明新的死刑方式，用丰厚的赏金鼓励众人举报隐蔽的罪行，一有点似是而非的嫌疑就立刻把人拿下……人们眼见这样优秀的司法制度竟然无法让西羌人变得更好，都感到无比震惊，或者至少看起来如此。很快情况便适得其反，因为治疗过程甚至比

---

[1] ［译按］原文为 Verzweifelte Übel erheischen verzweifelte Heilungsmittel，直译为"绝望的罪恶需要用绝望的治疗手段"，此处用中文中意思相近的习语替代。

病症本身更加恶劣。人们越是想重建公共安全，危险越是到处泛滥和递增；人们越是想杜绝犯罪，就越是给它们打开千千万万的新渠道。以前西羌人只会对强盗和杀人犯担惊受怕，现在提到举报者更是闻风丧胆。以前那些通过置人于死地而攫取利益的衣冠禽兽只会用毒药和匕首来实现目的，现在却有了一个合法合规的方式，可以保管万无一失，一本万利：人们只需去做举报者，便可以套取一部分司法战利品凯旋。西羌人很快便发现，举报者这份职业比其他任何职业还要更加有利可图。它提供了无数机会，可以让人为大人物尽忠和效力；它也提供了不同的案例，让人看到功名利禄就在此路之中，可以转眼间从天而降，令人目眩神迷。就这样所有人的欲望都被撩拨到汹涌澎湃的地步，个个都抢着去做举报者。恶行多年来高枕无忧，此时这番优势已荡然无存，但不幸的是，纯洁从中也没能得到什么好处。西羌人权衡一番，觉得还是继续堕落和颓废更加划算。靠着这些乱七八糟的安排，人们最终非但没能震慑犯罪，反而把仅剩的一点纯洁和美德，那原本可以保住堕落的国家不会完全溃烂和解体的纯洁和美德，彻底给消磨殆尽了。

　　"如此兹事体大的国家运作此时败得如此难看，怕是前无古人后无来者了，但狡猾的厄布利斯其实还是有所斩获的，甚至觉得自己已经回够本了。他装出一副对道德牵肠挂肚的高尚姿态，从刑法条目的无限扩充中发现一条可以利用西羌人的罪行为自己牟取暴利的道路。这些罪行带来'丰硕成果'让人心花怒放，人们日复一日朝思暮想的就是如何让这一财政的'高尚'分支尽善尽美。他尤其觉得辱君之罪是人们以优雅的方式把达官显贵的财物据为己有的最优良手段。西羌国的法学家（这帮人为了一点微薄的报酬，一直在为宫廷乐见的事物论证合法性）殚精竭虑，冥思苦想，为这一回报丰厚的罪行建构一套精致的理论。他们将其身上所有枝条和枝权精准地切分开，直至微小如尘的脉络浮现，然后再向可怜的西羌人做出证明，让他们大吓一跳：在有些时代，如果人们没能一力承担这一骇人的罪责的话，那么他们连移动一下肢体或者喘息一声都办不到。人们有可能在随意言谈间，脸色变换间，思绪跳跃间，甚至在午夜梦回间，也可以在一幅质量低劣的国王肖像画中，在一个御膳房仆人身上，或是在一条王家猎犬身上或者国王使用的痰盂中犯了此等罪行。人们对宫中规矩最小心翼翼的批评，或是某个含冤受苦的西羌人因为顾影自怜而发出最轻微的叹息，或是稍稍提醒人注意一下人权，都可能犯了辱君之罪。为了证明人类惩罚他人的乐趣永不衰竭，他们心中所盘算的似乎除了天天制造机会给国民罗织罪名，好令其受罚外，就没有其他了。可惜没有人，啊！竟然一个人都没有意识到这世间最该被千刀万剐，最恶贯满盈的罪行就是对人性本身的侮辱啊。"

"达尼什曼德，"苏丹高呼，"我受够你那伊斯凡迪亚了。这苏丹，还有他的宠臣及其宫廷和臣民全部都不配在太阳底下生活。你什么时候招来一场大快人心的洪水，让这群龌龌龊龊的混蛋被冲刷出地表之外，如何？"

"陛下，"达尼什曼德说，"这可是老天爷的事情了。他为何长年累月面对这个罪恶昭彰的世界袖手旁观，这总有他的理由的。"

"别讲这些虚无缥缈的东西，博士先生！听听我要跟你说的东西吧。我给你一天的考虑时间，给我想想你是要用地震，还是大洪水，还是蝗灾或者鼠疫来清除掉这些人。只要能让这帮人尽早在我眼前消失，也就足够了。"

第4章

"一个大国的生命力,"达尼什曼德翌夜继续讲述,"几乎是无穷无尽的。一个国家可能得花上数百年的时间才逐步朝向崩溃,且经常能径直在崩溃的边缘摇摇摆摆上好一段时间,且依然保有足够气力重新振作,让那可怕的大限之期再推迟上几年。一个幅员广阔,备受皇天恩泽的国度,只要其人民在漫长的岁月中一直勤于耕耘,即使某个时间起农事开始荒废,也要历经很长时间才会彻底荒芜。同样的,只要人民早已习惯于某些律法,习惯于某种程度的卑躬屈膝,那么他们便能无限制地忍受巨大的苦痛,直到他们再也无力继续承受这样的处境,施加在他们身上的魔法才会失效,或者至少绝望也会赋予他们勇气,从容赴死。

"这种思考方式总能让不义政权的帮凶在面对其暴政毁灭性后果时表现得无动于衷、心安理得。他们总是觉得罪恶还不算严重,就像驴子承受重负还能蹒跚而行,所以它还能多驮一些。就这样人们继续在它背上装载东西,直到它瘫倒在地,一命归西。① 当然,人们也很可能会发明这样一种学问,可以让人在特

---

① 我们在一部新近刚出版的惊异之作中也能找到同等意象同等的思想,这书在公元 2440 年或许能给其作者带来更多荣誉,超过它在 1772 年为其带来的益

定境况下给每个国家测定其在罪恶层层重压下分崩离析的日子、时刻和瞬间（以过程中不会天降吉兆为前提）。为了人类的福祉花点资金用以发明一个政治晴雨表，应该没有比这更值得期许的事情了。"

正如人们已经注意到的一样，山鲁格巴在自己身上某些怪脾气和幽默感主导下，可以说出一些无损其伯父山鲁巴罕荣誉的事情。你跟他讲大道理，他偶尔只会用半只耳朵听一下，而此时所发生的，正是这样的情况。他一听到达尼什曼德又是带着玄之又玄的思辨开始其论述，便立刻神游太虚，自顾自让自己的思想信马由缰四处狂奔，同时也没有完全走神而全然不知对方在说啥，直到他听到政治晴雨表一词，宛如霹雳轰顶，精神和专注力又再一次被唤醒。这一想法十分讨其欢心。"听着，达尼什曼德，"他大喊，"你这奇思妙想真是棒极了。如果只是钱的问题的话，那我愿意给发明它的人一万个金巴哈姆。明天你就可以把这消息通报给我皇家学院的主席。"

处。我们希望两者这近乎巧合的重合不会被当成罪责算到了达尼什曼德头上。我们提及过的诚实梦想家可能血液里有着更多的黑胆汁，超过一个贪图安逸的人所能期许的。但是，一个无比热爱人类同胞，以至于就算是巴士底狱或是比塞特尔精神病院都无法阻止其抒发内心感受的人，想要憎恨他，想必是一件很难的事情。请读者们千万别忘记，这一注释，乃至整部作品，都是在 1771 年和 1772 年写成的。

[译按]维兰德本注中提到的著作是法国作家和剧作家梅西耶的乌托邦小说《公元 2440 年：一个如果真的存在的梦》，该书 1771 年首版之后大受欢迎，共印刷了 25 次。书中内容大概讲述了一个生活在 18 世纪巴黎的男子不满于当时的社会现实，一觉睡醒之后发现自己已然来到公元 2440 年的巴黎，在这个制度相当完美的未来世界中经历了不少奇幻的历险之旅。下文紧接着提到的"政治晴雨表"也是受到本作相关段落的启发。本文以下部分还会再提及这一典故。

比塞特尔精神病院（Bicêtre）是法国历史上著名的精神病院兼监狱，位于巴黎南郊的勒克雷姆兰比塞特尔（Le Kremlin-Bicêtre），距巴黎市中心 4.5 公里。这里曾关押过著名的法国情色作家萨德侯爵，法国哲学家福柯也在其著作《疯癫与文明》末尾中对比塞特尔精神病院有所论述。

努尔马哈和达尼什曼德偷偷对视一眼，只是这苏丹的声调甚是严肃，用微笑来答复他或许不是太妥当。他们俩稍稍挤眉弄眼，就这样急中生智，蒙混过关，抽身事外。达尼什曼德跟他的陛下保证，他许诺支付的金额只需拿出个十分之一便足够让印度斯坦的哲学家忙活个不停了。山鲁格巴一想到自己的统治因为多了这件内涵丰富的有益发明而荣光四射，就高兴得不得了。稍做停顿之后，达尼什曼德在苏丹的命令下又继续讲述西羌的历史。

"这件政治恶行测量仪有幸得到陛下您的大力嘉奖，可是正因为缺少这东西，才使得我们现在没办法确定西羌在伊斯凡迪亚统治下还得忍受多长时间的煎熬，要不是这冒失的君王因为走错一步（这一步在当时王国的境况下找不到任何理由可以为之辩护），亲手招来了那毁灭性的时刻。

"陛下您一定还记得那蓝猿派和火猿派吧，这些人在阿佐尔当政的时代曾让西羌国卷入极其危险的动乱之中。伊斯凡迪亚登基时似乎有意定下法律，要人仇恨他父王所爱的一切，正因为蓝猿派在前任国王治下占尽优势，所以在若干年间他一直把火猿派纳入其专门的保护范围中。为了不让人质疑其行为动机，他公开嘲笑这一派和另一派的信仰，而且毫不收敛。厄布利斯让他习惯于用扭曲的方式观察宗教。没有什么比这位宠臣的思辨哲学更加言简意赅的了。'必要性和偶然性，'他说，'都参入对世界的管治中。人在广袤无垠的宇宙中就像阳光下的一粒尘埃，他的生命不过一瞬，但恰恰是这一瞬间才可被视作其存在，让这一瞬间物尽其用，有利于自身，这才是他所需要做到的一切。'他那声名狼藉的道德训导和暴君式治国术就建立在这些谬论之上，他的祖国之所以会彻底沦丧，正是这些理论的杰作。'宗教，'人们在伊斯凡迪亚的宫中开诚布公地讲道，'是最古老立法者的有益发明，其作用就是让桀骜不驯的人民逐渐习惯于套在他们尚未习惯的枷锁中。宗教是人民的辔头，他们的统治者必须把束缚他们的缰绳

牢牢握在手中，不过他们中要有谁把这瓮头套在自己头上，那就太可笑了。'

"若是这些法则某种程度上也可被用到人们称之为国家宗教的事物上，那把它们高声读出，让所有人都听见，恐怕就没有比这更加轻率的事情了。就算厄布利斯只是把宗教当作对付人民之桀骜不驯的政治工具，那他也得看清楚，若真想让这一工具发挥其上佳作用，一切仅取决于人们对其力量的信仰程度。就跟东印度和震旦的婆罗门和僧侣经常赠予其信众的护身符一样，唯有你顽固地信赖其神秘的力量，它们才能起上那么点效果。跟人民坦诚交代'我们不过是欺骗你们而已'，同时还指望他们知道这一点后依旧甘心继续被骗，这种行为显然得以蔑视人之普遍理性为前提，而这种蔑视恰恰无法给机智的厄布利斯之聪颖增光添彩。不如说这样的行为在当时西羌的形势下必然会给国家带来双重的伤害。一方面对宗教的蔑视心理已经从达官贵人和知识分子阶层渐渐潜入黎民百姓心中，后者似乎很乐见自己的统治者愚蠢到亲手把那多多少少还能保护他们抵御普遍腐化洪波侵扰的堤坝给凿穿。另一方面，蓝猿派的僧侣们也绝不会白白坐失恢复其没落事业的良机。

"西羌国的迷信思想越是危如累卵，越是临近崩溃，他们就越是亢奋到无所不用其极，把人民从浑浑噩噩的冷漠中唤醒，让他们置身到狂野似火的疯狂祈祷中。如果国王的治理英明神武，则西羌人对其父辈荒诞信仰的冷漠将在不知不觉间被当作革新和改良整个社会的契机，同时也不会引发暴力动荡。可惜这个时代的哲人们骨子里目空一切，行为上却粗枝大叶，他们推倒了古老的楼宇，却没有筑起另一座地基更坚实、用料更优质、风格更高雅的建筑，这不仅让天赐的良机白白溜走，甚至还给'信仰缺失'直接导致的恶行火上浇油，而他所利用的正是狂热信仰催生的恶果。一旦'不敬神明'和'道德恶化'进入无以复加的地步，这种狂信（如同人类历史年鉴所教导我们的）就会面目狰狞地挥舞毁灭一切的火把，甚至让整个世界齐齐领略那被敌人和友人共同蹂躏的国度的命运是何等悲戚。

"这朝廷唯一的工作就是利用国家无处不在的罪恶为自己牟利，它一刻也不停地严密监视蓝猿派的一举一动，以便更加容易地找到机会对付他们。因为后者意乱神迷，一时头脑发热，便以为自己足够强大，可以向火猿派以及保护他们的朝廷发起挑战。虽然蓝猿派人数上不占优，但由于其每个成员敛财更多，生活更加养尊处优，远胜另一派的僧侣，所以正常情况下，最有钱的人也是最能吸收信众的人。但恰恰是他们的钱财唤醒了伊斯凡迪亚及其爪牙的劫掠之心，所以后者决心要找个借口将他们一网打尽（这样的借口想要多少就能搞出多少）。人们假装生活被蓝猿派的举动搅得鸡犬不宁，侃侃而谈国家近在咫尺的险况，人们窃窃私语间总在提及某些心术不正之徒正在结党营私、暗中勾结、图谋不轨，最后人们得出结论：大家是时候要严厉法办这帮蓝猿党徒了。人们事实上做的还要比许诺的来得更多，甚至还满心希望蓝猿派绝不会对自己所受的凌辱忍气吞声，一定会制造机会让人更严厉地处置他们。大家的如意算盘确实没有落空。总结起来，人们就是不断挑衅蓝猿派，直到他们开始采取对抗行动，然后再给他们安上暴动和造反的罪名。如此，厄布利斯的目的就达到了。只可惜他跟那位不幸的伊斯凡迪亚还没来得及长时间享受这份喜悦，蓝猿派就已经被某些狂热的领袖（这些人失去的越少，就越指望获得的更多）鼓动了起来，最终怒发冲冠，高举反旗。社会各类心怀不满的人士数量庞大，全都加入他们一边。人民对起义爆发的公开信号早就等得不耐烦了，他们在西羌国的各州各郡纷纷汇合，揭竿而起，把伊斯凡迪亚在各地的塑像都推倒，洗劫钱库，杀光所有他们斥之为暴政帮凶的人物。

"这场起义爆发的初期征兆如此明显，人们很容易就能预见它立刻就要波及四方了，只是达官显贵早已习惯西羌宫廷的纸醉金迷，面对这场风云突变，他们仅是轻蔑视之。厄布利斯自信自己这样做便能给这帮乱臣贼子一记迎头痛击——对于那帮在京城作乱的乌合之众的首领，他施以刑罚。据他所说，那刑罚的惨烈程度，只要稍稍描述一番，就能吓得反贼纷纷缴械投降。只可惜他对人性的认识终究只是半桶水而已。亲眼看到这类酷刑，以及见证成千上万领取佣金的歹徒一声令下就跟野兽一般扑向心平气和、胆站心惊的平民百姓，确实起到了他想要的效果，可是，当证实伊斯凡迪亚确实残暴不仁的消息在各州各郡传开的时候，这一切反而给西羌人的想象力制造了反效果。他们的不满转化成愤怒，就这样，起义的领袖们已退无可退，只能赢取战斗的胜利，或者至少不会落得个大仇未报就身死人手的下场。厄布利斯竭尽所能蒙蔽自己的君主了解这场起义凶险的程度，可是转眼间造反者的大军高奏凯歌，捷报频传，这时已是纸包不住火，人们到了不得不让伊斯凡迪亚睁开双眼，认清事实的地步了。

　　"这位国主与其说缺乏勇气，倒不如说他缺乏的是掌控自身勇气的能力，他做好万全准备，人生中第一次登上主帅之位，亲自统领大军与自己的臣民对阵沙场，然而，这支军队的忠诚却是他用厚重的礼物和更厚重的允诺买来的。起义军领袖们在这一时期也有充裕的时间休整，可以彼此间进行商讨、制定协议，按照一个共同的纲领行事。因为他们打定决心，在确保国家的福祉和公民的权利可以长时间不受特权恣意僭越和侵占前，绝不会放下手中的武器，所以他们觉得有必要尽量避免让他们的宏图伟业带上违法暴动的色彩。起义者必须得说服所有西羌人相信，他们大动干戈并不是冲着其合法君王而来，而仅仅是因为形势所逼，迫于无奈才不得已起身捍卫其基本权益不受国王身边的奸臣所侵害。抱着这样的目的，他们给伊斯凡迪亚寄来了一篇檄文，文中生动地述说着他们的苦衷，并且保证，只要国王解决他们的疾苦，同时为了表明自己确实心怀诚意，国王还得把其宠臣厄布利斯交给所有深受其辱的人民进行公正的裁决，只要做到这两点，他们就会立马解散。"

"这种苛刻的要求，"山鲁格巴说，"可不是一个自尊自爱的君主接受得来的。"

"没错，伊斯凡迪亚起初想的也与这个相距甚远，"达尼什曼德继续讲，"但事情没过多久，他就有理由后悔自己不该如此全身心地力保一个人，甚至把他当作重中之重，得花费高价来购买。因为在智慧的天平之上，如果江山社稷的福祉和王位的安稳置于一端的话，那么力保这个人就像把一粒尘埃置于另一端一样。厄布利斯很快就意识到，他和他君主本人所干的好事已经临近被残酷清算的地步了。他觉得把自身的安危交由一场无论怎么考虑都对其无利可图的会面之成果来决定，是十分凶险的。他没有考虑很长时间。忠诚、感恩和友谊都阻止不了他干出这件可耻的事，因为这些东西对他来说都是毫无意义的虚名而已。他跟这些不满者的首领进行接洽，举行秘密谈判，并且拍胸脯承诺带着王家军队里大部分兵士来投诚，只要他们能承认和充分保障其在恢复公共安宁后与之享有同等荣誉地位就行。起义军答应了全部条件，厄布利斯憋足了劲儿执行计划，同时也事事小心谨慎：他笼络了一部分军队及其优秀的统帅参与其计划，另一部分则是在毫不知情的情况下被其利用，成为其帮凶。在执行这一切的过程中，他也极力装出一副鞠躬尽瘁的嘴脸，用无数假情报哄骗他的君王，卸除他的警戒心理，让他以为自己依然高枕无忧。他的计划进展得十分顺利，以至于一时头脑发热（无数不可一世的罪犯都倒在这令人天旋地转的心潮澎湃中，成为其牺牲品）就开始飘飘然做起了美梦，志得意满地盼望着，一旦伊斯凡迪亚被赶下王位，他自己能够扶摇直上，取而代之。迄今为止，起义军虽然痛恨伊斯凡迪亚，但还是倾向于维护其国君的尊严，但厄布利斯却向他们挑明，只要这暴君还在人世，想让国家长治久安、日益进步根本就是痴人说梦，甚至连他们个人和财产的安全都是朝不保夕。厄布利斯懂得如何煞有介事地游说起义军们相信自己确实有必要采用奇谋对邪恶（如他所言）一击制胜，斩草除根，且事不宜迟，兵贵神速。就这样，起义军许诺无论如何都会支持他，只要他愿意执行这一计谋，给予暴君最后一击。

　　"似乎天时地利都在一同助力叛徒厄布利斯完成他光辉灿烂的梦想，直到他忽然间意识到这一事实（很不幸，一切为时已晚）：恶人想指望其助纣为虐的帮凶对他施以仁德，那真是犯了天底下最大的错误。厄布利斯原本指望可以用誓约、奖赏和对荣华富贵的期待心理来束缚那少数几个他不得不透露秘密实情的人。只可惜聪明反被聪明误，当中有一个人就发现，如果他向苏丹揭发厄布利斯心腹忘恩负义的举措，可能赚到的还要更多。就在他密谋加害苏丹的前一小时，诡计就被揭穿了。当时正值午夜时分，当伊斯凡迪亚听到那位他甚至愿意为之牺牲自我的宠臣竟然恩将仇报，真是愤怒到了极点，甚至一气之下拒绝仓皇出逃的建议。那位向国王揭穿厄布利斯阴谋的埃米尔当然也没有忘记承担一部分人身守卫的工作。被一帮他几近百分之百信任的人的护卫着，伊斯凡迪亚下令拘捕叛徒厄布利斯以及其他共谋者。意识到自己被出卖时，他们正好在某处约定好的地点聚会，准备即刻执行计划。仅需一瞬间，他们便看清楚自己的处境有多凶险。唯有在绝望中，他们才寻得一条唯一可行的出路，那就是决意负隅顽抗，背水一战。

　　"'可怕的死神必然降临在我们头上，'厄布利斯高喊，'有武器在手，我们最惨不过一死了之，可天知道我们能不能占据上风呢？'带着怒火，他们冲过了伊斯凡迪亚层层的卫兵，带着响彻天地的咆哮声，他们杀进了王宫，把碍手碍脚的一切通通都打倒。不一会儿整个王宫都陷入骚动之中，大多数人都跳到了谋反者一边。最终的时刻来临了，那位不可一世的君王不久前仍有上百万奴隶在其脚跟扬起的尘土中翻滚，现在只能惊慌失措，瘫坐在地上高声呼救，目视四周摇尾乞怜，可是就是找不到一个人胸怀高尚情操，愿意让自己的胸膛化作护盾，守卫这人见人恶的国王。'对，'他大声呵斥朝他冲来的谋反者，'我即将命丧黄泉，但是我绝不会白白倒下，一定会拖人陪葬。'说完这些话，他便拔出匕首刺向厄布利斯。可惜在他碰着厄布利斯之前，就已经被无数利刃刺穿，倒地而亡。与此同时，这场野蛮的政变在宫中引发的轰鸣巨响已经把京城大部分居民惊醒，民众成群结队，如潮水般涌向王宫，到处都是低沉和阴森的吼叫，在宫里各大殿宇回响：'自由，自由！暴君和他的鹰犬，快滚吧！'厄布利斯把伊斯凡迪亚的首级扎在剑尖上让所有人看到，妄图依靠它来缓和民众狂暴的躁动。可眼见苏丹的首级被其背信弃义的宠臣砍下，高举在手中，此情此景让他们的怒火全部转向新的目标，这个叛徒立刻被碎尸万段，所有护卫他或是想为他报仇的人尽数阵亡。王宫被洗劫一空，并被付之一炬。大火蔓延到城市的一部分，愈加凶猛地吞噬周边的一切，没有人想过去阻止烈火的狂怒，那席卷天下的暴动中所有恐怖场景此时已全数汇聚，可怜的西羌城接连几日成了暴行横行肆虐的舞台，目睹这一切，任何尚存人性良知者皆会不寒而栗，或捂脸或扭头，不忍再看。

"即便如此，这一切只是开头而已，也就是说，这是直到现在依旧维系这个国家和民族统一之纽带完全和彻底断裂的标志。伊斯凡迪亚没有留下任何法定的王位继承人，因为他早在登基不久后就用各种理由把自己的兄弟以及表兄弟，也就是阿佐尔某个弟弟的儿子们都处理掉了。王国内处境还不错的城市都纷纷决定自立，可是他们却对即将制定的宪法之形态意见不一，以至于最终要么全部通过内乱的方式结伴覆灭，要么就只能向那五六位正在争夺王位的强势的埃米尔中的某位俯首称臣。这场争端论狂躁和棘手的程度显然不亚于一场内战，就这样，西羌国第二次遭遇了令人胆颤心惊的无政府主义式窘境，其惨烈程度之重恰恰在于它跟国家沉沦其间的腐败状况息息相关。数年来，每个人灵魂中的道德感就跟火苗一样，似乎已然熄灭，连一丁点儿火星都寻不着，而国家就像一具笨重的死尸，被丢弃一旁，任其腐烂和发臭。如果在人们开始抛弃一切希望时，人性的守护灵不再用怜悯的目光凝视这曾经欣欣向荣的大国遗留的不幸子民，那么西羌国的命数就真的注定，一切都在劫难逃了。"

"谢谢你，达尼什曼德，"山鲁格巴说，"谢谢你秉公审判这帮怪物，就当是为了王权的尊荣和警示所有未来可能会出现的伊斯凡迪亚和厄布利斯们（如果自然还会让诸如此类的家伙诞生的话）。此外，我也不想对你讳言，你多少是扫了我们的雅兴了。因为从高贵的欧谷尔大汗（虽然他也有一两个很大的道德缺点）开始，你基本上都是在用一帮岌岌无名的孱弱君王来打发我们的时间。最后居然还用一个一无是处的废物来收尾，这家伙真是令人深恶痛绝，就连他前任君王里头最碌碌无为，最不足挂齿者，与之相比倒是都成了明君圣主了。这样畸形的品格居然能存留于世，一想到就令人反胃。"

"还有比这更令人反胃的呢，"达尼什曼德说，"世上几乎没有哪个国家敢自诩自己竟如此幸运，从未出现过一个像伊斯凡迪亚的君王。即便如此，在我看来这个西羌国历史上最恶劣的国王与其说值得众人记恨，倒不如说更值得大家同情。他所生活的周遭环境更像是某个充满恶意的妖精为了让他堕入万劫不复的境地而一手创制的。他治下的万民中竟然没有一个品行端正、正直诚实之人怀着人性的恻隐之心，至少出于同情之故把真相告知这位饱受蒙蔽的君王！屈身在其足下的都是帮下贱的奴才，都是帮在耳边煽风点火，恬不知耻，不知害臊为何物的马屁精！伊斯凡迪亚不过是个头戴王冠的罪犯，他的一生不过就是一连串恶行和无谓的享受拼接而成的画卷，这样一个人竟被一群同时代的演说家和文人极尽夸张地赞美，仿佛千年一遇的明君一般，这样的咄咄怪事竟然能存在于世？你们能相信西羌人能厚颜无耻到这般地步，当着上千人的面吹捧这位伊斯凡迪亚，夸耀他的荣誉和所受之爱戴超越世上所有君主，是万民的父亲，是国家慈爱的守护神，即便旁观者的眼神和脸上写满了对其谎言的不齿？无论如何，在这国家的文化人和所谓的智者之中总有这样的可怜虫。而同样不可思议的，是这位伊斯凡迪亚竟然能够如此满心欢喜地倾听他们的一派胡言，甚至当场重重嘉奖那些厚着脸皮，口出狂言，肆意讥讽真理、美德和荣誉的奴才。不管是施予还是收取这类奖赏，都是同样有害的。难道伊斯凡迪亚就真的如此彻底地丧失是非观念，甚至可以不知羞耻地听信那些张口就来的'溢美之词'？这些赞誉之言跟最辛辣的讽刺又有何两样呢？假设他真的办得到，那么这样一位一心想要赢取耻辱的利益，不惜故意滥用深情款款的语言，让一个老练世故的暴君愈加心如铁石的人，岂不是完全不配拥有人之形态和样貌！有谁若听到这些吹捧之言不会暴跳如雷，不立马驳斥那满嘴谎话的骗子，那该有多可怜啊！有些甚至还对其报以热烈掌声呢！我们不得不承认，西羌人真是活该被伊斯凡迪亚这样的国王统治。你仅需用片刻时间想一想他们都是帮什么样的人，便能让你深切感受到，眼见人类同胞苦难深重时自然而生的恻隐之情瞬间转变为对这群狼心狗肺的人渣惨遭天谴后心生的快感，这种心理变化是什么样的滋味。"

第 5 章

"达尼什曼德已经跟我们描述了西羌民族的堕落是何等惨烈和普遍。"皇后说，"我实在想象不出他得从哪儿才能寻得一个能从此等乱象中创造出新天新地的人。至少有一点我十分清楚，这个人肯定不是在西羌宫廷中受教育的。"

"震旦国王中最优秀的一位[①]是在茅草屋檐下受教育的。"达尼什曼德回答，"舜（某个震旦作家说）这位道德高尚的农民为何不能成为列王中最好的一位呢？他最原初的境遇就已经提前把他教化成人了。这才是重点。那些尚在襁褓之中就注定被培养为未来国君者，有多少人可以自诩自己身怀此等优势呢！

"提凡，那个重建自己祖国的人；提凡，那位立法者、英雄、智者、人民的慈父，所有君王中最受爱戴和幸运的人。我现在准

[①]　舜是尧帝的共治者和继任者。参见杜赫德《中华帝国全志》德文译本第 1 部，第 263 页。此外我们不能隐瞒这一事实，那就是震旦皇帝尧和舜的历史并没有比西羌国王提凡的历史拥有更多的历史真实性。

　　　[译按]维兰德在本注中提及的页码与 1747 年科佩（Christian Koppe）在罗斯托克出版的《中华帝国全志》德译本页码完全呼应，此处讲述的是中国历史中有关舜的部分。该著作法语原版相关部分参见 Jean-Baptiste Du Halde, *Description géographique, historique, chronologique, politique, et physique de l'empire de la Chine et de la Tartarie chinoise*, Tome I, Henri Scheuleer, Den Haag, 1736, pp. 279–281。

备用他的故事来愉悦我的陛下。他要是在其伊斯凡迪亚表兄的宫中，或是在那个时代其他亚洲宫廷中接受教育的话，可能就不是这个样子了。

"他仿佛被大自然亲手拥入怀中，接受其教化，远离大千世界腐蚀人心的迷雾，被放逐到山林泽国间，与一小群返璞归真、兢兢业业，有节有度之人为伍，从来不曾思量他或许优于其中最卑微者。其生命头 30 年都用在君王美德的培育之中，却又对之一无所觉。

"若是没有这般出乎寻常的运气，他几乎无法缔造惠及万民的福祉，而这样的福气，恰恰得'归功于'伊斯凡迪亚的残暴，还有某个同等幸运却又不同寻常的偶发事件，那就是他的青葱岁月被托付给某个正气凛然、德高望重之人照管，他可能是当时偌大的西羌国唯一称得上这一美名的人。

"伊斯凡迪亚登基后不久，便把他的兄弟、表兄弟，以及他们的孩子都清除殆尽，当中也包括了其父王唯一的胞弟——提木儿的子嗣。提凡是提木儿子嗣中年纪最小者，当时年仅 7 岁，由一位上了年纪，且深受其父亲器重的维齐尔照料。程吉斯（人们如此称呼这位维齐尔）也有一个与这位提木儿亲王之子年纪相仿的独生儿，他拯救小提凡生命的唯一的办法，便是把自己的独子交到了伊斯凡迪亚派遣的刺客手中，任由其处置。程吉斯有勇气为美德献上如此沉重的祭品。

"他牺牲了自己的孩子，带着小提凡，这个被误当作其亲生子的小孩，一起逃到西羌南方[①]国境线上某处不为人知的地方隐

---

① ［译按］原文为 mittäglich，根据《格林兄弟辞典》，该形容词与 mittägig 一词
　　意思相近，除了有时间上"正午的"意思外，也有空间上"南方的"意思，正
　　如与之相对的 mitternächtlich 既有"半夜的"，也有"北方的"含义一样。参见
　　Moritz Heyne (bearb.), *Deutsches Wörterbuch von Jacob Grimm und Wilhelm Grimm*,
　　Sechster Band, L.M., Leipzig, Verlag von S. Hirzel, 1885, S. 2373–2374。

居起来。那是一处水草丰茂且未被开垦过的山谷，它被山脉和荒野层层包围，在程吉斯眼中，此处圣地似乎是大自然为那位能在自我身上寻得幸福的道德高尚者，也是为那位仍在风华正茂之年便体察到运命无常的少年王子所精心拣选的避难所。

"程吉斯从临近的切尔克西亚人那儿购入了一定数量的奴仆，当中有男有女，并且与他们约定，若想赎回自由，必须协助他开垦这片蛮荒地带。就这样，一个种植园拔地而起。他们的勤劳换来了大自然无穷无尽的馈赠。区区数年光景，这片怡人的荒野便大部分变为农田、果园和草地。程吉斯和他的助手们把清冽的溪水从临近的山峰上引到这欣欣向荣的农场，让千道万道涓涓细流灌溉着它。生活必需品对于这儿快乐的居民来说可谓取之不尽用之不竭，至于那些可有可无的东西，他们则是'一贫如洗'，这一点在智者或无知者看来却是财富。尽管身边人几乎都是其奴仆，但程吉斯却从不用淫威来凌辱他们。

"所有非天然而生的'不平等现象'，都被尽数逐出这片喜乐者的居所。所有掌管家业的族长们结伴组成了一个内阁，专门商议所有关乎公共福利的事情，同时也调解发生在这一人口稀少，虽然清贫但却充满欢声笑语的小群体内部细小的纠纷。

"在这个微小的定居点里，那位最自命不凡、最奢华无度的东方君王的侄子长大了，他对自己的真实身份一无所知，只知自己与身边的人毫无差异。智慧的程吉斯觉得这一点甚为必要，这或许也是命运为他这位出身王家的养子安排好的。'如果他注定登上王位，'他暗暗思忖，'那么将来因他而得福的民众们一定会在程吉斯这个正直之人的骨灰前拜祭。因为正是他为他们培育了一位哪怕身处最底层的人民间依然习惯于与他们平起平坐的国王；一位别人从其身上未曾期许的，他绝不会以此要求别人的国王；一位习惯于依靠辛劳来维持自我生计的国王，一位从不耽于无谓遐想，仿佛自以为成千上万的人苟活于世的意义就是让他可以游手好闲地活着、可以由着性子胡来的国王。如果他这辈子命中注定得在晦暗中度过，那么无人知晓其真正身份可能反倒对他是件好事；他错误地以为自己生来就注定得像现在这样活着，你若去纠正他这一有益的错误，可能在这一境况中更像是一件残酷的事情。'

"当提凡赶着群羊奔跑时，他几乎做梦都不曾想过他降生于世并不是来手舞羊杆、牧养兽群的，而是要挥动权杖、领导人民的。他的体内虽然流淌着王族之血，可这却不曾使他感受到任何天生的优势，让其可以凌驾于身边人之上，不如说，他看待身边更善于劳动、比他更有用之人的眼神充满了敬意。好几次当程吉斯看到小王子穿着粗麻布织成的罩衫从田间劳动归来，额头上依然闪烁着汗珠，他打心底嘲笑那些厚颜无耻、吹嘘拍马之人，他们竟然妄图说服世上的当权者相信自己的血液中潜藏着某种莫名其妙的神秘魔力，可以为其整个人格，以及其所有欲望和行动添加某种高高在上的特质，让他们有别于普罗大众，甚至让后者对之不自觉地顶礼膜拜。'有谁会想到这个年轻的农夫其实是王子呢？'他自言自语道，'他体格健壮，双眼满是热诚的火焰，脸上的容颜仿佛昭示着他有着感性而活跃的灵魂。即便如此，除我之外，但凡有谁见过他，至多只能在其身上觉察到某个天生只适合操作钉耙和铁犁的农民之子，就连他本人都觉得我们的邻居许苏姆比他自己还要强得多。'"

"你这说法可不像是恭维王公贵族子弟的话，"山鲁格巴说，"当然我也得承认，我自己还没想过这些。不过既然你这么说了，我也觉得一切在理。那些愚弄我们相信这些东西的诗人和小说家的脚后跟真该被抽打几十下，因为我敢打赌，他们对自己说的东西，一句也不信。"

"少年提凡在他养父的抚育下，肤色不再如百合般白皙，外表也不再娇弱。要是把他送到西羌王宫里接受教育，也会长出娇弱的外表，与普通乡民之子自然是天渊之别了。他的身体锻炼得强健而结实，肤色晒得黑黝黝，充满阳刚之气，体内鲜活的血流和脸上殷红的双唇，仿佛他无须闭嘴咬合，就比那熟透的樱桃更加红艳。

"与此同时，智慧的程吉斯也绝对不会对其养子天生的使命视而不见。提凡的价值无与伦比，他怎么忍心仅满足于把他培育成一个优秀的农夫呢？那伊斯凡迪亚好似着了魔一般，其所作所为像是要把国家尽速置之死地。如此，他极有可能在提凡获得充分能力前，就必须对王位继承权提出索求了。程吉斯的志向甚是远大（其计划本身显得矛盾重重，只要他对自身还怀有先入之见），他想在牧人和农夫的圈子中把少年提凡培育成一个优秀的君王（直到时机成熟前，他都不会跟提凡泄露其半点真实意图）。他深信内心之良善若无智慧辅佐成不了道德，就像科学没有道德相辅也成不了智慧一样。如此他便试图在提凡尝试培育'美'和'善'、'同理心'和'仁者爱人'之心的感受并将这一切化作自身能力的时间点上，把他的理性从身边事物在灵魂中镌刻的偏狭观念中解放出来，让其逐级飞升到市民社会、人类种族、自然、整体性，以及那既神秘又值得受人敬拜的创世者的崇高理念中来。

"一个人道德之完善是他天生就要完成的特殊事业，而这一切正取决于知性中的理念以及从中构造而来，存在于心灵之中的思想是否占据主导地位。这一点恰恰对于那些身兼使命，必须在人类整体社会某一特定部分中维持道德秩序之人来说尤为必不可少。要是他的灵魂不再为普遍和谐和幸福的图景心醉神迷，要是人类的权利比不上其个人权利的神圣和不可侵犯，要是那带着不可磨灭的印记深埋于灵魂中的自然法则不再事事指引其行动，那他的臣属和他本人该有多悲惨呀！总而言之，哪个统治者不想成为人中之杰，不想成为王中之霸，那他治下的人民可要大难临头了！这些观念可不是那些离群索居、俯察天下的隐士们炮制的奇思怪想。要是达官显贵，称雄一方之人真的这么看待这些观念，那人类真的够悲凉的了！只可惜万事万物的本质就像人类的幸与不幸，从来都不仅取决于大人物的观念，若是藐视大自然的任何一条法则，就是大人物出面也无法阻挡自然随之而来，永不缺席的惩罚。① 如果这片天地现时的形态还能再持续几千年，那么未来世代的历史将会与所有过往时期的历史相连结，从而得以教化君王，使之认识到每一个时代，每一个那类崇高基础观念被黑暗遮蔽，那类有益人心的基本法则不再以其理所应当的样子被承认为众王之王不可侵犯之律法的时代，也是祸不单行、道德腐化，充满压迫和混乱的时代，是一个对人民极为不幸，对君王甚是危险的时代。"

　　显然达尼什曼德心绪极佳，颇有兴致向君王进行道德说教，不幸的是他的说教在催眠其苏丹陛下的事情上几乎从来没有"失手"过。这位善良的博士刚想发起新一轮的"攻势"，就意识到他的每一位听众皆保持着原有的姿势在打着瞌睡。"我这道德训导

---

① "最完美的法则，"苏格拉底说，"就是那些人们一旦僭越就必然遭受惩罚的法则，因为它们正是通过这僭越本身所引发的自然和必然的结果来惩罚我们。"他向智术师安提丰论证道，自然的法则，或者与之旗鼓相当的理念，即上帝普遍的法则都拥有这一与众不同的性质。参见色诺芬《回忆苏格拉底》第四卷。自然和社会生活之法则正是国王们的准则，他们一旦偏离之，必受惩罚。整部普世国家历史就是对这一伟大真理的注脚。无须追溯到久远的古代，菲利普二世和路易十四的人生，英格兰查理一世悲惨的离世，以及他儿子詹姆斯二世的倒台就已经给我们提供了足够的案例来诠释和论证这一事实了。

　　［译按］本注中色诺芬《回忆苏格拉底》（4.4.21）的引文为："没错，他们干了很多其他违法的事情。但是，那些违反了奠基于神之上律令必然要受到惩处，这样的惩处任何人都无法躲避，正如有些违反了奠基于人之上律令者可以通过偷偷摸摸或者诉诸暴力的方式逃脱被惩处一样。"（καὶ γὰρ ἄλλα πολλά, ἔφη, παρανομοῦσιν· ἀλλὰ δίκην γέ τοι διδόασιν οἱ παραβαίνοντες τοὺς ὑπὸ τῶν θεῶν κειμένους νόμους, ἣν οὐδενὶ τρόπῳ δυνατὸν ἀνθρώπῳ διαφυγεῖν, ὥσπερ τοὺς ὑπ' ἀνθρώπων κειμένους νόμους ἔνιοι παραβαίνοντες διαφεύγουσι τὸ δίκην διδόναι, οἱ μὲν λανθάνοντες, οἱ δὲ βιαζόμενοι.)

的催眠效果看来一直都挺不错的嘛！"他自言自语道，"真是让人捉摸不透。一定是某个与我为敌的巫师在暗中作祟。除此以外没有其他可能了。"

第6章

　　达尼什曼德继续讲述有关教育提凡的事情："这位年轻王子从智慧的程吉斯那儿得到的理念，可谓以十足的力量影响了他的理智和心灵：启迪其理智的是光亮，敞开其心灵的是正直。基于万物本质，这一切正是程吉斯的理念必须传授给未尝堕落灵魂的东西。这些基本原则是：

　　"一、人人皆弟兄，他们从本性上拥有相同的需求、相同的权利和相同的义务。

　　"二、人类的根本权利不会因为偶然而消失，也不会因为暴力强迫、各方协议、自我放弃、时效逾期而消失，它只会连同人性一起消失；同样肯定的是，我们设想不出任何必然或偶然的原因，可以让一个人——无论他置身于何种情境——脱却其根本的义务。

　　"三、每个人期望他人为其而做的事情，在相同情境下也有责任为他们而做。

　　"四、无人有权利奴役他人。

　　"五、暴力和强势无权迫使弱者屈服；恰恰相反，强之为强，就是其天然有义务去保护弱者。

　　"六、任何人要从其他人那里获得友善、同情和帮助，无须别种资格，只要他生而为人便已足够。

"七、有谁想要其他人伺候他吃好穿好，豪华别墅和所有舒适之物一应俱全，甚至要他们牺牲休息时间、娱乐时间乃至谋生时间，只为保障他一人最大限度的逸乐；要他们无休止地劳作而使其本人免除各种操劳和麻烦；要他们仅用必不可少之物养家糊口，好让自己最浮夸的贪欲获得穷奢极欲般的满足；简言之，要所有人只为他一人而活。并且，为了让他得到全部的好处，还得时刻准备代他遭受各种各样的灾殃和不幸、饥饿和饥渴、寒冷和酷热、肢体残缺和骇人的死状。若这个向 2000 万人提出如此要求的单一者丝毫不认为自己有责任向他们提供对等程度的巨大服务，那么这样的人就是个疯子，他想提要求的话必须去找那些比他还要疯癫的人，在那儿他才能觅得知音。

"这几条原则以及其他成百上千从中推导而出的准则，对于年轻的提凡来说，仿佛是自然之手亲自刻入其心灵似的。在智慧的程吉斯教导下，还有同样多的情感他也懂得如何将之转化为基本准则，它们的说服力让其理性难以抗拒，恰如他难以任性地把白天指认为黑夜、把温暖指认为寒冷一样。在他的性情中找不到任何可以抵抗这些真理发挥全部作用的成见。他周遭的一切，非但没有否定和消除它们，反而是诠释和证实了它们。又因为程吉斯小心翼翼地提防着，不让他获得这一不洁和可憎的信息：人类中的大多数，由于理智和意志几乎无可理喻的败坏和萎靡，向来都是如此行事和对待自己，仿佛真理的对立面才是真的。在程吉斯如此提防下，提凡的灵魂也习惯于这样思考：当时主宰西弗宫廷的一切对他来说就如同某人逼迫他承认雪是黑的，或是让他顶着正午的烈日在炽热的烤炉中纳凉一样荒谬绝伦和骇人听闻。

"他在 18 岁前还未曾有过这样的念头，即人还能以不同于自然和程吉斯所教导的方式来进行思考；在这之前，他也不知道什么是匮乏和压迫，压根儿也没想到过何谓建立在他人痛苦之上的虚妄幸福。程吉斯让他谨记大量故事，以及西羌国最好诗人们的歌谣和警句。这些故事描摹的是全然纯洁无瑕的礼俗；这些歌谣从未受污染的心灵中流溢而出，这些警句是自然和未遭扭曲的理性纯粹的法则；一切都与这金色年华相称。

"年轻的王子到了这样的年纪，仿佛自然在此时通过发展我们一切欲动中最甜蜜和最有力的部分而完成其作品创作——'人类'的最后一道工序。自然以同样的手段让他变成自身幸福的初创者以及整个族群的保有者，并以最有说服力的方式教育他：它已把人类个体的幸福和人类整体的福祉紧密相连，要把其中一方从另一方中分解开来而不同时毁灭两者，是完全不可能的。爱，这一令人惊叹的人类本能，自然将其设定为人类实现其个体和普遍福祉最强大的动力源，此时它仿佛天国神明一般突然降临到他身上，引领他走上其尘世天职之路，并在大道上撒满了玫瑰。通过爱，他获得了丈夫和父亲这一尊贵的名号。爱把他所有的情感和喜好都集中于对妻子的眷恋上，她成了他自身的另一半；也集中于对孩子的宠溺之中，在他们身上，他看到自我仿佛青春永驻，绵延不绝。爱以这种方式创造了家庭社会，而家庭社会正是市民社会的元素，国家的福祉恰恰取决于它们的属性。那些对自然这一宏伟建构没有报以相应的敬畏，也没有从中把所有可取的优势都利用尽的立法者，他们的盲目确实令人难以理解。

"德才兼备的程吉斯既通晓又敬重自然本性。看到邻家的牧羊女花容月貌、冰清玉洁，已让年轻的王子如沐春风、如逢甘露。这一情愫的逐级变化，令程吉斯喜形于色。他一点都不担心，她对于其正处在未来天职德性养成和技艺完善过程中的养子会产生任何妨碍。只因提凡是王子，而媞丽是下等乡民的女儿，就阻止他们交往，这种想法从未出现在他脑海中，原因在于西羌国的历代国主也经常与臣民的女儿通婚。媞丽真的可爱至极，如同自然造化之女。从其孩提时代起，两人之间就产生出一种特殊的好感，这似乎证明了，两人注定相濡以沫，互相成就对方的幸福。程吉斯并未放弃利用其养子这种心绪，好让那些既简洁又崇高，迄今依旧滋养其灵魂的哲思之果顺利成熟。他以友善的面谈来促使年轻的提凡领悟新的感情。在同一面谈中，他还向提凡展示自然的声音，让它召唤其完成天职中最重要的部分。此外他也教授提凡认知这一天职中那些令人崇敬而又甜美的义务。提凡会成为丈夫，但其爱慕之心却未尝消减一分；他会成为父亲，但当他把那圣洁爱情最初结晶拥入怀里的一刻，他感觉到，即便被美丽的媞丽簇拥，那种自然最甜蜜的悸动，他还是未曾体验到。

"很久以来人们就注意到：当美丽心灵因爱情第一缕悸动而飞升到飘飘欲仙之境时，不管怎么看，它都远超一个人的正常状态。似乎某些古代的智者也因此而获得灵感，在爱中发现某种天分，通过它，仿佛那感受美与善的新感官在灵魂中被开启，灵魂与神性事物某种直接的共性也被建立。似乎至少可以肯定，我们在这样一种魔魅之下，可以在自我身上经验到对美更强的感受力，经验到施行德性更大的灵活度，经验到更大程度的普遍同理心，以及对崇高、广博和惊异的理念超乎寻常的依恋。因而，要让这一年轻的灵魂生发出对至高存在者激情洋溢的观念，似乎没有比当下更为合适的时间点了。

"睿智的程吉斯必然已有如斯洞见，因为他有意选择这一时间，向他的养子传授纯粹而又崇高的宗教情感。他认为，这些情感有利于给心灵提供岿然不动的支点，给激情施加有力的平衡，给德性佐以最活跃的鼓舞。我们从自然之泉中所汲取的最恰切的概念，如果没有一个关涉无限完满的自然初创者和自然监督者的理念相辅佐，是极为不够的。只有动物式感性拘禁于其中的'狭窄圈子'和那惊异的心灵认识到创世者后而举目眺望的'无垠宇宙'之间可谓天壤之别！那创世者恩泽万物的力量就跟他的理性一样浩瀚无际。程吉斯关于至高存在者所怀有的观念，与古代贤人们的一样，都可以追溯到他们对自然长期的观察以及（或许有可能）跟这个至高存在者的直接交流。东方的哲学家们长时间来也一样怀有这些概念，即便历经迷信和偶像祭礼林林总总的荒诞扭曲，也没有全然消失于世。

　　"'这至高的存在，'程吉斯对青年提凡说，'虽然对于外在身体感官来说不可见，但对于心灵来说却是可见的，只要心灵足够成熟，能在环绕我们的自然大舞台上感知到秩序与和谐、普遍法则、善行的终极目的和明智选择的手段，并且对于这个宛如整体之普遍灵魂的至高智慧和良善的存在，他甚少怀疑，就像他很少质疑自身灵魂的存在一样，后者其实也没有比前者对他更为可见。就我们所熟知的部分而言，这世界太不完满了，它自己本身不可能是那至高的存在者；而从整体来看，它又太过巨大和杰出，从而不可能不是那至高存在者的造物。如果世界是其造物，那么，我们的存在也是其造物，包括我们去感受、去思想、去行动的能力也是，正是通过对它们的合理运用我们才能通达高一级的幸福。此外，整个自然与人类的持存、愉悦和效用的关系，还有我们拜世界初创者所赐的大量珍贵善行，这一些也是至高存在者的造物。如此，普遍行善者的因缘为我们指引了第一个视角，从中我们可以观察到最高存在者。

　　"'一个由无法限量的差异部分组成的普遍整体持存于一个奇妙的秩序中，对这一秩序的仔细琢磨将会引领我们把握每个特殊种类共有的特殊终极目的，以及整个创世体系的普遍目的。与共同目标的连接引领我们观察到存在者彼此间多种多样的关联，自然的特殊法则和普遍法则就从这两者中发展而来。人类置身于为其而设的特殊舞台上，在那儿他看不到比其自身物种更为完满的种类，但也认清了，他所有的能力和优点都无可避免地依赖于他周遭环境中的一切。整个自然必须整合其全部力量，以便每时每刻保存人类的存在。最卑微的虫豸、最细小的沙粒都有能力在他贪享福分时搅乱他、折磨他，甚至结束他的生命。没错，整个自然在为他服务，但他必须强迫自然如此为之。没有人类的双手、机智以及不知疲倦的勤奋，这颗分配给人类开垦的星球将很快就会变成一片无人稼穑的荒原。但是，单一的人要如何胜任这一工作呢？显而易见，整个物种必须联合起来，以宣称其对地表拥有天然的统治权，并且，每个人只有在整个物种最为完美和幸福的状态中，方可以找到个体的安全，个体的福祉。所以，这些人类自然本性的普遍法则虽然在人类隔绝于各自社会中时会变得黯淡，会因各种方式被篡改。但是，只要人类找不到方法赋予自己另一个自然本性，那么它们就必然还是整个物种普遍且有约束力的法则。要证明它们确实如此，最明显证据莫过于那些僭越这些法则的人都会被僭越本身必然产生的恶果所惩罚，他们对自然的义务有多不忠，最终就有多不幸和悲惨。这一考察从一个全新的角度展示了至高存在者。自然的初创者也是自然的立法者，正因为对其规定的遵守和僭越成了我们物种走向幸福或不幸的绝对条件，所以，我们在其立法中同时看到了自然的初创者、对人类的施恩者和最为完满的知性。

　　"'但是，即便在这儿，理性依旧并未静止。对身外之物进行最睿智的享受而产生的幸福感，人类被其簇拥的同时也意识到这些事物其实并不能赐给他所希冀的完满幸福。希望时常落空，这让他们最终极目远眺，去寻找那永不消逝的善，寻找那一切美和善的原型和源头。在那儿，他们相信存在着其一切愿望的终极目标，并且在与之直接结合之后，他相信可以望见一切感性存在者最崇高的终极目的。在这一伟大思想之中，灵魂感受到其活动圈子被大大拓宽了，在其此世生命边界的彼岸（此世生命只在当下的瞬间才是真实的，未来的瞬间则是不确定的，而过去则都是梦），他充满渴望的双眼洞见了一个更好的未来。正是如此，存在者的本质从第三种视角处向他显现，那就是所有被造之灵性最高之善和终极目的。

　　"'神之于人的每一种关系都十分清晰地证明：我们灵魂内在系统中关于无限精神的观念所应扮演的角色，就跟我们周遭博大的造物圈子里太阳的角色是一样的，它赐给了灵魂光和热，让各种德性和完满应运而生，臻于化境。情感中每一甜蜜的特质都使得我们乐于跟其他生灵同喜同悲，它们绝对不等同于单纯的动物性冲动。施行普遍之善、温柔地参与到我们种群生存的命运中，仔细防范各类摩擦和碰撞（我们可能因之而妨害到他们的平静和富足）、马不停蹄地增进他们的福祉，使之与我们休戚与共，所有这一切借助神性观念照耀在我们身上的光芒来看，正是那所有世界全能而仁慈之主的法则。履行这些法则的义务，我们永远无法与之脱钩，我们能否施行自身存在的终极目的，也与遵循这些法则息息相关。'

　　"这就是睿智的程吉斯在提凡幼小的心灵中所培养的宗教概念的样子，他给提凡讲授的有关侍奉至高存在者的课程皆契合这些概念。'享受其恩典时需感恩怀德，遵从其法则时需坦承无欺，'程吉斯说，'这才是我们侍奉这样一个存在者的唯一正道，要知道，这个存在者需要我们，仅仅因为我们是其完成那伟大而又仁慈意图所创造的工具而已。'"

　　"您还不对我们达尼什曼德老友的多才多艺表示一下惊叹？"山鲁格巴对美丽的努尔马哈说道，"我认为，一旦有需要，他可以充当一个优秀的伊玛目，或许堪比过去苏丹王宫里正式的伊玛目。但是，今天就到此为止吧，达尼什曼德，下一次，如果你还谈论你那提凡的话，我提醒你，请行行好尽快进入正题。"

第 7 章

"你用你一如既往啰里八唆的腔调给我们讲的青年提凡受教育的故事，从中我大概能回想起，"山鲁格巴说这话时，达尼什曼德已经在惯常的时间里准备讲述其故事了，"在正直的程吉斯一手调教下，一位年轻才俊马上长成了。但请允许我说一下，我还是看不出他是如何借此成为一位伟大国王的，这一点你已让我们翘首等待良久了。"

"陛下，"达尼什曼德答道，"我在此只能恭请您少安毋躁，我相信再过几天，您就能对之一清二楚了。

"程吉斯费尽心思，要让其学生的思想变得伟大而崇高。这意味着，他必须在同一时间向他传授某种关于社会生活的完整知识（也就是人们称之为国家的东西），以及关于国家建构、治安规训和行政管理的知识。他确实这样做了。他先向提凡展示了，这片苍茫大地在有关自然和人类天职之正确观念的作用下会呈现出什么样的面貌以及它应当如何被治理。接着他再逐渐让提凡明白，所有事情皆与其应有的样貌大相径庭，这一切又是如何发生的。程吉斯让提凡从有关其成长于其中的小圈子的直观概念出发，一步步进入大君主制国家错综复杂的概念里，即从乡村家族的族长过渡到西羌国的大家长。王子不费吹灰之力便能明白老师的所有论述，但由此要让他明白，一个民族集体之父如何会演变成一个独断专行的国君，并且对这样的国君稍加些改变又会使之变成一个暴君，则显得困难重重。

　　"当年轻的王子听说，伴随他成长的那些纯洁之人和黄金时代的美妙观念都不过是金色幻梦，一场小小的周游列国之行便足以让他以极不舒服的方式从这一场场迷梦中醒来，面对此情此景，他极为吃惊。

　　"他渴望一场可以教给他无数新奇事物的旅行，这渴望伴随着他想要救助同胞于水火之中的强烈心愿而与日俱增。而程吉斯越是想让王子获得关于所有滥权、无序和由此滋生的罪恶（至少世上大部分地方是如此）详细而直观的知识，好让一切走向终结（这也是他巨大的使命），他便越是不假思索地听任他的这一渴望。此外，程吉斯所教授的健全原则已经深深扎根其灵魂，已无须太担心俗世会败坏他。相反他倒是期望，阅尽世人由于远离自然之法而招致的各类苦楚，年轻的提凡会更加真切地体悟到其遵守律法的必要性和迫切性。

　　"尽管暂别与爱人缱绻，告别他年幼的儿子，他万般痛苦和无奈，但探究世界的好奇心催生的急迫之情最终战胜了自然本性温柔的悸动。他第一次远离安宁祥和的小屋，他曾于这庇所之中对世界无知无识，却幸福地度过了幼年淳朴的时光。他在忠诚的程吉斯陪伴下，三年间游历了大半个亚洲。他认识了自然的千姿百态，也惊异于艺术所试图描摹，甚至想要超越和改良的万千自然奇迹。然而，当他看到，似乎自然和艺术越是珠联璧合，试图赐予人幸福的地方，民众困苦的处境就越是严重，这更令他惊异不已。最美丽、最富饶的州郡，往往都是人民最备受无情压迫的州郡。提凡震惊地看到有些国王以最肆无忌惮的奢侈淫靡来挥霍其臣下的财产，仿佛它们都是从敌人那儿掠夺来的战利品似的；也有一些国王，他们在邪恶的战争中耗尽人民宝贵的鲜血，宁肯让六个繁华的州郡化作灰烬，也要征服第七个。可是为了得到它，人民连享受十年的和平光景都办不到；也有一些国王面对自己应尽之责极度无能，只好把管理国家的事情交给宠妃和佞臣，而当他们在庸碌懒散和感官淫逸中虚度其不光彩的一生时，他们也不会因为那些贪婪无度、掠夺成性的阿谀奉承者把他们比作举世无双的明君甚至神祇而感到脸红。他看到一些小国的拉者们将自己和臣下扮作叫花子，以便在漫长的时光里被世人嗤之以鼻，从而让自己沦为笑柄，好奋力一搏，与亚洲最大的君主一争光辉。他看到一位非常善良、受人敬爱的君主反而让其国家沦落到无以复加的不幸境地，只因他邪恶的天资为其浇灌了一颗多疑的心，对周遭的一切啥也不信。简言之，他认识了那个时代很多苏丹、维齐尔、欧姆拉、达官贵人、毛拉、苦行僧和僧侣，此时他也不再惊异于为何会看到亚洲大部分区域都在沉沦，而沉沦之后马上就会进入全盘崩溃中。

"在这其中，他观察到成千上万有用的东西，时不时在不起眼的屋檐下结识德才兼备之人，或是隐姓埋名、未曾出仕的天才。程吉斯不错过任何一次机会来教给他的学生如何运用他的基本准则。他处处引导他从最外在的偶然事件出发，深入罪恶的根源，并且告诉他，只要这种罪恶的源头不被堵塞，或者像很多国家的情况那样无从被堵塞，那么人们任何想摆脱它的企图都是徒劳的。因为案例近在眼前，所以讲解起来必然也格外生动；他通过这些案例告诉他，世上没有比明智统治更简单的事情了，想要少花点心力，那就让人民径直获得幸福，而不是装出一副公道合宜的模样，却试图通过成千上万的弯路来毁灭他们。他告诉他，在人民饱受压迫、国政荒废和凋零的地方，君主本人也会因心灵的躁动而无所适从，忧心于千千万万烦心事，被四面八方的难题所包围，注定要可耻地依赖其奴仆中最卑鄙无耻者自私自利的忠心和老奸巨猾的权谋；他会带着臣民的恨意和世人的鄙夷苟活于世，在他亲手造就的所有不幸者中，他恰恰是最不幸的一个。简言之，这一趟旅程就像年轻王子的一座无形学校，他在其中不知不觉间被培养为未来的主政者；更有甚者（这绝非其中最不足为奇的），这一趟对他而言富有教益，对西羌人民来说大有用处的旅程在3年间所花费的钱财还不到陪伴暹罗国王从一座行宫去往另一行宫的宠妃、仆人、杂耍艺人和大象在8天内所耗费的。"

　　在此处，我们的文本所依从的震旦文译者亲自中断了叙述，就为了告诉我们，提凡王子的旅程激发了苏丹山鲁格巴、努尔马哈美人和哲学家达尼什曼德就青年王子游历四方一事展开对话，而震旦国的王子基于古老的传统从不去往国境之外旅行，所以翻译这部分内容就被他视作无意义的工作。他在此所告知我们的内容不过是：山鲁格巴出于各种原因，十分严肃地明言反对这此类王室旅行，并且趁此机会以相当尖酸刻薄的语气嘲笑了与其同时代某些国王的行为，借此让自己出一口恶气（在他眼中，这些国王把自己的愚蠢、缺乏教养以及给亚洲最壮丽的国家施加沉重负担当作好事来炫耀）后，达尼什曼德才像突然间如梦初醒一般，扭头转向他的苏丹陛下，说道："但是陛下，如果一个伟大的君主有勇气摒弃宫廷宴乐，放弃青春和极度权力的魅惑，远离奢靡的游手好闲（年轻的君主常常把生命中最美好的时光浪费于其中），并以平民百姓的身份踏上漫长而艰辛的旅途，只为广识进德，增益其所不能，只为熟知百姓最自然的样貌（君主通常所能看到的，都是他们已受人蒙蔽过的样貌），只为让自己更加无拘无束，更加完完整整地享受生而为人，以及基于个人品行而被人民爱戴的快乐，对于这样一位君主，请问您会如何评价他呢？

　　"如果这位君主只有少数友人为伴、不事奢华、毫不浪费，其随扈人员不到达官贵人通常所有的二十分之一，便开始其在王国列州列郡的游历，他四处查探其法律如何被遵行，权利如何被运用，国家经济如何被运营，亲自聆听每个向他呼告之人的冤屈，靠着他平易近人的特质赢得每个人同等的信赖；他绕过其欧姆拉们富丽堂皇的城堡，尽管那里有各种乐子等着他，他要的是登上凹凸不平的崇山峻岭，或是穿行于坑坑洼洼、积雪覆盖的森林，连滚带爬地进入贫苦人家破破落落的小屋，看一眼他们粗劣的面包，当得知他一部分最有功绩的子民们靠这个温饱辘辘饥肠后甚至觉得自己'幸甚至哉'，他潸然泪下，为人类而哭泣。这样一位君主，您又作何评价呢？如果这位君主中最受人爱戴者宛若降临凡间的神祇，他每走一步都会施以善行，每看一眼都会让滥权无处遁形，让纰漏尽速修缮，让恶行遭受惩罚，让功绩获得鼓舞，这样一位君主，您又会作何评价呢？"

"达尼什曼德啊，达尼什曼德！"苏丹喊道，"我会怎么评说？我会……"这时苏丹陛下停顿了相当长的时间，而美丽的努尔马哈因为替诚实正直、用心良苦，但实际上又过于心直口快的达尼什曼德担惊受怕而心惊肉跳。"我会说，"苏丹终于继续道，"你得当着我的面当场指出做了这些事情的伟大君主是谁。"

"陛下，"达尼什曼德谦恭地回答，"我坦白承认，除非陛下本人下定决心成为这样的人，不然我在您的前人中还是在同辈人中，都找不到一位做过所有这些事情的人。但我的心告诉我，关于这样一位君主的理念，也就是我在此时此刻如同借助某种灵光乍现而在灵魂中洞察到的理念绝非脑海中的幻象。他会来到，可能是在好几个世纪之后。但肯定的是，他一定会到来的，就为了一同拯救天命、人类和君主的荣誉，以便告慰那不幸的年代，成为国王们的榜样，让百姓们爱戴和欢喜。"

"晚安，达尼什曼德，"苏丹微笑道，"我看你是走火入魔了。我们的先知命令我们要恭恭敬敬地看待那些处在你这种状况中的人。但我仍然觉得，给你来一剂嚏根草也没什么害处，达尼什曼德老友。"

第8章

别看山鲁格巴把他所谓的达尼什曼德老友打发回去睡觉的方式有点意气用事，私下里他还是很享受西羌故事带给他的乐趣的。这份享受之感让他今次一反惯例，把听故事的时间提前了，因为他抑制不住好奇心，很想听听达尼什曼德是如何履行承诺，一手把年轻提凡打造成伟大的君王的。就这样，达尼什曼德继续讲述他的故事。

"年轻的提凡在其长达两年的游历中学到很多东西，因为他现在知道百姓实际上的处境了；在程吉斯与他闯荡世界之前，他从自然中汲取的生活准则就已经根基稳固了。这也有力地确保他的思想和心灵不被任何有害的印象污染，这类印象通常出自对事物'实然'和'应然'之间的对比，进而沉淀在入世未深者的心性中。他打从心底里深信，人们像他们现在这样生活是不正当的。

"'如果人们，'他对其导师说，'不否认他们相较于其他动物更具有理性上的优势，那么就得承认，这些人对理性的运用着实糟糕，甚至没有这一危险的特长，对他们反而可能更好。有哪个动物种类不比人类活得更少忧虑呢？这些人在小事上聪明绝顶，但在事关其人生幸福的大事上却愚不可及；他们在如何自欺欺人的事情上才思敏捷，但却又愚蠢到甘愿眼睁睁被别人蒙骗。他们可以自由自在，并且生来如此；也亲身验证了，自由是理性生物幸福和完满不可缺少的条件。可是他们也可以成为万事万物的奴仆，甚至20个拥有无限权力的苏丹中也找不到一个能够抵御自己不沦为其妻妾的奴隶，或者不沦为某个替他照料妻妾的奴隶的奴隶，或是某些更加可鄙的生灵的奴隶。'"

"眼光卓著的提凡！"山鲁格巴喊道。因为他在此时想起某些不幸沦落到如斯田地的苏丹同行，并且更因为，他觉得此刻自我已超然于这些弱点之上，所以在一片志得意满间，他竟想不起这类情况在其人生中也时常发生。

"'自由，'提凡继续道，'人们对之知道得很多，却为它做得很少，以至于只要他们找到方法来攫取它，就只知道用这样珍贵的财富去做伤害自己和他人的事情。我们在旅途上见过的唯一自由之人，就是强盗或是四处漫游的和尚。前者对待法律的方式与他们一样荒谬绝伦，但却又佯装自己对其坚信不疑，竟宣称，没有法律，秩序、道德、个体和普遍福祉皆不再可能。在我们见过的所有国家中，只有一小撮人真正挖空心思违反法律，大部分人都是在不经意间从中咻溜滑开。我们听人说，宗教是上天赐予凡人最尊贵、最优秀之物；但我却发现，他们对待自己宗教的方式就跟他们对待自己法律是一样的。我们看到，栖居在印度河与恒河两岸国度里数之不尽的婆罗门和僧侣中很可能有几个名副其实的德高望重之人，但当中大部分人却通过亲身行动赤裸裸地背弃自己的教条，我们除了把他们当作蓄意讹人的骗子，或是亲口吞下警告过别人勿要误食的毒药的傻子外，别无他法。

"'不管从哪个角度观察人，我都觉得他们处在自我矛盾之中。那些能让他们变得更好和更幸福的东西，总被他们拙劣而无度地使用，以至于最后在他们手中变成了招致其不幸的器具。他们总是摆出一副蔑视感官淫靡的姿态，但实际上却尽其可能地沉沦其中。他们说，德性是人类最高的财富，但一有机会他们就把这最高的财富倒卖出去，仅为了换到某些可鄙的收益或是春宵一刻。他们出于安全之故而融入庞大的社群，却在其中不知不觉地失去了一切想确保其完好无损的东西。他们自诩是一切生灵的主人，还说，万物皆侍奉于我们，世界也是我们的，但在这些世界之主中，却至少十有九成愿意用这个光辉名号来换取暹罗国王饲养的大象过的那种生活。

"'我们对这类稀奇古怪的生物种别该做何感想呢？他们与陪伴我们成长的那些纯洁而良善之人的相似之处仅在外表之上？又或者，他们是如何做到从其源初的本性上堕落到如斯田地的？如果他们越是掌握通往幸福生活的方法，就变得越加不幸，那么所有这些自然状态的虚妄增益，所有他们的法律、规训、艺术对其又有何益处呢？'

"程吉斯回答道：'人类生来就是不完美的，但却拥有在自然手上通达令人惊异之完满的禀赋。相同的可塑性让他们既可被镌刻上天神的形象，也可被打上怪物的畸印。一切都取决于人踏入世间时身处的环境，以及在启蒙之初时他那宛如蜡版般的头脑里所刻下的印记。如果放任他不管，其心性就会发展得野性难驯，其高贵的力量也会缺乏开化。如果他生活在社群中，就会不知不觉地接纳其周遭特定社群的语言、礼仪、风俗、见解、兴趣和精神。如果有朝一日败坏身体和道德的流毒找到侵入这一社群的缝隙，则它就会悄无声息地在整个群体中传播。人究竟是好是坏，是义是伪，是柔是狂，是愚是智，是懒是勤，都取决于常年萦绕其左右的人或物。尽管每个人或多或少都保有发展出某类自然镌刻于其身上之特殊性格的禀赋，但是，在一个庞大社会里，大多数情况下它反而被用到了滋长畸形和荒谬道德形式的事情上。这种社群越是庞大，其中的小单元越是杂多（就像我们天文学家所描绘的宇宙体系里的圆圈一样，前者是由后者构成的），这些不同的圆圈越是相互挤压和压迫，熙来攘往的人群里激情、利益、诉求间的碰撞越是频繁，那么，人类的原初形态就越是沦丧得彻彻底底。一个规模微小，且与世隔绝的社群很容易就能保有其天然的质朴和善良。相反，几百万人一起挤拥在一个中等规模的国家，或是几十万人挤塞在一座城市里生活，如果立法者不加倍用心，通过智慧的举措防范利益相互碰撞时产生的恶行，以及道德被侵染后产生更大的恶行，则要避免这些人在相当短的时间内不相互腐化，是一件绝对不可能的事情。'

"'这要如何做到呢？'提凡问道。

"'通过一种非常简单的机制，'程吉斯回答道：'要做到这一点，则人们须防止一个王国的都城扩张到过度过量的规模；同时，对于那些基于市民社会的本性而存在差异的阶级，人们须将它们彼此区分开，并致力于让每一个阶级都能满足于自身，让它们不带嫉妒地仰视凌驾其上的阶级；并且人们还要试图提防和阻止各类造成过度不平等的根源；而最重要的一点是，人们须想尽一切办法扩大人口，而对待闲散、奢侈以及品位和生活方式的过分精细化则要竭尽全力阻止。'

"'但是，'提凡反驳道，'如果人类群聚的数目越大就越发容易导致堕落的话，那么，尽可能繁衍一个国家的人口怎算得上是抵御堕落的举措呢？'

"'不是市民数量本身，'程吉斯回道，'而是其利益过度盘根错节，其诉求间过于频繁和激烈的碰撞，还有各阶层间以及各阶层内部成员间比例失衡的不平等现象，以及单单首都和某个州郡以牺牲其他部分为代价换来超限度的人口数——这些才是导致国家逐渐走向腐败的巨大骚乱之根源。财产规模中等且数量繁多的贵族对于一个庞大王国来说是有益处的，正如少数人过度富裕、多数人一贫如洗对于这个国家是有害的一样。同样，1000万人的财产分配到100个商人手中，也比他们落于一人之手更能让国家获益良多。100万勤劳的人民挥汗如雨，赚取生活必需品，这对于共同体来说，也比十万奢侈生活的人更为有用。在一个地大物博的国家，比如说西羌国，如果管理得当的话，人口怎么也不会太多。一切都取决于适度分配人口，并且通过精心维护那把必要养分输送到各个地方的循环系统，可以防止某一部分以牺牲其他部分为代价而一家独大，造成比例失衡。'

"成百上千诸如此类的对话让年轻的提凡获益良多，但对陛下您怕是会有些无聊……"

"天知道啊！"苏丹打着哈欠说道。

"提凡和程吉斯谈着谈着，就来到西羌国，按照这位贤良老者的计划，这是他们此次漫游的终点。伊斯凡迪亚的残暴统治引发的凄凉结果此时也正处在其高潮。即便提凡在别的国土上看到如此多的滥权渎职，如此多的愚昧之行，如此多的不公不义，但在看到西羌的悲惨状况之后，他还是难以从震惊中缓过神来。他的向导一刻也没有迟疑，立刻给他进行了有关此地最详尽、最完整的知识介绍。他伴着提凡从一个州郡走到下一个，为他展示了当下之堕落，让他理解，每一个州郡依据其自然特性、环境以及与其他州郡的关系，如果管理得当的话，会处在何等蓬勃兴旺的境地。同时他也跟提凡探讨了这一泱泱大国各方各面皆走向没落的根源及这些根源间的关联。借此机会，他跟提凡讲述了几个世纪以来王国遭受的重大变故，描述了历代执政者的精神气质，并着重指出了自莉莉王后时代以来所犯下的严重错误。他指出，在恰当的时机纠正每一滥行，其实是何等容易；而这些滥行由于错失最适宜的补救时机而最终无力回天，这又是那么理所当然；即便再强大的国家，如果任由骄奢淫逸我行我素，且这种骄奢淫逸的腐蚀性后果不在其吞食国家五脏六腑之前被发现，或是到了只能用'猛药'和'烈药'强攻的地步，则其衰亡必是劫数难逃。"

此刻山鲁格巴打断了达尼什曼德的讲述，并发表了一些异议，这可能也是许多读者迫不及待想表达的。他说："所有这一切都很好；但我还没真的搞清楚，这位思想正直，但对其出身以及模棱两可之使命一无所知的提凡，是如何能对这些政治研究的东西感兴趣的，以及他是否真的能够理解程吉斯把他从农夫培养成政治家背后的良苦用心。"

"我承认，"达尼什曼德说，"我本应该一早就回应这异议。提凡在青春年少时就显示出卓尔不群的才能。某种出色的感受力让其早早地发挥出灵魂全部的力量。他的理智与其导师的指引殊途同归。他的心灵熟知感恩，懂得友爱，也乐于善行。他总能比当事人更深刻地体察其快乐与伤痛。他不知道还有什么比让他们感到快乐或为他们消解不快更甜蜜的时刻了。有着这一灵魂的人，只要对世界稍有了解，就会对最高尚之行拥有内在的天职感。我想我已经提过，从程吉斯向他反映人类处境真实面貌的时刻起，年轻的提凡已不再感怀于自身的幸福，而是燃起热切的愿望，想要拯救同胞脱离苦海——这样的愿望，某种意义上充满骑士浪漫色彩 ①，不过即便如此，它也是伟大灵魂之激情和美德懿行之母。程吉斯利用这些时刻，为王子今后发现其身世之谜做好准备。他激发提凡的希望，让他觉得自己或许注定以远比当下处

---

① 实际上，个体之人的力量之于对抗整个世界的乱象和仇恨的宏图伟业，其中所蕴藏的幼稚世人有目共睹。尽管如此，一打堂吉诃德同心协力，带着与曼恰的英雄征战假想的敌人时同等的英勇（只不过他还要有一个比之更健全的脑袋），且不再把枪口对准堂盖斐罗斯和美丽的梅丽珊德拉的敌人，而是对准人类的公敌奋力突击，这样一帮人在一代人的时间内可以把凡尘俗世的样貌改良得蔚为大观，没有什么比之更加可能的了。

　　[译按]曼恰的英雄指的是堂吉诃德，《堂吉诃德》作品原名为《来自曼恰的奇思异想的骑士堂吉诃德》(El ingenioso hidalgo don Quixote de la Mancha)，曼恰现为西班牙中部的自治区。堂盖斐罗斯和梅丽珊德拉为《堂吉诃德》下部第25、26 章中出现的傀儡戏《鼎鼎大名的堂盖斐罗斯解救梅丽珊德拉》中的角色。梅丽珊德拉是堂盖斐罗斯的妻子，查理曼大帝的女儿，被西班牙桑苏威尼亚城的摩尔人劫走了，故事的内容就是讲堂盖斐罗斯如何把他的妻子救回。堂吉诃德看戏时过于入迷，当看到桑苏威尼亚国王玛西琉派兵追击逃走的伉俪时，想要帮他们一把，拿刀冲向戏台，把硬纸做成的傀儡砍成七零八落。

境所能指望的更高级的程度实现自我之心愿。他还用一系列伟大人物的故事来支撑和勉励其愿望，这些人出身于卑微和渺小之境，却为惠及人类不懈努力。'你在心中感受到的高贵冲动，'程吉斯对他说，'是崇高而又良善之使命天生的召唤。或许天意拣选你作为实现其伟大事业的工具。如果苍天确实是这样的意思，那么，它将会为我们铺设通向其中的道路，这些路，我们现今做梦都未曾想过。目前的关键是，我们不要因松懈而放弃本应由我们来做的事。努力吧，我亲爱的提凡，去掌握这一使命所需要的知识、技巧和德性；剩下的就是老天的事了。'

"从提凡踏上旅程时起，他就能被视作这样一位青年：其内心隐藏着一个虽不明确却十分坚定的意向——他想在世界舞台上扮演一个崇高的角色；所以依我之见，陛下您关于我这位年轻主人公所受政治教育是否恰当而做出的质疑，已然释解了。"

"坦率地说，达尼什曼德，"苏丹道，"整件事让我最恼火的地方恰恰是因为我年轻时竟没有这等福分，可以遇见像程吉斯这样的人。可怜的山鲁巴罕！为我寻找这样一个人物，本应是他的职责。但是，在印度斯坦即便生活着一万个程吉斯，他也没能找着一个。对他而言，人都是一样的，除了那些能讲童话和搞剪纸的人，因为在他眼里，这些都是了不起的人。——继续吧，达尼什曼德先生！"

"在西羌国逗留数月之后，程吉斯不得不跟他的徒弟藏形匿影，因为厄布利斯在全国各地安插的奸细已经起了疑心，留意起这两位漫游者来，并把他们的消息透漏给他。但是，靠着这位经验老到的师长的警惕和小心，当逮捕令不期而至时，他们已安安稳稳地藏身在某处无人知晓的避难所里了。

"年轻的提凡在其深爱的媞丽怀里休憩了几天，进而忘却了荆棘载途里所有的艰难险阻。那久违的天伦之乐，还有再次见到童年玩伴以及灵魂收获最初怡人印象的区域时产生的愉悦之情，这一切似乎在一段时间里消除了西羌之旅在其心性中留下的印记。但很快这段记忆又变得越加鲜活起来，仿佛走到哪儿就跟着他到哪儿，让其生活之喜乐变得苦涩。只要他沉湎于欢乐，他的心就一阵自责。对他来说，仿佛灵魂中有个精灵在低声絮语：'提凡啊！你同胞中有千千万万的人承受着不幸，你竟还快乐得起来？'

"在他回去之后不久，西羌国就爆发了一场全民骚乱。程吉斯找到机会与一位信得过的老朋友重新建立起青年时期紧密的联系，并通过秘密渠道从这位老朋友身上打听到这一事件方方面面的准确消息。他接着又与年轻的提凡分享了这些消息，因为提凡已经迫不及待地想看到饱受摧残的西羌人报复起他们的暴君。此时老者确信，是时候更进一步了，以便令提凡做好获知其身世之谜的准备。于是他向其透露，自己本出自西羌的贵族族裔，曾在阿佐尔王的朝堂上担任机务要职，是这位君王唯一胞弟的亲信。而当这位国王驾崩后不久，他便独自放归山林，好无牵无挂、一心一意地献身于提凡的教育工作，这一切并非出于个人安全考量，而更多的是考虑到自己在新王朝中将不再派得上用场。

"'但是现在，'程吉斯透漏实情后，提凡从中感受到无限的暖意，喊道，'那我们还有什么好犹豫的，我们的祖国已经到了最后的关头，是时候为她抛头颅、洒热血了。你看，她正向所有的儿女呼救，或者说，救助来得太晚的话，那么她至少需要我们为其复仇？'

"程吉斯花了好些功夫才让王子明白，正直之心和聪明之脑尚不准许他们在准确无误地确定完满之正义立于哪一方之前就选边来站。'伊斯凡迪亚，'他说，'像暴君一样统治，但他的王位继承权却是无可置疑和不容侵犯的。国民有义务承认其为国王。确实，国民拥有权利，这些权利如同国王本人的权利一样神圣。同样，国民也无义务去承受一切，正如国王无权利为所欲为一样。

然而，或许伊斯凡迪亚也能反躬自省，或许他也能听取适宜的建
议，又或许起义首领们的动机中更多的是怨恨、复仇欲和自利之
心，而非真正的爱国之情。必须由时间来指明我们的道路。一旦
责任和荣誉召唤我们去往某一边，我们需一马当先，火速前行。'

　　"年轻的提凡跃跃欲试，迫不及待地期盼那决定性的消息。
当然，这等待的时光也没有白白付之东流。程吉斯在青年时代就
已赢得优秀军官的美誉，他在其养子的玩伴中挑选了几位极为强
壮和机灵的少年，让他们和提凡一起接受其设计的各项军事训
练。他靠着丰厚的赠礼和对前途的许诺而吸纳了一批出类拔萃的
鞑靼青年为其服务，壮大其队伍。不久，提凡就在这群英勇无畏
的青年中崭露头角。在他们眼中，提凡毋庸置疑是他们队伍中最
勇敢和优秀的，由此，他获得其彻彻底底的爱戴，以至于他们异
口同声地推举他为领袖。这一情况令老者倍感欣喜，在其眼里，
这是鼓舞人心的先兆。没过多久便传来国王的死讯，就这样，这
个丧失王位继承人的国家陷入土崩瓦解的边缘。现在再也没有什
么能够耽搁年轻的提凡了，程吉斯相信，此刻便是将内心背负的
秘密公之于世的时机了。"

　　山鲁格巴早已知悉这一秘密，他明言这次已经听够了，随即
打发走达尼什曼德，同时向其保证，下回若让他继续听这个故
事，他一点也不会反感。

第 9 章

在惯常的时间里，达尼什曼德继续讲述提凡王子的故事。

"程吉斯看到提凡的灵魂中燃起了熊熊的斗志和决心，内心深感欣喜。提凡仅仅认为自己是西羌贵胄之子，便已做好为祖国的事业冒生命危险的准备，且坚信自己天生就有守卫它的使命。如此，执行这一职责的日子每耽搁一天，他的心便焦急多一分。看着自己慷慨激昂的奋斗事业正在一天天临近成功，那令人喜不自胜的成果，那超越一切欲望的纯粹欣喜之情让程吉斯心醉不已。他不仅拯救了自己亲王朋友之子的性命，他还把这孩子培养成最优秀的人之一。每一种德行、每一种才能哪怕受到最小的触动，都会在他优美的灵魂中落地生根、开枝散叶，这样的德行和才能若是能被高贵地践行一番，定能让人锻造一世英名。自然似乎想在其身上成就一番伟业，命运也在他长大成人之际为之架设了一个舞台，在这上面'必然性'为每个人分配好角色，'偶然性'几乎还没发力，各种伟大的功勋就已乘着独特而璀璨光辉接连浮现。'我的预感已经成真了，'程吉斯自言自语道，'提凡注定从旧西羌的废墟中建立一个更加完美的新西羌。现在是时候向他揭晓其真实身份了，也让他踏上那条能够成就其应有身份的康庄大道之上。'

"程吉斯从其友人那儿获得的最新消息皆提及数个城市已公开结盟，与贵族针锋相对，后者也擅自投身到竞夺王位的龙争虎斗中。这些结盟者自称'祖国党'，尽管他们对如何拟定国家未来宪法的方式和方法意见不一，但几乎所有人无一例外，都对暴政恨之入骨，也都同意这一原则：如果一个人展现不出比其手中武力强势统治更加优异的权能的话，那就不该被承认为国王。

"'西羌国的王冠因为找不到合法继承人，此时已经归国民所有，'提凡说，'那些想要用暴力夺取王位的人除了想实现其统治欲外，就没有其他别的使命感了。结盟城市组建的政党是国民的政党，唯有国民才有权确立宪法，有了宪法他们才能真正确保自己有权享有自由和福利。如果我动身为祖国效力，程吉斯你一定不会反对的，因为我对它身兼重任。'

"'提凡，'老人说道，'假如我告诉你，欧谷尔大汗家族里还有位王子幸存，他对王位的申讨权一样也不容置疑，因为他就是阿佐尔苏丹唯一亲弟弟的儿子，对此你想说什么呢？'

"'这位王子在哪呢？'提凡提问时的表情已清楚表明，他确实被程吉斯这一不同寻常的消息惊吓到了。

"'我们掌握的情报里完全没有提到他。'

"'可是这位王子的存在怎么可能会是秘密呢？要知道仅是提到他的名字，西羌国焦虑的情绪就能立刻得到安抚。'

"'因为每个人都相信，'老人回答道，'这位王子已经跟阿佐尔家族的其他成员一样成了多疑的伊斯凡迪亚暴君凶残手段下的牺牲品了。但是大家都想错了，他其实还活着，我的孩子！或许更令你惊讶的是，我就是那唯一知晓其栖身之所，唯一掌握这一秘密的人。'

"'父亲！'提凡大声喊道，内心的不安之感排山倒海而来，'这可是天大的秘密！它有可能对西羌国极为不利！要是这位王子没有任何君王该有的特质，成不了一位能把这个满目疮痍、坠入深谷的国家重新搀扶起来，令其再次振作，再一次焕发生机的君王，那又该怎么办呢？如果他成了第二个伊斯凡迪亚，或者至少第二个阿佐尔呢？在这种情况下永远封印这个危险的秘密，永远对之缄默不言，不正是在履行对祖国、对后世、对千千万万在世或者尚未出世之人的责任吗？'

"'这位年轻王子的资治非常不错，'程吉斯回答道，'此外他的权利……'

"'父亲！'提凡插话，'有什么能比全体国民追求幸福的权利更加神圣的呢？让芸芸众生的命运被某个人秉性中摇摆不定的决策力主宰着，这样的想法是有多可怕啊！'

"'但是国不可一日无君，'程吉斯回答，'让好几个脑袋来共同管治，这可不适合那些国土面积辽阔的国度。把西羌拆卸成一堆细小的共和国，然后再用一根名为共同盟约的纤细纽带把他们串联起来，使之形成一个整体，这样做对于国家的繁荣安定来说可是比把一切交给一个青年君主放手一搏来得更加危险。我想这一点我们之间老早就有共识了吧。

"'好吧，'提凡说，'但是，假如国家通过自由选举的方式把执政权交给某个它最信得过的人物，也就是那最配得上享有这份信任的人物，这样做国家不是会运行得更好吗？那年轻的王子可能对他的权利一无所知……'

"'他确实对其一无所知。'程吉斯说道。

"'你刚刚说的，就连他本人的存在国民们也是被蒙在鼓里，'提凡继续讲，'如果大家继续向他本人以及全民隐瞒他的权利，应该也不会是什么坏事吧。我想这是最安稳的办法。'

"'但是，'程吉斯答道，'如果我没看错的话，要找到一位比这天赐给我们的君主更好的替代者，是根本不可能的。这位年轻的王子称得上是人世间有史以来最高贵、最可敬、最有德行的人。'

"'你说这些的时候，语气可真自信，'提凡答道，'你怎么可

能做到如此精准地认识他呢？'

"'当然有可能，'程吉斯答，'因为正是我本人一手教育他的。'

"'你本人？'提凡所受之震惊正好表明他的灵魂已经隐隐约约预知到这一秘密事态的发展了。

"'正是我本人，提凡，是我亲眼看着他长大的，这 20 多年来，我一刻也没有离开过他。我就说一句，提凡，你就是那位王子！你就是阿佐尔胞弟唯一幸存的儿子，也是西羌国王位合法的继承人。'

"'你不是我的父亲？'提凡说话的声调十分忧伤，眼睛里已噙满泪水。

"'不是，我亲爱的提凡。'程吉斯已不再年轻了，他淡淡地答道，手臂搂着提凡的脖子，好几次因为按捺不住激动的情绪，亲吻了他的额头，眼泪也不禁洒落其上。'你是我朋友的儿子。你的父亲也配得上登上王位。他把你留给了我，就像是一件珍贵的信物。是的，它非常昂贵，非常昂贵，亲爱的提凡，但也不算贵到无力承担，就这样我买到了第二次成为父亲的权利，成为你的父亲，为了救你一命，我把自己的独生子交到了伊斯凡迪亚的手上。因为他误认为已经把你扼死了，所以我才能带着你逃到这避难处。我不知道老天爷会怎么决定你的命运，我只能就这样养育天真年少的你，仿佛你命中注定只能在默默无闻间过完这辈子。我常常对自己讲：有谁能完成生之为人的所有条件，让这个高贵的名号淋漓尽致地展现它庄严的含义，那他定能扮演好君王这个角色。同时我也预感伊斯凡迪亚暴虐无道的统治一旦发展到连谨小慎微的王国经济也无力再支撑这个摇摇欲坠的大国时，最终一定会跟着现行的政治体制一起瓦解的。我的预测没有落空。西羌国现时群龙无首，伴随无政府主义而来的穷困和暴行击打着这个不幸的国度，已令其奄奄一息。现在是时候让那一个人的美德决定整个国家的命运了。问问你自己的内心吧，提凡，问问它

在一刻正向你诉说什么？'

　　"'我感到心中一片迷惘，'提凡答道，'还需要时间让我回过神来。我更情愿你一直瞒着我，让我错认自己的身份过完这辈子，这样我可能更加幸福。可是，我的父亲！'他让自己悸动的心脏紧贴在老人的胸口上，对他说道，'我感受到了，我的心一直都跟以前的一样。我只想以高贵的程吉斯之子的身份启程，为祖国的安宁赌上自己的性命。难道我作为提木儿之子会做得更少吗？我是说，提木儿的儿子！最令人敬仰、最超凡入圣的老人，请你让我永远做你的孩子吧！我得以存活至今，全是因为你，我绝对不会辜负你的。除了你，没人知道我们的秘密。如果你把这秘密揭开，有谁会相信你呢？就让我做你的孩子吧！正是因为你，我才能够彻底鄙夷一切王冠！你是我真正的父亲，作为你的儿子是件光荣的事情，我想享有这份光荣。我这辈子最骄傲的事情莫过于此了。'

　　"'鄙夷王冠，提凡？'程吉斯大喊道，突然间挣开了提凡的拥抱，'不，提凡，这绝不是报答我为你所做一切的方法！你可以鄙夷淫靡和倦怠，可以鄙夷游手好闲，鄙夷奢侈无度，纵情声色，鄙夷怯弱以及那奴役众多头戴王冠者的恶习！你得努力让自己配得上那王位，你的降生就是为之而来的！千万别说你鄙夷这一崇高无比的使命，这是老天赠予凡人最高的礼遇！'

　　"'噢，我的父亲！'提凡答道，他血气方刚的腮颊上因为羞愧而泛起了一阵高贵的桃红色：'请原谅我因为情绪激动一时心直口快，但这样的情感你是绝不会否定的！你非常了解我的灵魂，因为是你一手塑造它的，正是在你以身作则的影响下，美德才会进驻于我的灵魂中，我的灵魂才会张开双翼飞向那所有秀美和伟大的事物！你想我是什么样子，我就成了什么样子。可是，我的父亲，除了王国里最智慧、最优秀的人以外，还有谁配得上享有立于国家之巅的尊荣呢？如果就连那程吉斯都不配为王了，

那还有谁配成为国王呢？'

"'你对我的敬爱之情使得你无法不带偏袒地看问题，'老人答道，'此外，现在的关键点也不在于某种当领袖的尊荣，而是要去承担一份职责，这副担子更需要年轻的肩膀，而不是我的。我的经验或许能对你有用，但那火热的激情、行动力以及工作的持久力只有青春年少的你方可胜任，这些东西你可没办法与我同享。'

"'可是现在还有个天大的难题亟待解决，'提凡说，'你打算怎样说服西羌国的贵族和人民相信我就是提木儿的儿子？'

"'我？'程吉斯回答，'我可没打算做这事情！是你，提凡，是你应该说服他们。你已经做出判断了！国民对你与生俱来的权利毫不知情，所以真想让我说服他们相信你的身世，那我也无能为力。我们必须通过一场自由的选举来呼召那最配继承王位的人。去吧，提凡，帮助国民从那些人手上讨回其巨大的权利吧，那些人践踏着自由的碎片走上称王称霸之路，并且还借着暴力篡夺他们本无权支配的一切东西。尝试获得同胞们对你的承认吧，承认你是国家最优秀的人。至于那些没能正确分辨是谁为其带来幸福，其幸福又该被交托于谁之手的人，只要我没看错，他们就要灾祸临门！'"

"达尼什曼德，"山鲁格巴说，"我现在开始注意到你的盘算了，你其实是想跟我们分享一部小说。你讲述的大部分内容到目前为止听起来还是像一部发生在这个世界的故事。但是，这什么程吉斯，什么提凡！咱们可不记得认识过这类人！我当然不是想驳斥这些内容，以及否定他们是非常好的人！但是我讨厌一切看起来跟童话故事相差无几的东西，达尼什曼德！"

"要是陛下您是说认真的，"哲学家答道，"那我不得不谦卑地向您请辞，因为我必须承认，我们越是深入提凡的故事，它们听起来就越不像是这个世界的故事。就算如此，我也没办法在脑海里编出些东西，好让它们跟阿佐尔和伊斯凡迪亚的故事一样听起来那么真实。提凡不是幻想出来的人物，他不是这类人物，这一点对全人类来说非常重要。要么，他存在于过去；要么，如果他（如我所想）此时此刻不存在于众人之中的话，那么他必然存在于将来的某个时刻。"

"就算你那提凡不过是梦一场，"苏丹微笑道，"至少我们也想看看是否值得花功夫把他变成真的。"

"我还有很多关于提凡当上国王以后所做之事要跟陛下讲述呢，所以我想尽量简短地述说那些他为了当上国王所做的事情。"

"好的，达尼什曼德，咱们都了解彼此的脾气。又长又无聊的故事可是没办法助我入眠的，它们只会惹我恼火。我们已经知道你准备让这提凡当国王，既然这事儿只取决于你，那么你尽可能多地缩减那些预备事项吧，对此我一定感激不尽。"

"程吉斯这名字，"达尼什曼德继续讲，"在那帮阿佐尔时代的遗老遗少中还是颇具威望的；如此，在青年提凡首次踏上西羌舞台时，这份名望给了他不少助力。祖国党敞开双臂迎接他，又因为他在所有场合均能完美验证别人第一眼看到他时对其留下的印象，这样他旋即便获得了同道中人的信赖和敬重。那个时代的不幸似乎重新唤醒西羌人早已萎靡不振的道德感。提凡在这个与智慧看似毫不相符的年纪，便为他们树立了完美的榜样，一开始他们禁不住对之赞叹连连，到后来则是满腔的热爱了。他勇敢，却不暴虎冯河；谨慎，却不优柔寡断；灵活，却从未急不可耐。他对自己的要求甚于对别人的要求，对下属的管理与其说是通过命令，倒不如说是通过以身作则。建功立业所需的才干，他一有机会便花精力磨砺之。需要拟定计划时，提凡总能洞观全局，评估其手上的工具和所遇障碍之对比，提前应对各类可能会搅乱其估算的偶然事件。至于通过敏锐的观察力在其事业周边所发现的有利条件，他一定会尽速拿下。需要执行这一计划时，没有人比他更加激情充沛，更加持之以恒，更加泰然自若，更加精通于让突如其来的偶发状况反过来有利于其计划，更加精通于揪住对手的失误从而利用一番或者用来补偿其损失。那最纯粹的道德，那不曾被娇纵过的感受力，还有对肉体淫欲的鄙视，对所有驱使人心背弃义务之诱惑的冷漠，对属下的殷勤关切和敦厚温良，对长者的恭敬之情，智慧和久经考验的德行，以及对同僚的拳拳之心。所有这一切，提凡都将之与自身的才能相结合，即便在其团体中，他实际上也是唯一一位拥有所有这些特质的人。而最能为其卓越功勋锦上添花的，恰恰在于他发现了那让自己身兼如此多完美才华和德行的同时，依然为每个人所热爱的秘密之法。"

"这种秘密之法对我们来说不算秘密吧？"格巴说话时的眼神像是要让讲述者感觉无比尴尬一样。

"当然不算，"达尼什曼德答道，"要实现这整个秘密之法只取决于一种'家常便药'，找到它虽不难，用好它可就难了。某种无拘无束的谦卑感仿佛在其身上覆盖了一层薄纱，遮住了它的优势，弱化了它的光彩，但依旧无法阻止它吸引众人的注视和赞美。他努力公正地待人，留给自己的从来都是最微小的报偿；只要身边有人觉得自己更有资格赢得赞美，他便尝试躲开所有嘉许于他的奖赏；他还乐意为那些才华远逊于自己的人效劳，善于在关键时刻把自己的想法归功于别人，仿佛是他们亲自想出来的一样；他还从不吝惜让别人分享他为其赢取的赞誉；而当大家做了好事，不管他贡献的部分为人所知，还是默默无闻，他都一样心满意足，他的这些性格特征调解了自身之优点和别人的嫉妒心理。他的美德也让周遭的人脸上有光，他们甚至因自己有幸能与提凡拉上关系而感到无比自豪。'提凡是在我命令下才这样做的。'某位年迈的将军如是说。'我与他并肩作战。'一位年轻的司令官如是说。'提凡是我们的领袖。'普通士兵如是说。所有人都觉得通过提凡，追随提凡，或是在提凡麾下做事是种至高无上的荣誉。"

"你知道吗，达尼什曼德，"苏丹说，"你那提凡开始能讨我欢心了。确实，人们越看越觉得他不过是一部政治小说中幻想出来的主人公而已。但是，以先知的胡子起誓！每个人都禁不住许下如此心愿：但愿自己再年轻个30岁，好试着让这个美丽的幻想变成现实！"

山鲁格巴还从未说过一些能比这个更受其幕僚好评的话。达尼什曼德在这类场合从来不会表现得过于低调，此时更是由于其一贯的热心肠性格而把事情推向了极端。只不过山鲁格巴解释这事情的方式着实令人（至少在我们眼中）肃然起敬。"我很希望，"他说，"自己可以变得如此之完美，好让你们这帮爱拍马屁的人再怎么吹捧我都不为过。不过我可以跟你们保证，我是不会被糊弄的，我自己很清楚情况是什么样子，所以无谓的话没必要多说了。行了，现在讲到哪了，达尼什曼德？"

"我们讲到了在当时形势和处境下，提凡非凡的功勋所带来的必然结果。提凡在自己的党派中（当时所有心中还能感受到一丁点儿正直和爱国火花的人都加入其中）真的是数一数二的佼佼者，最终他只花了很短的时间就一级级登上将军的宝座。当那位长期以来占据党派灵魂地位的领袖人物在战场上阵亡后，提凡很快就被一致推举到他的位子之上，并且过程中毫无竞争对手。

"提凡的优点和功绩无与伦比，但人们也得承认，他能飞升到这样的地位，客观环境对他的助力也是不可小觑，他从中确实获益良多。命运好似因为深爱着他，竟然也摒弃了自己一贯反复无常的姿态，反过来在其建功立业的道上为他逢山开路，保驾护航，抵御一切出乎意料的艰难险阻，让身边的一切都成为他一飞冲天的工具。那命运女神对所有人都是喜怒无常，唯有对他一人不是如此，尽管她为他的事业助力良多，但依然无法让他的成功看起来更像是命运偶然的馈赠，而非美德的硕果。我们的主人公不仅自己德行高洁，他还有能力让周遭的人也变得跟他一样。恻隐之心的悸动以及对美德之神性，即对那在其身上找到凡间化身的美德神性深邃的体察，这一切在其高贵灵魂中所起到的作用，换到其他人身上最多只能催生某种哗众取宠的欲求，以及某种因有着高贵的目的而幻化为争名夺利之激情的嫉妒心。仅仅看到他的身影，或是听到他的名字都会让他的朋友或战友喜出望外。在提凡的指挥下，他们甚至觉得自己也超凡脱俗了，实际上也确实如此。雄辩的口才让他作为榜样更是十全十美。西羌人就像一个穷苦的弃儿，这孩子长时间以来总把自己当作大自然糜烂的浮渣，有一天他惊喜地发现他那高贵而温柔的父亲认出了他，与之骨肉团圆，就像这孩子，西羌人重新感受到拥有祖国是多么幸福的事情。一想到这，他们大喜过望，灵魂中的兴奋之感难以压抑，犹如进入忘我之境，个体的存在消失了，只有在祖国之中'自我'才被真真切切地感受到。不知不觉间他们遗忘了所有其他'通往幸福'的概念，唯有那集体之幸福才是其获得个人幸福的不二法门。

"提凡以这样的方式重新唤起西羌人的道德感，仿佛在现实中召唤了奇迹一样。试问他所做的一切跟让一个岌岌可危的国度重新起死回生又有啥区别呢？

"这些成了他之后为了国家福祉所做一切事情的根基，没有这些，他所有努力的成果就会大打折扣了。但自从他成功鼓舞了同胞的爱国之心后，余下的事情自然是水到渠成了。思想端正者的数量天天递增；大部分长时间遭受道德败坏之余毒侵害，以至于毫无希望痊愈之人，已经湮灭在内战的烈火和硝烟中。反对派阵营的领袖们想要继续用暴力手段胁迫这个深受提凡精神鼓舞，且日益团结一致的国家，怕已是力不从心。他们选取了协商之路，最终与各大城市和残存的贵族们达成一致，把国家大事交由全体国民大会来决议。

"程吉斯为一切做了万全准备，阴谋诡计，魑魅魍魉想要挖空心思乘虚而入，已找不到任何良机。国民议会不久后便成立，其大部分成员都是挚爱祖国的人。提凡在同胞心中早已是国王了，所以他自然被众人承认和拣选为最有资格的治国者。真的，此时国之所以为国，还真是多亏了他。人们徜徉在美好时代即将到来的愿景中心醉神迷，喜不自胜，觉得自己没必要为之多此一举，只需无条件投入其救世主的怀抱中，就万事大吉了。

　　"程吉斯手头的任务就是在各阶层全体大会前让提凡知悉国民的心意，这年高德劭的长者心里感到是时候将秘密公之于世了。这段时间以来他收获了大众对他的信任，人们对他的正直深信不疑，此外他说话时语调娓娓道来，令人信服。提到自己曾牺牲自己孩子时，他尊贵的脸颊上流淌着慈父般的泪水，所有这一切都堵住了质疑者的悠悠之口。国民们眼里备受青睐的领袖竟然是那位深受怀念的亲王的儿子，这让他们喜出望外。很多认识提木儿的人都深信能在提凡的脸上认出其父的仪容。甚至整件事最不可思议的一面也逐渐被大众采信了。每个人都深感是某个守卫西羌的神祇安排了这一切，是这位神明让国民冥冥中选为领袖的完美之人，同时也是生来就有资格登上王位的人。

　　"就在那幸福祥和的、西羌国久违了的日子里，提凡在无数民众的欢呼和祝福下被推选为西羌国的国王。程吉斯向他宣布了选举的结果，这景象让那从未流过泪的人也不禁红了眼眶。

　　"'那一天终于来到了，'他高喊，'那幸福而庄严的日子，那么多年来的辛劳和忧愁，以及一个父亲因为忠君爱主而付出的巨大牺牲，一切终于苦尽甘来！噢，提凡！你的生命是我用自己独子的鲜血赎来的，请看一看我那即将熄灭的目光中那喜悦和温柔的泪水吧！这伟大的日子我见证了，这辈子纵使吃尽苦头，也算没有苟活了！看到你的德行被全体人民承认，看到他们对你抱以无限信任，看到你身负着凡人难以企及的神圣命运，看到你拥有无穷无尽的力量去施予仁德，看到你头戴如此华丽的冠冕。噢，提凡！此刻起，我不再是你的父亲了，为了爱和忠诚，我将成为你第一个臣民。我了解你博大而慈爱的心灵！自然不曾亲手铭刻在你灵魂中的观念，智慧又要如何把它教给你呢！但是，我的提凡！最亲爱、最优秀的人！我又怎么会忘却，你即便身怀各种美德和优点，你终归不过是区区凡人而已？懦弱和欲求，谬误和激情，样样都猝不及防，面对它们，你跟你最卑微的臣民又有何两样？即便你的仁德之举数不胜数，即便你献身于美德的人生光芒万丈，白璧无瑕，你又要如何凭此让我们忘记这一事实呢！难道我们想一直沉湎于你身上宛若智慧和仁慈神明的一面，而待到不得不想起你原来无法长生不老时，才惊恐地发觉你其实与天神依然相距甚远这一事实！

"'但是，提凡！假如有朝一日，啊，天哪，就让我的双眼在那愁苦的日子降临时永远地合上吧！假如有朝一日你的灵魂忘却了自身的尊严和宏伟的义务，甚至堕落到卑贱的激情或者不公不义的举动中，噢，你是我王族朋友的儿子，也是我的儿子，如果真的发生这样的事，请好好追忆你的程吉斯吧，愿你对他的回忆可以像神明的臂膀一样把你从深渊边上拉回来！假如你，不！绝不，绝不会发生！我可以以你的美德起誓，这是我亲自在你身上栽培的，这一可怕的时刻绝不会到来，你绝不需要程吉斯的影像，不需要他写满仇意的影像，更不需要想起他当年是怎么浑身溅满自己独子的鲜血，用颤颤巍巍的双手抱紧你，在令人毛骨悚然的漆黑夜色掩护下从西羌国的城墙中逃了出来，绝不需要这些东西来给你这位万民之父，列王中的佼佼者当头棒喝，让你重回美德！不！美好的预感，快乐而光明的前景掠过我眼前，让我的灵魂稍显平静。带着人民的祝福，带着我喜悦的泪水，你帝王生涯的每一天都会蒸蒸日上，直通天国之境。你让天堂充满了你的善行，也把它们献于万王之王的足下。我，还有这些西羌国的贵族们，与你共享荣誉的战友们，助你成就伟业，一起为人民谋求福祉的帮手们，以及把幸福交托到你手上，那人山人海的民众们，我们所有人有幸生活在你的时代，那是何等天大的幸事！愿我，这垂垂老矣的程吉斯终有一天合上双眼时，还能怀着赞美的心情凝望一眼我幸福的祖国，还有你。'

"一阵庄严肃穆的静谧之感让在场的所有人屏声敛息，晶莹剔透的泪水在每一双凝望程吉斯和提凡的眼睛里闪烁。此刻，翻江倒海的激动之情让新国王瞬间喘不过气，他张开双臂，扑倒在地上。接着，他的双眼眺望天空，所有内心里的震颤，眼神皆一览无遗。'听我说，'他的灵魂依旧深深地被震撼着，高呼，'听我说，创造万物的全能之主！假如有一天……'

"他突然停了下来，仿佛其博大的灵魂不再六神无主，而在重拾镇定之后，忽然感觉到震撼其内心的激情虽然合乎道德，但却太过激烈了，此时在人民的面前让之喷薄而出，似乎与君王的身份不太相符。他虽然忽然沉默，但大家还是能从其向上仰望的眼睛中看出他的精神在情感强大作用下摇曳不定。

"与会人士依旧在静候着，最终提凡再一次振作起来，带着王者的威仪立于众人面前。他能感受到承接在手的职责是何等庄重，接着，他将满是爱意的眼神望向人民，开始说道：

"'在这个庄重的时刻，我心中的每一份情感都无比强烈，几乎找不到言辞来形容。各位曾是我的弟兄，现在是我的子民，你们在这个决定性的时刻承认我为你们的国王，与此同时，天地间不为众人所见的主人也把在你们之间执行其律法的权力交给了我。就在此刻，我在你们的声音里听到了上帝的声音。从现在起，他经由你们托付给我的权力，我将向他全权负责。我有义务捍卫你们中每一个人神圣的人权和公民权；同样的，我也有义务敦促你们中每一个人履行公民责任。我认知到，也感受到肩上责任的重大，我将在大地和苍天的面前把自己全部的生命精力都奉献给它。想要彻头彻尾地履行这一权责，需要天神般的力量，而我只是一介凡人，没有你们共事，没有你们中每个人热烈的响应以及依据自身处境中的特殊关系努力协助我推行全面的福祉，那么所有的艰辛付出都会付之东流。如果你们不像我一样热切地坚信这一真理：人无爱国之情，不遵纪守法，对自身工作职责毫不热心，不节制自身的欲望和激情，总之，无德行和修养，则幸福将不再可能。如果你们不相信这个道理，那么即便我为你们的幸福心力交瘁，愁白了头，也是无济于事。

"'我最首要和最迫切的要务，就是让大家还有你们的孩子们都能成为好人和好公民。我会身体力行，做到让你们相信，国王就是西羌国的首席公民。基于对我德行的信任，你们把无限的权力交托给我，让我跟先王们拥有同等权力。但是，我对人性的了解又过于深入，除了给我本人以及我的继任者设置必要的限制以确保我们双边的安全外，我不会把这一危险的权力运用在其他方面。最好的国王也可能会忘却自己的义务，全体人民也可能误认自己的最高福祉。我若是拿走你们的君王像父亲照看孩子那样的权力的话，那我就没有很好地尽到照顾你们的本分了。同样，从我登上王位的一刻起，若我没有花功夫想出办法尽量剥离我以及我继任者作恶的自由的话，那么我也相当于遗忘自我的人性了。审慎地制定国家宪法以及做好立法工作，用以确保国家的安宁、秩序和普遍繁荣，将成为我执行你们所授予权力的唯一动机。在这事情上也希望智慧超群的卓越之士能够鼎力相助。是的，我被盘踞心中的想法所鼓动，也敢大胆直抒心中的期望。正直的程吉斯，你栽培我美德的赤诚之心，你为了保全我性命而做的牺牲，这一切绝不会落空。如果哪天我不幸让人民中最卑微者无缘无故长吁短叹，但愿我这条献祭给祖国的生命就此魂飞魄散。'"

"达尼什曼德，"山鲁格巴高喊，"我今晚听够了！你口中这些人说得都不错，但即便如此，我还是更愿意听听看那提凡做了啥，而不是说了啥。"

　　"陛下，"达尼什曼德回答，"谁若像提凡这般说话，准能自告奋勇大干一场。"

　　"那我们看看吧。"苏丹说。

第 10 章

"根据我所汇报的有关提凡国王的事情,"达尼什曼德继续讲,"人们当然可以合理期待他能有一番了不起的作为。尽管如此我还是得承认(一开始就把这件事讲清楚绝对是上上之策),就算提凡是厥功至伟的君主,那么他也是另一种含义上,另一种方式上的伟大,与塞索思特里斯[①]、亚历山大、凯撒、欧麦尔、伽色尼的马哈茂德[②]、成吉思汗以及其他凭借自身雄才大略独霸天下的英雄和征服者们大相径庭。提凡的伟大是一种静如止水的伟大,他的丰功伟绩就像神明一样在无声无息、无影无形间让我们对其结果连声惊叹,却又不叫我们看穿引发这一切的力量。

"提凡的作为还有另一处跟自然之运作同根同源的特点。它

---

① [译按]原文为 Sesostris,是辛努塞尔特(Senusret)这一名字希腊文写法 Σέσω-στρις 的拉丁文转写,古埃及历史上有数位叫"辛努塞尔特"的法老,而在德文中较常使用塞索思特里斯(Sesostris)这一写法来指示这些法老。不过译者推测维兰德在此处所言及的"塞索思特里斯"可能指的是希罗多德《历史》(2.102)中祭司们所提到的国王。这位国王率领一支海上船队,南征北战,穿越整个亚细亚,进入欧罗巴,征服了斯奇提亚和色雷斯等民族。历史学者通常认为,希罗多德笔下这位塞索思特里斯国王可能包含有辛努塞尔特一世,辛努塞尔特三世和拉美西斯二世等人的事迹。

② [译按]伽色尼的马哈茂德(971—1030)是伽色尼王朝最英明的国王,曾征服伊朗东部,印度次大陆西北部等地方。

们发展如此缓慢，穿越如此多细小的阶段，通过连接无数共同作用于某个主要目标的方法，它们达到了成熟的境地。这连结过程是如此微妙，以至于人们必须要有一双异于常人的慧眼，才不会误认那驾驭和统领一切的精神，以及那只为万事万物施加第一推动力的手。目光短浅的观察者自以为一切都是自发而生，或是至少没能注意到，要让这泱泱大国运行得如此轻盈流畅，如此和谐美好，是得付出多少精力啊。

"提凡第一件亲力亲为的事情，就是制定一部更为精确的国家宪法。"

"好，"山鲁格巴大喊，"我就等他干这个。我还能清楚记得你昨天让他说了什么。他不想让自己像父亲一般照顾孩子的权力被夺走，他还想尽可能压制自己作恶的自由。但我还是把握不到他想干什么和不想干什么。我理解不了一个君王是如何做到一边无拘无束，有充分的自由想干啥好事就干啥，同时又不会留有太多妄图为非作歹的负面自由。"

"或许我接下来要呈报的东西能消除陛下的疑虑。"达尼什曼德答道，"在这整件事情上提凡都遵从智慧超群的程吉斯所提的建议。提凡对自我及其接班人有点疑虑过度了。要是没了程吉斯这人，他很可能会犯下所有君王所能犯的最严重的错误——他准备把立法的权力永久性地让渡给西羌国的贵族和人民。

"'愿老天爷阻止他，'正当他们彼此商谈此事时，程吉斯这样向他们说道，'提凡弄出的宪法竟想把他的祖国变成了介于君主制和民主制之间不伦不类的杂糅体。正因为他想囊括此两者，结果最后弄出来的却是四不像。西羌国民必须把国王尊为父亲，再把自己当成国王跟前尚未成年的孩子。如果他们还想再进一步，还想拿到'限缩国王'的权利，给他和国家制定法律，自作主张地处理重要机务，那他们还要国王干什么。一个能自己管理自己的人，也就不需要监护人和管家了。如果他们把国王尊为父

亲，再把自我当作尚未成年的国民，若此时还想把国家治理最重
要的部分交给他们恣意妄为的话，那是有多愚蠢！把一切交给未
成熟之人的智慧和运气来摆布，由他们决定要守哪些法，在何等
条件下守法，愿意守多长时间的法，这是有多愚蠢！唯有国王才
适合同时肩负立法者和执法者的身份。单一者的统治本质上很接
近神权统治，那浩瀚无垠的天地万物都被其聚拢于手中。想要完
全准确地表达我们的意思，应该得这样说：上帝是存在者唯一的
立法者；想要制定并非源自上帝之一切，或者与上帝之一切格格
不入的法律，根本就是空前绝后的闹剧和渎神之行。大自然跟我
们自身的心灵就像无数白板，上帝用永不消逝的字迹把其亘古不
变的律法镌刻于其中。若摄政者可被视为立法者，且同时名正言
顺地实现这一尊贵的名号的话，那么他所需要做的不外乎就是探
究出至上立法者的意旨，再从中演绎出一切行为的规范，以便在
人民中最为稳妥和灵活地实现上帝的意愿，即实现其与造物间的
秩序和完美，以及和谐和幸福。

　　"'假如他把这些高尚的研究与其对自己人民，以及对人民之
气质、处境、需求，总之对他们整个自然和道德境遇的研习结合
到一块的话，那么要他找到措施让那宏大的意旨（个体之人的幸
福，每一民族的幸福，人类种族的至福以及万事万物的普遍福祉
仿佛都汇聚到其中某个点上）尽可能得以实现，也就不会显得过
于困难了。完成这一切的技巧在单一者身上，比在全民或者某个
人数众多的委员会中更容易被找到。基于这一理由，把立法权交
给君王一人肯定是更为合情合理。'"

　　"可是，如果在提凡的继任人中出现另一个阿佐尔或伊斯凡
迪亚又该怎么办呢？"山鲁格巴说。

　　"毫无疑问，"达尼什曼德答道，"把立法权力交到一个孩子
或者疯子的手上绝对是场可怕的灾难。但是这一灾难（程吉斯认
为）可以通过双重手段进行充足的预防；也就是说，一旦所立之

法被众人接受，则必须让人对之信守不渝。另外，必须下达命令要求教化王家子弟，这也是提凡法典里头最首要项目。

"基于这些原则，在提凡掌权之后，他专门昭告了朝廷对这一内容的解释。

"一、因为一种与大自然初创者不变和良善的动机相吻合的立法工作必须成为君主及其下属不容侵犯的准绳，国王须将此当作一切的首要工作，即在那些国民所承认的极尽智慧和优秀之人的辅佐下编纂法典。在其中最准确地规定国王、国民以及每个特定阶层的义务和权利，还有各类法令。这些适宜国家当下之境况，并对其复兴和繁荣最为有益的法令须传达给每一个人，使之对其了如指掌。

"二、这部普通法典须用西羌文清晰明确地撰写，以期智力平平和经验匮乏者都可以理解。即便如此还须进行如下安排：让这部法典不仅成为公共教育的首要内容，甚至每个地区的祭司还须在特定时日向民众公开解释其中的法令，嘱咐人民牢记于心。

"三、不仅所有贵族、祭司和其他西羌国的居民，就连国王及其继任者都必须宣誓对法典信守不渝，忠实地执行其中各个条款，既不可亲自以身试法，更不可以对别人的违法行为熟视无睹，不管这样做得付出多少。'不可变动性'须成为这部《义务和权利典籍》所含律法条文广泛和不可磨灭的特质，至于治安和国家经济性法令则需排除在外，因为它们与偶然和可变环境息息相关，所以必须将之交由国王和国务委员会评判。此外也必须做出如下明确的限制：朝廷认为需在上述法律中引入的变动，都不得与这部《义务和权利典籍》中的基本法规有任何相违背之处。

"四、由于位高权重者（也就是国王把'行使和执行法律'这部分原本属于自己的义务所托付的那些人）可能在履行职责的过程中出现怠慢和懒政，或者故意，甚至恶意与之反向而行的现象，也因为某些特殊情况会令立法者有必要特别留意某个单一城市、区域和州郡。所以，西羌国每个州郡都会成立一个委员会，由贵族、祭司、市镇居民和乡村居民四个阶层中一定数量自愿当选且与朝廷毫无瓜葛的代表组成。委员会每五年一次齐聚各州首府，专门倾听和评估国民，尤其是每一阶层民众的怨言和疾苦，并以州郡的名义给国王呈交一份书面报告。一旦事与愿违，国王对这样一份汇报民间疾苦的报告爱理不理，或者没有尽速提供纾困措施，那么四大阶层的这个委员会必须向国王明确而郑重地提醒其所应尽的义务。如果朝廷依然故我，继续对各阶层的疾苦冷眼旁观，那么在这种情况下，他们有权采用法典规定的方式进行自我救助。

"五、国王指派的督察以及国王本人所制定的每一条法规在获得法律效力之前，都必须事先被相关州郡里四大阶层的主管人进行检查，并跟《义务和权利典籍》中的各个项目进行仔细地比对。一旦发现新法规与现有法律不兼容，那么各阶层的主管人必须向督察和国王本人明言，并提供反驳它的理据，以及提醒他们的所作所为已触犯叛国罪，会被施予相应的处罚。如果朝廷依旧坚称新法规合理合法，那么主管人有责任召集所有阶层一起商议和表决，一旦他们中四分之三的票数承认主管人的反驳合法合理，则可以就此拟定一分正式声明发往朝廷，甚至在迫不得已时有权采用暴力手段阻止这一违法的法规正式发布。因为在西羌不是国王通过法律，而是法律通过国王在治理。

"陛下，您不难想象，"达尼什曼德继续讲，"国民在听到新国王的昭告后是有多开心和满意，因为他们清清楚楚地看到，国王掌权后的当务之急，便是立即采取手段，让自己及其继任者丧失作恶或者肆意统治的权能。"

"当然不难想象，"山鲁格巴说，"想象这东西的容易程度不亚于我想象自己宁愿做一只鸵鸟或是火鸡，就跟那绿色王国的国王及其侄子一样，也好过做个苏丹，如果我得无时无刻不跟我的臣民们吵个没完没了，争论到底孰是孰非的话。"

"对国王和对人民来说，这样也是同等不幸的境遇，"达尼什曼德答道，"不过提凡至少还从未遇到过这样的情形。"

"那有可能是因为他出生时吉星拱照吧，"苏丹说，"通常情况下，人民一有权反驳自己的君主，就会不知收敛地滥用其所获得的许可，直到最后反客为主——君主成了未成年人，而他忠心耿耿的臣民反倒成了管家。"

"我倒是认为，"达尼什曼德讲，"历史并没有留给我们很多有关人民粗暴滥用其'向违法法规说不'这类权利的例子，反倒是那些无人敢反驳的国王所弄出来的法规，真的只有鸵鸟和火鸡才'配得上'去遵守。"

"达尼什曼德先生……"苏丹刚想说些什么，便突然打住。

"就算如此，"哲学家继续不慌不忙地讲，"在提凡的治理下（其统治周期可不短于 50 年），各大阶层认为有必要向国王提出报告的情况，只有两次或三次不到，而且每次只纯粹关涉那些在州郡特殊情况下不宜采纳的改良计划。一旦提凡获知他力主的改良计划可能会弄巧成拙，带来损失，那么他就会立刻召回法令，各阶层的主管人也会收到他的亲笔感谢信。"

"你要是能给我弄来一份诸如此类感谢信的抄本的话，我会非常感激的。"山鲁格巴说。

达尼什曼德许诺一定全力以赴将之弄到手，接着便继续讲："提凡与其人民的关系如此幸福和和谐，这全赖这位君主高超的治国之术，以及以此为根本的明智法令。西羌人并没有比世上其他民族更易驾驭或更加纯良。不久之前他们还挣扎在堕落的深沼中，似乎只有天降神迹才可以让其重新融入社会，成为良好的公民。尽管提凡已经令他们的灵魂彻底脱胎换骨，但由于他们长年累月浸泡在腐蚀道德的毒液中，毒效依旧还在全国各地发作。提凡的继任者倒是在这一点上相当受益，因为要他依法，也就是依从那些通过教育已经幻化为大部分人另一种天性的法律，来管治这些文明体面、惯于守纪，并且半个世纪来被一位既智慧又善良的君主赋予新生的人民，其实并不需要花多少功夫。只不过提凡并没有前人为之拓荒植树，他接过手的国家可谓一片颓垣败井，赤地千里；他要克服的困难可谓花样繁多，样样皆非同小可；他要做的事情可不只是驯服一个彪悍的民族，教化一群蛮横的人民而已，他还要把新鲜的血液和焕然一新的生命力注入一个腐败不堪的国度中。提凡唯有靠着凡人难以望其项背的德行才可能完成这项如此艰巨的工作；他身上哪怕沾染一丁点儿怯弱或恶习，都会令其一着不慎，满盘皆输。

"然而，自然、教育还有那想要尽可能完美履行义务的坚定决心一起联袂推动着他，让他得以远离其同行屡见不鲜的懦弱和奢靡。他的心在行善和交友时感受到无上的欢愉，这要归功于自然；他的欲求极少，这一难能可贵的特质则要归功于他的教育。醒觉、节制和事必躬亲，造福他人的习惯使得所有令其他君主踌躇不前的工作，在他看来如同小菜一碟。工作后的歇息是他唯一的欢乐，他在巧夺天工的艺术中，在大自然的怀抱中，在与亲友其乐融融、无拘无束的来往中找到这份乐趣。他从不在意无知大众对他的看法，自身足够光辉灿烂，又何须豪华的排场来迷惑庶民的双眼？但是他又极度看重被人热爱之喜悦，除了成为一个幸福民族受人爱戴的父亲这一心愿外，他没有别的雄心壮志了。为了获取这一君王头衔中最美好的名号，就是再苦再难，历尽艰辛，夙兴夜寐，他都在所不辞。①

"此外还需要某种外在情形，如果没有这一情形的话，哪怕

---

① 佚名评论：要是在未来的摄政者中有谁在头脑尚未乖戾、心灵尚未僵化的年纪偶得此史书，当中哪怕只有一位在了解了提凡之后，依旧容忍这种想法，即让提凡这一形象一直停留在纯粹理念世界中，这是否真的可能呢？

再高风亮节的君王，哪怕其意旨再端正和纯良，也难防其堕入弊政的漩涡中：提凡身边为之效力的只有作风正派的人士，这些人不仅思想开明，内心更是高洁。要是时不时有某个伪君子成功混迹其中，那这个人也得提心吊胆地玩弄他的把戏，好让自己招致的损失可以小到忽略不计。"

"这也太幸运了吧，"山鲁格巴说，"你想让那提凡怎样，他就怎样。整个大自然看来都在合谋助其美名流芳千古呀。"

"可能只能这么说吧，"诚实的达尼什曼德答道，"有些君主在这事情上与其说聪明睿智，倒不如说运气过人。大多数情况下他们总能从命运的抽签筒中抽到正直的人，这对于他们本人及其臣民来说可是福气。当然事情开始后，不遂人愿的事情也会接踵而至。不过对于提凡您大可这样说：如果他和他的国家得不到良臣辅佐，那他才叫倒了大霉呢。他在挑选人才方面小心谨慎，对每个人的价值也甚是了解，绝不会轻易被蒙骗。他对自我掌控的能力十分高超，绝不会被表象事物牵着鼻子走。他也十分清楚每一个官职需要什么样的品质、才干和德行，绝不会犯大多数君主的错误。这些君主手下良臣无数，但却一事无成。究其根本，'只因他们不懂得将其安放在合适的职位上而已'。

"软弱无能和漫不经心的摄政者被一帮人中渣滓包围着，这是他们一贯的命运，也活该有如此下场。谦卑的功绩远在天边，面对这帮聒噪的群氓，以及那些为了一己私利来到君王宫中碰运气之人所设下的阴谋诡计，它踟蹰不前。毋宁说，只有通过邀请，它才会前来。但是一个软弱无能的摄政者又要如何发现它呢？在一个下三滥的君主那儿，情况更是糟糕。前者最多只是对美德视而不见，而在后者那儿，美德则得吓得躲避起来。在前者那儿，美德不是功绩，因为他对其一无所知；在后者那儿，美德成了罪行，只因他对其又过于了解了。

"提凡的品格、原则、德行，再加上其有口皆碑的良好举止，这一切宛如磁力一般逐渐吸引西兀国所有刚正不阿的有识之士，那些在人格方面与之不分伯仲之人前来相佐。没有哪些功绩和天分能逃过他的慧眼，他观察如此细致入微，又怎会错过这些事情呢。同样，人们也迫不及待地在这位出色君王面前大显身手，这也减轻了他寻觅人才的辛劳。此外，在对待身边之人的问题上，他也避免犯下很多伟大人物经常会犯的双重错误。这些伟大人物为了证明自己没有对谁尤其恩宠，以免引发其臣属间的嫉妒心理，同时也为了证明其绝对大公无私，所以他们对待下属时几乎是一视同仁。如此，才华盖世、功勋卓著者就被丢弃到跟平平无奇、碌碌无为者一起厮混不清的地步了。所以经常会出现一个摄政者因为过度拘谨，或是因为执拗地认为为其尽心尽力的臣属不过是履行应尽之使命，从而让手下最正直和优秀的公仆心灰意冷，彻底打消其积极性，最终这些人为国王和国家所派上的用场连一半都不到。也有一些君主因为性格上不幸的缺陷，就因一点微小的失误就错认这些可贵之人身上的优点和价值；或者总是杯弓蛇影，不管他们做什么，总倾向于怀疑其有不良居心；又或者习惯于因鸡毛蒜皮的小事便欺凌自己的臣仆，并且只有当万不得已或是没办法提出反对意见时，才勉强承认其功劳；所有这些做法最终不外乎只是剥夺贤能之人建立功勋的机会而已。

　　"在这些方面，提凡确实值得成为其他摄政者的楷模：他那永不疲倦的注视，还有那鼓舞人心的赞许；他偏于忽略别人的过失而不是功绩；他聪明绝顶，善于用人，懂得把人安放在最能发挥其才能的位置；他秉公任直，不徇私情，严格依照臣属个人价值和真实业绩之高低衡量对其的信任度；他分配的政务中若有任何难办之事，总能用和蔼的语调和雅致的用语来软化其中的不快；他对自己的臣属敬重有加，也通过这份敬重更进一步勉励他们获得对自我真正的敬重，因为他对各类因心肠歹毒或是缺乏荣誉感和正直感所犯的错误都是非常严酷的。提凡身上诸如此类的特质在其下属心中产生了几近奇迹般的效果。世上还没有哪个君王像提凡一样被如此多贤明、开朗、细心和正直的人辅佐着。有谁不愿辅佐这样一位可亲可敬的君王呢？有人说，他深谙把烦人的职责变为娱乐的秘密之道。然而，被他瞧上一眼就已是无上的赞许，胜过别人洋洋洒洒的溢美之词。提凡的管治成了治国明智和幸运的榜样，他本人成就了无比伟大的壮举，西羌国在其治理下从穷困的谷底一跃升上诸国幸福的巅峰，他能完成这一切，一点都不叫人吃惊。而他能有同时代最杰出的人士相佐，就更不用大惊小怪了，因为他不会让任何有识之士怀才不遇，不会让有功之人空手而回，再加上他做事心细如尘，更不会让懒政渎职逃脱制裁，让奸邪之人逃之夭夭。每一个官职的重要性大上一级，他找来的主事之人的能力和德行就会跃升一个台阶。总而言之，国家间各股力量交相辉映，珠联璧合，互相衬托，互相促进，一起为大众福祉这一共同的目标努力和奋斗。"

"达尼什曼德，"苏丹说，"我还从未像今天这样对你那么满意。我能感受到，当苏丹在某种意义上看真不是件有益的事情。当然我当这苏丹还没到耻于继续学习的地步。如果你真想为我向效劳的话，那就把提凡关于如何遴选大臣和对待他们的金科玉律用烫金文字写在一本精美的书册中吧。我可以跟你保证，这本书会一直放在我的枕旁。"

第 11 章

　　震旦国译者虽然做了大量调查，但还是很遗憾没能亲手寻得达尼什曼德为苏丹山鲁格巴制作的烫金文字书册。他猜测德里宫廷已经将之定为国家机密，又或者（这一可能性更大）基于烫金字体及其华丽装帧之故，这书被置放于皇室的宝库中。既然世人对此书的崇拜之情过于高涨，那么最好还是得通过这种方式让其变得一无是处为好，就跟埋在开罗附近某金字塔底部一样。读者或许对此书的内容甚是好奇，但要将之呈现于各位看官眼前，让您大饱眼福，我们也确实无能为力，因为它（如果塔赫玛斯普·古里汗①把莫卧儿帝国的珍宝劫掠到伊斯法罕这一著名事件不再重演的话）可能依旧存放于阿格拉②皇家珍宝库的某个角落

---

① ［译按］塔赫玛斯普·古里汗是波斯历史上著名皇帝纳迪尔沙·阿夫沙尔（Nader Shah Afshar，1688—1747）的另一个名字，得名于波斯萨非王朝的皇帝塔赫玛斯普二世，意为"塔赫玛斯普的仆人"。之后他废黜了塔赫玛斯普二世，于1736年建立了阿夫沙尔王朝（1736—1796），为其开国君主。他是一位杰出的政治和军事统帅，在中亚建立了庞大的帝国。他登基后不久一直致力于对莫卧儿帝国发动军事进攻，并于1739年大破德里城，攻占并洗劫了该城，劫掠了大量金银珠宝，其价值之大令波斯顷刻间富庶一时，甚至因之停止征税。

② ［译按］阿格拉（Agra）是印度的历史名城，位于北方邦亚穆纳河畔，曾是莫卧儿帝国的首都。

里呢。所以，现在我们所能做的，就是让这位好心肠的达尼什曼德继续倾其所能，把提凡国王施政的故事讲好。

他继续道："所有现存有关西羌国繁荣时代的信息都一致反映了，在提凡的治理下，国家的境况可称得上是寰宇诸国历来最幸福的。古代寓言和传说向我们描绘了在诸神的庇荫下，久远年代的人们生活何其幸福，这一切在提凡为人称赞的管理下都化作现实。那些见证过伊斯凡迪亚时期西羌国是何面貌的异邦人，如果在提凡治下的第 30 个年头再次造访西羌，几乎没办法说服自己相信眼前是同一个国家，同一帮人民。在这个幅员广阔的国家里，每一州每一郡都像绽放的鲜花一般欣欣向荣；不管在乡村还是城市，到处都能见到勤劳、文明和欢乐的居民。尽管国中人口数量浩如烟海，但所到之处皆是宁静、安逸和和睦。如果考虑到民众外在生龙活虎、内在思维活跃这一事实，则眼前的景象似会让人大惑不解。人民尊敬他们的领袖，也满足于自身的生活境遇。贵族德行端正，为庶民充当了良好的榜样，似乎也配得上所享有的特权。法官不再曲解司法，财务征收者不再监守自盗，督察不再掏空州郡库房；学者讲理性，商人讲良心，甚至（要让陛下相信这一点怕是得花点功夫）祭司也讲容忍和人伦之爱了。"

"确实是这样，"山鲁格巴喊道，"假如发生的一切不是仙女魔力的杰作，那我真的很想知道提凡是如何促成这一转变的！"

"就靠世上最简单、最自然的操作呀。"达尼什曼德说，"假设一个君主有跟提凡一样的能力、洞见和善良的意愿，同时也有一位像程吉斯一般的谋臣的话……总之一句话，就是通过好的法律。

"提凡苏丹在位头几年最操心的，正是国王职责最高贵，以及西羌在当时形势下最重要的部分。一开始他几乎只让那位老朋友一人协助他。为全民立法是一件相当繁杂的事情，没有哪件事情比之更不适合交给为数众多的脑袋来处理。①

　　"第一个问题是：人们可否仅满足于改良国家旧有的法律和习俗，又或者为了达致大众福祉，必须确立全新的法律？

　　"程吉斯支持第二种观点。'一座陈旧，建设粗糙，即将轰然倒塌的建筑物，'程吉斯说，'怎能再做小修小补，必须彻底推倒，依照一个更好的蓝图进行重建。'

　　"遵照这一理念，提凡和程吉斯一起草拟了我在昨天就已提及的法典。默默无名、隐居世外的贤能正直之人也被提凡的仁政'引诱'出山，他们组成了一个委员会，在其助力下，法典的修订工作终于大功告成。在第三年提凡正式将之发布，王国各州皆无反对之声，只因国王找到了把僧侣阶层大部分人吸引到自己身边的方法。"

　　"你对僧侣阶层的了解，"山鲁格巴说，"可能不外乎就是些蓝猿派和火猿派的僧人吧。我们很了解这帮先生们。我现在更想知道提凡是怎样让他们逐渐恢复健全理性的。可能你那提凡会点巫术吧，你可别否认！"

　　"显然客观环境有助于降低其工作难度吧，"达尼什曼德回答，"这两派别最老资格，最愚忠的捍卫者，有些在伊斯凡迪亚打压和迫害下，有些在王国内乱的摧残下皆已命不久矣，而年轻的僧侣作为现有教团里的中坚力量对蓝色或火红色猿猴神性的信仰程度，也没比当初埃及僧侣对阿匹斯②和鳄鱼神性的信仰程度高多少。反过来他们更有理由相信，如果他们继续跟提凡立法工作中油然而生的健全理性和大众福祉对抗到底的话，那么他们在

---

① 法兰西民族这 5 年来关于此事得出的经验清楚明白地论证了这一原则的正确性。
　　　[译按]本注是 1794 年出版的《金镜》第二版才有出现的。法国大革命爆发于 1789 年，《金镜》第二版正好在其 5 年后出版。此处明显是作者对法国大革命的感想。

② [译按]阿匹斯（Apis）为古埃及公牛形象的孟菲斯神祇。

人民中所剩无几的名望很快就要消失殆尽了。此外人们也没有忘了通过事先安排好的秘密协商游说他们相信在新的建制中，他们获得的肯定要比失去的多。新的法规也确实把他们打造为一个受人尊敬、不可或缺，在任何方面都幸福美满的阶层。如此，他们既没有公开干些忤逆自己和国家的事情，同时也不禁打从心底愿为国王旨意之实现添砖加瓦。

"《义务和权利典籍》也被……"

"别停下来嘛，达尼什曼德先生，"苏丹喊，"这书你有一本吗？"

"到目前为止，"哲学家回答，"我在陛下图书馆所有印度语抄本中只整理出这书的一个残缺节录而已。这节录看起来书写笔迹相当工整。当然我也不会否定在大千世界的某个角落中，我们可以找到此书的原文，或者至少是译本。"

"我愿意花一万个金巴哈姆买下那完整本。"山鲁格巴说。

达尼什曼德自然不是个财迷心窍的人，但就算他是这样的人，他也对自己的苏丹陛下甚为了解。"我愿意花一万个金巴哈姆买下这本书。"这句话转换成苏丹的语言不过是："正如我所听说的，因为这本书已经无从寻觅了，所以我才想无论如何都把它弄到手，管它值多少钱！"

哲学家当然不会承诺去尝试办不到的事情（就像人们在某个赞美别人时喜欢夸大其词的民族间经常会说的那样），但也愿意用尽各种可能的手段，去满足自己苏丹陛下为人称道的好奇心。"此外，"他继续讲，"因为我们尚未清楚这本书是否还存于世上，所以我希望陛下不会介意我从上述节录中有关提凡国王最优秀法律和法令的部分里挑选某一虽显烦琐，但（如果我没有误会的话）十分有趣的思想，来给您介绍一番。"

"当然不介意，"山鲁格巴说，"事不宜迟，你还在等啥！"

"整部法典划分为两大主要部分：第一部分包含了国王的义务和权利；第二部分则包含国民的义务和权利，既在广义上进行规定，又涉及每个具体成员。

"第一部分由20多个主要条款构成。涉及精准界定国王特权的部分，事无巨细毫无遗漏。所有规范国王的基本准则都在其中清晰列出，国王在行使与其职责密不可分的特权时也必须一一遵照。甚至关于他如何管理宫廷和持家，其中也规定了某些形式加以限制，这些形式制约了国王们的欲求，使他们杜绝了大多数东方君主式的孱弱和慵懒习气之侵染，同时又不会令其有失颜面，仿佛置身于身不由己的胁迫中。

"提凡在其法律最首要和最重要部分的开篇中如是说：'人们诠释公民的权利和责任时极尽精确之能事，但却把君王权利和义务这些关系到国家福祉的东西交由他们首鼠两端、摇摆不定的意旨随意决断，又或者把这些东西交给德浅行薄和寡廉鲜耻的法学专家解读和商定，这不是滑天下之大稽吗？我们一边规定公民在各类可能处境中须如何对待同胞，另一边却能容忍君王与国家特殊关系之界定暧昧不明，一边通过法律给公民获取和管理自身资产设立种种屏障，另一边却把全民共有之财产任由君王发落，这不也是荒谬透顶吗？难道人类的史书没有教导我们，这类荒唐绝伦的疏忽之举有可能会给人民的幸福，又或者隔三岔五给君王的安宁以及王位的稳固带来灭顶之灾吗？自以为严格界定君王的权限，赐予人民拿领袖的所作所为与其须恪守的准则相比较，就会束缚其手脚，令其无法大展身手，这都是错误的政纲。明智之律法对君王权力的限制只在一个维度内进行，即在涉及公众事务（它最高级的仆人就是君王）是否处在被他们本人，或是至少被其仆人的仆人糟蹋这一危险的维度上进行。天地万物被创造出来以后，它们的创造者（尽管他，或者唯有他能在最本真的意义上被称作无限的主宰者）便依照规律法则来管理它们。尘世中有哪个君王敢自认为自己比上帝本人更有权随心所欲地统治呢？假如这位至高无上的君王尚且都用规律法则来制约自己的行动力

（因为他既是完全的智慧，也是完全的善良），那么仅仅身为凡人，也仅仅统治着凡人的国王又有何理据要求自己的双手不受束缚呢？就为了要行善？在这事情上，法律已经给他们指明了最安全的道路了。他们完全无须再耗费精力或者冒着危险从眼前上千条歧路中找出正确的途径。有了法律，他们非但不会再被人民唾骂，甚至法律还能如护盾般守卫他们不再遭人民误解、责备和冷眼相待。'

"基于这一原则，提凡在第一条中便解释和界定了国王之职所应有的权利和应尽的义务。这类君权宪政只有通过明智的法律进行限制，才能收获最完美管制模式之美名，因为它最为近似天神统治。想要找到一个比之更完美的，基本上就是白费心机。由此提凡下了圣昭，要求西羌国永世皆被一位国王所治。他还说：'国王的威严并非来自于人民的恣意和随性，而是来自其作为至上宇宙统领者人间可见代管人身上高尚的品质。他的一切责任皆来自这一特质，而其一切权利则来自他的责任。每一种责任得以被履行所依赖的事物，有关它们的权利就奠基在这一责任之中。一旦西羌的国王不幸把自身的责任弃之一旁，那么在同一瞬间，他也丧失了自我的权利。

"'能够成为其自身子民的创造者，这是上帝有别于凡人的特权。尽管如此，国王也能在某种意义上成为其人民的创造者，那就是通过尽可能增进人民的繁衍而达到。这是他的首要责任。

"'他身上第二处可配得上是上帝模仿者的地方，就是他对人民（假定他没有缺乏按义务使用自身力量的手段的话）饮食起居和生活必需品之充盈坚定不移、无微不至的关怀之心。若是这地球上有人因生活必需品之匮乏而苦恼不已，这肯定与大自然的贫瘠无关，因为它所储藏的一切足够满足地表上十倍人口饮食需求的总和。这责任肯定只出在上帝的代管人身上。因为他们手上有权力来预防某种过度失衡的不平等现象；有权力不予无所事事者任何包容的空间，同时也鼓励埋头苦干者，关心农地最适宜的开垦方式，扶持储蓄所以备未来不时之需，为各州各郡买卖和销售其特产营造良好和舒适的营商环境，以及（这可是每个国家得以繁衍人口和繁荣富强不可缺少的条件）教化人民的德行，如果他们品行良好的话，则要让他们保持纯洁无瑕。'

"就这样，提凡逐渐从照料国家这一巨大义务中发展出其他义务，并且每一种义务随后都有相应的法律条款确保。他使用简单而普遍的措辞撰写它们，并通过强硬的文体和用词表明国王既是立法者，也是法官；既是国家的理财者，也是国家的守卫者；既是宗教和礼俗的监管者，也是科学和艺术的推动者。并且，作为这些关系的基础，他更是国家青年共有的父亲和照管者。

"没有哪一段文字比主要条款收尾部分对继任国王的呼告更加庄重而严肃的了。'至关重要的职责真是包罗万象！'高贵的立法者呼喊，'国王们，你们可知道，当你们坐上了提凡的位子，在众王之王的面前，在黎民百姓，在那天命交托到你们手中的黎民百姓跟前，手扶着这神圣的法典庄严地许下那震撼人心的忠诚誓言时，你们可曾知道，当我把这些责任写入书中时，提着笔的手颤抖到何种地步；当我想到它们所关涉的全部范围时，我的灵魂是何等惊恐万状。这些法律，这些我们宣誓效忠的法律将成为我们的法官！公正审视我们的后世只会视乎我们是出色还是蹩脚地履行自身重大的权责，或是在回忆中敬重和盛赞我们，或是蔑视我们不光彩的名号，将它们从帝王之书中删去。若是我们停下脚步，不再行善，或是迈开步伐，开始无恶不作，早晚有一天会有一个铁面无私的法官因之而向我们的灵魂追责。'

"在紧接着的条款中，国王权职中的各类特殊义务也被逐条加以更精确的演绎，至于履行这些义务的方法和方式也被特定的法律所界定。基于这一安排，有关国王立法权力的部分也成了第二项主要条款的内容。其中将会指明国王在何种情况下可以颁布新法律（必须事先经由各阶层主管人审阅，并确定该法律与《义务和权利典籍》并行不悖）。提凡在此中最首要的工作就是规定一系列措施，以确保法律在持续躁动和变幻不定的环境下依旧得以持存，否则国家即便有最好的立法工作，也难以受益。基于这一目的，不仅（上文已经提及）国家各级阶层委员会被赋予权利，可在其合法会议中向国王禀报人民因为法律受僭越和滥用而承受的疾苦，甚至每一个州郡基于这一目的划分而成的各级城市和小型辖区都有特殊检察员在任，他们的工作就是仔细监督法律遵守的情况，登记每一次违法事件，每个月都须向全州总检察员详细汇报情况，再由总检察员即刻向国王禀报，以获取适当的资源及时应对所出现的恶行。

"此外在这一条款中也严禁每一个西羌国民私自撰写《义务和权利典籍》的评论或注释，或者以任何借口把其中的某条法律变为私下研究的对象，违令者将会被永久逐出国门。一旦有人对某一法律条文的理解或是其在特定场合下的使用问题产生适度的怀疑，那么诠释和解释该条目的权利应归国王所有。但这类解释权不应在其他情境下（哪怕与前者颇有类似）被援引或奉为标准。毋宁说，在国家各阶层的授权下，它已获得永久生效之法律的形式和效力。

"第三项条款规定国家之人民必须是国王操心的重点对象之一。'西羌到目前为止的制度不外乎就是，'提凡说，'政府搞专制，僧侣搞宗教，首都扩张漫无边际，州郡处境无人问津，人民当牛做马，被赋税搜刮一空，税收与人民收入毫不相称，仅是征收方式这一项就已让其不堪重负，最终奢侈不受约束，道德急速腐化。伊斯凡迪亚末尾几年和随后而至的破落年景让这凄风苦雨变本加厉，到达无以复加的地步，所有形形色色的罪恶交织在一起，仅在一百年间就让王国原有的一半人口不知不觉间化为乌有。城里空空荡荡，州郡杳无人烟，这一切都让引入外来居民成为燃眉之急。然而，只要此等恶行继续横行无忌（国家人口锐减也是其引发的必然后果），或是助长其气焰的方便之门又被打开，那么无论君主们在这种境况下采用什么方法，都达不到预期的效果。唯有不去粉饰人口锐减的偶然因由，而是立法根除其深层次病源才是繁衍人口最彻底和最可靠的方法。'这就是提凡立法首要目的之一。这些法律构成的整体系统中就已经蕴藏了实现其目的的手段，如此，则后世的君王只需一丝不苟地遵行这些法律，并且谨防那些会在潜移默化间削弱和戕害他们法律的滥用行为，将其扼杀在摇篮中就可以了。

"从这一章节的某一处中，我们可以推断提凡也有意对西羌人的婚姻法进行大幅度改革。因为婚姻法恰好构成了法典第二部分某一特殊条款，那么在人们找到这一部分完整的抄本前，我们只能做出如下判断：任何人除非经由司法鉴定，证明其确实罹患有不可痊愈的先天或者后天身体残障，否则依照提凡的法律皆不可不婚不嫁，不可终身过独身生活。"

"但是，达尼什曼德先生，"苏丹说，"我真想知道你要如何消除我对提凡人口准则的质疑。我先假定（实际上这有点难以置信），他确实有幸能把一切不利于人口繁衍的自然性、政治性、道德性障碍铲除掉，那么产生的后果会是什么呢？他治下的西羌人将像兔子一样大肆繁殖，不久后他们就连住的地方都没有了。缺乏住房终将在他们间引发可怕的动乱，甚至比专制集权、纵情声色、僧侣、舞女、医士以及药剂师加在一起所能引发的更为严重。人民生育和繁衍的正常频率到底是什么，达尼什曼德？"

"解决这问题的方式，"达尼什曼德回答，"取决于一连串偶然境况，即便计算再怎么精准，它们都可能会让您询问的频率测算工作落空。当然，如果我们也可以合理地假设，一个民族，正如我们所设想的，即那类提凡之立法在西羌所构建出来的新族群，换句话说，那类世上最健康、最醒觉、最有节制、最乐天以及最纯良的民族当然也能存活得更加长久，他们的婚姻也比其他民族的更加多子多福，如果我们可以这样假定的话，那么我想，我们完全可以毫不迟疑地推断在所述情景中，西羌人口的数量一百年间至少能翻一番，两百年后其数量更是相当惊人。"

"那这堆人该去哪儿找地方住呢？"

"我预计（我在此处依从的数据要是拿来烦扰陛下，怕是相当不妥），西羌国在提凡治下，凭借其农田开垦和耕作的完美程度，至少有充足能力喂养几亿辛勤劳作和生活节制的人民。"

"达尼什曼德先生，你要没算错的话，这数量可相当不少。我们就当事实如此吧。这2亿、4亿、8亿、16亿还有不计其数的人民，他们繁衍个20代人之后，请问该住到哪儿呢？我敢打赌，如果他们仅靠空气就能维持生命的话，那这世上的空气到最后也不够给他们呼吸啊。"

"此外我们还要考虑另一种情况，"美丽的努尔马哈说，"恰是这情况的存在让可怜的达尼什曼德失去了时不时显著减少西羌国人口数的机会。假设提凡的继任者在某些方面上以其为效法的榜样，并且国家从提凡身上继承到的宪法也得以延续数个世纪的话（如此完美的立法工作，我们还能从中再期许些什么呢？），那么我们也不好料想这一时期的西羌国会卷入一场规模相当的战争中。有谁敢去侵犯这样的国家，或与其为敌呢？这世上又会有什么东西能诱使西羌国的国王率先攻击他人呢？"

"头上王冠的尊严完全足够驱使一位最好的国王发动战争，或者介入其邻国的纷争中。"山鲁格巴说[1]，"当然，现在考虑的东西我们暂且搁一边吧。不过我还是看不透咱们的达尼什曼德伙计这一次打算怎样从这事情中抽身而出。"

"陛下您让我等诚惶诚恐呀，"博士答道，"当然，人口这事情

---

[1] 法兰西民族这5年来关于此事得出的经验清楚明白地论证了这一原则的正确性。

并没有像它第一眼看上去那样糟。西羌的居民越是繁衍，我们就有越多人手齐力开发自然，就像我们越是大量汲取泉水，就有越多的水源从泉眼中喷射而出一样。有谁可以测定其丰产的程度和界限呢？此外，一方面人口数量攀升，其需求的量也会上升，同样，因此而投入劳动的双手数量以及依赖这类劳动为生的双手数量也会一同增多；另一方面，匮乏的风险越是步步紧逼，勤劳与创造力越是被激活，让技术精益求精，凭此还可在对外贸易中让不少异邦民族奉上金银。若是这一切还不足够，则我们将下决心以蜜蜂为榜样，时不时催促我们年轻的蜂群们外出寻找其他的栖身之所，也就是说，让一大部分西羌人三五成群地散居在异国他乡，只要那儿欢迎勤奋和聪明的外来者；又或者国家对外输出移民，让他们迁居到人迹罕至的海岸，给蛮族部落带去艺术和礼俗。凭借这方法，他们既能改善自身的处境，同时也能惠及众生。这世上还有多少土地辽阔的岛屿，还有多少适宜人居的大陆要么仍一片蛮荒，要么已许久未见炊烟和耕牛，那里又怎么会没有足够的空间提供给数以万计的外来者居住呢？他们可不是靠着在无边无际的野地里狩猎来维持生计，而是带着自己的农具和器皿一同前来，那辽阔的辖区里成群结队的山珍野味尚不足以解其辘辘饥肠，但他们却早就将此处十分之一的土地开发成富庶的粮仓，就算再多百倍正派人家，养活他们也是绰绰有余！"

"很好，很好，"苏丹微笑道，"如果这些还不够的话，达尼什曼德先生，我们必要时还有蝗虫、瘟疫、地震和洪水，这些东西准能帮我们省掉给智慧的提凡所立之法进行小修小补的功夫。"

"我倒是希望咱们无须召唤大自然来帮那么残酷的忙。这大自然已经用其他方式确保人民有了各种增进其道德水准的方法之后，危险的越界行为不会那么轻易地惹人烦忧了。根据我们普遍的观察，人口繁衍少有会跟人民维持生计的难易程度产生偏差。假设提凡的某个继任者最终觉得自己有必要稍微放宽独身禁令，那这一必要性不恰好完美地证明了提凡立法之优越吗？"

"就算如此，"山鲁格巴重拾之前的腔调，继续讲，"恐怕西羌国每年都会有相当数量的弃婴吧，达尼什曼德先生？"

"据推测，数量确实可观，"哲学家说，"但这样对国王，或者说句实在点的，这样对国家来得更好！"

"为何？"苏丹问。

"为了不让这些无谓的谜题耽搁陛下您，我必须直接讲明，从提凡的时代起，西羌国就没有过弃婴了，因为不再存在未婚生子的问题。提凡的法律所要确保的正是自然和爱情无须再惶惶不安地被迫拒斥它们所拥有的最甜蜜和最珍贵的事物。在所有的城镇，所有宜居的地区都会建立寓所，日工和穷苦人家的孩子（只要其父母难以承担养育和教育他们的重任）都能在其中获得教育，而费用则由国王负责。"

"你这提凡真是个古怪的理财专家。"① 山鲁格巴高喊。

"确实是这样，陛下您也会从提凡法律接下来的篇章中看到这一点。然而这样的制度基于其组织方式非但没有给国家制造多少困难，反而带来了相当程度的多重收益。在其他多数国家里，贫穷、营养不良、身体和灵魂疏于深度教化等因素共同作用下，日工和下层手工业者的孩子将会变成某种与禽兽中最蠢钝的物种相差无几的生灵，除了他们身上还保留些许与人形不大完美的相似性之外。而西羌则完全不同，因为这些孩子的父母（除了要从其收入中支出少量的费用作孩子 7 岁以前的生活花销——也就是说，在他们可以从事工作，自食其力前，而这恰好也是政府所敦促的）只需要为自己的生计考虑，而且他们无须过度劳动，便可

---

① ［译按］原文为 Kameralist，可以指管理君王财库的官员，也可以是 Kemeralistik 或 Kameralismus 对应的人称词语，前者指的是旧式德国的财政学或理财学，后者指的是德国 16—18 世纪的政治经济理论，接近"重商主义"。

争取到充足的收入以满足生活的需求。如此，则他们可以把更多的兴致、热情和力量投入那大自然为了人类幸福之故而使之魅力非凡的事业中，我们又要如何指望其他大多数国家里家徒四壁，饥寒交迫，生活朝不保夕的人民可与之比拟呢？这些西羌人所养育的孩子更加健康、强壮和漂亮，为了教育好他们，提凡还为之制定了各种明智的法令，如建立大量的学校，在里头孩子们都会被培养成各色各样的对集体有所建树的社会成员。

"这类机构在其他大多数国家里都会因为缺乏聪颖的制度和良善的动机而很快变质，对于公共福祉这一目的的推动也只能是乏善可陈。但在西羌却有提凡在为事事操劳。所有此类公营教育机构中层出不穷的丑闻在这儿皆失去了生存的土壤。这些孩子们以国王养子之名享受国王直接保护。而国王则得效法提凡本人，履行法律规定的义务，要持续不断周游各州各郡，隔三岔五前去检查养子们的生活质量，所有背信弃义或玩忽职守的举动，不管多么微不足道，也不管是学校职员，还是教师或校监所为，都会受到严厉的惩处。而反过来，尽忠职守、任劳任怨的人则会在一段时间之后大受嘉奖。就连异邦人见到这不落俗套的教学制度，也都对之赞叹不已，仿佛想让优秀学府一直秩序井然，是件轻而易举的事情一样。"

"说真的，这教育体制还真的勾起我的兴趣了，"山鲁格巴说，"但是，提凡要怎么应付那么多的养子呢？"

"似乎他从来不曾为孩子数量之庞大而感到难堪，"达尼什曼德回答，"孩子中最强壮者将被培养成军人，或是从事其他需要大量体力的工作；当中才能平平者参与某些机械性工作也是绰绰有余；至于绝大部分的人将在贵族和富人的宅邸里帮佣，还有一部分会进入提凡大量兴建的工厂里做工；至于那些天资聪颖，才高八斗，或是对高雅艺术有天赋的孩子，将在适宜的年龄段选拔而出，成为那些与其才能相配的部门和机构的后备军。"

　　"达尼什曼德，"苏丹说，"听好了，下次我们再接着聊这事情。你得向我提交个方案，听明白吗？好的榜样值得众人效仿。今天就说到这儿吧。"

第 12 章

　　震旦文译者不再赘述苏丹山鲁格巴和他的宫廷哲学家之间这场节外生枝的对话，也未提及作为这场对话的结果而制定的方案和设立的具体机构，他只是满足于继续其讲故事的老路，并告知我们，因为故事主题涉及提凡及其立法，所以在接下来的夜晚，苏丹把对话转向了他最喜欢的话题——国民经济上，甚至对此展现出极大的兴趣，他很想知道这位国王是如何能够承担和支付如此巨大的开支的（根据现有案例进行判断）。恰是因为苏丹陛下十分好奇，所以故事之讲述演变成一场对这一主题过度烦琐的论说，再加上震旦国皇子不应被告知那些他无法得心应手的事情，所以，震旦国译者仅是提供了这一内容的部分片段。

　　达尼什曼德说道："我从一些作家那儿获悉了提凡关于金融财政和国民经济学基本原理的信息，他们向我们讲述了一些乍看起来相当反常，却又非全然不可思议的事情。他们说，提凡在死前不久曾向他的继承人赞许自己，留下一宝物乃当世国王中绝无仅有的。'这一切千真万确，'提凡说，'在我的国库里，你看不到什么充沛的库藏，除了我为你留下的 6000 万心悦诚服、丰衣足食的、知书达礼的、勤勤恳恳、对我们的统治充满向心力的臣民，只要你需要他们为国家的至高福祉打拼，他们定会竭尽全力、尽己所能、赴汤蹈火，自愿为你尽效犬马之劳。我还为你留下处处满是勤奋工作、繁忙操劳之人的城市，还有那恍如欣欣向荣之花园的乡村胜景。这一切与我初登大宝时是多么不同！但是，我的皇儿啊，50年的岁月对一位有意愿行善，并能够驱使所有臣民皆助其一臂之力的国王来说是一段多么美妙的时光。我也希望你在整个王国里找不到任何一座仍需重建的荒颓之城，任何一片仍需抽干积水的洼地，任何一块仍需迁徙人口和开疆辟土的荒地。王国的州郡就像生龙活虎的健康身体之上的躯干，流淌其中的是共同的生命汁液。州与州之间相互促进、相互扶持，为整体之完满做出自己应有的贡献，再反过来从中取暖，汲取生命所需的养料和支助。国家的每个阶层都安分守己，并且，和谐和爱国精神灌注于所有人心中，把他们联系起来，为公共福祉而奋斗。每个阶级的年轻人都依照其未来之使命而被教养成人。所有矫饰的博雅之学都被驱离西羌国土，教授各类科学的学院被转型为发明有益事物的工坊，成了培养智慧、美德和品位的学校。你告诉我，有哪一种对民众之福祉有益的才能和技艺没能在西羌受到鼓励和嘉奖？我的皇儿，现在你该承认，你的父王确实是一个优秀的管理者了吧，请遵从他的榜样吧。'

　　"事实的真相是，提凡的继承人在登基的那一天，国库中也确实没发现多少银两了（虽然也没有债务），那都快比不上西羌国最富有商人的库存了。这是怎样一种经营啊！

　　"对大多数君主来说，能通过仅耗费国库100两的项目赚取200两，绝对是喜闻乐见的事情。但对于提凡来说，那些要以臣民变得穷困为代价的项目，无异于在监狱里多增一个位置，没什么用处。'快给我些建议吧，'他经常说，'好令我的西羌子民们变得更聪明、更善良、更勤劳、更机智、更幸福！他们越是如此就越富有。如果我的西羌子民都能富足的话，我还会不富足吗？'

　　"还有多一件稀罕之事！在别的国家，或者几乎在所有的国家里，压在人民身上的税款总是会静悄悄地增加（也常常会显著地增加）。人们常说，国家的需求总在节节攀升；而同样地，因为在大多数国家里人民的财产伴随着国家需求的递增而以同等幅度相应地减少，于是最终的结局总是人民在国家最需要的时候一无所有，什么也给不了。但西羌国一切则截然相反。提凡深谙以最少花费做最大事情的技巧，这差不多就跟古代的英雄们以少胜多的技艺一样。而要达成这一切的唯一可能无非就是让西羌人从一开始就动用全部力量，来获取执行提凡为了福泽公众而设计的一系列计划所需的巨大费用。在其执政的第 10 年，他意识到自己已有能力大幅减轻人民的负担了，而在他统治的最后年头，西羌人给国家缴纳的税款，几乎不到阿佐尔苏丹统治时期所需支付的三分之一。尽管如此，公共财政也没有比提凡统治初期少那么一分一毫，更有甚者，它至少也要比阿佐尔时代富裕上二十分之十九。"

"这怎么做到的？"山鲁格巴问道。

"通过世上最简便的操作便可做到，"达尼什曼德回答，"在提凡执政的第 10 年，西羌国大约有 3000 万人口，他们一共给国库贡献了 2 亿盎司的白银。在其执政的第 50 个年头国家人口超过 6000 万，如果算一下人民所需赋税的总额，则他们要比其先辈少交一半的数额，而且税收还全数进账到国库中。与之相反，在阿佐尔的最后岁月里，西羌国 4000 万人口须支付的税收相当其三倍乃至四倍还不止，但相当不幸的是，这些钱大部分既不归入国库，也不呈交给国王，而是给了人多势众的地主和税吏，给了国王的姬妾、宠臣的廷臣，还给了御厨和司库，以及为国王照看马匹、猎犬、猫儿、大象、巨人、侏儒、猴子和鹦鹉的人，甚至给了无数国王后宫中可有可无的伙计，这帮人个个都欲壑难填。这堆国家财政收入的蛀虫个个都想分一杯羹，打从一开始就对之巧取豪夺，以至于吃剩的东西仅需一头算不上膘肥体壮的驴子便能将之拖入国王的财库里。单凭这一境况，在我看来，就足够揭晓个中玄机了。"

就在这时，苏丹山鲁格巴好不得意，爆发一阵狂笑，达尼什曼德不得不停下来。"可怜的阿佐尔，"惊叹之声一波接一波，"可怜的家伙呐！还有谁比阿佐尔这小混蛋更可怜的嘛！"

"事实上，"达尼什曼德说，"阿佐尔这老人几乎比他可怜的臣民还要可怜。"

"你说得对的，达尼什曼德，"山鲁格巴答道，"老好人真的都值得同情。——不过我们讲到哪儿了？说真的，我还是没能完全搞明白你那提凡的理财。"

"总而言之，我希望陛下能搞清楚这其中的一切，"哲学家答道，"提凡苏丹在其法典中对国王的需求和国家的需求进行了特殊的区分，也就是说，界定了一方的口袋和另一方的口袋之间的区别。他规定前者可以拥有相当数量的王室财产，自欧谷尔大汗以来，这些财产就构成了国王的领地。在国民的许可下，他可以用一部分因为兵荒马乱而人烟稀少，疏于耕作的荒废土地来扩大其领地。这些荒地都被收归国有，提凡还允许外来者迁入和定居，使之在短短几年间便富可敌国。此外，矿山和盐场的收入历来都被算到国王名下，提凡也任其自然，不做更改，因为他不想让自己和后继者们失去随心施善的能力。这样的理念或许可以人性弱点之故为其开脱，但在往后的时光里，它所产生的后果也成了西羌国腐败的根源。

"在提凡国王的苦心经营下，这些收入在其执政末期合计约达 900 万到 1000 万盎司白银之间，这些都是国王可以随意支配，无须向他人汇报的收入。另一边，他必须从中拿出钱来支付其整个宫廷开销、私人花费以及维持王室威仪的费用（依据提凡的明令）。这笔费用的总额虽然甚为可观，但对于羸弱或豪奢之君的贪欲来说却不过是杯水车薪。因而，提凡在其法典的某一专门段落里明确规定国王的后宫、宴饮和内务相关的事情都该如何打理。高贵的俭朴和伟岸的节制都是其法令的精神。提凡说：'如果奢华让一个管理得当的国家变得堕落，并且唯有在一个相当腐化的国度中才能在一段时期内成为必然的恶；如果国家得以国富民强取决于一定数量勤奋劳作的民众，且这些民众在不节制欲望和开销的前提下是无法获得应有的长足发展的，那么，由此可见，王室给整个国家树立一个长久的德性榜样，让其成为良好习俗最坚固的护墙，是多么必要。官员和贵族纷纷效仿王室，他们团结起来，以身作则树立纯洁无瑕、建基于体面和良好修身之道的榜样启迪人民；如此，则将减少民众丢失其所属阶级精神风貌和自身生活方式之纯朴品味的危险。唯有那些因游手好闲而产生漫无边际欲望和荒谬绝伦癖好之人才会对这样的纯洁无瑕咬牙切齿。在西羌国可没有这样的人，因为法律容不得游手好闲者：从国王到零工，每个人都肩负着各自阶层的义务或是施行自己的才能。而对于繁忙劳作之人来说，单单是休息就已经是一种娱乐了，他们仅需简朴而无矫饰的消遣即可，因为消遣对他们并非事务，而是工作之后恢复精力的手段。'

"根据这种观念确立起来的王室管理——在这儿，体面或是某些场合下的排场其实也没有少上一分——花费不了多少银两，以至于无法让国王手头存上一笔巨大的资产，并将之用于某些高贵、慈善和公益的用途。比如说，提凡是自然研究的超级爱好者，他把自己收入相当大的一部分用于物理学实验、数学工具开发，以及用于奖赏那些在这个专业领域做出杰出贡献的人。他自掏腰包资助了一个工艺美术学院，它的日益发展壮大是他最得意的事情之一。此外，他每年也为各类有益的劳动颁发不菲的奖赏。所有能让国家获得荣耀或者益处的事业，都在他那儿得到慷慨而又明智的支持，他知道如何准确辨别真伪；所有能够经受考验、证明其非凡才干、并最终脱颖而出的年轻人，都处在他的直接保护下；所有这类人才，他都有名单详细记录在案。他为他们创造机会使其得以尽善尽美。也正因为他足够识人知人，懂得如何发挥其多样才赋到极致，他才有能力出色地管理国家经济，并因之在后继者面前无比自豪。这一切都要归功于此一情形。

"如果提凡照这样来使用自身收入，那我们也就很好理解，为什么他没有给儿子留下巨额的银钱储备，只不过，在他的所有支出中，没有一项是会令他羞愧报颜的。但是，如果针对公共财政也是用如此这般的方式处理的话，那么就算其管理良善，也难免会引发公众些许疑虑，尤其是当提凡没有精确权衡国家收入和支出间的关系，确保每一年岁末来临，支出从收入中扣除后没有剩余多少银钱，并将之奉为基本准则时。① 公共财政的组成，部分来自于现存地产的物主，部分来自于王国其他居民的动产和营收。在提凡治下，它们加起来通常从未超过两亿盎司白银，它们无不是用在国家必不可少的开销上，或者用在那些明显有益于国家以及在法典中明确规定的地方上。提凡说：'国王对臣民的财产哪怕一丁点儿任意支配权都没有。他有义务保护他们，但想要在其反对的情况下取走他们一根大头针，对此他也跟其他人一样毫无特权。另一方面，国家的全体公民也有义务依据其私产和收入的多寡为国家的需求以及有益大众福祉的工作做出相应的贡献；因为，没有哪个心智正常的人能够忽略这一义务，也没有谁能够大大方方地逃避这一义务而不被追究叛国的刑责，所以，一切都单纯地取决于：

---

① 如果我们把这儿或那儿有关提凡国王制度和准则的说法当成是对那些智慧的、对统治技艺富有深层洞见的君主的隐晦批评的话，那就误会这部史书编者的意图了。在一个理想中的国度里，我们可以创设任何想要的东西；但在一个现实的国家中，最伟大的君主也不是时时刻刻在任何领域都能统筹兼顾。对西羌国适宜的东西，或是通过提凡的立法奏效的东西，也就是说，基于自身以及在整体的意义上对所有国家有益的东西，也可能在某些国家因为特殊的境况和关系，产生负面和不利的效果，从而被证实是不可行的。

"'以一切可行的办法减轻国民的责任负担，赋予他们合法施行这一责任时充足的安全。'

"为了实现此双重意图，提凡颁布的法令是那么简单，就跟人们期望一位总知道捷径位于何方的立法者所能做到的一样，因为没有哪一样他尚能容忍的障碍会横亘在他前进的道路上，也因为他除了越快越好地通达目的外，没有别的什么意图了。借助这些法令，西羌居民中所有阶级每年都必须上缴一笔固定且又相对适中的税款，它的规定形式原则上如下：最富裕的阶级支付最大部分，最贫穷的则几乎全部减免。在每个村庄和乡镇，就像在每座小城，其寺庙的前厅中都有一个保管森严的箱子，任一纳税人每月都须将其应纳的税银包裹在写上名字的纸中，投入箱子上为了这一目的而设的开口中。① 有谁被发现拖拉推延，且不能提出符合法律规定的少数几个被承认的豁免理由，就会被立马强制勒令履行义务。两位专门为此目的而被任命的高级专员负责为这些收入记账，每个月把村庄和乡镇里的入账都呈递给其所属的上一级城市。接着，这些税赋又会从次一级城市呈递到州郡的首府，然后每三个月一次，会被汇总到西羌国库的总账中。不管在哪个地点、城镇和州郡，指派的税吏都有记录当地，以及所在城市和州郡的纳税人信息的总表，就像西羌国的高级税务官拥有每个省份依据已确定好的预估份额需缴纳的税收总表一样。这些税收预估份额部分以田产和房舍为基准——根据提凡的法令，它们一直都保持固定，若要对之进行提升，须等到国王和各国民阶层共同觉得这样做对国家有利或有必要为止；另外，预估份额部分以国家居民人头数为基准（仆役和最底层阶级的孩子不算入内），根

---

① 在公元 2440 年的法国应该也能看到类似的设施（如果梅西耶的爱国主义美梦还能成真的话）。或许这位做美梦的人都未曾预料到一场大革命已经把这中间还要过完的 645 年大大缩短了。

据其所属的阶级他们被课以定额不变的赋税。因为所有月份里各地出生和死亡的准确名录都会被送到各州郡总督手中，并且每三个月就由他们将之呈递给朝廷，由此，要想更新每个月各州郡所需缴纳的税款真的是易如反掌。人们无法容忍赋税时缺斤短两，但在某些情况下，如果纳税人能够证明自己无力缴付，则可得以免责，其每月应纳税赋都会被尽数消减，如此这般，则整套运作将总会井井有条，仿佛望上一眼便能对其知根知底、洞观全局，从而避免陷入复杂的税务机制产生的不利后果中。"

"达尼什曼德先生，"苏丹说道，"这番道理已经被说得够多了。简单是一切机械装置里最美好的特性。只不过提凡的财政架构是以一个理想化的国家里才能成立的东西为前提的。要不是他的所有纳税人和税吏都是世上最正直的人，我才不会给他这整套机制奉上一个铜巴哈姆。"

"实际上，"达尼什曼德回答道，"提凡的整个立法和国家治理方法都建立在道德的基础上，但我们也必须承认，他一刻也没有疏忽对臣民的道德教育。热爱祖国、热爱法律以及热爱秩序是西羌人在其治下从娃娃时代起就被培养的德行。荣誉观和切实履行公民职责相关联，耻辱感和怠慢公民职责相关联，最终这两者对他们来说都是如此稀松平常和雷打不动，以至于即便最普通之人在紧急关头也宁可不吃不喝，而不愿因被强制勒令偿还国家应得之税赋而遭世人耻笑。至于替国家征收税银的税吏们则是从某个视荣誉感为其首要行动纲领的阶级中甄选而出。这一原则即便对某些人不太奏效，但根据提凡的设计，人们也不易犯下不忠之罪，就算犯下也很难不被发现。若真有不轨，则等待他们的将是极其严厉的惩罚。提凡让西羌人彻底习惯于斯，以至于没有几个人愿意失去耳朵，忍辱偷生。

"恐怕世上从未有过比提凡及其第一任继位者治理下税赋更轻的君主国了。两位君主的国民经济学正奠基在此一原则之上：

像西羌这样幅员辽阔的国家，其繁荣昌盛恰恰取决于尽可能多的人口；而想要有尽可能多的人口则取决于让这些人轻松谋得温饱；想要使之轻松谋得温饱则取决于生活必需品尽可能低廉的价格；而要实现这最后一点，在他看来，最简便的方法无非是让老百姓轻徭薄赋，让生活不可稀缺之物品的价格固定下来，以防地主们在国王和国民各阶级没有明确应允的情况下任意哄抬物价。

"在阿佐尔和伊斯凡迪亚当政的年代，税种名目繁多，民众受尽折磨，苦不堪言，每年其收成和收入都被一点点蚕食，他们先是上交四成，再是五成，最后直到六成乃至七成。提凡将所有这些苛捐杂税通通废除。'一个君王，'他说，'若是把臣民的财产视为自己的私有物，就必然绞尽脑汁，思索阴谋诡计，以最神不知鬼不觉的方式将之占为己有。当然区别也有，我是通过细微而反复的榨取而慢慢掏空一个躯体，还是一次性让他的血液流光，两者颇为不同，但它们最终产生的后果不外是大同小异，最多人们在后一种情况里多赢取点时间而已。难道依据我的原则，'他补充道，'王室的利益从来不被问及？不过，即便我也像伊斯凡迪亚那样把西羌国所有居民和我庄园牧场里的牛羊都置于同样的阶级，那我对待他们的方式肯定也与伊斯凡迪亚是不同的。如果我有 10 万臣民，当中每一位都能毫不费力地给予三倍于我所索求的东西，这岂不是比坐拥 5 万乞丐（他们除了身上的一副皮包骨头外，啥都给不了）更是富裕上无限倍？'

"除了前述的人头税和财产税外，西羌国库就没有别的收入了。进出口货品关税与提凡的经济学观念格格不入。谷物和其他农贸商品和矿物，或是未经加工的货品出口至国外，这是被严禁的，违者会被施以相应的处罚：因为像西羌这样幅员辽阔、人口稠密的国家本身就对前者有很大的需求，而不对自然可能出产的物品进行彻底加工，就无法让如此庞大的人口充分就业。相反，在他看来，若对加工商品课以出口关税，其唯一的结果就是损害和妨碍手工业和贸易，而这两者恰恰是英明的政府须用尽一切办法进行鼓励的。另一方面，进口外国加工商品也需要畅通无阻，这基于两方面的理由：第一，因为西羌国的商品更加价廉物美；第二，因为提凡不想通过这样的禁令毫无必要地激起西羌国富人的二心。进口西羌缺乏的原材料却还要被课税，这在提凡看来是不恰当的，因为引进这类货品因有助于促进本地手工业和商业之故而用各类方式进行推广，这无论从哪个角度来看都是好处多多。最后，提凡还拥有一个完美的理由来支撑其取消除唯一的月税外所有其他税种，这个理由不外是国家不需要它们。因为对于一切惯常支出来说，正常收入业已足够；而对于某些常规以外的需求，国民各阶层也做好了授权国王做他认为需做之事的准备。"

"提凡也有一支军队吗？"山鲁格巴问道。

"对国土如此广袤的国家进行必要的防护，所需的常备军兵士不下 20 万人。他们纪律严明、军饷充足，从国家获得的支助虽然合情合理，但他们也通过保家卫国、守护国土安宁偿还了。他们必须为了和平献身，而持续不断的和平却会让其守卫国土的必要性降低。那些唯有在后世罗马人统治下才为君所见的驿道，那为方便当地贸易而兴建，通航能力极强的运河，还有一条条被疏导的河道、被抽干积水的沼泽以及被开辟出道路的森林，所有这一切都被人们传为美谈，这恰恰证明提凡熟知如何用好那 20 万身强力壮、衣食无忧的闲置劳力。"

"在你的写字板上记多条备忘，达尼什曼德先生，"苏丹说，"我们总能学到些不曾想过的东西。这个提凡真是个人物，就像……但愿我也有这样一位部长！"

"此外他还……"

"好，好，"苏丹喊道，"他还准备做很多事，但今天够了！"

第 13 章

　　达尼什曼德本打算下一回继续用提凡拟定的各类关涉西羌国经济的法令来愉悦自己的苏丹君主，只不过山鲁格巴一见到他，脑海中立刻就浮现那 20 万个身强力壮、衣食无忧的闲置劳力，所以一丁点儿时间都不愿留给他做这事情。"达尼什曼德先生，"苏丹说，"昨天咱们聊到了闲置劳力的事儿。我那好兄弟提凡到底是怎么对付那数量庞大的雅甫的。如果我没记错的话，这些人在阿佐尔这孱弱的君王治下，可是为国家被吃干抹净出了不少力呀。还有那些个蓝色和火红色僧侣，他们又怎么样了？你们知道的，我对那些好人家可是兴趣浓郁。所以呢，关于他们的命运，我是片刻都不想被人吊胃口，不想只靠自个儿瞎猜。"

　　"在给陛下的第一个问题提供令人满意的答复之前，"达尼什曼德如此答道，"我不得不提下这事情，提凡操心的优先事项中，有一项就是要给国家的居民进行分门别类，同时也要明确每个阶层民众的义务和权利。其制定的法典中有一大部分就关涉这一重要事项。乡民，也就是那些主要从事农田耕作、牲畜牧养以及其他与农业息息相关之事的人，构成了第一阶层的大部分人口。他们有幸享有了这一莫大的荣誉，那就是国王本人就隶属于他们的行会，这源于国王想向公众证明农民阶层作为整个市民社会的真正基础是值得高度景仰的。如此，每年春天来临时，他都会在选定的好日子里亲手植树以及亲身耕耘一小块农田。这一天是西羌国所有农事复始的日子，同时也是最盛大的节庆，王国各地的管理者们都有义务与国王步履一致，效法其在这一盛典中亲身躬行的庄严之举。有了提凡的立法，西羌的乡民们享受到自由公民所拥有的一切特权。尽管他们大部分还是贵族或国王本人的佃农，但是，脱离了肆意妄为的暴君之政，再加上缴纳给国家和地主的赋税适度适量，他们毫无疑问地成为西羌国居民中最幸福的阶层。尤其在一些气候温暖和煦的州郡，乡民们精神欢畅、情感温存，仿佛无尽富饶的大自然让他们的劳动瞬间变成了嬉游。

"第二个阶层则由全体市民组成，他们从事手工业和机械制造工作，主要定居于乡镇和城市中，由于其分工更加井然有序，所以，有多少种机械制作和操作技术，他们就分属于多少种特殊行会。然则，那些给此类技艺之实现施加压力，让天分陷入樊笼，让勤勉不堪重负，让技术之发展磕磕绊绊的旧有习俗或法令，在提凡那儿都不被维护，就跟那盛气凌人的特权一样，它让每一个行会化身为国中之国，且有权任意压榨其他公民。如何规训这一阶层的人，提凡的首要关注点一方面在于保障此一优势，即让每个种类的手工作坊皆能尽善尽美地工作，同时也要给他们施加些许限制，以防其所制作的过于靡丽。穷奢极欲在一片悄无声息间把那些主要用以制作生活舒适之必需品的手工行业变成精美艺术。因为它的存在，首饰匠、锁匠和木匠竟也与金匠、木雕师和油画师等一同争宠。艺术彻底变质了。'有用'被献祭给了'美丽'，'合目的性'让位于'潮流的恣意变迁'，而形式的'天真隽永'则匍匐在'精雕细琢'脚下。奢侈孕育了艺术之昌盛，也对之甘之如饴，而艺术本身却在不停堕落。在提凡眼里，奢侈就像某种冲动和激情，无时无刻不削弱和掏空寰宇诸国。所以他并不满足于仅把那些除了助长'心慵意懒'和'骄奢淫逸'外就别无长处，别无他用的艺术逐出西羌国，他更试图阻止那些原本裨益良多，必不可少的艺术继续腐化和变质。如此，提凡这一规训政策之旁支产生的后果便是让西羌国的人民拥有各类质量最占优，价格却最便宜的家具、工具、钢铁制品、羊毛和丝绸衣物以及用以增添华彩和瑰丽的精制商品，其他国家对此只能望洋兴叹。西羌国的艺术家学会了如何把内在和本质的'良善'与'美艳'以及'赏心悦目'相结合，他们的作品即便在国外也是风靡一时，备受青睐，这一点，没有哪个民族能够否认。

"第三个阶层……"

"由僧侣和雅甫构成？"山鲁格巴迫不及待地插了话。

"不，陛下……"

"那就帮我个忙，"苏丹说，"直接把他们跳过，也跳过其他的，有多少跳过多少。你把我搁在这儿听你大谈特谈对他们的规训，根本就是毫无必要，我真正想知道的事情你却避而不谈。到底雅甫属于哪个阶层？这才是重点！"

"仁慈的陛下，我就把实情告诉您吧，他们不属于任何阶层。"达尼什曼德答道，"提凡之所以觉得把他们从西羌国'容忍居留者'的名单中划掉（他们从来都算不上是公民）是有必要的，或者至少是有用的，其原因真的不容小觑。'拿一个国家，'他在法典中如此说道，'来跟一个大型的种植园相比，怕是没什么比这更适宜的了。这种植园里布满了大量形形色色的植物、树木、乔木、鲜花、香草和牧草。有些树木能产建筑用的木柴；有些所产的木头只能当柴火烧掉；其他的则适宜制作各类必备的家具和器具；有些则能结出沁人脾胃的果实；有些则被当作牲畜的饲料。有些植物能充当食材，有些则能入药，更多的只能愉悦心灵，让视觉和嗅觉得到享受。最卑微的香草不起眼的外表下常常隐藏着最为神奇的功效。一切的一切，只要它能有助于提升整个种植园的效益和美感，自然就有其价值，自然就值得主人对之进行悉心的照料。反过来，野草、雀麦和纯粹蔓生在经济作物上靠吮吸其上佳营养汁液为生的寄生植物，总而言之，所有这些不仅自身一无是处，甚至其蔓延还会反过来阻碍经济作物成长的植物，都会被仔细铲除，一丝不漏地连根拔起。

　　"'一个管理良善的国家也得照搬处理。第一部分国民负责为其他人生产食粮；第二部分则制作衣物；第三部分建造屋宇；第四部分则制作成百上千的必要器具填充这些屋宇，创造生活舒适之境；第五部分则提供条件方便这些物品的销售和流通。一些人用手服务于公共集体，另一些则用头脑，其他的甚至要用鲜血和生命。至于那些没有学会其他本领的人，至少还有着娱乐其他民众的本事。对于公共集体来说，所有诸如此类的居民要么是不可或缺，要么则在某方面是有益的。至于雅甫，只要他身为雅甫，他会在哪方面派上用场呢，'提凡说，'我冥思苦想，还是不得要领。所有那些能为国效力的职位，我看都已填满，我试着盘点一下各种想象得出的需求种类，还是找不到与雅甫阶层相呼应的。或许在西羌人尚处于野兽和蛮人之间，心智和礼俗尚未比其他动物更胜一筹的时代，或许这时雅甫还是能起到点似是而非的作用的。但是，这悲戚的时代，这人性沦为野兽、尊严沦丧得彻彻底底以至于需要雅甫为之效力的时代，已经——感谢苍天——烟消云散了。而今西羌国良田万顷，人民知书达理，婉婉有仪，彬彬有礼。这些雅甫要么跟到处瞎逛的黄蜂一样一无是处，只是把勤劳的人民辛辛苦苦得来的果实吃得一干二净，又或者，如果他们想干点什么的话，那么他们的宏图大计可能比其碌碌无为还要来得更加有害。他们中大部分人由于粗鄙和无知，由于其鄙视和贬低所有能改善国民生活境况的东西，由于其不遗余力地弘扬迷信、愚昧，妄图让精神像奴隶一般屈膝于反智和偏见的枷锁之中，最终只不过是阻挡了西羌国一切善行的发展和进步而已。他们的原则、仿效的样板以及一切的努力结合起来就为一个目的，那就是阻挡健全的人性理智、美德和礼仪进入这个不幸的国家中来。难道提凡还要容忍他们？以一切神圣和善良的事物起誓，绝不！他们必须滚出我们的国境，他们的老巢绝不可再被觅得！'

"'但是，'这位智慧且与人为善的立法者补充道，'愿苍天庇佑我们在将整个雅甫集团贬抑得一文不值的时候，不要对其中任何个体成员有任何不公不义之举！毫无疑问，他们中间的个别人也有功劳，也配得上更佳的名望和地位，也值得法律的保护和同胞的敬重，他们也确实有能力且有意愿做有益同胞的事情。我们也绝无意愿让这些正直的人因为命运的安排或偶然事件的串联（由此他们才迷失在雅甫之中）而付出代价！他们需要脱离那跟其身份不相配的团体，带着与其他西羌国民相差无几的形态，被置于可以为公共福祉毫无保留地奉献自我才情和德性，且不被同门弟兄之愚蠢和嫉妒心所戕害的位置上。就连其他雅甫也一样，只要他们比起自愿被流放于祖国之外，更愿意浪子回头，重归善良国民的队伍中，则他们进入某个与其相适宜之阶层的大门永远都不会被关上。他们是想操弄耙子、斧子还是锤子，是想挖地、织布还是纺纱，总之只要是干那些与其四肢之力量或精神之特质最相适宜的工作，都可以由其自由决定。但作为前提，他们必须是公民，必须是善良的公民，否则西羌国一丁点儿土地和空气都不会白给他们！'"

"达尼什曼德，"苏丹兴高采烈地喊道，"快给我弄到这个无与伦比之人的肖像，并把它当作你的首要工作。我说这才是国王嘛！不管怎样我都要得到他的肖像。我会让人用想象得出的最大画幅和版面来描绘他，然后把它悬挂在我所有的房间中；我还要让人用大理石镌刻，用金子灌注出他的形象；我还要把它佩戴在戒指中，把它镶嵌在鼻烟盒里；我要把它缝在衣服里，甚至绣在手帕中……"

"太棒了，"达尼什曼德暗自思忖道，"若陛下本人有勇气成为提凡，那就更棒了。"

"这人太令人钦佩了！"山鲁格巴又喊了一遍。"不过，雅甫们在此间又作何姿态呢？难道就没有任何举动来维护自己的利益？如此艰难的举措，提凡要是能办得稳稳当当，不会在国家之内引发任何暴力运动，那我就真的佩服得五体投地了。"

"他的各项章程施行极好，"达尼什曼德说，"以至于取缔整个修会时所引发的'动荡'也没比一天之内捣毁西羌国内所有的毛虫窝大多少。一切都已准备就绪，王国的居民均已分门别类，与每一阶层相适应的等级，以及与其权能相应的范围都被划定清楚。此时西羌人开始自发地感受到雅甫只是帮可有可无之人，并且，这些可有可无的家伙不仅是个累赘，更具有真真切切的危害性，要说服他们逐渐接受这一观点，现在也变得格外容易了。自阿佐尔和伊斯凡迪亚时代起他们就备受歧视，这反而减弱了这些观点所带来的自然结果。总之，整个民族注意到长久以来束缚他们的东西，其实不是锁链，而不过是一根根细丝而已。人们只要将之一根接一根地扯断，就能发现——这让所有人大为惊讶——他们其实是自由的。此时人们所惊讶的，不过是自己居然得等待那么长时间，才最终让自我如释重负了一把。"

"达尼什曼德伙计，"苏丹说，"你既然智慧超群，咱就赌上一把：你肯定从未想过你所说的东西是多么有意义？"

"我真想过……"哲学家很想就这么开始回答，如果山鲁格巴给他时间的话。

"你想想啥都行，达尼什曼德。但你肯定还没想过，恰恰是这些你教我去扯断的细线，才是确保你坐上我首席大臣之位的功臣吧？"苏丹陛下向美丽的努尔马哈继续说道："皇后，我这一连几周都找不到一个适合此一重要职位的人，这真是令人难堪。而现在，我就跟西羌人一样深感惊讶：我怎么就没老早发现，这个人不就远在天边，近在眼前嘛。"

"陛下您还真没做过比这更能给您的统治增光添彩的决定。"皇后回答道。

"以伟大先知穆罕默德之名，"达尼什曼德扑倒在苏丹足下高喊，"我请求陛下三思而后行。让我做首席大臣？一想到这个我就浑身哆嗦。你让我当别的吧，当您蝴蝶园的管理员，或者是您学院的监察，或者是火鸡管理员，只要让我当个管理员就行，但是无论如何都不能当首席大臣！这个职务的范围有多宽广，我看得太清楚了……"

"傻瓜，"苏丹喊道，"就因为这个你才得做！我的旨意你已经听到了，明天在朝会上我会介绍你的。这事就这么定了，别再说了。"

第 14 章

———

　　这世界不过是被尽可能少的智慧管治着而已，或者说得文绉绉点，是被最微量的智慧管治着。这一法则从宁录[①]及其首席大臣的时代起就流传至今，它从一个苏丹及其首席大臣手上接连不断地传到下一位。这法则（只要它像那些对其深为熟知的人所宣称的那样正确的话）若以最大可能节约原则为媒介的话，则确实可以证明：这个世界的管治已经无可救药了。实际上行家们还能更进一步，他们还向我们保证：如果时不时某个爱比克泰德[②]以安东尼乌斯之名称帝，或是以托马斯·莫尔之名成为首相，那么经验会告诉你，即便这些人中龙凤智慧超群，世上的一切在其手上也不会比在那些庸庸碌碌的帝皇和首相手上有任何显著的进步。最明显的证据就是：某种远远强于人类智慧的不幸宿命总能完美地串联外部环境和共同起作用的因由，以至于这些"爱比克

———

① ［译按］宁录（Nimrod）是《旧约》中的人物，《创世记》第 10 章中提到他是挪亚之子含的孙子，其父亲为古实，所以他是挪亚的曾孙。在本段经文中他被誉为"世上英雄之首"以及"耶和华面前英勇的猎户"，《历代志上》1:10 也重复了这一观点。《创世记》10:10 提到宁录的王国在示拿地，即在美索不达米亚区域。希伯来和基督教传统认为宁录是建立巴别塔之人民的领袖，常被视作上帝反派者和敌对者。

② ［译按］爱比克泰德（Ἐπίκτητος /Epictetus，约 55—135）是斯多亚学派哲学家。

泰德"们的智慧总是，或大多数情况下像极了一个滚动中遭受阻力，从而逐渐丧失动力的球体，他们会在距离终点只有几步之遥的地方浑身乏力地瘫倒在地。最终，那前文提及的最微量的智慧将会应运而生，依据自然法则和常规进程，它还是足够保持世界有序运转的。

如果这样假设的话，那么人们至少也不会为以下事情感到疑惑不解了：新任首席大臣达尼什曼德——尽管他，说句老实话，除了心善和正直外，几乎不具有多少适合这一高级官职的必备素质，并且（我们眼尖的读者已经注意到了）其对政府管治学问所知晓的，也没比一个盲人对颜色所知的多多少——尽管如此他在其绝佳天分和各类巧合的佐助下，还是可以较好地扮演其角色，甚至随着时间的推移，还有可能学会如何出色地扮演这一角色，当然前提还需要这些苦行僧和僧侣们（这些人脑海中总萦绕着这种念头且挥之不去，那就是达尼什曼德暗中对其怀有不良居心）别找到在苏丹陛下面前诋毁和中伤他的办法。实际上他们真的错怪了诚实的达尼什曼德了：没有人比他更加远离这些敌对他们的阴谋诡计。他极其厌恶一切不公不义的举动，哪怕仅是浮光掠影。同样，当一个卑微的托钵僧受尽磨难时，他也没办法冷眼旁观，而不动一丝人性的恻隐之心。但在那帮先生那儿，这却成了不争的事实：要是有个人想把他们改造成好人，甚至超过其兴趣所及，那么这个人必然成为他们的公敌。[①]苏丹越是反感他们，他们在山鲁格巴政府那儿的影响力就越大，因而善良的达尼什曼德还是幸运的，他仅是丢失了这一荣誉职位便能抽身而出，还获得了一笔小小的补偿金，让他在老态龙钟的年月尚可以远离宫廷和喧嚣人世的纷纷扰扰，沉湎于思考世界，思考那早已把他遗忘的世界。并且，当他回想起所经历的一切时，尤其是想到自己曾

---

① 这在很多阶层那儿也是同样不争的事实。每个人都扪心自问，好好审视自己一番！

是山鲁格巴的宫廷哲人，曾经监管过僧侣和王家剧院，曾为西羌国国王写过传记。而且，最有意思的是，他还做过几个月印度斯坦的首席大臣，那么他还能独自一人开怀大笑，笑得像德谟克里特^①一样真诚。

我们希望，达尼什曼德朋友可以通过其思考，通过埃米尔和自然之子的故事，通过西羌国王故事中随处可见的善良意愿来讨得善良读者的欢心，好让他无须为我们现在的离题情况负荆请罪。就这样，我们将直接回到故事的正途中来。

即使智慧的达尼什曼德被擢升为首席大臣，其惯常工作并没有发生改变，他依然要讲述西羌国值得铭记的故事来为自己的苏丹陛下助眠，所以，有关提凡如何改造国家的历史故事在第一时间又被提起。又因为山鲁格巴又一次重申自己很想听听蓝色和火色僧侣到底遭遇了些什么，由此，达尼什曼德只能用如下内容满足苏丹的心愿。

"人类灵魂所关怀的最崇高之对象即宗教，关于这一事情，智慧的程吉斯传授给其养子的准则和无瑕之情感无不令人期待提凡在恢复王国社会安宁以及料理完最为急迫的任务后，能够带着启蒙和开化的敬虔之心，全身心地投入为西羌国的人民创造一种理性且最符合人性真正福祉的宗教的工作中来，而不是让他们跟数个世纪以来一样，继续在祭司为其锻造的可悲迷信中自甘堕落。人们在一个立法者那儿所能合理期望的一切，他都尽数做到了，这一点谁都得承认，至于他早于我们伟大先知降生前几千年便来临于世，这一点也确实不能怪罪于他。

"为了达致目的，他必须完成两项伟大的工作：消灭迷信（这类迷信依然以火色或蓝色大猿作为多数民众崇拜的旧有神圣

---

① ［译按］德谟克里特（$\Delta\eta\mu\delta\kappa\rho\iota\tau\sigma\varsigma$ /Democritus，约前460—约前370）是古希腊原子论学派的哲学家。

对象）和寻觅适宜的方法，让西羌人习惯于崇高存在者的尊贵概念以及某种理性祭神的方式。对于某些统治者来说，这两项工作皆是难之又难，甚至毫无实现的可能。而提凡在这一重要事情上心无旁骛、专心致志，只依据汲取于人性知识核心中的准则以及考虑周详的计划有条不紊、持之以恒、坚定不移地行事，最终达成了目的，并且（这一切是此类事务中最为不同寻常的一面，也是其明智举措的天然结果）其达成目的的过程中即便造成幅度再大的变革，也不曾引发王国内丝毫动荡，或让西羌人流一滴血。

　　"为了这一目标他的第一步行动便是下令要求蓝猿派和火猿派必须握手言和、相互包容。提凡用言简意赅、富含深意的语言描摹国民是如何在阿佐尔和伊斯凡迪亚的统治下由于疯狂的激情和不容异议的原则而深陷悲戚的深渊的；迫害之精神在其描绘下露出其令人毛骨悚然的形态；他点出，人之概念既不能被自我之任性，也不能被领袖的命令所摆布；失误从来都不是犯罪；任何人包括祭司和领袖，都无权强迫他人背弃自我的信念和良知行事；温柔的训导和优良的榜样才是让误入歧途者重返真理和美德怀抱的不二法门。基于这些原则，他不仅向这两派人保证其将获得王室的保护，可以不受委屈地施行其良心奉为义务的祭神行为，他还确保每个人，不管是在现在还是在未来，只要他认为还有其他有别于迄今仍在西羌国通行的方式来更好地祭拜至高无上的神明，都可以基于同等的理由自由地依从自己的良知。他一次性向公众澄明，所有与国家之安定和道德之良善并无违背的见解，皆能获得其同等的保护。

　　"这包容一切的宽宥之策却不得不把以下人士排除在外，即那些十足刻薄寡恩之人，他们竟认为有必要把自身追求的宽容攫紧在手，决不拱手让与其他与之想法相异之人。'这些人，'提凡说，'相当于是自我宣判了，他们身上执拗的狭隘之心已是昭然若揭，这正好无可争辩地说明他们极度缺乏参与社会生活的能力。尽管如此，我们也绝无意愿因此就惩罚这帮人，并剥夺其财产、荣誉和自由！要知道拜其思维方式所赐，他们早已是可怜兮兮。但这种情况下他们还指望我们承认其为共同体的一分子，就明显不合时宜了。愿他们，不管其人数多寡，带着自己的财富和家产远离我们的国境，定居到自己喜欢的地方去，这过程绝不会被我们及我们的臣民滋扰。但是，在西羌国，有谁不愿为邻人和同胞多行善事，正如他期望别人为他所做的那样，那么他将无法，也不应获得宽容。'"

"首席大臣，"山鲁格巴说，"我那好兄弟提凡的法令确实有着自己独特的调调，它不是那种常规的国务部门的调调。不过我觉得这是很不错的调调呢。他可不满足于只是下下命令，他还能说服人民的理性相信其命令是公正和合适的。这必然能引起正面的效用。"

"提凡法令确实起到很好的效用，"达尼什曼德回答，"它们为其计划的实现开辟了一条阳关大道，也让部分西羌民众的心绪在潜移默化间做好了准备，可以不带反感地看待部分革新政策。

"之后他又再进一步。打从他在西羌国生活起，便在僧侣，甚至在雅甫之中遇到不少比其他人更善于思考的人，他们打从心底满是愧疚地把自己视作造成愚蠢和迷信在祖国阴魂不散的卑劣工具。他无须花大力气，便在不久后把带有这些品格的祭司招揽到自己身边，为其计划之实现效劳。一旦他有十足把握已从中招募了相当数量的祭司，则可毫无顾虑地让他们开展工作，一步步教授人民特定的概念，使之有望随着时间推移从中获得性情有益的转变。但是，当他想用非暴力的手段消除人们根深蒂固的偏见时，其工作和行事的方式同样是异常谨慎的。一段时间以来，大家仅满足于教授那类引导人们信仰'至高者存在和完美'以及'他与人类关系'的真理，再通过把这些真理与获得净化的道德训导相结合，让更高程度的光明和温暖进驻西羌人的灵魂中。

"唯有当大家发觉西羌人开始为自己流传至今的祭拜偶像行为之荒诞震惊不已时，人们才能给其尚未运用的理智省却劳力，向其表明他们至今不过是被误导而已。要让这一切进行得波澜不惊，显然也是不可能的。对于每一个没有仔细考虑过'偏见'之力量的人，这一切是多么难以理解。所以可以肯定，这两类大猿还是能够吸引皈依者的，后者为了保护大猿的存在可谓全力以赴，这份激情本来值得用在更好的事情上的。然而提凡却只满足于对其进行观察，一旦他们越过节制的边界，也只会用最柔和的方式来限缩其激情；同样，在一视同仁、不怀偏见地保护他们不受对手滋扰的事情上，他也从未犹豫过。这一机智的举措非但没有阻碍良善事业的进展，反过来有助于它，只因其前进道路上的屏障皆被不声不响地移除。在其他制度那儿仅凭压迫和盲目激情才能完成的东西，在他那儿却是通过说服，通过这一成效迟缓，但却更加尽善尽美，更加持久而稳固的方式来达致。

"西羌国的史学家们值此机会也提到了某种神秘的祭礼，这恰恰是在提凡连同其相同阵营的僧侣们共同努力下，为那些公开声称愿意离开两类大猿崇拜之人而设立的。他们对此事的表述隐晦不清，想要从中一探究竟根本是毫无可能。关于这一神秘祭礼我们能推测到的是它与埃及人和希腊人的密教有诸多相似处；它还将之视作其主要内容：部分通过象征性的形象，部分通过清晰的教诲说服那些入教者认同祭拜偶像仅是虚妄之举，再借助某种对自然宗教基本真理的庄严义务敦促他们必须更好地履行其作为人和公民应尽的职责。入教者尤其要对误入歧途者保持温厚和宽容之心，而对于其在密教祭礼上的所见所闻，直至偶像崇拜在西羌的土地上消亡以前，他们都必须立誓绝不泄密。如此管理，则（历史学家说）自然会比其他一切更有助于智慧的提凡实现其伟大的目标。

"参与这一秘密祭礼[①]逐渐成为西羌人渴望和热衷的事情，而此间越是困难重重，他们的渴望越是高涨。他们欲求加入那对之无比重要的活动，只因它的组织方式充满了奥妙和庄重。实际上，在提凡努力将西羌人从他们施行至今的偶像崇拜、他们虚妄而感性的对象中解放出来的过程中，他也必须提供其他能够适当触动他们感官和想象力的东西作为替代。我相当怀疑他为了达成此一目的，是否还能找到比之前更有效、更单纯的方法。若在祭拜至高者成为西羌国主流信仰后，提凡没有谨慎处理'撤销保密责任'这一事情，那么这一神秘祭礼在往后的日子或许可能会丢失其后面的特点。只不过他在分配祭司职务的事情上同样谨小慎微，并且借用之前使这帮人成为国家有用公民的方法，他也做到不给他们制造有害的'良机'，使他们能够在随后的日子里悄无声息地上升到凌驾于国家之上的地位。这对王国真是一大幸事。"

"哎，哎，哎，"山鲁格巴摇头晃脑地说道，"我这都听了些什么！有谁会想到像提凡这样的苏丹会干这个！"

"不可否认在这一点上他一贯的聪明劲儿真的有点失灵了。只是，在其身处的环境中要做得比之更好，谈何容易呢！想到这儿，人们多少也得谅解一下他。如果这些还不够的话，那咱再想想，有哪个立法者有这等智慧，竟可以提前预见各种对其法令的滥用，且能用行之有效的方法来应付，将其扼杀在萌芽阶段呢？出于慎重考量，提凡取消了僧侣为青少年提供公共教育的职权，并且深信自己有责任用另一职务来补偿他们，好令其维持适当的体面，同时也使之必定会（不管愿意与否）为增进公众之福祉而尽力。他委任这些人（我想我近期应该提到过这一点了）公开教授《义务和权利典籍》一书。他认为要给法律打上神圣不可侵犯

---

① [译按]根据库雷尔迈尔的观点，此处描写的神秘祭礼有可能是影射共济会。参见 Kurrelmeyer, S. 54。

这一深刻的烙印，最好的方法就是让讲授法律成为祭礼的核心的部分。至于大家担忧这样建构可能会产生一些不利的结果，他认为自己只需在法典中最为精准地要求祭司不得进行各类随心所欲的诠释、延伸或者限制，以及进行各种琐碎的设问和区分，并且让他们只集中在法律纯粹字面上的解释；集中在与其心智相符的实践运用；集中在凭借自身动人心弦的雄辩之才尽力叮咛和鼓励人民忠实遵守法律；做到这些，便足以防范那些负面结果。总而言之，依据提凡的准则，法典只能是公民道德教化的文本。可是，又因为想要阻止祭司不要逾越为之划定的界限，并剥夺其在这一方面的天生能力甚是困难（虽说谈不上全然办不到），所以，他们还是逐渐找到方法（虽然这是发生在提凡身故许久之后的时代了），让自己从法律教师悄悄变成释法者，再从释法者变成法官，最终从法官（这对西羌人最为糟糕）变成了立法者——正如我，若陛下对故事的后续还感兴趣的话，将非常荣幸地为您详细讲述他那个时代的风貌。

"与此同时，提凡似乎像是预见到所有这一切（或者至少一定程度上是如此），同时深觉有必要把那对国家影响力甚大的会团的成员（哪怕其人数再多）皆培养成正直的公民。所以，在祭司阶层的继承制被永久性取消后，他对未来祭司的培养尤为上心。毫无疑问，正是因为他设立的制度出类拔萃，在其风烛残年之时，他依然饶有兴致地看着祭司们在其学校中受教，进而学成毕业。诸如此类的景象前人和后人都甚少见到。这些侍奉那慈爱神祇的尊贵之人似乎除了行善之外别无他愿，其职务之重也提升了其道德品格，且使之更为尊贵的同时又不会令其过度膨胀。以自己的人生作为榜样几乎可以省却其他多余的说教。他们的智慧显得谦逊、温厚及贵气；他们的德行毫不做作，毫无矫饰，没有任何不良居心，这一切不过是其心灵及其信念和谐一致的幸运结果而已；他们启迪他人，却无意锋芒毕露，也从不耽于强作一本正经的虚伪模样。'爱人'和'爱国'精神就是他们整个会团集体的灵魂，但凡有利于公众的事业，他们都热诚地参与其中，拔刀相助。他们的精神永远保持欢畅，伟大而高贵的思想滋养和鼓舞着他们，还有那习惯于超脱一切生活烦恼的精神状态，只把时间用于思考真理和施行美德之上，以及履行职责时那份轻松潇洒，再加上充溢其人生的道德魅力，所有这一切相互叠加就足以令他们成为国民称职的教师、真正的智者、无瑕美德的楷模、优良习俗的守护神以及公众崇拜的对象。"

"首席大臣，"山鲁格巴说，"快给我搞来这种祭司，这样大伙儿就可以瞧瞧我是否真的会成为他们会团的敌人，就像某些卑鄙之人声称的那样！你手上可是有如何制造这些人的配方呀。为何西羌国能办到的东西，印度斯坦就办不到呢？"

"陛下，"达尼什曼德回答，"我准备讲的东西可能在陛下听来比各路哲学家宣称过的离奇理论还要离奇，但它并不会因此就丧失其充足的正确性。陛下您是否觉得西羌国僧侣阶层这一高尚的品格日后会成为提凡立法沦丧最重要的诱因，并且通过一连串过渡性的因由最终导致整个国家的崩溃？"

"这一切是怎么发生的，达尼什曼德先生？"

"当然是通过世上最自然不过的方式。如此智慧、正直、受人爱戴的祭司，也就是提凡设立的机构亲自培养的祭司必然毫无差池地渐渐登上高名望之位，从而在悄无声息间赢尽天下人心。人们竞相巴结他们，谋求与之建立友谊和人际关系，求教其建议，最终发展到人们若不求助某个祭司，不管大事还是小事都办不成。他们成了一切争端的裁决者，成为达官显贵的参谋，当中有一些更是因为其美德和才华之嘉誉而荣登王国最高的权位。我想，要解开这谜团，这会儿已经说得够多了，大伙也明白接下来会怎么样了。西羌国的祭司不也是区区凡人，我们还能多要些什么呢？"

"真是可恶啊！"山鲁格巴喊道，脸上做出了某种滑稽的不悦表情，这倒不会让苏丹陛下有些许难为情之感。"能跟这些先生们厮混在一起，那些人还真是可怜呀。你说他们坏吧，那他们可算是坏得彻头彻尾，竟然让人完全不知如何防备他们；你说他们好吧，可他们的德行又确实对国家构成了威胁！真的，我想向神……可是许愿又能起到什么作用呢？他们竟然不可缺少！就因为，达尼什曼德，咱就私底下讲，我这辈子曾在好几个夜里冥思苦想，就是想弄清楚到底人们该如何对这些人未来的服务一次性就此谢过。不过我确信这事儿没什么好继续想的了，人们离不开他们，就跟……"苏丹在这儿停了下来，休息好一段时间后，就啥也不说了。

"陛下您想说的是——就跟其他阶层一样，上到苏丹和他的维齐尔，下到挑水工和伐木工。但是，有哪个人类的阶层可以长时间保持其理所应当的状态呢？祭司可不是西羌国里唯一渐渐腐化的人。要是其他阶层真能忠诚于自我的品性和职责的话，祭司对国家的危害也不会如此巨大。当然，他们在提凡逝世后超过一百年的时间里依然是西羌人中数一数二者，而且还是（如果把乡民排除在外的话）其中最后一批向腐化之恶习拱手而降之人，要知道这种恶习在提凡继承人管治的时代里就已经逐步征服了宫廷和京城，最后连全民也束手就擒。想到这一点，说明他们还是没有辜负身为祭司阶层的尊严和提凡所立之法的脸面。

"提凡针对国家宗教进行的改良工作毫无疑问是其向臣民所做的最首要贡献。由此，他在宗教和国家之间，在一方之职责和另一方之利益之间，在信仰、理性和习俗之间建立起平稳的和谐关系；这样的和谐关系宛如输送无限良善的源泉和不可限价的财富，因为它让一切的恶，一切因为缺乏此类和谐而常常在多数国家中出现的恶行消失得无影无踪。人们不得不承认，他执行这一工作时的机智和聪慧值得所有君主，所有处在相似境地的君主留意和关注。当然，如果他没有通过其法典中某一极为特殊的法令彻底取缔所有不被认可的阶层和社团的话（其中雅甫首当其冲），那么即便具备以上的条件，他也无法实现目的，或者只能是极不完美地实现之。

"从这些林林总总的事情来判断，对他是如何完成这项工作的具体内容进行详述应该是件相当轻松惬意的事情。只可惜抄本中有关这一部分的内容暂付阙如了……"

"又缺东西了！"山鲁格巴不耐烦地喊道："总是在我最想刨根问底的地方缺东西！我特此讲明，我极为厌恶这类空缺，一句话，达尼什曼德老友，在这儿我不想遗漏任何东西，你听明白了吗？如果你的抄本中有空缺，那就尽力给我填上。总而言之，我限你三日之内把有关提凡如何完成这项工作的完整书稿放在我的桌子上，不然，之后会发生些什么，我概不负责！"

首席大臣把手挨在头上，承诺一定履行他这位爱发号施令的苏丹王所下达的旨意。为了这一目的他草拟了一个详尽的方案，苏丹翻阅了一番，并数一数页数，对此甚是满意。当然，对于苏丹陛下当时是否花时间阅读了这一方案，就只能存疑了。最多我们只能肯定，接替智慧的达尼什曼德掌管首席大臣这一尊贵要职的齐克扎克僧侣曾在那堆苏丹时不时下令从其书桌清走的废纸中看到那一方案，它完好无损，包裹在饰金的皮革中。打从那一刻以后，就没有人听说过它了。

第 15 章

在随后的几个夜里，达尼什曼德为苏丹陛下事无巨细地讲述了提凡如何建立起公众教育制度的事情。这一事项在西羌国的"吕库古"①眼中极为重要，也占据了其法典相当大的篇幅。在当下所谈及的这段历史重见天日的岁月里，已有大量相关的文本论述这一事情，所以要说些新颖的东西，已不大可能。几乎每次人们想对之说点什么的时候，都得三思而后行，其实这样的忧虑也不无道理，因为当公众领域被关于教书育人之术的书本堆满时，人们最终将难掩对它的厌恶，不愿再听到与此相关的东西，这也是负荷超载的必然结果。照这样发展，所发生的一切将轻而易举地把所有为改善国家经济之首要领域而付出的努力成果（在它还依旧如火如荼的阶段）彻底毁灭。基于如此考虑，再加上这一材料所能言尽的好处我们的读者们已经从其他的渠道获知，所以如果后面我们尽力压缩达尼什曼德滔滔不绝、包罗万象的讲演的话，就只能恳请读者谅解了。

"'一个国家，'提凡在法典论教育之章节的开头说道，'可以有最好的法律、最好的宗教、最欣欣向荣的科学和艺术，却依然

---

① ［译按］吕库古（Λυκοῦργος /Lycurgus）为公元前 7 世纪斯巴达政治家和立法者。

被治理得很糟糕，原因就出在它的立法者们犯了糊涂，忽视了某个一切共同体植根于其上的结点：青年的教育。司法体制建构得再完善，也无法保证主管人必然有良知，法官必然不会受贿；再好的宗教也无法防止不被其卑鄙的侍奉者利用，变成他丑陋恶行的遮羞布和达成其险恶用心的工具；享负盛誉的治安法一旦遇到公民视爱国心、守法心、节制、真诚和正直如同闻所未闻的德行时，它所能做的也只是微乎其微；制定得再明智的国家宪法也无法阻止君主因自身精神之躁动、灵魂之懈怠和懦弱，或是某种浪荡的激情而让人民深陷水深火热中。一切的关键在于，每个人须培养出与其阶层和职业相符的德性。这样的教育如果不在此般年岁开展，也就是在那灵魂不加拣选地接纳各类印象，尚在美德和恶习之间摇摆不定，时而轻而易举地沉浸在高贵思想中，习惯于正确的准则，坚定地施行各类道德的技艺，时而同等轻易地臣服于感官冲动的摆布，还有那火热激情和他人坏榜样的感染和诱惑，进而染上了愚蠢和恶习卑劣伎俩的时刻开展，又应该在，或能在何时呢？

　　"'国家之昌盛，民族的福祉全然取决于道德之良善。立法、宗教、规训、科学和艺术都能被用作促进道德和守护道德的工具和武器。而一旦道德腐化，它们也将不再造福于人。腐败的洪流撕毁了一切防御措施，让法律虚弱无力，让宗教畸形走样，让每一种裨益良多的科学停滞不前，让艺术屈身服侍愚蠢和奢靡。唯有教育才是真正的道德创造神：有了它，审美之感，守法的习惯，道德品味，爱国精神和民族自豪①，对阴柔、脂粉、矫揉造

---

① 也存在一种既粗鄙又幼稚的民族傲气，无可争辩的是，它既可笑又有害，是一种丑陋不堪的民族恶习。同样也有一种高贵而道德的民族自豪，没有它，希腊人中绝不会出现伯里克利的时代，罗马人中也不会有西庇阿的时代，英格兰人中也不会有伊丽莎白女王的时代；没有它，"民族"无非只是一大帮人构成的乌合之众，他们在一起的感觉大约就像是乡村马车里的旅人一样。他们就像可鄙

作和小肚鸡肠的鄙视，对纯真和自然的爱，再加上其他有益于人类的社会和公民德行……这一切都在公民的心中占据了一席之地；有了它，男性被培养成男性，女性被培养成女性，国家里每一特定的阶层都被置于其应当的位置。教育——听着，你们这些提凡身故之后将坐上其王位的人！——是国家最首要、最重要和最本质的事务，也是最值得君主为之呕心沥血的事务！

"'要是公共教育能达到尽善尽美的境地，那其他的不过是游宴一场而已。如此，则法律运作良好；宗教带着它煊赫的外表和纯洁的内里，永远保持其应当保持的姿态——作为德性的灵魂和性情的支点；科学成为真正为共同体创造财富的无尽之泉，而艺术则美化生活，鼓舞德行，令感受力愈加高贵。每一阶层都忠于其天职；所有人虽忙忙碌碌，但却是建立在节制有度和持家有道的基础上，如此，则可确保千千万万的民众远离穷困，且对所处境遇心满意足。可是，从你们开始忽视那些措施，那些是否得到完美实践和时常更新会直接关联到国家巨大利益的措施起，其他推动整个国家运作的齿轮将悄然陷入混乱之中；教育的堕落将会转化为道德的沦丧，并且，如果你们没有足够的智慧确保及时发现这罪恶的泉眼并填堵它的话，国家的覆灭将紧随而来。'

"根据提凡的理念，教育绝非只是教授未来公民某些知识和技术（尽管这一部分依据每个人未来天职的标准，也不应被无视）而已，它更应培养每一特定阶层的人具备其日后所属阶级的德性，也要培养所有人具备社会和政治生活的德性。整个教育工

的群氓，没有性格、没有力量、没有勇气、没有品味，没有那些让它得以从吞噬诸多民族的晦暗中脱身而出的东西。

　　[译按]伯里克利（Περικλῆς /Pericles，约前495—前429）是雅典黄金时代最杰出和最负盛誉的政治家，他对雅典和希腊思想、文化和艺术的影响力极为深远。西庇阿（Publius Cornelius Scipio Africanus，前236—前183），也称大西庇阿，是古罗马杰出的军事统帅和政治家，他因在第二次布匿战争中击败了迦太基的统帅汉尼拔而闻名于世。

作的纲领就为这一伟大目的而设，当中包含的一切都是实践性的：跟其他大多数国家不同，这里的学校并不构成某个特殊的、自在自为的，且与共同体联系薄如蝉翼的机构。毋宁说，西羌国学校教授的一切都是为了日后的运用，年轻人在此学到的，绝不是那些日后就算忘记也无关痛痒的知识。

"提凡下令，整个西羌国的男孩须接受公共教育；至于女孩，因为其天职在正常情况下只局限在家庭生活这一较为狭小的圈子里，所以她们主要由其母亲和直系亲属进行教育。前者中唯有王子，后者中唯有那些在特定理念下被视作王后养女的人，可以被排除在这一普遍规则之外。因为后者将和男孩一样在为其专门建立的学塾中由王后亲力监督，被教以淳朴、勤勉、正派，并且与其天职相映成趣的生活方式，同时也被教以身为忠贞妻子和慈爱母亲必不可少的美德。人们通常用以批评此类机构的用语，在此就都不适用了。这些学校的建立和运营可谓慎之又慎，在方方面面都合乎目的，要令其出现显著的恶化是不可能的（除了在西羌国道德普遍腐化的情况下）。

"这类公共机构之所以会有缺陷，其主要原因在于人们对它们的花费是能省就省。为之效力者常常是那些粗鄙不堪，对这一高贵职业的特性毫无禀赋的人。他们对世人给予的尊重毫不上心，无怪乎大部分都是思想不端的家伙；他们的工资十分微薄，所以当这帮毫无原则和道德的人牺牲莘莘学子的利益来改善自身的生活处境时，那就更是见怪不怪了。由于学子们的需求犹如蜻蜓点水般被满足，所以当这一切发生时，要让他们不因缺乏必要之物而叫苦连天，几乎是不可能的。提凡针对出身贫寒的男孩女孩创立的教育设施完全称得上是真正意义上的御赐机构，能够让其尽善尽美的东西，没有一样会被节省。为此建立的屋子不仅宽敞，而且隔间也相当合理，其所选取的位置不仅有益身心，更有花园和林荫道与之相伴。每一所学校都配有专门的校医，这校医同时还担任整所机构的最高督察，其职业价值也经受得住考验。孩子们的食物既健康又充足，而且烹调美味；衣服虽然朴素但也精致；即便他们只是日工和穷人的孩子，但为了他们的健康和卫生，学校提供的照顾可谓无微不至，仿佛他们皆出身自西羌名门望族。'因为卫生，'智慧的提凡说，'是健康的必要条件，不讲卫生，人对自己和对世界都一无是处。'

"在我看来，提凡在诸如此类的事情上表现得确实像是人民的父亲。而那些在创建此类机构一事上不如提凡热心的君主们，我真的想谦卑地建议他们不如最好就此作罢吧。①

"除此以外，提凡还为每一更显重要的市民阶层指定了某类特殊教育。乡民的孩子在他看来不需要艺术教育，大自然已经为他们创造了最好的了，一个国家道德的腐化从未发端自他们，所有他们必备的德行某种程度上都是其生活方式的自然结果。如果苛政和压迫尚未令其变得卑劣，城市里的坏榜样尚未感染到他们，那么，带着这天真无邪的健康理念和思想，带着这仅仅源自自然和人类理性的理念和思想，他们可以说是世上最无瑕的人。无知对他们而言是财富，因为这是其阶层享有美德和满足自身处境的必要条件。高深的理念、精致的感受力，自然和器械知识或者说某种学究化的农业理论，要么不是为其而来，要么则对其用处不大。比起从学富五车的自然研究者那儿，从父亲和祖父那儿年轻的农民可以更好地学到耕作和稼穑的规则。用学理化的方式教授他们这些规则，比起教给他们修辞术和逻辑学，好让其能够

---

① 在家政术中存在某些高度单纯的法则，无视它们绝非毫无所谓的事情。比方说，一个当权者为了某个目的花了一万塔勒，但钱花了后，目的却达成得非常不完美，或者说比没达成好不了多少。也许再多两万塔勒就能摆平一切，但人们就想省掉这笔钱。人们也就只能这样了，也就是说，他们并没有考虑到为了把这两万塔勒攥紧在手里，他们其实损失了一万，因为人们试图赚取的这部分利润，最终并没有挣到。

自我表达和推导结论，还不见得明智多少。基于这些想法，提凡把适合乡民的学校课程内容圈定在阅读、书写和计算上，也包括掌握宗教和道德最简单的概念和准则，以及学会读懂一部制作得相当出色的日历，这是提凡专门让科学院为他们制定的。至于其他有助乡民们了解自己与国家的关系，了解自己的特权，了解公民和家庭责任的必要举措，则托付给了提凡安置于每个村庄的祭司。这些祭司同时也是村庄的领袖人物，至于他们该如何行使自己的双重的职权，自有十分精准的法规进行规定。

　　"而涉及城市居民的部分，也就是那类基于生活方式和天职比乡民更远离自然原始状态的人，提凡断定，他们需要更高程度的启蒙、开化、细化和雕琢。'共同生活于单一围城之内的人口数量越是庞大，'他说，'其内部由于兴趣、欲念、目的和利益之千差万别而引发的骚动和冲突越是强烈，在此番纷繁芜杂中保持有益于集体福祉的工作越是困难，每一种腐败恶习越是轻而易举地渗入人心，越是快速滋长和蔓延，令他们的道德染病，使他们的人品变得恶劣。一切越是如此，那么让城市里的教育成为政治性建制，让其中所包含的一切朝向某个宏伟的目标，让城镇里的青少年接受无微不至的教育而成为合群之人和善良的公民，此类工作的迫切性越是不言而喻。'由此，伦理、宪法、法律和西羌历史成为所有年轻市民集体必修课程最核心的部分。虽说授课的方式和课程的详略程度须与人与人之间千差万别的阶级及其日后天职相匹配，但就算面对底层阶级的青年，其所受教育的目标再低也不会低于这一程度——把他们培养成热切的爱国者（国家当下的境况相当接近公共福祉的理想状态）、坚定的守法者（立法之智慧对他们的理智清晰易懂）以及公共福祉的自愿推动者（他们自身的幸福与之唇齿相依）。

　　"此外，提凡觉得用母语对所有公民（不管他属于哪个阶级）进行授课，并教会他们阅读、理解和品味本民族某些伟大的作家

（基于此目的）公认的经典作品，是必要且正当的。他合理地断定，若一个民族有权当自己优于萨摩亚人和堪察加人①的话，那么它必须学会既准确又优雅地言说本民族的语言。既然西羌国的年轻人十分走运，可以不用学习外语，那么这便意味着：他们将更加迅捷地把自己的语言练到如此娴熟程度，就连外族人中的学者也只有寥寥数人才有权自诩不遑多让。

"造就提凡所建学校棋高一着的条件，还包括这位立法者把教授和培训礼貌也当作公共教育的核心环节。在他眼中，礼貌是公众安宁的前线堡垒，是抵御各类辱骂和激情暴力迸发最坚固的防波堤，也是上层免于迫不得已频繁使用刑罚，国家免于被迫施予此类破坏性影响的最稳妥的方式。人们必须承认，在人烟浩穰的民族中，礼貌，尤其对弱势阶层来说，是一种极为必要的政治德性。有鉴于此，提凡给从属于各阶层、阶级、性别、年龄、社会关系和处境的人们撰写了一部礼仪手册，西羌人对它的通读和了解可谓达到了机械和精准的地步，最终它变成了他们另一个天性。也许震旦人借用了西羌人这一制度后，跟所有效仿者一样，他们有些走火入魔了。但是，从他们规训制度的巨大优越性来看，我们依旧可以洞悉提凡立法这一部分内容的原初形态是多么完美和有益。

"西羌国基本宪法中有一条法律规定了孩子在正常情况下可继续留在其父的首要阶级中。所谓的首要阶级共有 7 个：贵族（或者奈尔②）、学者、艺匠、商人、手工劳动者、乡民以及日工。前 6 个中的每一个又会被划分为不同的特殊阶层，而最后一个阶级（提凡将之视为人民中最高贵的劳动力）包括他们的孩子（如前所述）主要依附于国家，由公共开支进行教育，某种意义

---

① ［译按］萨摩亚为太平洋南部的海岛，堪察加为亚洲东北部的巨大半岛。

② ［译按］奈尔（Nair）是主要分布在印度南部喀拉拉邦的印度教徒种姓。

上他们也不适用于上述的法律。贵族之内还可以再划分为或高或低的阶层，这一头衔不能由国王授予他人。如果某个贵族世家覆灭了，则其他世家的族长齐聚一堂，从第二或第三阶级中拣选一个因其巨大功勋和卓越品格而最值得拥有被接纳进其等级殊荣的人。此人立刻就晋升到贵族阶级，建立新的世家以填补空缺。从他被接纳那一刻起，他的世家将彻彻底底地享受到贵族的所有权利，仿佛他们从亘古以来就是贵族一样。同样，国王也有专门的权利，可从低阶贵族中挑选某个他认为最合适的人来取代高阶贵族中消亡的氏族。在其之后的 4 个阶级的孩子唯有在被证实不适合其阶级的天职，或者有明确的倾向和能力去从事其他阶级的事务时，才不会被这条法律涵盖。第六阶级的人如无国王明确允许（依照法律，它只限于在某些特殊境况下才可发出）不得进入第二、第三或第四阶级。同样道理，一个阶级跟另一个阶级的人通婚也被基本法律禁止，国王只有在少数情况下才能对其破例。

　　"王国中各阶层以此形态都得到了妥善区分。如果想让每个阶层都保持其纯粹的独特品性的话，那么在提凡看来，这样的工作是必不可少的。如此这般，则每个阶级必然得获得与之相称的教育。

　　"第三、第四、第五阶级的男孩们部分在其父亲家中、部分在为其而设的公立学校中、部分在其行业师傅那儿受教育，后者必须远离其出生地，在师傅那儿学习 6 年时间（从 16 岁时算起）。至于商人、艺匠和手艺要求更精细的工人，王国各大城市都会为他们建立某类学院，在那儿他们都有机会在经验老练的大师指导下尽可能完美地学到与具体运用息息相关的艺术和技艺。但按照法律，只有在王国都城和州府的定居者，才有义务一定要在这类学院里学习。

"学者阶级，或者如同震旦译者所称的士大夫①阶层，其内部也包含了6个特殊等级：教授、祭司、教师、医师、法官、治安监察及其他领导者和代管人。他们所处的等级也确定了其在西羌的位阶。所有这些等级的人在10岁到16岁的时候都集中在为之建立的学校中接受公共教育。这类学校的外在建构与国王和王后养子养女们受教育的地方没有多少不同。每一所学校都由一个教授、一个祭司和一个医师作为高级校监共同管理。这些校监的崇高义务中有一项就要求他们高度准确地测评这些年轻人的性情、天分和能力的范围。此类观察要求他们每日像观测大气和天体那样精准地记录在册，然后在最后两年结束时撰写一份报告，连同不同的考察样本一起寄给该州的总督察。总督察再召集一个由6个教授组成的委员会进行核查，在后者的鉴定下每个年轻人都会首要依照其兴趣和能力被分配到前述的6个等级中，同时也进入培训和完善其当下所属等级所需资历的高一级学校中。

"在选取未来祭司的时候会着重观察其个人气质中某种有益的综合，它能够给予其拥有者追求智慧和美德的卓越禀赋。那些精神过于狂热、躁动、爱慕虚荣和精明强干，感受力和想象力异常活跃的年轻人都会被排除出这一等级，因为这一等级最本职的工作就是作为道德无瑕的榜样启迪人民，通过自身的转变让宗教受人敬重。对他们的所有教育都是基于这一目的而设。而那些没能直接彰显智慧和派上用场的学科，会依其所需适量地教给他们，免得让他们变成科学的蔑视者。反过来，人们对其品味的培养显得尤为注重，因为提凡主张，精致而有教养的审美和对善恶感受力是智慧最核心的部分。他们在学校里接受各类培养，准备日后一心侍奉的已不再是西羌人古老而蹩脚的大猿祭礼，而是当初程吉斯向小提凡传授的，并奉为其立法工作之基石的宗教。因

---

① ［译按］原文为复数 Mandarine，指中国清朝的官员，依据上下文译作"士大夫"。

为这类宗教是完全实践性的，同时对至上存在者本质的一切思量都被刑法明言禁止，由此可见，此类宗教一方面构成了某种政治建制，另一边则相当于内心的事务；或者，用另外的话讲，它唯一关涉的，是让大家以其为媒介而成为更好的公民、更幸福的人，比起没有它的时候更是如此。遵照这一观点，人们教导年轻的祭司斟酌和揣摩西羌的宗教，出于同样理由，研习道德哲学和法律也成了其备修阶段的主要工作。

"教师在专门为其建立的培训学校中一样也获得细致的培养，为其施行未来的天职做好准备。那些被拣选进入此一等级的人，自然证明其能力高超、观察力敏锐、灵魂柔软而灵活，心灵高贵而典雅。提凡相信，民族的无价之宝只能托付给民众中出类拔萃之人来照管。由此，这些人构成了最德高望重的阶级之一，与教授和祭司并列，被视为最高尚的国家公仆。他们的工作报酬颇丰，一旦其服务国家25年，余生将享受到无拘无束、逍遥自在的生活。虽说也谈不上全然无所事事，但却也乐得清静，更有无上的名望相伴到老。那些献身于这一等级的人，自16岁起就得花上10年时间研习和掌握各类关涉人类整体知识的学科和各类有助于其熟练履行职责的技艺。他们主要分为两个等级，一个为低阶学校教师，一个为高阶学校教师。每一州郡都会为这两个等级的教师建立预备学校。

"因为提凡把给予公民中较重要阶级，尤其是那类须研习科学和西羌国法律才可履行职务的阶级，以相应教育这一工作视为重中之重，所以大家不难想象，他对青年贵族的教育也不敢有丝毫马虎。西羌的贵族不仅拥有大部分的土地作为财产（虽然没有司法管辖权），甚至他们曾经引人注目、之后在阿佐尔和伊斯凡迪亚时代却被逐渐限缩的特权，此时也因提凡的立法工作再一次光彩夺目，如此，他们既有财产又有特权，自然也就成为国家万众瞩目的种姓。除了享有法律保障和国民权利这一核心要素外，由最古老和最富裕家族组成的西羌高级贵族在高层国务和兵役上也享有天生的权利。

"虽说对此国王想选谁就选谁，但法律规定他只能在贵族中挑选。按照我们这位立法者的理念，如此崇高的权利只能与同等崇高的义务相结合。因为西羌的贵族正好是最富庶的阶级，他们对国家的需求也要贡献最多的力量；又因为他们是国王施政时最得力的助手，那么为了履行这一尊贵的天职，他们也需要技巧和美德。提凡发现，让贵族们凭喜好随意决定自己是无所事事还是献身有益的劳动；是做科学粗鄙的蔑视者（即便其价值他们一无所知）和玩弄精美艺术的傲慢暴君（即便其首要基础原则他们一窍不通），还是做前者和后者的开明之友和通晓者；是做道德的邋遢和嬉闹者、生活准则的腐化者和行动的龌龊及作恶者，还是做高风亮节、随顺伟大原则行事的爱国者和爱人者；一句话，是否他们追随其内在价值成为国家最无耻下流的阶级，还是遵照其天职成为国家最难能可贵的阶级；让他们随意对此做出选择，这与国家的福祉毫不相容。他认为侵吞别人的劳动成果对国家而言绝不是令人自满的功绩；同样，与卑贱的灵魂一道妄想窃取先祖的嘉誉和权利也是荒谬绝伦的；一个毫无功绩的人纯粹基于某个似是偶然而得的贵族头衔而自认有权俯视和鄙夷为国家建树良多，且内在价值无比矜贵的国民，那就令人难以忍受了。

"为了让西羌的贵族免于陷入此等羞耻的腐化中，也为了把他们真正教育成其理所应当的模样，提凡为王国的贵族青年建立了一套公共教育制度，其中用以完善其人格的措施就已涵盖其宏伟目标的一切范围。他们不是奴隶，而是王座的可靠支柱，是民族智慧的领袖，其安宁勇敢的守护者，其权利坚毅的捍卫者，面对恣意威权的凌辱他们展现了对自由崇高的情感，而面对法律他们则驯服而恭顺。信口雌黄和作奸犯科，他们无能为之；支配自身财产时，他们慷慨而节俭；靠奴役众人和八面玲珑套取的不义之财，他们心存鄙夷；贫穷洒在美德之上的阴影非但没有遮掩其光芒，反而令其越加光彩夺目，身处这样的贫穷中，他们无比自豪；有用的艺术和技艺，他们大力推广；农耕之术，他们则是其天生的保护者，因为他们之所以可逍遥自在、无拘无束地活着，正是归功于它。

　　"一句话总结，他们在施行社会和公民生活美德方面是其他阶级的榜样，而一旦没能在出生时就继承其阶级的优势，他们也善于凭个人功绩将之获得：西羌的贵族就该如此，在提凡智慧的制度下，他们也确实如此。他们受教育之学校的运作也由国王和王国封臣①直接监管。拥有真才实学的教授被指派成为其教师和监事。在其教育过程中所有有助于完善其身体、精神和心灵的东西都不会被忽略。此类教育从其 5 岁的时候开始，到其 21 岁时终结。任何西羌贵族的子弟若享受不到这样的公共教育，自然也就没有提升的可能。其学生生涯的最后 5 年，有关其能力和德行，包括勤奋程度的测评，监事们都要时不时寄送给国王。每一年学成毕业的学子都会接受国王的接见，其中的佼佼者，他会留在宫廷，其他人则复归各自州郡，逐级被提升到与其阶级相称的职位和荣誉部门中。"

　　"首席大臣，"山鲁格巴说，"关于你那提凡开设的教育机构，当中最吸引我的就是他命令人们把涉及高阶级青年才能和道德的报告连同真实的取样寄送给他这事儿。如此一来，就不会在王国之内出现冰雪聪明的脑袋和完美无瑕的人品被他看走眼，而只能怀才不遇的情况了。他可不需要跟我们其他人一样得从抽签筒中瞎抽辅助他的人才，就像你最近说的那样。他的国家宛如一部机器，对其效用，它的设计者成竹在胸，因为他很清楚如何让其

---

① ［译按］原文为 Reichsstände，指的是神圣罗马帝国帝国议会（Reichstag）中拥有席次和投票权的政治实体，即帝国议会成员。此处翻译依据文化背景进行调整。

弹簧、手杆、齿轮、螺钉以及其他诸如此类的东西物归其位。我想，达尼什曼德老友，他这门手艺咱得好好学习一番，因为咱可不想自负过头，觉得自己啥都聪明，无须再跟这样的大师学习学习了。"

"毋庸置疑，"新任首席大臣说，"其法令和制度中确实有某些东西就算放到咱们苏丹陛下的国度里一样也可以物尽其用。"他做了个略带讥讽的表情，继续说道："比方说，他那高超的手法，也就是他把西羌从一堆有害的蛀虫——雅甫中……"

"虽然是这样没错，"格巴插了话，"但这部了不起的机器，嗯，我对它的夸奖都是正心诚意的，这了不起的机器一定隐藏了某个严重的缺陷，使得它，就像你不止一次迫不及待想说出来的那样，使得它在短短的时间内就陷入停顿，最后甚至到了完全毁灭的地步，就连我们的世界通史家们听都没听说过提凡及其王国的名字。"

"确实，"达尼什曼德回答，"正如陛下您讲的，我确实有点迫不及待了……"

"这没啥，达尼什曼德先生！相反你倒是帮了我个忙，因为你让我提前注意到这一点。我想我现在已经很熟悉你那提凡和他的立法，以及他各式各样的统治方式了，就跟熟悉我自己的事务一样……"

"那很不错！"达尼什曼德想到这儿，叹了口气，不过他及时地把叹息变成了轻轻的咳嗽。

"他的国家架构，如你我所说的，确实是件杰作，"苏丹继续说道，"但是，不是我想夸自己的，我老早就有预感，这架构维持不了多长时间。不过听你讲讲它到底发生了什么还是物有所值的。咱私下说好了，这也是你那西羌历史中唯一还让我保持兴趣之处。做好准备吧，首席大臣，我一召唤你，你就过来讲故事，满足我对此的好奇心。"

第 16 章

　　"世间万物皆会有此等悲伤的命运，"达尼什曼德几天后又被召唤到苏丹陛下的床边，开始讲道，"那就是说，它们在人的手上注定无法长时间保持无瑕和无损。可惜的是，这一点在立法工作、国家宪法和政府治理那儿表现得尤为明显。一国宪政之法再完美，其执行还是受制于手握权力之人的品质，这权力，国家只能够将之托付给君主，君主则只能部分地分配给协助其执政的人。这善良的提凡是多么尽心竭力地试图延续其立法的持久性，好为它戴上完美之冠冕啊！也恰恰是因为他早已看穿这一切成功与否皆取决于统治者和被统治者的道德品质，他才把西羌人的道德教育当作其教育政策的首要目标，也把尽可能纯粹地保存道德这一事情当作其法令的显著要点；但也恰恰因为要在人口如此庞大的民族中长久保持道德一尘不染是难如登天的事情，所以他虽然万事小心，最终能做到的不外乎只是令人民道德腐化的速度来得稍慢些，让那政治死亡的时刻，那每一国家都在逐渐加速逼近的时刻，比起什么防范措施都不做时距离自己国度更远一点。

　　"毫无疑问，人性灵魂都潜藏着变恶的趋向，它匿藏之深，以至于任何人类的措施都无法彻底祛除其影响。似乎善良的提凡没有足够留意这一点，即便做事小心谨慎，但总依照自身心灵的标准判断，他还是高估了某些人的良善了（可能他自己也没有意识到），超过了其应有的分量。这一情形或许才是唯一能解释何以他的某些法律早已蕴藏了腐败的胚芽，且在暗中助长其滋生。比方说，怀着服务世人福祉的意图，他把西羌的祭司任命为讲授法典的教师，这样做仅是为了让他们思想更为高贵且能为国效力。为了这一目的，他劳心劳力，想出各种办法把他们培养成优秀之人和善良公民。但是，令他始料未及的是，这帮人反而借此为他们的阶层赢得了民望和影响力。而以后当人们的德性逐渐松懈，且法律从中获得的那部分权威逐渐消散时，这些功利且虚伪的人正好可以利用这部分民望和影响力实现其利己的意图，同时也给国家造成伤害。

　　"基于同样的理由（虽说全面整改西羌的国家宪法对实现其宏伟意图是必不可少的），他把世袭贵族作为国民的特殊阶级保留了下来，不仅允许他们留存一部分过往的特权，而且还赐予他们某些专有的权利，让他们在高级国务和兵役的事情上享有超然于其他阶级之上的地位，这样弄着实让人摸不透提凡是如何做到对这一明显不公现象日后可能出现的后果视而不见的。在这一点上，不管你说了多少为其辩解和开脱的话，有一点是肯定的：这就是他立法工作中最大的失误，甚至比起所有其他的更要为其最终溃败承担责任。人民在其设立的国家制度下接受到凡人所能掌握的最高端的教育，试问，他要如何奢望这样的人民能够容忍一帮数量相对较少的人长时间掌控不合理的特权，而这些着实掌控此等特权的人又如何总会待他们一团和气呢？

　　"虽说提凡最诚挚的意图就是尽最大可能剥夺自己及其继任者作恶的自由，但谁都无法否认他的思考方式更多是出自良心而非审慎，这最终误导了他，导致他把过大的权力让渡给西羌的国王，超过了其在稳定之立法（人民之稳定也依存于它）作用下而长治久安所需之程度。"

"这是什么意思？达尼什曼德老友？"山鲁格巴眉毛抽搐了一下，表情写满疑惑。

"我要说的是：提凡不想夺走自己及其王位继承者随意造福他人的能力。基于这一目的，他拨给国王每年1000万益司白银作为其独立收入而随意支配。毋庸置疑，这背后的动机十分令人钦佩，只要他的精神还在其接班人身上存在的话，那对国家也是百利而无一害。只不过他忘了一件事，随意造福他人的权力必然赋予其拥有者同等程度作恶的权力，并且，要让他这部分法令不给腐败和渎职大开方便之门的话，那他之后的国王个个都得是百分百的提凡才行。"

"你说的东西，首席大臣，确实有赖于你那提凡的所有立法和治国的工作，明显一切都要算到他个人的思考和感受方式头上。他改造的西羌人想要保持一成不变的话，那得有个提凡一直当他们首领才行。他怎么会谦虚到这般地步，竟然假定这种事情是可以办到的？"

"事实上，"达尼什曼德回答，"他相信依法对王位继承人进行细致入微的教育可以尽可能确保国家依次拥有最多优秀的国王，就跟他一样。但一切能否实现还是完全取决于执行他立法中此一重要环节之人的素质。他没能提前料想到这一切及其后果，确实令人难以想象。或许他的意思只是想尽最大的努力造福后人，而一旦他为未来奉献了一套谨慎万全之策，一套凡人（哪个凡人能做到全知全能且永不犯错呢？）所能想到的最谨慎的万全之策后，他创造的一切及为之付出的努力能维持多久，就全交给命运决定了。可是对西羌国颇为不幸的是，这位智慧程度不亚于其善良程度，能干程度不亚于其智慧程度的提凡，他（如同陛下您准确判断的）必须像寓言故事中的凤凰一样在他每一位继任者身上重生才可以……"

"我想在你的演讲中加个括弧——感谢你把我之前的话润色

一番。"苏丹说话时露出了暧昧的微笑。

"……提凡一朝共历22王,他竟是独一无二的。除了他的儿子提木儿。在其父王漫长的统治下,他有足够的时间来说服自己,一旦他当上国王,一反继承者通常的习性,他能做的最多就是尽力让西羌人觉得自己还活在提凡的统治下,并为此而努力着。这位提木儿虽然受到了极其优质的教育,但在他父王早已展现伟岸人格的年岁,他却表现得相当平庸。他登基的时代可谓四海升平,只因他做了提凡50年最优秀的臣民,那么他也就成了这位伟大国王最合适的继承者。伴随着他的到来,西羌人真正的黄金时代也落幕了。在统治30年后,苏丹提木儿把王位留给其子图尔坎,此人似是继承其祖父火热的心灵,以及勇气和能力,但温柔德性的禀赋似乎就没有继承到了。至于隐姓埋名、流落民间,接受程吉斯亲自教育这样的益处,他就更没有了。正是这位半吊子提凡劈开了祖国绝佳宪法的第一道伤口。他在执政初年做过各类尝试,想要鼓动封臣们对提凡法律进行改动(这些改动表面上看利国利民,其实只是大范围加大王座权力而已),由此判断,他那颗躁动不安的心已经难以像其父王那样淡泊名利了,若不是与卡泰伊国王那场旷日持久的战争为其激情打开另一道宣泄口的话,他怕是就动手了。他虽然喜欢人家叫他提凡第二,但他更想用自己的方式成为他……"

"你应该不会因此而对他愤愤不平吧?"

"我倒不会,但西羌人对他的风格已经颇有微词了。"

"达尼什曼德,我的老朋友,大家可以非常合理地期待一个首席大臣能把人民认识得更透彻些,好从这一境况中推出些不利图尔坎的东西。在我看来,这西羌人所作所为跟他们所有同类没啥两样:日子一过得舒坦,就开始忘乎所以了。"

"陛下,"达尼什曼德回答,"如果情况真的如此,那这图尔坎也没少想方设法限缩他们过度的福利。因为他任内几乎都在打仗，而西羌国为了免于被其'雄心壮志'压垮在地，则必须得彻头彻尾地国富民强，这可是在超凡入圣的君王治理下八十年和平安稳才换来的成果。卡泰伊是当时仅次于西羌的东方强国，跟后者一样，它也是地大物博，自然珍宝取之不尽。但谈到宪法的话，它就远远比不过后者了。两国人民之间通商频繁，但所得利润却完全倾向西羌人。当然，鉴于这场战争的始作俑者并非西羌人，对他们来说，这依然是场正义之战。不过，要是提凡能代替其孙子主持大局的话，他一定能找到这样或那样的方法来阻止战争的爆发。"

"达尼什曼德先生，"苏丹插了话，"如果卡泰伊宫廷伸出橄榄枝的话，西羌王座的尊荣难道不会对这样的羞辱网开一面，不计前嫌？话说这到底是什么样的羞辱？"

"某个受卡泰伊国王保护的鞑靼人部落洗劫了西羌人的商队。图尔坎以其臣民之名索要赔偿，卡泰伊宫廷却态度暧昧。图尔坎热切而高傲地重申要求，但收到的答复却一次比一次冷漠，他立刻迫不及待地（实际上关乎守护和平的话，他可能会做得比此时还要急切）想让那些傲慢程度不逊于他的邻居们实实在在地感受到他那摧枯拉朽的威力。依照王国宪法，国王若无全民应允，不得发动战争。只不过这一次图尔坎领略到绝大部分民众都在全力支持其宣战的决心。平民支持他，是因为他们越是强烈地觉得自己比卡泰伊人高上一等，则所受到的侮辱更是铭心刻骨；贵族支持他，则是因为其多数成员从中看到了获取名望、荣誉和其他丰厚报偿的机会。

"战争的申请就此批准：年轻的君王统率全军，求胜心切溢于言表；西羌国人热血沸腾，慷慨激昂，为其扩充了双倍兵力，对征收额外款项一事更是有求必应，他们只待国王凌虐敌人，让敌方被迫议和，让己方赢尽脸面。如果命运一开始对图尔坎及其人民的眷顾，他们能够更加有节有度地利用的话，那么说不定几场战役之后，和平就从天而降了。只可惜初战刚告捷，敌方部分疆土刚落入己方手中，劫掠的欲望就混入其中。卡泰伊某一富庶而繁华的州郡（图尔坎决意将其并入西羌，可却总是时而占领时而丢失）不仅是这场阴晴难定、持续其整一执政生涯的战争所追求的目标，更是长久以来（在他丢失这一州郡后）导致卡泰伊和西羌国王之间仇恨难以化解，争斗此起彼伏的根源。

"图尔坎终于再一次为其身心俱疲的人民创造了和平，但这和平却是如此短暂。他4个儿子中就有3个为国光荣牺牲，继承其王位的是小儿子阿克巴尔，他登基时年龄如此的小，要用西羌国王子通常的方式来教育他尚且都很难，更何况要他治理如此庞大的民族，以及管好自己，那就更是难上加难了。"

"别老讽刺来讽刺去的，达尼什曼德先生！"苏丹再一次打断讲故事的人，"别忘了，我很想知道这故事的结局……"

"如果真如此，"达尼什曼德开始觉察到苏丹陛下的怪脾气，说道，"那得好好谢谢阿克巴尔苏丹，因为他的统治迈出了很大的一步，虽说还没到终结西羌历史的地步，但至少宪法被改变了，这对加速前者的到来可谓'功不可没'。那些仅在和平年代才开花结果的艺术，阿克巴尔对它的迷恋可不比他父王对战术的迷恋少多少。他可不满足于仅是移除漫长战乱在王国中留下的疤痕并恢复国家往日的盛世，他想比提凡和提木儿更有作为。可惜的是，当他自以为王国的高度繁荣是其眼中唯一挂念之事时，殊不知他不过是在为其疯狂的嗜好卖力而已。被艺匠和炫技师，被内行和外行团团包围，他的激情与其说被他们抑制，倒不如说被他们煽动，那些能把他从甜蜜幻梦中叫醒的话，他一辈子也没听过。阿佐尔、莉莉和阿拉班妲为典雅艺术所做的一切，面对他只能是甘拜下风。他可不像大多数君主习惯的那样仅把艺术降格为服务于欢愉的奴仆，而是因其自身之故而爱它，并且唯有在其作品的完美中，他才能获得欢愉。就这一点而言，我们还是要给他公允的评断的。各种艺术门类皆无须因他偏爱其一而忽略其二就唉声叹气，倒不如说每一种都有权自诩自己就是他的宠儿。不过可以确定的是，建筑艺术因符合其爱美之情，且最能满足其奢华爱欲和虚荣心，自然也在他诸多喜好中独占鳌头。

"当人们看到他为西羌国都和各州州府兴建的一系列风格迥异的公共建筑时，其富丽堂皇的程度至少不会让人有任何与他人格格不入的断言。自然，国王专属领地的收入再丰厚，也不足以满足他要价不菲、无边无际的欲望和激情。而人们一发现哪里入不敷出，自然就想着如何去填补缺口。最便捷的方式莫过于在提凡法典中'捅开一道口子'，好让国王陛下冠冕堂皇地掌控随意支配公共资产，以及凭自己的意愿引入新资金流的权力。这事情令阿克巴尔魂牵梦萦，遍布其宫中的艺术同好者中旋即就有一人不眠不休地为其炮制一套精巧伎俩，好让他神不知鬼不觉地完成这一切。一切的关键在于如何通过给予贵族和祭司相应的补偿，好游说他们接受国王如此大范围拓展其权力的做法。这两方都是无论如何要拉拢的力量，因为贵族拥有宪法赋予的决定性影响力，而祭司们德高望重，能直接左右人民想法，面对他们可谓无所不能。若有人诱使阿克巴尔用暴力的方式达成目的，两方都会提供巨大阻力，但他们也并非全然无法争取，只要人们开出的条件比起谨遵提凡宪法对其更加有利，则他们就会欣然领命。有些人的首要职责就是守护国家宪法，当看到众人宣誓效忠的宪法可能被国王这一申请从根基处破坏时，他们柔弱的良知必会惴惴不安。如此考虑的话，则把国王从其独立领地收取的1000万盎司白银用来买这些人的心安理得，绝对是其最佳的花销方式。

"实际上这两个阶层的人面对如此有利可图的机遇而能做到心如止水（一方的财政由于之前的战争，以及仿效年轻国王醉心艺术和奢靡而做出的各类举措而大打折扣，此时亟须恢复；而另一方自提凡时代以来就收入甚微，必须节衣缩食，此时亟须改善生活水平，实现自己各类宏愿），本身就需具备高于常人所及的无私度。人们偷偷摸摸地与封臣议会的最高级成员进行密室协商，老爷们开出了条件，大家达成了协议。作为预备性条款，王室必须承认，人们有十足必要得维持宪法旧有的模式，以防过度惊动国民，而各阶层对国王为所欲为无休止的纵容，国王操弄时也要适可而止，因为国王陛下已被悄悄授予某种自由权力，可在他如慈父照料和促进国家繁荣所需的范围内，给国家增加相应的债务，由此，这一权力准许他按意愿把受其支配的资产扩大两倍到三倍。

　　"这些高尚而尊贵的爱国者们签订完密约之后，还拍胸脯许诺在王室让渡的条件下，把其他的同僚也拉拢到身边。这过程中所受的阻力甚至比一开始所设想的还要更小。原来，自提凡时代以后，道德所失去的淳朴，法律所失去的效能，已经到了这般窘境了！

　　"阿克巴尔召集各大阶层，美其名曰要跟他们就国家当前局势和需求进行商谈。国王在宝座上大谈特谈他亲眼看到和平让全民福祉之源流比以前更加充盈时，自己就像父亲一样，心里别提有多高兴。但要彻底医治这几乎长达二十年的战争给国家带来的所有创伤，以及做好防御国家宿敌（只有实力远超他们，才能震慑他们勿采取新的军事行动）和维护胜利昂贵果实的工作，都需要全民付出比平时更多的心力，即便还未到心有余而力不足的境地。由此，国王陛下希望忠实于他，且智慧深受其倚重的各阶级们能在更加踊跃地想方设法为国家增加必要财政收入的同时，又能把其对臣民，尤其是对最高贵的乡民阶级所引发的伤害降低到最小的程度。

　　"各阶层对国王的答复也算是仁至义尽。虽说提凡时代的精神在西羌的土地上早已大不如前，但人们依然保存着那时的言语方式；即便一切发展到人们在相互恭维的话里行间（比如国王恭维人民和人民代表恭维国王的话）中不过是拿大众的疾苦说说笑笑，但那时代政府的管治风格仍一如既往。他忠诚的各级臣属明言，要他们向这位无比慈爱、为人民的福祉殚精竭虑的君王聊表其完完整整、充盈其内心的信赖和服从，其深感力不能支。为了让自身之责任不被弃之不顾，他们除了不得不达成协议，让国王陛下行善的权力与其无尽的能力两全其美外，还有其他别的可能？基于这一协议，他们向国王让渡了充分的权力，可以使之无限支配公共财政，就跟他随意支配自己私人金库一样。为了让这位极度'慷慨无私'的君主有能力支配更大的活动空间好实现其宏大抱负，他们也设立了各种新的税种，这些税种虽然西羌人上百年来不曾听闻，但因为王国在提凡宪政治下明显已达致家家户户小康，所以在增加国家财政显著收入的同时又不至于大张旗鼓地压榨民众，这一做法在当前条件下完全是可能和可行的。若此，则开辟新税种也能轻易地找到说服人的理由。另一边，阿克巴尔苏丹为了答谢各级臣属对他的高度信赖，也跟他们开出了诱人的承诺。为了让其一番好意立竿见影，他立刻颁布了两条法律，其一规定贵族在卡泰伊战争中为国而做出的牺牲将得到弥补，换句话说，他们的一切赋税将被免除，且有效期不限；其二则规定提升各类祭司阶层的收入和兴建大量装潢华丽的庙宇和寺院，以归还祭司群体尊容应有的体面。"

"棒极了！"山鲁格巴高喊："我早就能料到这些先生们一定不会白白放过阿克巴尔兄弟的建筑欲，而不从中渔利一番。但是人民呢？这整笔诱人交易可是要他们全部买单呢，他们会说啥呢？"

"陛下，"达尼什曼德回答，"您清楚人民就像某种脾气古怪、捉摸不定的动物，某个时间他们能极端冷漠和毫无所谓地任由他人对其权利百般凌辱和冒犯，其他时候则会对鸡毛蒜皮的小事火冒三丈；今天别人能从他们那儿予取予求，明天他们则是一毛不拔。西羌国人享受了好些年的安稳局面，已彻底恢复了元气，而阿克巴尔追求华丽的欲望，以及他动用各类艺匠和工人修造的宏伟建筑（大量资金因之而在市场快速流通）让他的‘美名’和统治在民间颇受爱戴。那由此而来，仅在当下享受的大众福祉让人民心潮澎湃，也让他们更愿意把自己从君王和竞相仿效他的达官贵人手上拿到的利益不加任何准确计量就把其中一部分如数奉还。此外人们也觉得，因为贵族在战争中为民族立下赫赫功勋，其中一部分还因此付出惨痛代价，那么奖赏和补偿他们自然也是理所应当的；而祭司智慧超群、明德惟馨，在人民间德高望重，人民敬奉他们的动力甚至比阿克巴尔所鼓动的还要巨大。即便如此，时不时还是有三三两两的反对和不满之声流出。许多老人曾听过父辈颂扬提凡时代各种幸福和喜乐，此时看到那犹如出自慈爱天神之手而非凡人所为的宪法竟被人打着‘改良’的旗号大举轻率的篡改，此等鲁莽的狂妄之行让他们在子孙面前连连摇头。只可惜他们的声音过于微弱，等到好几个世代过去，当前所种的苦果才到了令西羌人不得不睁眼正视的地步，可惜一切为时已晚。

“可能还要历经好几个世纪，提凡搭建的大厦才会因为老旧和失修而轰然倒塌。但不管如何，这一时刻最终肯定会到来的。永不磨灭的国家宪法，这种东西无法被凡人所拥有，这一点没有人会否认。”

“那我很有兴趣做第一个，”格巴笑道，“为什么构建一座长长久久的国家大厦就那么不切实际呢？咱们至少也要让它像埃及金字塔一样长久，它们已经立于世上好几个千年，可能还会存在更久，就跟那驮着世界的大象立于乌龟之上，而乌龟又立于浑身蜷曲的长蛇之上一样。”

“噢，当然，”达尼什曼德说，“要建构这样一个国家，人们必须拿金字塔当模型。我想这一点在我们东方国家的制度中业已实现。这正好解释了，咱举个例子而已，为何震旦国常常被异族首领征服和统治，但其内在的制度在每次变革中依旧保持不变。我或许得更准确地表达和叙述我的意思，也就是说，我所主张的只关涉那些由自由人构成公民群体的国家（如提凡治下的西羌人）而已。我很怀疑是否从月亮这一面往大地看，在当时还能寻着比提凡宪法更适合自由人的律法。但是，恰恰在构成其优越和超凡的地方，却隐藏着它覆灭的因由，要证明这一点其实不难。"

"怎么会这样？"苏丹问话时表情戏谑，带着难以置信的惊讶神色。

"提凡宪法建立在这两方面，"达尼什曼德回答，"一方面通过在国王、贵族和人民代表间分摊至上权力从而限缩君主，这三重政治实体间恰当的相互作用关系到整个国家的福祉，它们中不管哪一方都不应获得显著凌驾于另外两方的威权；另一方面则关系到道德的良善，以及关系到某种文化。凭借这种文化，提凡可以期待法律之绵延可被建立在人民自由信奉自身'遵从理性'及'通情达理'等特质的基础上，成为必然结果。提凡的整座大厦就建立在这两大支柱之上，只可惜每一根支柱却都安置在流沙之上，这些砂石一旦不堪重负，就会在不知不觉间塌陷。但凡在任一国度，只要有人一定程度上手握权柄，兼具名望，则他绝不会甘心长时间匍匐在法律为之划定的界限内行事；法律一旦把至上权力交到某个单一者手中，则这单一者在让自我凌驾法律前，在成功让自身的意愿，而非集体意愿成为最高律法之前，绝不会善罢甘休。若是把同样的权力分配给若干彼此制约的势力，则他们中的每一个都会跟那单一者一样尝试自我扩张，直到把那将其禁锢其中的堤坝凿穿；一旦法律对任何一方势力都过于强大，则他们会联合起来对付它，或是彼此进行密谈，约定好那些仅凭一己之力无法攫取的利益，他们须像兄弟般一同占取和瓜分，以此为条件，他们协商好用最巧妙的办法让法律丧失效力。要让腐化和沉沦急速蔓延，要让每一个政治社会最终分崩离析，此刻发生的事情要引发这一切可谓绰绰有余。但是，就算当下这一切不发生，这一文化（我指的是提凡通过立法为其奠定基础的文化）随着时间的推移也会产生同样的结果。"

"达尼什曼德今天是由着性子大讲特讲自相矛盾的话呀，"苏丹说，"不过那也是在我意料中……"

"愿陛下恩准，"这位先生继续道，"我跟您讲的东西听起来似乎很幼稚，但其中的道理却真真切切。要让人民心悦诚服地委身于某个利用万物和人类的本性，试图永远无拘无束、恣意行事的政府，他们就必须处在愚昧、无知和幼稚的状态，这状态既不能太短也不能过长，必须刚刚好确保让人民宛如紧紧裹在襁褓中的婴孩一样在无知和偏见中越陷越深、不能自拔。假定某种程度的文化与这一状态并行不悖，则法律、教育、道德和习俗的威权需联合起来，必要时还要通过铁血专制施予恫吓来强化其力量，力图让每一种向更高层级跃进的动力幻化成泡影。若让这样的跃进或进步不受限制、自由而行，则它还可能从宪法那儿得到助力，若真是这样，则没有什么比这更自然的了：这一时代最终必然到来，通过掌握这些权限和权利，以及真正的利益，上述人民必然不会长时间点头哈腰，曲意逢迎权贵，更别说纵容那些假象、戏法和魔咒在其身边滋长和蔓生。曾几何时，他们在一片蒙昧中就用这些东西来麻痹自己，让自己缄默无言，也让自己可以踏着舞蹈节拍，蹦蹦跳跳地追着领袖射出的飞镖。他们还将……"

"你就省点劲儿吧，不用告诉咱他们准备做什么，首席大臣，"苏丹插了话，"我们都知道的！但是，你的意思不是想说，从你有意跟我们讲的东西里头，可以推出驳倒你那进步文化论的绝佳论述？"

"当然是一绝佳论述。"达尼什曼德回答时脸上挤出一张略带笑意的鬼脸，这对于一个回答君王问题的首席大臣来说很不恰当，显然谈不上恭恭敬敬。

"这不是因为我对文化有什么不悦，"苏丹继续冷淡地说道，"恰恰相反！我只是对你说的进步文化，达尼什曼德先生，也就是那种无休止地进步、进步，直到人们再也不愿接受管治的文化，我对此着实难以消受。我热爱我的国家拥有秩序和安宁。鸡蛋本来就不应比母鸡聪明。谁生来就是来摆弄桩枷、锤子、钉子和锥子的，就不应该挠破头皮，苦思冥想自己要是做了大法官、总督、首席大臣或者圈养白象的君主[①]后，应该做什么。这就是我对这事情的看法。继续讲你的故事吧，达尼什曼德伙计！"

"提凡这位独一无二的君王给西羌人颁布了一部太过完美、太过优秀、太过合理，由此对人类这种太过愚蠢的动物来讲太过格格不入的宪法，人们要是顺其自然地任其自生自灭，它最终也会消亡的。我的意思是，那位热爱奢华和艺术的阿克巴尔以及他忠心耿耿的各级臣属所立的法规并不是造成其消亡的罪魁祸首，最多不过是让那宿命时刻早到几个世纪而已。第一步，也是最危险的一步已经安然无恙地迈出去了。朝廷十分乐见提凡基本宪法被撕开那么大的口子，结果非但没有引起一丁点儿动荡，反而广受好评和赞誉。祭司们感恩戴德，虽然外表极致低调，内里却一直有向上爬的野心。他们付出大量心血，要么在教席上要么逮住其他机会不遗余力地向轻信的人民吹嘘阿克巴尔执政创造的福祉，以及新制度给王国带来的无限利益。从此刻起宫廷、贵族和僧侣们都知晓要如何彼此相处了，他们都很明白该如何相互依赖从而获得自己想要的东西。

"一开始这一切的操作可谓驾轻就熟，整个流程不外乎就两步极其简单的招式：'我们帮了忙能获得什么？'以及'老爷们想要什么？'看到宫廷和各阶级忠心臣属组成的委员会之间关系其

---

① ［译按］某些东南亚国家的君主有圈养白象的传统，并视其为神圣和高贵的象征。维兰德时代的欧洲人往往将白象与这些地方的君主关联起来。

乐融融，怕是没有什么比这更抚慰人心的了；同样，看到前者的计划进展得顺风顺水、轻车熟路，没有遇到一丝摩擦便在最短时间内达致完美，也没有什么比这更令人瞠目结舌了；同样，也没有什么比阿克巴尔治理下王国境内充斥的光华、欣荣和康乐、富余及殷实的胜景更令人目不转睛的了。不幸的是所有这些繁华景象不过过眼云烟，转瞬即逝。这两股势力又怎么不会旋即发现，他们以大众福祉为代价订立的合约，以及从中攫取的特殊利益，不可能是一成不变的？很明显，朝廷基于利益必然要求它获得的服务须是'物美价廉'的，但各阶层及其代表的利益却与之背道而驰，因为他们理所当然会尽量开高价格贩卖其'商品'。实际上后者的胃口跟狮子一样大，纵然国王的收入再提升一倍，也不够满足他们'朴素'的欲望；另一边，朝廷总有许多急切的欲求，它的金库就好像达那伊得斯的水桶^①一样，就是把全国的财富都注入，也无法注满它。在随后的日子里时不时也会出现双边原本良好的和谐关系被各类难题、动摇和拒绝干扰的情况。

　　"如何高明而精致地讹诈和诓骗对方，这一技艺成了朝臣和人民代表首要研习的对象。可是就连这样卑贱的政治样态也不够用了。人民善意的容忍反而让委员会那些先生们更加胆大妄为，他们为宫廷的索求大献犬马之劳，由此收获了大量的利益，以至于人民最穷困的阶级过得是好是坏，这一层思量也无法再让他们有所顾虑，见好就收了。正好相反，在这一点上，人们正试图用各种常见的诡辩法来自我欺骗。'亲眼一见便能证明，'人们说，'财政资源因为有了这些税收才有所增加。过度富足对底层来说与其说有益，倒不如说有害，因为它会诱使这些人变得懒散和爱

---

① ［译按］达那伊得斯（Δαναΐδες /Danaides）指的是希腊神话中阿尔戈斯的国王达那俄斯（Δαναός /Danaus）所生的50个女儿，她们中有49在新婚之夜杀害了自己的丈夫，这一罪行在其死后受到了神的惩罚。她们被罚到冥府深渊塔耳塔罗斯中打水并将之倒在一个漏水的桶中，一刻也不能停歇，直至永恒。

浪费。他们需要工作多少才工作多少。较高的税收有利鼓励勤奋，因为它抑制了富裕，甚至连其基本生计也被抑制'。这类似是而非的财政行话[①]还有很多。

"确实，资本流通持续增长，工厂和手工作坊运营尽善尽美，对外贸易方兴未艾，这一切在一定时间内着实验证了新准则的有效性。对提凡时代合适甚至必要的事情跟我们的时代已渐行渐远。潜移默化间人们开始习惯于把那当下还在被大量汲取水源的泉眼当成是永不干涸的。人们原本怀着善念，想要鼓动穷人的劳动积极性，结果反而让其基本生计变得更为艰难，直至贫乏、过度劳作以及面对自己无力靠劳动改善生活处境而产生的绝望感让他们的生存开始难以为继。这是多么令人不寒而栗的时刻啊，在任何人口庞大的民族它通常都是如此收场的，那就是人民铆足了最后的气力奋起全面反抗，要么自我拯救，要么跟着他们的压迫者一起同归于尽，葬身在国家的废墟之中。

"在阿克巴尔璀璨夺目的治理下，西羌人跟这一令人绝望的处境当然还相距甚远。只不过他犯下不可饶恕的疏忽，把提凡用以封禁国王特权的护栏打破，打那之后国家在其继任者治下愈加快速地朝崩溃之境奔去。在他之后继任的是一连串名号已佚的国王，他们或者无力，或者无意为国家掌舵，一会儿把舵盘交给了一群密谋结党营私的大臣，一会儿交给了某个贪得无厌的宠臣，一会儿交给了某个生活挥霍无度的情妇，一会交给了某个利欲熏心的祭司，一会儿交给了某个想要将之征服的卓越之人。提凡设

---

① ［译按］原文为 Kameralweidsprüche，Weidspruch 原指中世纪日耳曼猎人间使用的特色语言，也包括对狩猎经过的口头性描述，此后该词含义也被引申为 Sinnspruch，即格言。本文这一特别的合成词根据上下文内容进行翻译。关于 Weidspruch 的含义，参见 Alfred Götze (bearb.), *Deutsches Wörterbuch von Jacob Grimm und Wilhelm Grimm*, Vierzehnter Band, Weh-Wendunmut, Leipzig, Verlag von S. Hirzel, 1955, S. 622–624。

立的公共设施显然已被荒废，他最重要的法律逐渐形同虚设，不再被付诸实践，最终沦为某种纯粹学术论辩的主题。提凡的设施中仍得以一息尚存的部分却在祭司手中悄悄换上异样的形态，改变了方向，其创建者纯粹而良善的精神消失了，他想要借此催生的，此时所出现的反倒是其对立面。

"如果西羌的僧侣实打实（我新近刚刚提到过）属于最后一批对道德堕落大潮拱手而降的人，那么我不该忘记再补充些东西来佐证以下事实：我们很难确定从哪个时间点开始，这些教授提凡法典的尊贵模范师长们就注意到人们披挂着智慧和神圣的外在表象也可以跟'真实'一样，甚至比'真实'在人民中走得更远，并且，前者对人性的喜好和激情来说显得更为舒适些。我们知道这一点就足够了：西羌僧侣发现这一切的时间点大概可能是在慷慨的阿克巴尔确信他们拥有良善的心意，愿意显著加大他们参与瓜分这一世界财富动向（之前提到过了）的时刻起。而一旦他们发现这一点，则连同提凡当年改造后祭司们所获得的性情和美德——西羌国法律最后的支柱也倒塌了，这一公民阶级为了掩盖其张狂统治欲和其他恶习而戴上的虚情假意和冠冕堂皇的假面，又一次给国家带来了巨大伤害，就跟他们的前辈在阿佐尔和伊斯凡迪亚时代的所作所为一样。

"但是，基于事情的本质，这一切进展得较为缓慢，再加上祭司相比其他人更应该掩饰其把戏，所以西羌的贵族们便捷足先登，一马当先。他们的财富和声望每历经一代政权，就跟着水涨船高。他们占据了所有政府文职和军队职务，这又给他们提供了渔利的机会。下一级别的职位则盘踞着他们的鹰犬。他们对宫廷专横跋扈，大施各类凌虐，就连无名君王中最为孱弱者也开始对此难以忍受了。这位国王在其当权时被人称为提凡二世，他在生时曾被其王后，也就是他的妻子……"

"她叫什么名字？"山鲁格巴问道。

"杜丽卡，如果陛下您很想知道的话……"

"你既然都把那无名国王叫成'她丈夫'了，我干吗不问一下她的名字？我喜欢前后一致，就是对鸡毛蒜皮的事儿也是如此，达尼什曼德先生。"

"老天爷，"达尼什曼德暗自思忖，"但愿陛下您在重要的事情上也一样那么喜爱'前后一致'！"不过他这一次小心翼翼，没有搞出太大动静，以免想法被"偷听"到。

"这国王，正如我所说，把政权交给他的妻子杜丽卡，而杜丽卡王后虽然在其热衷的事情上无比坚持，对其丈夫寸步不让，却也把整个政权让给西羌皇城的僧侣会长柯拉夫随意掌管。"

格巴偷瞄了努尔马哈皇后一眼，刚张大嘴巴，旋即又咬紧双唇，一语不发。

达尼什曼德继续讲道，仿佛所见着的一切都与其无关："提凡二世绝非他那时代最邪恶或最愚笨的君主，毋宁说他正儿八经地钟情于教养、秩序和公正，憎恶闲散，爱民如子。然而可惜的是，比起这些，他更爱的是蝴蝶。精明的僧侣正好利用了他这一天真无邪的弱点，向他灌输这世上最显王者尊贵的热情莫过于是对大自然的爱。为此他乐于向国王坦承蝴蝶的历史是包罗万象的科学世界里最有趣的分支，若能够完整收集到世界上各个种类的蝴蝶并将其珍藏的话，必定惹人艳羡，也让西羌的国王屹立于列国诸王之上，无论东方还是西方。刚好这段时期的西羌学者和大众们都热衷研究自然历史，僧侣会长柯拉夫无须大费周章，仅靠所有那些受其庇荫的青年僧侣的帮助，便在短时间内为国王陛下大大扩充了其蝴蝶展馆，而提凡二世本人只需要忙着照看自己的玉腰奴 [①]，并更雅致地布置和装饰它们的陈列室便完事了。

---

① ［译按］原文为 Sommervögel，为蝴蝶的别称。此处选取中文蝴蝶别称"玉腰奴"进行对位。关于该词，参见 Moritz Heyne (bearb.), *Deutsches Wörterbuch von*

"随着时间的推移，他的爱好已扩展到其他种类的昆虫之上，而等到他对此玩腻了，又扩展到长着两只脚的鸟类，最后（根据此类激情发展的通常态势）又拓展到所有有生命和无生命的自然物，不管是处在地表之上，地表上空，还是地表之下。这一切让国王忙得不可开交，他天天都在感谢苍天赐给他一个如此聪慧的贤妻（他的妻子在其眼中就是如此），好让他可以心安理得地把料理国家政务之事托付给她。

"与此同时，柯拉夫也掌握了影响王后性情的力量，并对之大加利用，他提请王后留意贵族的势力如日中天，已让国王的威权相形见绌，并说服她认清楚，遏制这些蛮横臣属的骄气，恢复国王丢失的权势，这是何等兹事体大。他推荐了两类相当有效的方法：第一种就是发动战争，通过它来缩减贵族的数量，同时也给其制造机会，让他们在沙场上肆意挥洒无尽的豪情和壮志，最后步入灭亡；第二种则是加大对祭司阶层的恩泽，要超过当下的程度，因为他们在人民中的名望使得其对国王的依从愈加值得称道。此外大部分政府文职工作落入一帮不学无术、毫无教养且恶贯满盈之徒手中，被他们糟蹋和摧残，这些职位本就应该交由文人阶层的能干之士来管理。对于第一个建议，不久后人们就找到理由，这世上没有什么比制造事端更容易的了，只要人真心想干的话；至于第二个建议，柯拉夫也在适当的时候做出谏言。

"他指控西羌国大部分贵族不学无术，教养极差，这实际上并没有说错，因为长久以来提凡立法用于教化贵族的部分已经失灵了。那位智慧无双的君主对这一种姓的高度礼遇，其实已超过了对国家及对其自身有利的地步，而从图尔坎和阿克巴尔两位国王统治的时代起，他们早已对自己高贵的天职视若无睹，而这

Jacob Grimm und Wilhelm Grimm, Zehnter Band, Seeleben-Sprechen, Leipzig, Verlag von S. Hirzel, 1905, S. 1563–1565。

天职恰恰才是他们享有特权唯一合理的基础。过度凌驾于其他同胞之上，使之傲睨万物，过度腰缠万贯，使之目中无人，这些西羌国的奈尔们在原本需为履行未来职责而接受教育的年景里，把大好时光耗费在极致闲散和挥霍青春浪荡激情上面。他们一无所知，也惯于把好学和所有需要精神付出勤奋和努力的事物当作匍匐在其身下的玩意儿。所有科学的分支学科都托付给祭司和职业学者摆弄，因为前者在宪法规定下皆被任命为教授提凡法典的老师，再加上他们与民众有着千丝万缕的联系，所以有机会做到比其他人更加熟识人民的性格、境遇、需求和态度。由此，僧侣会长柯拉夫可以十分合理地期待，他把手下广受人民信赖的僧侣推出去，从而取代那些已然惹得天怒人怨的贵族的时机到了，这一计划应该能够让绝大多数的民众拍手称快。

"当他看到，经过一场其暗中策动的战争之后，相当一部分的西羌国奈尔已被铲除殆尽，他明白是时候该依靠他安插于全国境内的盟友和同门弟兄们，让各类控诉奈尔种姓出身的司法和治安官员，以及区长、州长和其他各级官员平庸无能、行为失当、亵渎职务、玩弄权力、审判不公、扭曲法律、贪污腐败（总之就是各类罪行）的检举和揭发从四面八方传来。因为要在秃鹫面前控告苍鹰[①]是十分愚蠢的举动，所以各类申诉都被径直带到国王面前。严酷的调查随后而至，不管是出于杀鸡儆猴，还是平息民怨的目的，人们都认为一经定罪，就必须严惩违法者。而所有这些机关算尽、环环相扣的操作最终的结果就是：柯拉夫被擢升为国王的首席大臣，或者说得准确点，王后的首席大臣。不到几年光景，国家最煊赫、最有利可图的公职部门都落入这些靠着天分、学问以及佯装道德严谨、美德无瑕而闻名遐迩的祭司手中。如此这般，朝廷的人选在民众眼中也变得合情合理，以至于王后

---

① ［译按］这里指的是官官相护、狼狈为奸的现象。

在通过国家改革而赢得全民爱戴和拥护后，也能放开手脚，随心所欲地扩大国王业已恢复的威权了。

"柯拉夫及其党羽在神不知鬼不觉间酝酿的这场'疾风骤雨'袭来时可谓把贵族种姓的老爷们打了个措手不及，他们所能做的就是顺应时势，通过他们曲意逢迎，臣服朝廷律令而换来的一星半点功勋，尽可能挽救之前的特权，就像他们在好日子里期望能够夺回自己失去的东西一样。"

达尼什曼德的故事讲到这儿时，刚好努尔马哈皇后的婆罗门祭司（此人一连几日获得恩准，可以列席这一活动中）向他示意，苏丹在他讲述的过程中已经悄无声息地睡着了。这讲故事的人只好请辞，偷偷地溜回家中，好对他今晚做出的这个或那个评注再深入思索一番。他当然没有看走眼，苏丹这阵子对他的脸色和态度都不同以往了，尤其是今晚他比平常更加频繁地打断他，那副怪脾气着实不得不让他在意。苏丹像是无法再隐藏，或者不愿再隐藏自己心中对他的怨气。就连努尔马哈的脸上也能看到不少秘而不宣的表情，而在那位过度客气的婆罗门祭司半开半合的眼里，他时不时也能看到某种狡黠和幸灾乐祸的神色。这一切绝非祥瑞的预兆。他越是细思所发生的事情，就越是心知肚明，胸中越是不留一丝困惑。没错，人们正在暗中酝酿某个针对他的计策，根据眼前的一切，他这首席大臣的职位，怕是做到头了。

山鲁格巴这怪里怪气的苏丹王脾气一经发作便把这誉满天下的职位硬塞给他，达尼什曼德坐在这上面的时间还没久到可以做出些招惹苏丹陛下，或是美丽的努尔马哈及其婆罗门祭司记恨的事情，但他所想的和所说的也因此而显得多了些。而既然那些苦行僧、和尚和托钵僧没指望从他那儿捞到什么好处，那么他的良知必然也就清楚，这些人有充分的理由做出这样的事情。他向来对这些人评价不高（我们都知道的），这就与这些人从印度斯坦首席大臣那儿合理期望得到的好处形成落差，他设计了不少用来对付这些'正人君子'的手法,甚至已经将其中的一些透露给苏丹知道。他太了解自己侍奉的君主了,不可能不会料到,苏丹心里的秘密立马就会在努尔马哈美人的怀中敞开。上床就寝时,他心里反复揣量着,十分肯定皇后和婆罗门祭司一定是在谋划着把他尽早逐出皇宫,不过他们动手的时刻竟然迫在眉睫,这是他做梦都没想到的。

第一轮晨祷时分,家中一阵骚动把他从安逸的睡梦中惊醒,让他惊魂未定。骚动刚过,卧室的门便被咣的一声推开,禁卫军的军官踱步进来,以苏丹的名义宣告"他被羁押了"。

遇到这样的"礼遇",达尼什曼德唯一的回应方法只能是站立起来,如同跟他躺下时一般平静,然后快速穿衣,跟着军官走过一道道小巷、一座座阶梯和一间间地窖,宛如在迷宫中穿梭,最后来到一间由铁栅栏加固的小斗室。军官跟他告别后,把门锁上,再插上几根笨重的门闩,以便百分百确保监犯老老实实待在另一侧。

其实达尼什曼德在被擢升为首席大臣时,就想过这场闹剧大概会以这样的方式收场,所以他像智者一样适应了新形势(即便他跟其他人一样也能真真切切地感受到其中的辛酸),展望事情最好的发展,也做好最坏的打算。在命运急转直下的时分,他还是觉得发生的一切至少在这一点上尚能令人欣慰,因为他终于从用西羌国国王的故事催眠苏丹陛下的苦差事中解脱出来了。

这部历史书的震旦文译者对此表现得尤为不满,因为如此重要的作品就因为这样的原因戛然而止,残缺不全。他心里十分不舒坦,甚至忍不住对所有苏丹、所有切尔克西亚女人、所有婆罗门、所有托钵僧和僧侣大加挞伐,如其所言,这些人也要为这一不幸承担同等的罪责。

虽然当下(在他出了一口恶气之后,用更加平静的语调继续说)世人因之承受的损失无法弥补,但是他为了不让读者的求知欲彻底得不到满足，还是拼尽全力，用尽所有想得到的方法让人能多多少少能一探这部史书结尾的究竟（这部史书必然以西羌王国的灭亡为结尾）。他最终成功从古老的传说和信得过的原始文本中获取了大量材料，使得他自信有能力或多或少给具备思考能力的读者呈现，这一王国是如何在一连串不可救药的无名国王堆积如山的恶行重压之下，最后不得不走向沉沦和覆灭的命运的。

是否拉丁文译者对他这位震旦文"先译者"费尽心机编纂的附录兴味索然，又或者他因为某些偶然因素在翻译这一部分时受阻了，原因我们不得而知。我们只在其手稿中发现了一份关于这部作品结尾的笔记，在其中，他自满于用一短小精悍的节录向其读者介绍震旦译者所述历史的结论部分。内容如下。

祭司会长柯拉夫和他同会弟兄享受对西羌贵族赢得胜利的时光还没长到足够让他们如愿施行其所有计划的地步，此时杜丽卡王后便溘然长逝，这让他们失去了必不可缺的靠山。

根据提凡订立的法律，国王必须从王国 12 个主要州郡之代表依规定为其拣选的 12 位风华绝代的少女中选取新的配偶。

柯拉夫没能力也没企图影响新王后的拣选过程，但是他却拥有某种极其可靠的方法，可以让国王倾心于那位他最信得过的姑娘。依照习俗，这 12 位少女须在首次觐见国王时向其呈上一份小礼物。姬丽正是首席大臣密友——某祭司会长的女儿，她向国王献上一只极端罕见的蝴蝶，这让他欣喜若狂，因为这蝴蝶正好是其华丽收藏中的缺憾，同时也是他梦寐以求的。提凡二世高兴到忘乎所以，即刻宣布姬丽就是他心中所属的王国之后。

自然柯拉夫也在翘首期盼新王后的答谢礼，因为她之所以能身居高位，所依靠的吉祥物正是从他那儿得到的。可是不久后朝臣们就发现了姬丽的弱点。某位年轻俊俏的奈尔曾在她的安排下混迹于宫中，凭借自己挺拔的身姿，他赢得了王后姬丽的好感，同时又因为他深谙完好保持鸟类标本秀丽翎羽的诀窍，也获得国王的高度赏识，其程度之高，就连柯拉夫也无法长久坐在自己的职位上了。最终他只能卷走一笔高额的俸禄以及西羌全国总祭司长的荣誉头衔（这可是专门为他设立的）离开宫廷，远走高飞。

从此刻起，贵族丢失的名望正在一点一滴地恢复，甚至到了这样的地步：祭司们虽然几乎跟宫廷再无瓜葛，各走各路，但他们还是觉得，那些与之争权夺利的对手提供给他们多少份额，哪怕再微薄，他们都欣然笑纳，这绝对是最聪明的举动。（显而易见）双方都没有认真遵守签订的协议，最终的结果就是，虽然机会多多，两边都没有真的花功夫伺机讹诈和压倒对方。

在这样的形式下，最有势力的贵族家庭和祭司长通过秘密协商取得一致，构建了某种贵族制度，国王的名号和君主制外在的形式之所以得以保留，原因不外乎人们可以利用国王的名望更便捷、更合法合规地压榨人民。

提凡二世的统治是这一朝代中最漫长的，万事万物的新"秩序"或者新"无序"不仅有足够时间稳固根基，甚至在这两大阵营聪明绝顶的脑袋的算计下，竟也维持了相当程度的平衡。

不过在他的接班人那儿，这样的安宁与和谐就时常被打断了。国王主宰下的朝廷和祭司会长们统领的圣堂总是时而明争时而暗斗；权力的砝码时而偏向这边，时而偏向那边；双方有时甚至走向决裂，让安宁的国家陷入多事之秋。当然最终和平还是会到来的，只不过为双方重修于好支付高昂费用的，往往就只有人民而已。

王室理财甚是糟糕，国王和王后的宠臣挥霍成性，花钱肆无忌惮，达官显贵们贪得无厌，欲壑难填，这是极致奢侈的必然结果。虽然这等奢侈要用人民的鲜血和骨髓来"喂养"，但他们一刻都没有饱腹过，更别谈塞满这无底之洞了；还有一场场毫无必要的不义之战，这其中只有将军、军官和军火商大发横财，而数以万计的无辜家庭却因之家破人亡，国家财政因为战事频繁而每况愈下；至于那愚不可及、造价不菲的工程，人们从未精打细算、评估开支和人力过，而之后又常常花费三倍财力将其拆毁，仅为了建筑比之更宏伟的。诸如此类的花销还有上百种花样，它们把所谓的国家需求增加到骇人听闻的地步，即便人民已经被各类天马行空、花样繁多的税种洗劫一空，即便劳动阶层因此连必要的温饱开支也都捉襟见肘。仅是国家债务的利息一项就已经把国库收入蚕食一空，为了填补其他开销，每天还又得大举筹借新的债务。

人民的不满长久以来都得不到重视，再加上国家破产的危机步步逼近，无处可躲，还有那紧随而来的可怕后果，这一切终于让若干心中还尚存理性的正人君子勇敢地肩负起国家监护人之责，用既情真意切又光明磊落的语调向政府诉说人民的疾苦。人们把西羌当下的状态与伟大提凡治下的时代做对比，更是设想，如果国民把自身幸福所托付的那些人没有因其野心和自利把提凡法律有益的限制全部推翻的话，那么他们的境况与实际发生的相比，又该好上多少啊。人们高声讨论人民的权力和君主的义务，面对各种渎职，他们毫不粉饰；面对各种凄苦，他们也毫不遮掩。人们清清楚楚、彻彻底底地澄明什么事情必须转变，该怎样做才能使之改善。而那些人们期盼因此而有所醒悟和深思的人，要么对谏言充耳不闻，对上书不管不顾；要么夜郎自大，不肯接纳忠言；要么小题大做，把善意的警告当作威胁，甚至狠下心来，把理性和爱国之声关押在阴沉的地牢里，任凭其怎么呐喊就是置若罔闻。最后一切重归死寂，鸦雀无声。

很快，这少数思想正直的人民代言者就被另一帮人排挤到一边，后者（根据他们的原则和演讲的语调进行判断）心里怀揣的意图不过就是继续怂恿心怀不满者，以加速革命的到来，好让自己在其间身居重位，取得呼风唤雨之势。

民情在持续发酵，且愈演愈烈，波及面越来越广。人民深觉自己的处境已无法再持续，开始释放出可怕的信号：他们受够了，不想再忍了。政府彻底地失去了公信力，一切已回天乏术。所有社会共同体的纽带都被撕裂了，推动政府运作的发条因松动而脱落。贵族和祭司首领最先成为人民怒火和仇怨的牺牲品。一句话，反智、骄横、罪恶、暴政以及忍耐都到了临界点，再多一滴，滔天洪流如翻江倒海般而来。

那些为国家掌舵和导航之人面对每一个不愿强装闭耳塞听，每一个大老远就听到风暴在远方呼啸而至的人，在此番形式下，难道他还能较之以往更加能酣然入睡，对危险就连在梦中也不曾预知一二，这一切真的可能？然而，他们被人用最胆战心惊的方式唤醒了。

政府出台了一条法令，假借国家急迫之需，须对民众征收新的税种，而朝廷颁发法令的时间点正好是在（不管是偶然为之还是心术不正之徒密议而得）下层人民阶级因为生活必需品匮乏而焦虑不安，且情况蔓延愈加普遍之时，这一法令成为四面八方揭竿起义的导火索。举国境内，成千上万的暴民集结起来，在最勇猛莽撞和不计后果之人带领下成群结队到处肆虐，杀光所有被其视为暴君或暴政帮凶的人，洗劫和砸毁奈尔的城堡和山庄，焚烧海关官邸、抢劫公共财库，他们纵欲无度的同时又暴行累累。京城是起义最初爆发的地点，然后作为表率又把这一切带到了其他城市。那些自知有罪，且因为娇生惯养和纵欲过度而弱不禁风的奈尔们既无勇气也无力气奋起反抗，很多只能仓皇脱逃保住小命，大多数落入敌人手中，死无葬身之地。提凡后裔中的最后一位，也是最碌碌无为的无名国王临了众叛亲离，只有寥寥数人与之相伴，被幽禁于自己的皇宫中。他在试图逃生的过程中不幸落入暴民之手，成为其怒火的祭品。

人民一开始毫无计划、毫无目的，只是沉醉于突如其来、汹涌澎湃的绝望、仇恨和杀戮之感中，此时他们开始倾听某些有才干和洞察力之人的言语，他们为恢复国家秩序而通力合作，又因其广受爱戴而获得人民的信任。只可惜世间不再有程吉斯，不再有提凡了，不再有那个凭借无与伦比的精神力汇通智慧和美德，让各种性情的人皆俯首称臣，让这份超凡之力服务于大众福祉，而非个人目的的俊杰了。那一小群思想纯良的人要么缺乏勇气和毅力，要么就是错误地期盼通过理性的力量可以完成其对手（也就是那帮出于野心和统治欲而自告奋勇充当人民领路者的人）一旦获得达成目的的手段，靠着不顾一切和心狠手辣便能一蹴而就的事情。

自然后者更加占上风。每个人只想达成其目的，谁也不信；无论谁都想统治，却没有人愿意服从，没有人甘当二号和三号人物，就这样他们陷入四分五裂。正当国家被无数相互厮杀的派别撕裂之际，邻国的国王们私下串通一气，约好在同一时间入侵这个命在旦夕、因为自残而遍体鳞伤、鲜血淋漓的西羌国。最终他们不遇一丝反抗就征服了它，把它的各个州郡都据为己有。

可怜的西羌人部分散居在成百上千的异邦民族中，部分逐渐被毗邻的国度归化，就这样失去了他们的政治实存以及古老的名号。曾经东方最强大的王国之一就这样彻彻底底地消失在这尘世间，以至于到震旦国太祖皇帝在位的时代，最博古通今的古代研究者也都无法可靠地指出这一国度曾经的边界了。

《金镜》全书完

译者后记

　　克里斯托弗·马丁·维兰德是德国18世纪的一代鸿儒和思想大家。他是德意志启蒙运动的重要代表，与歌德、席勒以及赫尔德并称魏玛古典主义"四杰"，他不仅从事文学创作和翻译工作，还是一位古典学者、社会理论家和文学刊物编辑。早在笔者本科学习阶段就对这一重要人物有所耳闻，可是想要寻找书籍进一步了解时，才发现事情并不简单。中文出版界有关他的资料真可谓寥寥无几，与另外三位魏玛之杰相比，非但维兰德本人的著作没有一本被翻译成中文，就连有关他的研究著作和论文也非常少。那时笔者对维兰德的求知之路只能是点到为止，这对需广泛积累人文知识的本科生来说，不得不说是一件憾事。多年后，笔者去往欧洲攻读哲学博士学位。在第一学年暑假的某个深夜里，随手打开电子阅读器，随意翻出一本书看，结果无意间却开启了一场奇妙的阅读之旅。这本书便是维兰德的《金镜》。在《金镜》里，你不仅能阅读到作者借小说里的人物对国家和政治理论进行探索、建构和论说，你还能一见作者如何发挥天马行空的想象力，虚构一部民族和国家的历史以及在这历史之中的思想和文化是如何演变的。除此以外，《金镜》不仅追随《理想国》《居鲁士的教育》《乌托邦》等思想巨著的写作传统，还从《一千零一夜》和欧洲童话及寓言故事中汲取了创作的框架性素材，这使得本作在严肃之余，还带着一丝令人忍俊不禁的幽默感和浪漫神秘色彩。当年读罢《金镜》后，笔者便萌生了把此书译成中文，将之介绍给中文世界读者的念头。只可惜海外读博生涯在时间和精力上并未允许笔者将这一计划即刻付诸实践，随后在一片匆匆忙碌之中，这一事情也被笔者逐渐淡忘。待到2019年，笔者在一次交谈中，无意间与友人朱锦良提到了维兰德的《金镜》，才回想起多年前被自己束之高阁的翻译计划。在朱先生的鼓励下，笔者决心把翻译《金镜》排上自己的工作日程。

翻译《金镜》着实是一件充满挑战的工作。《金镜》之难不仅体现在如何将维兰德古色古香的德语文风准确地转化成现代汉语，维兰德文学创作时信马由缰的"典故和引用"写作法也给翻译工作增加了不少负担。维兰德的用典和引用可谓信手拈来，化有形为无形。这些引用出自其之前各个时代的西方文学经典，本着"典必有据"的精神，笔者尝试代替维兰德给这些典故和引用制作详细的索引和出处考证。这些引用遍布于古希腊语、拉丁语、法语、英语、德语和意大利语的文献中，笔者在注释中不仅指明其来源（精确到章节、编号甚至是页码），也把不少引文的上下文一并译出①，以方便读者全方位理解这些引文的原初意涵。② 为了完成这一工作，笔者阅读了大量的文献资料，并在其中翻查特定引用的源头。这些资料除了囊括古典时期及中世纪时期的名著外，还包括了不少维兰德同时代的文献。只可惜这些文献没能经受住岁月的考验，大部分文本均没有再版，所以要给相关引文做索引，则必须找到这些文献的最初版本。好在当代欧美多所大学都在致力于维护和共享这些久远年代的古籍，将其完整

---

① 本书的注释中的外语文献引文如无特别注明，皆为笔者所译。

② 本书的注释中除标记有"［译按］"字样的译者注外，皆为维兰德本人的原注。

扫描并发布在各大高校图书馆的电子数据库中，通过互联网就可以查阅到这些书籍的电子版。此外，笔者的部分注释工作得益于德裔美籍语文学家库雷尔迈尔（Wilhelm Kurrelmeyer，1874—1957）在20世纪30年代初对《金镜》的编辑、注释和出版工作。[①]

　　本书翻译工作所依照的《金镜》底本主要出自18世纪和19世纪两个维兰德作品全集：

　　Christoph Martin Wieland, *C. M. Wielands sämmtliche Werke, Band 6–7: Der Goldne Spiegel*, Leipzig: Georg Joachim Göscher, 1794–1795.

　　Christoph Martin Wieland, *C. M. Wielands sämmtliche Werke, Band 7–8: Der Goldne Spiegel*, Leipzig: G. J. Göschen'sche Verlagshandlung, 1853–1854.

　　除了这两个版本外，笔者还参考了如下版本：

　　Christoph Martin Wieland, *Der goldne Spiegel und andere politische Dichtungen*, herausgegeben. v. Herbert Jaumann. München: Winkler Verlag, 1979.

　　Christoph Martin Wieland, Abt. 1. Werke, Bd. 1, 9. *Der goldene Spiegel, Singspiele und kleine Dichtungen 1772–75, Wielands Gesammelte Schriften*, Hrsg. von der Deutschen Kommission der Königlichen Preussischen Akademie der Wissenschaften, Berlin Weidmannsche Buchhandlung, 1931.

　　Christoph Martin Wieland, *Der Goldne Spiegel, oder die Könige*

---

① Wilhelm Kurrelmeyer (hrsg.), Christoph Martin Wieland, Abt. 1. Werke, Bd. 11. Berichte d. Hrsg. zum 1. bis 10. Band, Heft 1. Bericht u. Register zum 9. Band, *Wielands Gesammelte Schriften*, Hrsg. von der Deutschen Kommission der Königlichen Preussischen Akademie der Wissenschaften, Berlin Weidmannsche Buchhandlung, 1932. 本书注释中若出现库雷尔迈尔的名字以及页码，所指向的都是这本书的相应位置。

von Scheschian, in: *Wielands Werke. Historisch-kritische Ausgab*e, herausgegeben von Klaus Manger und Jan Philipp Reemtsma, Band 10.1–2, Berlin de Gruyter, 2009. 此为《金镜》第一版。

此外笔者还参考了网站 Projekt-Gutenberg 和 Zeno 上的电子版本，以及使用了一个 1774 年出版于巴黎、译者不详的法语译本[1]作为翻译时的参考对照。另外，为尽可能贴近《金镜》原书面貌，原书中文字斜体的，中译本中均使用楷体表示。

对于本译作的完成和出版，维也纳大学博士候选人朱锦良先生做出了重要贡献。朱先生校对了全书的翻译，为部分疑难的文句提供了宝贵的翻译建议，并与笔者就书中部分段落的思想文化背景进行了探讨，提供了不少有益的信息作为参考。在翻译工作的初始阶段，朱先生还试译了《金镜》的若干章节，只可惜他的译文文风与笔者相距甚远，为了不影响行文的整体性，遂不得已将之悬置。此外，朱先生也利用自己人在国外，可以使用国外图书资源的便利条件，为笔者搜集了大量的外语文献资料。这些资料也成为本书典故和引用注释索引工作的基础。此外，笔者的同事，中山大学哲学系的张逸婧博士则对笔者注释中部分法语译文进行了校对，王磊博士则帮笔者搜集了日文资料，使得注释中涉及日本文化的观点之佐证更为完整。在此也对他们表示感谢。最后要特别感谢浙江大学的林志猛教授，感谢他对我工作的信任和推荐，以及对本书的格式所做出的检查和校订工作。

蒋　佳

---

[1]　Christoph Martin Wieland, *Le Miroir d'Or ou Les Rois du Chéchian: Histoire Véritable*, Paris: Société Typographique (Neuchâtel), 1774.

图书在版编目 (CIP) 数据

金镜：西羌国列王纪 /（德）克里斯托弗·马丁·维兰德著；蒋佳译 . — 北京：商务印书馆，2022
（"经典与解释"丛编）
ISBN 978-7-100-20884-0

Ⅰ . ①金… Ⅱ . ①克… ②蒋… Ⅲ . ①羌（古族名）—国王—列传 Ⅳ . ① K827=2 ② K289

中国版本图书馆 CIP 数据核字（2022）第 041314 号

"经典与解释"丛编
金镜：西羌国列王纪
从西羌文译出的真实历史

〔德〕维兰德 著

蒋佳 译

商 务 印 书 馆 出 版
（北京王府井大街 36 号 邮政编码 100710）
商 务 印 书 馆 发 行
南京新世纪联盟印务有限公司印刷
ISBN 978-7-100-20884-0

2022 年 8 月第 1 版 开本 880×1240 1/32
2022 年 8 月第 1 次印刷 印张 12¾

定价：58.00 元